historia
inmediata

Eduardo Galeano

Las venas abiertas
de América Latina

siglo
veintiuno
editores

siglo xxi editores, s.a. de c.v.
CERRO DEL AGUA 248, ROMERO DE TERREROS, 04310, MÉXICO, D.F.

siglo xxi editores, s.a.
GUATEMALA 4824, C1425BUP, BUENOS AIRES, ARGENTINA

siglo xxi de españa editores, s.a.
MENÉNDEZ PIDAL 3 BIS, 28036, MADRID, ESPAÑA

diseño de portada: hermanos garcía
diagramación: cutral
corrección: raquel villagra

primera edición, 1971
vigesimoséptima reimpresión, 1980
segunda edición, revisada por el autor, 1980
cuadragesimosexta reimpresión, 2003
tercera edición, revisada y corregida, 2004
quinta reimpresión, 2010
© eduardo galeano
© siglo xxi editores, s.a. de c.v.
isbn 978-968-23-2557-1

derechos reservados conforme a la ley
impreso en cargraphics, s.a. de c.v.
av. presidente juárez 2004
fracc. industrial puente de vigas
54090 tlalnepantla, estado de méxico

Este libro no hubiera sido posible sin la colaboración que prestaron, de una u otra manera, Sergio Bagú, Luis Carlos Benvenuto, Fernando Carmona, Adicea Castillo, Alberto Couriel, André Gunder Frank, Rogelio García Lupo, Miguel Labarca, Carlos Lessa, Samuel Lichtensztejn, Juan A. Oddone, Adolfo Perelman, Artur Poerner, Germán Rama, Darcy Ribeiro, Orlando Rojas, Julio Rossiello, Paulo Schilling, Karl-Heinz Stanzick, Vivian Trías y Daniel Vidart.
A ellos, y a los muchos amigos que me alentaron en la tarea de estos últimos años, dedico el resultado, del que son, claro está, inocentes.

Montevideo, fines de 1970

ÍNDICE

SEGUNDA PARTE. EL DESARROLLO ES UN VIAJE
CON MÁS NÁUFRAGOS QUE NAVEGANTES

«...Hemos guardado un silencio bastante parecido a la estupidez...»
(Proclama insurreccional de la Junta Tuitiva en la ciudad de La Paz, 16 de julio de 1809)

Introducción

Ciento veinte millones de niños en el centro de la tormenta

La división internacional del trabajo consiste en que unos países se especializan en ganar y otros en perder. Nuestra comarca del mundo, que hoy llamamos América Latina, fue precoz: se especializó en perder desde los remotos tiempos en que los europeos del Renacimiento se abalanzaron a través del mar y le hundieron los dientes en la garganta. Pasaron los siglos y América Latina perfeccionó sus funciones. Éste ya no es el reino de las maravillas donde la realidad derrotaba a la fábula y la imaginación era humillada por los trofeos de la conquista, los yacimientos de oro y las montañas de plata. Pero la región sigue trabajando de sirvienta. Continúa existiendo al servicio de las necesidades ajenas, como fuente y reserva del petróleo y el hierro, el cobre y la carne, las frutas y el café, las materias primas y los alimentos con destino a los países ricos que ganan, consumiéndolos, mucho más de lo que América Latina gana produciéndolos. Son mucho más altos los impuestos que cobran los compradores que los precios que reciben los vendedores; y al fin y al cabo, como declaró en julio de 1968 Covey T. Oliver, coordinador de la Alianza para el Progreso, «hablar de precios justos en la actualidad es un concepto medieval. Estamos en plena época de la libre comercialización...».

Cuanta más libertad se otorga a los negocios, más cárceles se hace necesario construir para quienes padecen los negocios. Nuestros sistemas de inquisidores y verdugos no sólo funcionan para el mercado externo dominante; proporcionan también caudalosos manantiales de ganancias que fluyen de los empréstitos y las inversiones extranjeras en los mercados internos dominados. «Se ha oído hablar de concesiones hechas por América Latina al capital extranjero, pero no de concesiones hechas por los Estados Unidos al capital de otros países... Es que nosotros no damos concesiones», advertía, allá por 1913, el presidente norteamericano Woodrow Wilson. Él estaba seguro: «Un país –decía– es poseído y dominado por el capital que en él se haya invertido». Y tenía razón. Por el camino hasta perdimos el derecho de llamarnos *americanos*, aunque los haitianos y los cubanos ya habían asomado a la historia, como pueblos nuevos, un siglo antes de que los peregrinos del *Mayflower* se establecieran en las costas de Plymouth. Ahora América es, para el mundo, nada más que los Estados Unidos: nosotros habitamos, a lo sumo, una sub América, una América de segunda clase, de nebulosa identificación.

Es América Latina, la región de las venas abiertas. Desde el descubrimiento hasta nuestros días, todo se ha trasmutado siempre en capital europeo o, más tarde, norteamericano, y como tal se ha acumulado y se acumula en los lejanos centros de poder. Todo: la tierra, sus frutos y sus profundidades ricas en minerales, los hombres y su capacidad de trabajo y de consumo, los recursos naturales y los recursos humanos. El modo de producción y la estructura de clases de cada lugar han sido sucesivamente determinados, desde fuera, por su incorporación al engranaje universal del capitalismo. A cada cual se le ha asignado una función, siempre en beneficio del desarrollo de la metrópoli extranjera de turno, y se ha hecho infinita la cadena de las dependencias sucesivas, que tiene mucho más de dos eslabones, y que por cierto también comprende, dentro de América Latina, la opresión de los países pequeños por sus vecinos mayores y, fronteras adentro de cada país, la explotación que las grandes ciudades y los puertos ejercen sobre sus fuentes internas de víveres y mano de obra. (Hace cuatro siglos, ya habían nacido dieciséis de las veinte ciudades latinoamericanas más pobladas de la actualidad.)

Para quienes conciben la historia como una competencia, el atraso y la miseria de América Latina no son otra cosa que el resultado de su fracaso. Perdimos; otros ganaron. Pero ocurre que quienes ganaron, ganaron gracias a que nosotros perdimos: la historia del subdesarrollo de América Latina integra, como se ha dicho, la historia del desarrollo del capitalismo mundial. *Nuestra derrota estuvo siempre implícita en la victoria ajena; nuestra riqueza ha generado siempre nuestra pobreza para alimentar la prosperidad de otros: los imperios y sus caporales nativos. En la alquimia colonial y neocolonial, el oro se transfigura en chatarra, y los alimentos se convierten en veneno.* Potosí, Zacatecas y Ouro Preto cayeron en picada desde la cumbre de los esplendores de los metales preciosos al profundo agujero de los socavones vacíos, y la ruina fue el destino de la pampa chilena del salitre y de la selva amazónica del caucho; el nordeste azucarero de Brasil, los bosques argentinos del quebracho o ciertos pueblos petroleros del lago de Maracaibo tienen dolorosas razones para creer en la mortalidad de las fortunas que la naturaleza otorga y el imperialismo usurpa. *La lluvia que irriga a los centros del poder imperialista ahoga los vastos suburbios del sistema. Del mismo modo, y simétricamente, el bienestar de nuestras clases dominantes –dominantes hacia dentro, dominadas desde fuera– es la maldición de nuestras multitudes condenadas a una vida de bestias de carga.*

La brecha se extiende. Hacia mediados del siglo anterior, el nivel de vida de los países ricos del mundo excedía en un cincuenta por ciento el nivel de los países pobres. El desarrollo desarrolla la desigualdad: Richard Nixon anunció, en abril de 1969, en su discurso ante la OEA, que a fines del siglo veinte el ingreso per cápita en Estados Unidos será quince veces más alto que el ingreso en América Latina. La fuerza del conjunto del sistema imperialista descansa en la necesaria desigualdad de las partes que lo forman, y esa desigualdad asume magnitudes cada vez más dramáticas. Los países opresores se hacen cada vez más ricos en términos absolutos, pero mucho más en términos relativos, por el dinamismo de la disparidad creciente. El capitalismo *central* puede darse el lujo de crear y creer sus propios mitos de opulencia, pero los mitos no se comen, y bien lo saben los países pobres que constituyen el vasto capitalismo *periférico*. El ingreso promedio de un ciudadano norteamericano es siete veces mayor que el de un latinoamericano y aumenta a un ritmo diez veces más intenso. Y los promedios engañan, por los insondables abismos que se abren, al sur del río Bravo, entre los muchos pobres y los pocos ricos de la región. En la cúspide, en efecto, seis millones de latinoamericanos acaparan, según las Naciones Unidas, el mismo ingreso que ciento cuarenta millones de personas ubicadas en la base de la pirámide social. Hay sesenta millones de campesinos cuya fortuna asciende a veinticinco centavos de dólar por día; en el otro extremo los proxenetas de la desdicha se dan el lujo de acumular cinco mil millones de dólares en sus cuentas privadas de Suiza o Estados Unidos, y derrochan en la ostentación y el lujo estéril –ofensa y desafío– y en las inversiones improductivas, que constituyen nada menos que la mitad de la inversión total, los capitales que América Latina podría destinar a la reposición, ampliación y creación de fuentes de producción y de trabajo. Incorporadas desde siempre a la constelación del poder imperialista, nuestras clases dominantes no tienen el menor interés en averiguar si el patriotismo podría resultar más rentable que la traición o si la mendicidad es la única forma posible de la política internacional. Se hipoteca la soberanía porque «no hay otro camino»; las coartadas de la oligarquía confunden interesadamente la impotencia de una clase social con el presunto vacío de destino de cada nación.

Josué de Castro declara: «Yo, que he recibido un premio internacional de la paz, pienso que, infelizmente, no hay otra solución que la violencia para América Latina». Ciento veinte millones de niños se agitan en el centro de esta tormenta. La población de América Latina crece como ninguna otra; en medio siglo se triplicó con creces. Cada minuto muere un niño de enfermedad o de hambre, pero en el año 2000 habrá seiscientos cincuenta millones de latinoamericanos, y la mitad tendrá menos de quince años de edad: *una bomba de tiempo*. Entre los doscientos ochenta millones de latinoamericanos hay, a fines de 1970, cincuenta millones de desocupados o subocupados y cerca de cien millones de analfabetos; la mitad de los latinoamericanos vive apiñada en viviendas insalubres. Los tres mayores mercados de América Latina –Argentina, Brasil y México– no alcanzan a igualar, sumados, la capacidad de consumo de Francia o de Alemania occidental, aunque la población reunida de nuestros tres *grandes* excede largamente a la de cualquier país europeo. América Latina produce hoy día, en relación con la población, menos alimentos que antes de la última guerra mundial, y sus exportaciones per cápita han disminuido tres veces, a precios constantes, desde la víspera de la crisis de 1929.

El sistema es muy racional desde el punto de vista de sus dueños extranjeros y de nuestra burguesía de comisionistas, que ha vendido el alma al Diablo a un precio que hubiera avergonzado a Fausto. Pero el sistema es tan irracional para todos los demás, que cuanto más se desarrolla más agudiza sus desequilibrios y sus tensiones, sus contradicciones ardientes. Hasta la industrialización, dependiente y tardía, que cómodamente coexiste con el latifundio y las estructuras de la desigualdad, contribuye a sembrar la desocupación en vez de ayudar a resolverla; se extiende la pobreza y se concentra la riqueza en esta región que cuenta con inmensas legiones de brazos caídos que se multiplican sin descanso. Nuevas fábricas se instalan en los polos privilegiados de desarrollo –San Pablo, Buenos Aires, Ciudad de México– pero menos mano de obra se necesita cada vez.

El sistema no ha previsto esta pequeña molestia: lo que sobra es gente. Y la gente se reproduce. Se hace el amor con entusiasmo y sin precauciones. Cada vez queda más gente a la vera del camino, sin trabajo en el campo, donde el latifundio reina con sus gigantescos eriales, y sin trabajo en la ciudad, donde reinan las máquinas: el sistema vomita hombres. Las misiones norteamericanas esterilizan masivamente mujeres y siembran píldoras, diafragmas, espirales, preservativos y almanaques marcados, pero cosechan niños; porfiadamente, los niños latinoamericanos continúan naciendo, reivindicando su derecho natural a obtener un sitio bajo el sol en estas tierras espléndidas que podrían brindar a todos lo que a casi todos niegan.

A principios de noviembre de 1968, Richard Nixon comprobó en voz alta que la Alianza para el Progreso había cumplido siete años de vida y, sin embargo, se habían agravado la desnutrición y la escasez de alimentos en América Latina. Pocos meses antes, en abril, George W. Ball escribía en *Life*: «Por lo menos durante las próximas décadas, el descontento de las naciones más pobres no significará una amenaza de destrucción del mundo. Por vergonzoso que sea, el mundo ha vivido, durante generaciones, dos tercios pobre y un tercio rico. Por injusto que sea, es limitado el poder de los países pobres». Ball había encabezado la delegación de los Estados Unidos a la Primera Conferencia de Comercio y Desarrollo en Ginebra, y había votado contra nueve de los doce principios generales aprobados por la conferencia con el fin de aliviar las desventajas de los países subdesarrollados en el comercio internacional.

Son secretas las matanzas de la miseria en América Latina; cada año estallan, silenciosamente, sin estrépito alguno, tres bombas de Hiroshima sobre estos pueblos que tienen la costumbre de sufrir con los dientes apretados. Esta violencia sistemática, no aparente pero real, va en aumento: sus crímenes no se difunden en la crónica roja, sino en las estadísticas de la FAO. Ball dice que la impunidad es todavía posible, porque los pobres no pueden desencadenar la guerra mundial, pero el Imperio se preocupa: incapaz de multiplicar los panes, hace lo posible por suprimir a los comensales. «Combata la pobreza, ¡mate a un mendigo!», garabateó un maestro del humor negro sobre un muro de la ciudad de La Paz. ¿Qué se proponen los herederos de Malthus sino matar a todos los próximos mendigos antes de que nazcan? Robert McNamara, el presidente del Banco Mundial que había sido presidente de la Ford y secretario de Defensa, afirma que la explosión demográfica constituye el mayor obstáculo para el progreso de América Latina y anuncia que el Banco Mundial otorgará prioridad, en sus préstamos, a los países que apliquen planes para el control de la natalidad. McNamara comprueba con lástima que los cerebros de los pobres piensan un veinticinco por ciento menos, y los tecnócratas del Banco Mundial (que ya nacieron) hacen zumbar las computadoras y generan complicadísimos trabalenguas sobre las ventajas de no nacer: «Si un país en desarrollo que tiene una renta media per cápita de 150 a 200 dólares anuales logra reducir su fertilidad en un 50 por ciento en un período de 25 años, al cabo de 30 años su renta per cápita será superior por lo menos en un 40 por ciento al nivel que hubiera alcanzado de lo contrario, y dos veces más elevada al cabo de 60 años», asegura uno de los documentos del organismo. Se ha hecho célebre la frase de Lyndon Johnson: «Cinco dólares invertidos contra el crecimiento de la población son más eficaces que cien dólares invertidos en el crecimiento económico». Dwight Eisenhower pronosticó que si los habitantes de la tierra seguían multiplicándose al mismo ritmo no sólo se agudizaría el peligro de la revolución, sino que además se produciría «una degradación del nivel de vida de todos los pueblos, *el nuestro inclusive*».

Los Estados Unidos no sufren, fronteras adentro, el problema de la explosión de la natalidad, pero se preocupan como nadie por difundir e imponer, en los cuatro puntos cardinales, la planificación familiar. No sólo el gobierno; también Rockefeller y la Fundación Ford padecen pesadillas con millones de niños que avanzan, como langostas, desde los horizontes del Tercer Mundo. Platón y Aristóteles se habían ocupado del tema antes que Malthus y McNamara; sin embargo, en nuestros tiempos, toda esta ofensiva universal cumple una función bien definida: se propone justificar la muy desigual distribución de la renta entre los países y entre las clases sociales, convencer a los pobres de que la pobreza es el resultado de los hijos que no se evitan y poner un dique al avance de la furia de las masas en movimiento y rebelión. Los dispositivos intrauterinos compiten con las bombas y la metralla, en el sudeste asiático, en el esfuerzo por detener el crecimiento de la población de Vietnam. *En América Latina resulta más higiénico y eficaz matar a los guerrilleros en los úteros que en las sierras o en las calles.* Diversas misiones norteamericanas han esterilizado a millares de mujeres en la Amazonia, pese a que ésta es la zona habitable más desierta del planeta. En la mayor parte de los países latinoamericanos, la gente no sobra: falta. Brasil tiene 38 veces menos habitantes por kilómetro cuadrado que Bélgica; Paraguay, 49 veces menos que Inglaterra; Perú, 32 veces menos que Japón. Haití y El Salvador, hormigueros humanos de América Latina, tienen una densidad de población menor que la de Italia. Los pretextos invocados ofenden la inteligencia; las intenciones reales encienden la indignación. Al fin y al cabo, no menos de la mitad de los territorios de Bolivia, Brasil, Chile, Ecuador, Paraguay y Venezuela está habitada por nadie. Ninguna población latinoamericana crece menos que la del Uruguay, país de viejos, y sin embargo ninguna otra nación ha sido tan castigada, en los años recientes, por una crisis que parece arrastrarla al último círculo de los infiernos. Uruguay está vacío y sus praderas fértiles podrían dar de comer a una población infinitamente mayor que la que hoy padece, sobre su suelo, tantas penurias.

Hace más de un siglo, un canciller de Guatemala había sentenciado proféticamente: «Sería curioso que del seno mismo de los Estados Unidos, de donde nos viene el mal, naciese también el remedio». Muerta y enterrada la Alianza para el Progreso, el Imperio propone ahora, con más pánico que generosidad, resolver los problemas de América Latina eliminando de antemano a los latinoamericanos. En Washington tienen ya motivos para sospechar que los pueblos pobres no *prefieren* ser pobres. Pero no se puede querer el fin sin querer los medios: quienes niegan la liberación de América Latina, niegan también nuestro único renacimiento posible, y de paso absuelven a las estructuras en vigencia. Los jóvenes se multiplican, se levantan, escuchan: ¿qué les ofrece la voz del sistema? El sistema habla un lenguaje surrealista: propone evitar los nacimientos en estas tierras vacías; opina que faltan capitales en países donde los capitales sobran pero se desperdician; denomina *ayuda* a la ortopedia deformante de los empréstitos y al drenaje de riquezas que las inversiones extranjeras provocan; convoca a los latifundistas a realizar la reforma agraria y a la oligarquía a poner en práctica la justicia social. La lucha de clases no existe –se decreta– más que por culpa de los agentes foráneos que la encienden, pero en cambio existen las clases sociales, y a la opresión de unas por otras se la denomina el estilo occidental de vida. Las expediciones criminales de los *marines* tienen por objeto restablecer el orden y la paz social, y las dictaduras adictas a Washington fundan en las cárceles el estado de derecho y prohíben las huelgas y aniquilan los sindicatos para proteger la libertad de trabajo.

¿Tenemos todo prohibido, salvo cruzarnos de brazos? La pobreza no está escrita en los astros; el subdesarrollo no es el fruto de un oscuro designio de Dios. Corren años de revolución, tiempos de redención. Las clases dominantes ponen las barbas en remojo, y a la vez anuncian el infierno para todos. En cierto modo, la derecha tiene razón cuando se identifica a sí misma con la tranquilidad y el orden: es el orden, en efecto, de la cotidiana humillación de las mayorías, pero orden al fin: la tranquilidad de que la injusticia siga siendo injusta y el hambre hambrienta. Si el futuro se transforma en una caja de sorpresas, el conservador grita, con toda razón: «Me han traicionado». Y los ideólogos de la impotencia, los esclavos que se miran a sí mismos con los ojos del amo, no demoran en hacer escuchar sus clamores. El águila de bronce del *Maine*, derribada el día de la victoria de la revolución cubana, yace ahora abandonada, con las alas rotas, bajo un portal del barrio viejo de La Habana. Desde Cuba en adelante, también otros países han iniciado por distintas vías y con distintos medios la experiencia del cambio: la perpetuación del actual orden de cosas es la perpetuación del crimen.

Los fantasmas de todas las revoluciones estranguladas o traicionadas a lo largo de la torturada historia latinoamericana se asoman en las nuevas experiencias, así como los tiempos presentes habían sido presentidos y engendrados por las contradicciones del pasado. *La historia es un profeta con la mirada vuelta hacia atrás: por lo que fue, y contra lo que fue, anuncia lo que será.* Por eso en este libro, que quiere ofrecer una historia del saqueo y a la vez contar cómo funcionan los mecanismos actuales del despojo, aparecen los conquistadores en las carabelas y, cerca, los tecnócratas en los jets, Hernán Cortés y los infantes de marina, los corregidores del reino y las misiones del Fondo Monetario Internacional, los dividendos de los traficantes de es-

clavos y las ganancias de la General Motors. También los héroes derrotados y las revoluciones de nuestros días, las infamias y las esperanzas muertas y resurrectas: los sacrificios fecundos. Cuando
Alexander von Humboldt investigó las costumbres de los antiguos
habitantes indígenas de las mesetas de Bogotá, supo que los indios
llamaban *quihica* a las víctimas de las ceremonias rituales. *Quihica*
significaba *puerta*: la muerte de cada elegido abría un nuevo ciclo de
ciento ochenta y cinco lunas.

PRIMERA PARTE

LA POBREZA DEL HOMBRE COMO
RESULTADO DE LA RIQUEZA DE LA TIERRA

Fiebre del oro, fiebre de la plata

El signo de la cruz en las empuñaduras de las espadas

Cuando Cristóbal Colón se lanzó a atravesar los grandes espacios vacíos al oeste de la Ecúmene, había aceptado el desafío de las leyendas. Tempestades terribles jugarían con sus naves, como si fueran cáscaras de nuez, y las arrojarían a las bocas de los monstruos; la gran serpiente de los mares tenebrosos, hambrienta de carne humana, estaría al acecho. Sólo faltaban mil años para que los fuegos purificadores del Juicio Final arrasaran el mundo, según creían los hombres del siglo xv, y el mundo era entonces el mar Mediterráneo con sus costas de ambigua proyección hacia el África y Oriente. Los navegantes portugueses aseguraban que el viento del oeste traía cadáveres extraños y a veces arrastraba leños curiosamente tallados, pero nadie sospechaba que el mundo sería, pronto, asombrosamente multiplicado.

América no sólo carecía de nombre. Los noruegos no sabían que la habían descubierto hacía largo tiempo, y el propio Colón murió, después de sus viajes, todavía convencido de que había llegado al Asia por la espalda. En 1492, cuando la bota española se clavó por primera vez en las arenas de las Bahamas, el Almirante creyó que estas islas eran una avanzada del Japón. Colón llevaba consigo un ejemplar del libro de Marco Polo, cubierto de anotaciones en los márgenes de las páginas. Los habitantes de Cipango, decía Marco Polo, «poseen oro en enorme abundancia y las minas donde lo encuentran no se agotan jamás... También hay en esta isla perlas del más puro oriente en gran cantidad. Son rosadas, redondas y de gran tamaño y sobrepasan en valor a las perlas blancas». La riqueza de Cipango había llegado a oídos del Gran Khan Kublai, había despertado en su pecho el deseo de conquistarla: él había fracasado. De las fulgurantes páginas de

Marco Polo se echaban al vuelo todos los bienes de la creación; había casi trece mil islas en el mar de la India con montañas de oro y perlas, y doce clases de especias en cantidades inmensas, además de la pimienta blanca y negra. La pimienta, el jengibre, el clavo de olor, la nuez moscada y la canela eran tan codiciados como la sal para conservar la carne en invierno sin que se pudriera ni perdiera sabor. Los Reyes Católicos de España decidieron financiar la aventura del acceso directo a las fuentes, para liberarse de la onerosa cadena de intermediarios y revendedores que acaparaban el comercio de las especias y las plantas tropicales, las muselinas y las armas blancas que provenían de las misteriosas regiones del oriente. El afán de metales preciosos, medio de pago para el tráfico comercial, impulsó también la travesía de los mares malditos. Europa entera necesitaba plata; ya casi estaban exhaustos los filones de Bohemia, Sajonia y el Tirol.

España vivía el tiempo de la reconquista. 1492 no fue sólo el año del descubrimiento de América, el nuevo mundo nacido de aquella equivocación de consecuencias grandiosas. Fue también el año de la recuperación de Granada. Fernando de Aragón e Isabel de Castilla, que habían superado con su matrimonio el desgarramiento de sus dominios, abatieron a comienzos de 1492 el último reducto de la religión musulmana en suelo español. Había costado casi ocho siglos recobrar lo que se había perdido en siete años[1], y la guerra de reconquista había agotado el tesoro real. Pero ésta era una guerra santa, la guerra cristiana contra el Islam, y no es casual, además, que en ese mismo año 1492, ciento cincuenta mil judíos declarados fueran expulsados del país. España adquiría realidad como nación alzando espadas cuyas empuñaduras dibujaban el signo de la cruz. La reina Isabel se hizo madrina de la Santa Inquisición. La hazaña del descubrimiento de América no podría explicarse sin la tradición militar de guerra de cruzadas que imperaba en la Castilla medieval, y la Iglesia no se hizo rogar para dar carácter sagrado a la conquista de las tierras incógnitas del otro lado del mar. El papa Alejandro VI, que era valenciano, convirtió a la reina Isabel en dueña y señora del Nuevo Mundo. La expansión del reino de Castilla ampliaba el reino de Dios sobre la tierra.

Tres años después del descubrimiento, Cristóbal Colón dirigió en persona la campaña militar contra los indígenas de la Dominicana.

---

[1] J. H. Elliott, *La España imperial*, Barcelona, 1965.

Un puñado de caballeros, doscientos infantes y unos cuantos perros especialmente adiestrados para el ataque diezmaron a los indios. Más de quinientos, enviados a España, fueron vendidos como esclavos en Sevilla y murieron miserablemente[2]. Pero algunos teólogos protestaron y la esclavización de los indios fue formalmente prohibida al nacer el siglo XVI. En realidad, no fue prohibida sino bendita: antes de cada entrada militar, los capitanes de conquista debían leer a los indios, ante escribano público, un extenso y retórico *Requerimiento* que los exhortaba a convertirse a la santa fe católica: «Si no lo hiciéreis, o en ello dilación maliciosamente pusiéreis, certifícoos que con la ayuda de Dios yo entraré poderosamente contra vosotros y vos haré guerra por todas las partes y manera que yo pudiere, y os sujetaré al yugo y obediencia de la Iglesia y de Su Majestad y tomaré vuestras mujeres y hijos y los haré esclavos, y como tales los venderé, y dispondré de ellos como Su Majestad mandare, y os tomaré vuestros bienes y os haré todos los males y daños que pudiere...»[3].

América era el vasto imperio del Diablo, de redención imposible o dudosa, pero la fanática misión contra la herejía de los nativos se confundía con la fiebre que desataba, en las huestes de la conquista, el brillo de los tesoros del Nuevo Mundo. Bernal Díaz del Castillo, soldado de Hernán Cortés en la conquista de México, escribe que han llegado a América «por servir a Dios y a Su Majestad y también por haber riquezas».

Colón quedó deslumbrado, cuando alcanzó el atolón de San Salvador, por la colorida transparencia del Caribe, el paisaje verde, la dulzura y la limpieza del aire, los pájaros espléndidos y los mancebos «de buena estatura, gente muy hermosa» y «harto mansa» que allí habitaba. Regaló a los indígenas «unos bonetes colorados y unas cuentas de vidrio que se ponían al pescuezo, y otras cosas muchas de poco valor con que hubieron mucho placer y quedaron tanto nuestros que era maravilla». Les mostró las espadas. Ellos no las conocían, las tomaban por el filo, se cortaban. Mientras tanto, cuenta el Almirante en su diario de navegación, «yo estaba atento y trabajaba de saber si había oro, y vide que algunos dellos traían un pedazuelo colgando en un

2   L. Capitán y Henri Lorin, *El trabajo en América, antes y después de Colón*, Buenos Aires, 1948.
3   Daniel Vidart, *Ideología y realidad de América*, Montevideo, 1968.

agujero que tenían a la nariz, y por señas pude entender que yendo al Sur o volviendo la isla por el Sur, que estaba allí un Rey que tenía grandes vasos dello, y tenía muy mucho». Porque «del oro se hace tesoro, y con él quien lo tiene hace cuanto quiere en el mundo y llega a que echa las ánimas al Paraíso». En su tercer viaje Colón seguía creyendo que andaba por el mar de la China cuando entró en las costas de Venezuela; ello no le impidió informar que desde allí se extendía una tierra infinita que subía hacia el Paraíso Terrenal. También Américo Vespucio, explorador del litoral de Brasil mientras nacía el siglo XVI, relataría a Lorenzo de Médicis: «Los árboles son de tanta belleza y tanta blandura que nos sentíamos estar en el Paraíso Terrenal...»[4]. Con despecho escribía Colón a los reyes, desde Jamaica, en 1503: «Cuando yo descubrí las Indias, dije que eran el mayor señorío rico que hay en el mundo. Yo dije del oro, perlas, piedras preciosas, especierías...».

Una sola bolsa de pimienta valía, en el medievo, más que la vida de un hombre, pero el oro y la plata eran las llaves que el Renacimiento empleaba para abrir las puertas del Paraíso en el cielo y las puertas del mercantilismo capitalista en la tierra. La epopeya de los españoles y los portugueses en América combinó la propagación de la fe cristiana con la usurpación y el saqueo de las riquezas nativas. El poder europeo se extendía para abrazar el mundo. Las tierras vírgenes, densas de selvas y de peligros, encendían la codicia de los capitanes, los hidalgos caballeros y los soldados en harapos lanzados a la conquista de los espectaculares botines de guerra: creían en la gloria, «el sol de los muertos», y en la audacia. «A los osados ayuda fortuna», decía Cortés. El propio Cortés había hipotecado todos sus bienes personales para equipar la expedición a México. Salvo contadas excepciones como fue el caso de Colón o Magallanes, las aventuras no eran costeadas por el Estado, sino por los conquistadores mismos, o por los mercaderes y banqueros que los financiaban[5].

---

[4]   Luis Nicolau D'Olwer, *Cronistas de las culturas precolombinas*, México, 1963. El abogado Antonio de León Pinelo dedicó dos tomos enteros a demostrar que el Edén estaba en América. En *El Paraíso en el Nuevo Mundo* (Madrid, 1656), incluyó un mapa de América del Sur en el que puede verse, al centro, el jardín del Edén regado por el Amazonas, el Río de la Plata, el Orinoco y el Magdalena. El fruto prohibido era el plátano. El mapa indicaba el lugar exacto de donde había partido el Arca de Noé, cuando el Diluvio Universal.

[5]   J. M. Ots Capdequí, *El Estado español en las Indias*, México, 1941.

Nació el mito de Eldorado, el monarca bañado en oro que los indígenas inventaron para alejar a los intrusos: desde Gonzalo Pizarro hasta Walter Raleigh, muchos lo persiguieron en vano por las selvas y las aguas del Amazonas y el Orinoco. El espejismo del «cerro que manaba plata» se hizo realidad en 1545, con el descubrimiento de Potosí, pero antes habían muerto, vencidos por el hambre y por la enfermedad o atravesados a flechazos por los indígenas, muchos de los expedicionarios que intentaron, infructuosamente, dar alcance al manantial de la plata remontando el río Paraná.

Había, sí, oro y plata en grandes cantidades, acumulados en la meseta de México y en el altiplano andino. Hernán Cortés reveló para España, en 1519, la fabulosa magnitud del tesoro azteca de Moctezuma, y quince años después llegó a Sevilla el gigantesco rescate, un aposento lleno de oro y dos de plata, que Francisco Pizarro hizo pagar al inca Atahualpa antes de estrangularlo. Años antes, con el oro arrancado de las Antillas había pagado la Corona los servicios de los marinos que habían acompañado a Colón en su primer viaje[6]. Finalmente, la población de las islas del Caribe dejó de pagar tributos, porque desapareció: los indígenas fueron completamente exterminados en los lavaderos de oro, en la terrible tarea de revolver las arenas auríferas con el cuerpo a medias sumergido en el agua, o roturando los campos hasta más allá de la extenuación, con la espalda doblada sobre los pesados instrumentos de labranza traídos desde España. Muchos indígenas de la Dominicana se anticipaban al destino impuesto por sus nuevos opresores blancos: mataban a sus hijos y se suicidaban en masa. El cronista oficial Fernández de Oviedo interpretaba así, a mediados del siglo XVI, el holocausto de los antillanos: «Muchos dellos, por su pasatiempo, se mataron con ponzoña por no trabajar, y otros se ahorcaron por sus manos propias»[7].

---

[6] Earl J. Hamilton, *American Treasure and the Price Revolution in Spain (1501-1650)*, Massachusetts, 1934.

[7] Gonzalo Fernández de Oviedo, *Historia general y natural de las Indias*, Madrid, 1959. La interpretación hizo escuela. Me asombra leer, en el último libro del técnico francés René Dumont, *Cuba, est-il socialiste?*, París, 1970: «Los indios no fueron totalmente exterminados. Sus genes subsisten en los cromosomas cubanos. Ellos sentían una tal aversión por la tensión que exige el trabajo continuo, que algunos se suicidaron antes que aceptar el trabajo forzado...».

Retornaban los dioses con las armas secretas

A su paso por Tenerife, durante su primer viaje, había presenciado Colón una formidable erupción volcánica. Fue como un presagio de todo lo que vendría después en las inmensas tierras nuevas que iban a interrumpir la ruta occidental hacia el Asia. América estaba allí, adivinada desde sus costas infinitas; la conquista se extendió, en oleadas, como una marea furiosa. Los adelantados sucedían a los almirantes y las tripulaciones se convertían en huestes invasoras. Las bulas del Papa habían hecho apostólica concesión del África a la corona de Portugal, y a la corona de Castilla habían otorgado las tierras «desconocidas como las hasta aquí descubiertas por vuestros enviados y las que se han de descubrir en lo futuro...»: América había sido donada a la reina Isabel. En 1508, una nueva bula concedió a la corona española, a perpetuidad, todos los diezmos recaudados en América: el codiciado patronato universal sobre la Iglesia del Nuevo Mundo incluía el derecho de presentación real de todos los beneficios eclesiásticos[8].

El Tratado de Tordesillas, suscrito en 1494, permitió a Portugal ocupar territorios americanos más allá de la línea divisoria trazada por el Papa, y en 1530 Martim Alfonso de Sousa fundó las primeras poblaciones portuguesas en Brasil, expulsando a los franceses. Ya para entonces los españoles, atravesando selvas infernales y desiertos infinitos, habían avanzado mucho en el proceso de la exploración y la conquista. En 1513, el Pacífico resplandecía ante los ojos de Vasco Núñez de Balboa; en el otoño de 1522, retornaban a España los sobrevivientes de la expedición de Hernando de Magallanes que habían unido por vez primera ambos océanos y habían verificado que el mundo era redondo al darle la vuelta completa; tres años antes habían partido de la isla de Cuba, en dirección a México, las diez naves de Hernán Cortés, y en 1523 Pedro de Alvarado se lanzó a la conquista de Centroamérica; Francisco Pizarro entró triunfante en el Cuzco, en 1533, apoderándose del corazón del imperio de los incas; en 1540, Pedro de Valdivia atravesaba el desierto de Atacama y fundaba Santiago de Chile. Los conquistadores penetraban el Chaco y

---

[8] Guillermo Vázquez Franco, *La conquista justificada*, Montevideo, 1968, y J. H. Elliott, *op. cit.*

revelaban el Nuevo Mundo desde el Perú hasta las bocas del río más caudaloso del planeta.

Había de todo entre los indígenas de América: astrónomos y caníbales, ingenieros y salvajes de la Edad de Piedra. Pero ninguna de las culturas nativas conocía el hierro ni el arado, ni el vidrio ni la pólvora, ni empleaba la rueda. La civilización que se abatió sobre estas tierras desde el otro lado del mar vivía la explosión creadora del Renacimiento: América aparecía como una invención más, incorporada junto con la pólvora, la imprenta, el papel y la brújula al bullente nacimiento de la Edad Moderna. El desnivel de desarrollo de ambos mundos explica en gran medida la relativa facilidad con que sucumbieron las civilizaciones nativas. Hernán Cortés desembarcó en Veracruz acompañado por no más de cien marineros y 508 soldados; traía 16 caballos, 32 ballestas, diez cañones de bronce y algunos arcabuces, mosquetes y pistolones. Y sin embargo, la capital de los aztecas, Tenochtitlán, era por entonces cinco veces mayor que Madrid y duplicaba la población de Sevilla, la mayor de las ciudades españolas. Francisco Pizarro entró en Cajamarca con 180 soldados y 37 caballos.

Los indígenas fueron, al principio, derrotados por el asombro. El emperador Moctezuma recibió, en su palacio, las primeras noticias: un cerro grande andaba moviéndose por el mar. Otros mensajeros llegaron después: «...mucho espanto le causó el oír cómo estalla el cañón, cómo retumba su estrépito, y cómo se desmaya uno; se le aturden a uno los oídos. Y cuando cae el tiro, una como bola de piedra sale de sus entrañas: va lloviendo fuego...». Los extranjeros traían «venados» que los soportaban «tan alto como los techos». Por todas partes venían envueltos sus cuerpos, «solamente aparecen sus caras. Son blancas, son como si fueran de cal. Tienen el cabello amarillo, aunque algunos lo tienen negro. Larga su barba es...»[9]. Moctezuma creyó que era el dios Quetzalcóatl quien volvía. Ocho presagios habían anunciado, poco antes, su retorno. Los cazadores le habían traído un ave que tenía en la cabeza una diadema redonda con la forma de un espejo, donde se reflejaba el cielo con el sol hacia el poniente. En ese espejo Moctezuma vio marchar sobre México los escuadro-

---

[9]   Según los informantes indígenas de fray Bernardino de Sahagún, en el Códice Florentino. Miguel León-Portilla, *Visión de los vencidos*, México, 1967.

nes de los guerreros. El dios Quetzalcóatl había venido por el este y por el este se había ido: era blanco y barbudo. También blanco y barbudo era Huiracocha, el dios bisexual de los incas.Y el oriente era la cuna de los antepasados heroicos de los mayas[10].

Los dioses vengativos que ahora regresaban para saldar cuentas con sus pueblos traían armaduras y cotas de malla, lustrosos caparazones que devolvían los dardos y las piedras; sus armas despedían rayos mortíferos y oscurecían la atmósfera con humos irrespirables. Los conquistadores practicaban también, con habilidad política, la técnica de la traición y la intriga. Supieron explotar, por ejemplo, el rencor de los pueblos sometidos al dominio imperial de los aztecas y las divisiones que desgarraban el poder de los incas. Los tlaxcaltecas fueron aliados de Cortés, y Pizarro usó en su provecho la guerra entre los herederos del imperio incaico, Huáscar y Atahualpa, los hermanos enemigos. Los conquistadores ganaron cómplices entre las castas dominantes intermedias, sacerdotes, funcionarios, militares, una vez abatidas, por el crimen, las jefaturas indígenas más altas. Pero además usaron otras armas o, si se prefiere, otros factores trabajaron objetivamente por la victoria de los invasores. Los caballos y las bacterias, por ejemplo.

Los caballos habían sido, como los camellos, originarios de América[11], pero se habían extinguido en estas tierras. Introducidos en Europa por los jinetes árabes, habían prestado en el Viejo Mundo una inmensa utilidad militar y económica. Cuando reaparecieron en América a través de la conquista, contribuyeron a dar fuerzas mágicas a los invasores ante los ojos atónitos de los indígenas. Según una versión, cuando el inca Atahualpa vio llegar a los primeros soldados españoles, montados en briosos caballos ornamentados con cascabeles y penachos, que corrían desencadenando truenos y polvaredas con sus cascos veloces, se cayó de espaldas[12]. El cacique Tecum, al

---

[10] Estas asombrosas coincidencias han estimulado la hipótesis de que los dioses de las religiones indígenas habían sido en realidad europeos llegados a estas tierras mucho antes que Colón. Rafael Pineda Yáñez, *La isla y Colón*, Buenos Aires, 1955.

[11] Jacquetta Hawkes, *Prehistoria*, en la *Historia de la Humanidad*, de la UNESCO, Buenos Aires, 1966.

[12] Miguel León-Portilla, *El reverso de la conquista. Relaciones aztecas, mayas e incas*, México, 1964.

frente de los herederos de los mayas, descabezó con su lanza el caballo de Pedro de Alvarado, convencido de que formaba parte del conquistador: Alvarado se levantó y lo mató[13]. Contados caballos, cubiertos con arreos de guerra, dispersaban las masas indígenas y sembraban el terror y la muerte. «Los curas y misioneros esparcieron ante la fantasía vernácula», durante el proceso colonizador, «que los caballos eran de origen sagrado, ya que Santiago, el Patrón de España, montaba en un potro blanco, que había ganado valiosas batallas contra los moros y judíos, con ayuda de la Divina Providencia»[14].

Las bacterias y los virus fueron los aliados más eficaces. Los europeos traían consigo, como plagas bíblicas, la viruela y el tétanos, varias enfermedades pulmonares, intestinales y venéreas, el tracoma, el tifus, la lepra, la fiebre amarilla, las caries que pudrían las bocas. La viruela fue la primera en aparecer. ¿No sería un castigo sobrenatural aquella epidemia desconocida y repugnante que encendía la fiebre y descomponía las carnes? «Ya se fueron a meter en Tlaxcala. Entonces se difundió la epidemia: tos, granos ardientes, que queman», dice un testimonio indígena, y otro: «A muchos dio muerte la pegajosa, apelmazada, dura enfermedad de granos»[15]. Los indios morían como moscas; sus organismos no oponían defensas ante las enfermedades nuevas. Y los que sobrevivían quedaban debilitados e inútiles. El antropólogo brasileño Darcy Ribeiro estima[16] que más de la mitad de la población aborigen de América, Australia y las islas oceánicas murió contaminada luego del primer contacto con los hombres blancos.

«Como unos puercos hambrientos ansían el oro»

A tiros de arcabuz, golpes de espada y soplos de peste, avanzaban los implacables y escasos conquistadores de América. Lo contaron las voces de los vencidos. Después de la matanza de Cholula, Moctezuma envió nuevos emisarios al encuentro de Hernán Cortés, quien avanzó

---

[13] Miguel León-Portilla, *op. cit.*

[14] Gustavo Adolfo Otero, *Vida social en el coloniaje*, La Paz, 1958.

[15] Autores anónimos de Tlatelolco e informantes de Sahagún, en Miguel León-Portilla, *op. cit.*

[16] Darcy Ribeiro, *Las Américas y la civilización*, tomo I: *La civilización occidental y nosotros. Los pueblos testimonio*, Buenos Aires, 1969.

rumbo al valle de México. Los enviados regalaron a los españoles collares de oro y banderas de plumas de quetzal. Los españoles «estaban deleitándose. Como si fueran monos levantaban el oro, como que se sentaban en ademán de gusto, como que se les renovaba y se les iluminaba el corazón. Como que cierto es que eso anhelan con gran sed. Se les ensancha el cuerpo por eso, tienen hambre furiosa de eso. Como unos puercos hambrientos ansían el oro», dice el texto náhuatl preservado en el Códice Florentino. Más adelante, cuando Cortés llegó a Tenochtitlán, la espléndida capital azteca, los españoles entraron en la casa del tesoro, «y luego hicieron una gran bola de oro, y dieron fuego, encendieron, prendieron llama a todo lo que restaba, por valioso que fuera: con lo cual todo ardió. Y en cuanto al oro, los españoles lo redujeron a barras...».

Hubo guerra, y finalmente Cortés, que había perdido Tenochtitlán, la reconquistó en 1521. «Y ya no teníamos escudos, ya no teníamos macanas, y nada teníamos que comer, ya nada comimos.» La ciudad, devastada, incendiada y cubierta de cadáveres, cayó. «Y toda la noche llovió sobre nosotros.» La horca y el tormento no fueron suficientes: los tesoros arrebatados no colmaban nunca las exigencias de la imaginación, y durante largos años excavaron los españoles el fondo del lago de México en busca del oro y los objetos preciosos presuntamente escondidos por los indios.

Pedro de Alvarado y sus hombres se abatieron sobre Guatemala y «eran tantos los indios que mataron, que se hizo un río de sangre, que viene a ser el Olimtepeque», y también «el día se volvió colorado por la mucha sangre que hubo aquel día». Antes de la batalla decisiva, «y vístose los indios atormentados, les dijeron a los españoles que no les atormentaran más, que allí les tenían mucho oro, plata, diamantes y esmeraldas que les tenían los capitanes Nehaib Ixquín, Nehaib hecho águila y león. Y luego se dieron a los españoles y se quedaron con ellos...»[17].

Antes de que Francisco Pizarro degollara al inca Atahualpa, le arrancó un rescate en «andas de oro y plata que pesaban más de veinte mil marcos de plata fina, un millón y trescientos veintiséis mil escudos de oro finísimo...». Después se lanzó sobre el Cuzco. Sus soldados creían que estaban entrando en la Ciudad de los Césares,

[17] Miguel León-Portilla, *op. cit.*

tan deslumbrante era la capital del imperio incaico, pero no demoraron en salir del estupor y se pusieron a saquear el Templo del Sol: «Forcejeando, luchando entre ellos, cada cual procurando llevarse del tesoro la parte del león, los soldados, con cota de malla, pisoteaban joyas e imágenes, golpeaban los utensilios de oro o les daban martillazos para reducirlos a un formato más fácil y manuable... Arrojaban al crisol, para convertir el metal en barras, todo el tesoro del templo: las placas que habían cubierto los muros, los asombrosos árboles forjados, pájaros y otros objetos del jardín»[18].

Hoy día, en el Zócalo, la inmensa plaza desnuda del centro de la capital de México, la catedral católica se alza sobre las ruinas del templo más importante de Tenochtitlán, y el palacio de gobierno está emplazado sobre la residencia de Cuauhtémoc, el jefe azteca ahorcado por Cortés. Tenochtitlán fue arrasada. El Cuzco corrió, en el Perú, suerte semejante, pero los conquistadores no pudieron abatir del todo sus muros gigantescos y hoy puede verse, al pie de los edificios coloniales, el testimonio de piedra de la colosal arquitectura incaica.

Esplendores del Potosí: el ciclo de la plata

Dicen que hasta las herraduras de los caballos eran de plata en la época del auge de la ciudad de Potosí[19]. De plata eran los altares de las iglesias y las alas de los querubines en las procesiones: en 1658, para la celebración del Corpus Christi, las calles de la ciudad fueron desempedradas, desde la matriz hasta la iglesia de Recoletos, y totalmente cubiertas con barras de plata. En Potosí la plata levantó templos y palacios, monasterios y garitos, ofreció motivo a la tragedia y a la fiesta, derramó la sangre y el vino, encendió la codicia y desató el despilfarro y la aventura. La espada y la cruz marchaban juntas en la

[18] *Ibíd.*

[19] Para la reconstrucción del apogeo de Potosí, el autor ha consultado los siguientes testimonios del pasado: Pedro Vicente Cañete y Domínguez, *Potosí colonial; guía histórica, geográfica, política, civil y legal del gobierno e intendencia de la provincia de Potosí*, La Paz, 1939; Luis Capoche, *Relación general de la Villa Imperial de Potosí*, Madrid, 1959; y Nicolás de Martínez Arzanz y Vela, *Historia de la Villa Imperial de Potosí*, Buenos Aires, 1943. Además, las *Crónicas potosinas*, de Vicente G. Quesada, París, 1890, y *La ciudad única*, de Jaime Molins, Potosí, 1961.

conquista y en el despojo colonial. Para arrancar la plata de América, se dieron cita en Potosí los capitanes y los ascetas, los caballeros de lidia y los apóstoles, los soldados y los frailes. Convertidas en piñas y lingotes, las vísceras del cerro rico alimentaron sustancialmente el desarrollo de Europa. «Vale un Perú» fue el elogio máximo a las personas o a las cosas desde que Pizarro se hizo dueño del Cuzco, pero a partir del descubrimiento del cerro, Don Quijote de la Mancha habla con otras palabras: «Vale un Potosí», advierte a Sancho. Vena yugular del Virreinato, manantial de la plata de América, Potosí contaba con 120.000 habitantes según el censo de 1573. Sólo veintiocho años habían transcurrido desde que la ciudad brotara entre los páramos andinos y ya tenía, como por arte de magia, la misma población que Londres y más habitantes que Sevilla, Madrid, Roma o París. Hacia 1650, un nuevo censo adjudicaba a Potosí 160.000 habitantes. Era una de las ciudades más grandes y más ricas del mundo, diez veces más habitada que Boston, en tiempos en que Nueva York ni siquiera había empezado a llamarse así.

La historia de Potosí no había nacido con los españoles. Tiempo antes de la conquista, el inca Huayna Cápac había oído hablar a sus vasallos del Sumaj Orcko, el cerro hermoso, y por fin pudo verlo cuando se hizo llevar, enfermo, a las termas de Tarapaya. Desde las chozas pajizas del pueblo de Cantumarca, los ojos del inca contemplaron por primera vez aquel cono perfecto que se alzaba, orgulloso, por entre las altas cumbres de las serranías. Quedó estupefacto. Las infinitas tonalidades rojizas, la forma esbelta y el tamaño gigantesco del cerro siguieron siendo motivo de admiración y asombro en los tiempos siguientes. Pero el inca había sospechado que en sus entrañas debía albergar piedras preciosas y ricos metales, y había querido sumar nuevos adornos al Templo del Sol en el Cuzco. El oro y la plata que los incas arrancaban de las minas de Colque Porco y Andacaba no salían de los límites del reino: no servían para comerciar sino para adorar a los dioses. No bien los mineros indígenas clavaron sus pedernales en los filones de plata del cerro hermoso una voz cavernosa los derribó. Era una voz fuerte como el trueno, que salía de las profundidades de aquellas breñas y decía, en quechua: «No es para ustedes; Dios reserva estas riquezas para los que vienen de más allá». Los indios huyeron despavoridos y el inca abandonó el cerro. Antes, le cambió el nombre. El cerro pasó a llamarse Potojsi, que significa: «Truena, revienta, hace explosión».

«Los que vienen de más allá» no demoraron mucho en aparecer. Los capitanes de la conquista se abrían paso. Huayna Cápac ya había muerto cuando llegaron. En 1545, el indio Huallpa corría tras las huellas de una llama fugitiva y se vio obligado a pasar la noche en el cerro. Para no morirse de frío, hizo fuego. La fogata alumbró una hebra blanca y brillante. Era plata pura. Se desencadenó la avalancha española.

Fluyó la riqueza. El emperador Carlos V dio prontas señales de gratitud otorgando a Potosí el título de Villa Imperial y un escudo con esta inscripción: «Soy el rico Potosí, del mundo soy el tesoro, soy el rey de los montes y envidia soy de los reyes». Apenas once años después del hallazgo de Huallpa, ya la recién nacida Villa Imperial celebraba la coronación de Felipe II con festejos que duraron veinticuatro días y costaron ocho millones de pesos fuertes. Llovían los buscadores de tesoros sobre el inhóspito paraje. El cerro, a casi cinco mil metros de altura, era el más poderoso de los imanes, pero a sus pies la vida resultaba dura, inclemente: se pagaba el frío como si fuera un impuesto y en un abrir y cerrar de ojos una sociedad rica y desordenada brotó, en Potosí, junto con la plata. Auge y turbulencia del metal: Potosí pasó a ser «el nervio principal del reino», según lo definiera el virrey Hurtado de Mendoza. A comienzos del siglo XVII, ya la ciudad contaba con treinta y seis iglesias espléndidamente ornamentadas, otras tantas casas de juego y catorce escuelas de baile. Los salones, los teatros y los tablados para las fiestas lucían riquísimos tapices, cortinajes, blasones y obras de orfebrería; de los balcones de las casas colgaban damascos coloridos y lamas de oro y plata. Las sedas y los tejidos venían de Granada, Flandes y Calabria; los sombreros de París y Londres; los diamantes de Ceylán; las piedras preciosas de la India; las perlas de Panamá; las medias de Nápoles; los cristales de Venecia; las alfombras de Persia; los perfumes de Arabia, y la porcelana de China. Las damas brillaban de pedrería, diamantes y rubíes y perlas, y los caballeros ostentaban finísimos paños bordados de Holanda. A la lidia de toros seguían los juegos de sortija y nunca faltaban los duelos al estilo medieval, lances del amor y del orgullo, con cascos de hierro empedrados de esmeraldas y de vistosos plumajes, sillas y estribos de filigrana de oro, espadas de Toledo y potros chilenos enjaezados a todo lujo.

En 1579, se quejaba el oidor Matienzo: «Nunca faltan –decía–

novedades, desvergüenzas y atrevimientos». Por entonces ya había en Potosí ochocientos tahúres profesionales y ciento veinte prostitutas célebres, a cuyos resplandecientes salones concurrían los mineros ricos. En 1608, Potosí festejaba las fiestas del Santísimo Sacramento con seis días de comedias y seis noches de máscaras, ocho días de toros y tres de *saraos*, dos de torneos y otras fiestas.

España tenía la vaca, pero otros tomaban la leche

Entre 1545 y 1558 se descubrieron las fértiles minas de plata de Potosí, en la actual Bolivia, y las de Zacatecas y Guanajuato en México; el proceso de amalgama con mercurio, que hizo posible la explotación de plata de ley más baja, empezó a aplicarse en ese mismo período. El *rush* de la plata eclipsó rápidamente a la minería de oro. A mediados del siglo XVII la plata abarcaba más del 99 por ciento de las exportaciones minerales de la América hispánica[20].

América era, por entonces, una vasta bocamina centrada, sobre todo, en Potosí. Algunos escritores bolivianos, inflamados de excesivo entusiasmo, afirman que en tres siglos España recibió suficiente metal de Potosí como para tender un puente de plata desde la cumbre del cerro hasta la puerta del palacio real al otro lado del océano. La imagen es, sin duda, obra de fantasía, pero de cualquier manera alude a una realidad que, en efecto, parece inventada: el flujo de la plata alcanzó dimensiones gigantescas. La cuantiosa exportación clandestina de plata americana, que se evadía de contrabando rumbo a las Filipinas, a la China y a la propia España, no figura en los cálculos de Earl J. Hamilton[21], quien a partir de los datos obtenidos en la Casa de Contratación ofrece, de todos modos, en su conocida obra sobre el tema, cifras asombrosas. Entre 1503 y 1660, llegaron al puerto de Sevilla 185 mil kilos de oro y 16 millones de kilos de plata. La plata transportada a España en poco más de un siglo y medio, excedía tres veces el total de las reservas europeas. Y estas cifras, cortas, no incluyen el contrabando.

Los metales arrebatados a los nuevos dominios coloniales estimula-

[20]   Earl J. Hamilton, *op. cit.*
[21]   *Ibíd.*

ron el desarrollo económico europeo y hasta puede decirse que lo hicieron posible. Ni siquiera los efectos de la conquista de los tesoros persas que Alejandro Magno volcó sobre el mundo helénico podrían compararse con la magnitud de esta formidable contribución de América al progreso ajeno. No al de España, por cierto, aunque a España pertenecían las fuentes de la plata americana. Como se decía en el siglo XVII, «España es como la boca que recibe los alimentos, los mastica, los tritura, para enviarlos enseguida a los demás órganos, y no retiene de ellos por su parte, más que un gusto fugitivo o las partículas que por casualidad se agarran a sus dientes»[22]. Los españoles tenían la vaca, pero eran otros quienes bebían la leche. Los acreedores del reino, en su mayoría extranjeros, vaciaban sistemáticamente las arcas de la Casa de Contratación de Sevilla, destinadas a guardar bajo tres llaves, y en tres manos distintas, los tesoros de América.

La Corona estaba hipotecada. Cedía por adelantado casi todos los cargamentos de plata a los banqueros alemanes, genoveses, flamencos y españoles[23]. También los impuestos recaudados dentro de España corrían, en gran medida, esta suerte: en 1543, un 65 por ciento del total de las rentas reales se destinaba al pago de las anualidades de los títulos de deuda. Sólo en mínima medida la plata americana se incorporaba a la economía española; aunque quedara formalmente registrada en Sevilla, iba a parar a manos de los Függer, poderosos banqueros que habían adelantado al Papa los fondos necesarios para terminar la catedral de San Pedro, y de otros grandes prestamistas de la época, al estilo de los Welser, los Shetz o los Grimaldi. La plata se destinaba también al pago de exportaciones de mercaderías *no españolas* con destino al Nuevo Mundo.

Aquel imperio rico tenía una metrópoli pobre, aunque en ella la ilusión de la prosperidad levantara burbujas cada vez más hinchadas: la Corona abría por todas partes frentes de guerra mientras la aristocracia se consagraba al despilfarro y se multiplicaban, en suelo español, los curas y los guerreros, los nobles y los mendigos, al mismo ritmo frenético en que crecían los precios de las cosas y las tasas de interés del dinero. La industria moría al nacer en aquel reino de los vastos latifundios estériles, y la enferma economía española no podía resistir el brus-

---

[22]   Citado por Gustavo Adolfo Otero, *op. cit.*
[23]   J. H. Elliott, *op. cit.*, y Earl J. Hamilton, *op. cit.*

co impacto del alza de la demanda de alimentos y mercancías que era la inevitable consecuencia de la expansión colonial. El gran aumento de los gastos públicos y la asfixiante presión de las necesidades de consumo en las posesiones de ultramar agudizaban el déficit comercial y desataban, al galope, la inflación. Colbert escribía: «Cuanto más comercio con los españoles tiene un estado, más plata tiene». Había una aguda lucha europea por la conquista del mercado español que implicaba el mercado y la plata de América. Un memorial francés de fines del siglo XVII nos permite saber que España sólo dominaba, por entonces, el cinco por ciento del comercio con «sus» posesiones coloniales de más allá del océano, pese al espejismo jurídico del monopolio: cerca de una tercera parte del total estaba en manos de holandeses y flamencos, una cuarta parte pertenecía a los franceses, los genoveses controlaban más del veinte por ciento, los ingleses el diez y los alemanes algo menos[24]. *América era un negocio europeo.*

Carlos V, heredero de los Césares en el Sacro Imperio por elección comprada, sólo había pasado en España dieciséis de los cuarenta años de su reinado. Aquel monarca de mentón prominente y mirada de idiota, que había ascendido al trono sin conocer una sola palabra del idioma castellano, gobernaba rodeado por un séquito de flamencos rapaces a los que extendía salvoconductos para sacar de España mulas y caballos cargados de oro y joyas y a los que también recompensaba otorgándoles obispados y arzobispados, títulos burocráticos y hasta la primera licencia para conducir esclavos negros a las colonias americanas. Lanzado a la persecución del demonio por toda Europa, Carlos V extenuaba el tesoro de América en sus guerras religiosas. La dinastía de los Habsburgo no se agotó con su muerte; España habría de padecer el reinado de los Austria durante casi dos siglos. El gran adalid de la Contrarreforma fue su hijo Felipe II. Desde su gigantesco palacio-monasterio de El Escorial, en las faldas del Guadarrama, Felipe II puso en funcionamiento, a escala universal, la terrible maquinaria de la Inquisición, y abatió sus ejércitos sobre los centros de la herejía. El calvinismo había hecho presa de Holanda, Inglaterra y Francia, y los turcos encarnaban el peligro del retorno de la religión de Alá. El salvacionismo costaba caro: los pocos objetos de

---

[24] Roland Mousnier, *Los siglos XVI y XVII*, volumen IV de la *Historia general de las civilizaciones*, de Maurice Crouzet, Barcelona, 1967.

oro y plata, maravillas del arte americano, que no llegaban ya fundidos desde México y el Perú, eran rápidamente arrancados de la Casa de Contratación de Sevilla y arrojados a las bocas de los hornos.

Ardían también los herejes o los sospechosos de herejía, achicharrados por las llamas purificadoras de la Inquisición; Torquemada incendiaba los libros y el rabo del diablo asomaba por todos los rincones: la guerra contra el protestantismo era además la guerra contra el capitalismo ascendente en Europa. «La perpetuación de la cruzada –dice Elliott en su obra ya citada– entrañaba la perpetuación de la arcaica organización social de una nación de cruzados.» Los metales de América, delirio y ruina de España, proporcionaban medios para pelear contra las nacientes fuerzas de la economía moderna. Ya Carlos V había aplastado a la burguesía castellana en la guerra de los comuneros, que se había convertido en una revolución social contra la nobleza, sus propiedades y sus privilegios. El levantamiento fue derrotado a partir de la traición de la ciudad de Burgos, que sería la capital del general Francisco Franco cuatro siglos más tarde; extinguidos los últimos fuegos rebeldes, Carlos V regresó a España acompañado de cuatro mil soldados alemanes. Simultáneamente, fue también ahogada en sangre la muy radical insurrección de los tejedores, hilanderos y artesanos que habían tomado el poder en la ciudad de Valencia y lo habían extendido por toda la comarca.

La defensa de la fe católica resultaba una máscara para la lucha contra la historia. La expulsión de los judíos –españoles de religión judía– había privado a España, en tiempos de los Reyes Católicos, de muchos artesanos hábiles y de capitales imprescindibles. Se considera no tan importante la expulsión de los árabes –españoles, en realidad, de religión musulmana– aunque en 1609 nada menos que 275 mil fueron arriados a la frontera y ello tuvo desastrosos efectos sobre la economía valenciana, y los fértiles campos del sur del Ebro, en Aragón, quedaron arruinados. Anteriormente, Felipe II había echado, por motivos religiosos, a millares de artesanos flamencos convictos o sospechosos de protestantismo: Inglaterra los acogió en su suelo, y allí dieron un importante impulso a las manufacturas británicas.

Como se ve, las distancias enormes y las comunicaciones difíciles no eran los principales obstáculos que se oponían al progreso industrial de España. Los capitalistas españoles se convertían en rentistas, a través de la compra de los títulos de deuda de la Corona, y no invertían sus capitales en el desarrollo industrial. El excedente económico derivaba hacia cauces improductivos: los viejos ricos, señores de horca y cuchillo, dueños de las tierras y de los títulos de nobleza, levantaban palacios y acumulaban joyas; los nuevos ricos, especuladores y mercaderes, compraban tierras y títulos de nobleza. Ni unos ni otros pagaban prácticamente impuestos, ni podían ser encarcelados por deudas. Quien se dedicara a una actividad industrial perdía automáticamente su carta de hidalguía[25].

Sucesivos tratados comerciales, firmados a partir de las derrotas militares de los españoles en Europa, otorgaron concesiones que estimularon el tráfico marítimo entre el puerto de Cádiz, que desplazó a Sevilla, y los puertos franceses, ingleses, holandeses y hanseáticos. Cada año entre ochocientas y mil naves descargaban en España los productos industrializados por otros. Se llevaban la plata de América y la lana española, que marchaba rumbo a los telares extranjeros de donde sería devuelta ya tejida por la industria europea en expansión. Los monopolistas de Cádiz se limitaban a remarcar los productos industriales extranjeros que expedían al Nuevo Mundo: si las manufacturas españolas no podían siquiera atender al mercado interno, ¿cómo iban a satisfacer las necesidades de las colonias?

Los encajes de Lille y Arraz, las telas holandesas, los tapices de Bruselas y los brocados de Florencia, los cristales de Venecia, las armas de Milán y los vinos y lienzos de Francia[26] inundaban el mercado español, a expensas de la producción local, para satisfacer el ansia de ostentación y las exigencias de consumo de los ricos parásitos cada vez más numerosos y poderosos en un país cada vez más pobre. La industria moría en el huevo, y los Habsburgo hicieron todo lo posible por acelerar su extinción. A mediados del siglo XVI se había llegado al colmo de autorizar la importación de tejidos extranjeros al mismo tiempo que se prohibía toda exportación de paños castellanos que no fueran a América[27]. Por el contrario, como ha hecho notar Ramos, muy distintas eran las orientaciones de Enrique VIII o Isabel I en Inglaterra, cuando prohibían en esta ascendente nación la salida del oro

---

[25] J. Vicens Vives, director, *Historia social y económica de España y América*, volúmenes II y III Barcelona, 1957.

[26] Jorge Abelardo Ramos, *Historia de la nación latinoamericana*, Buenos Aires, 1968.

[27] J. H. Elliott, *op. cit.*

y de la plata, monopolizaban las letras de cambio, impedían la extracción de la lana y arrojaban de los puertos británicos a los mercaderes de la Liga Hanseática del Mar del Norte. Mientras tanto, las repúblicas italianas protegían su comercio exterior y su industria mediante aranceles, privilegios y prohibiciones rigurosas: los artífices no podían expatriarse, bajo pena de muerte.

La ruina lo abarcaba todo. De los 16 mil telares que quedaban en Sevilla en 1558, a la muerte de Carlos V, sólo restaban cuatrocientos cuando murió Felipe II, cuarenta años después. Los siete millones de ovejas de la ganadería andaluza se redujeron a dos millones. Cervantes retrató en *Don Quijote de la Mancha* –novela de gran circulación en América– la sociedad de su época. Un decreto de mediados del siglo XVI hacía imposible la importación de libros extranjeros e impedía a los estudiantes cursar estudios fuera de España; los estudiantes de Salamanca se redujeron a la mitad en pocas décadas; había nueve mil conventos y el clero se multiplicaba casi tan intensamente como la nobleza de capa y espada; 160 mil extranjeros acaparaban el comercio exterior y los derroches de la aristocracia condenaban a España a la impotencia económica. Hacia 1630, poco más de un centenar y medio de duques, marqueses, condes y vizcondes recogían cinco millones de ducados de renta anual, que alimentaban copiosamente el brillo de sus títulos rimbombantes. El duque de Medinaceli tenía setecientos criados y eran trescientos los sirvientes del gran duque de Osuna, quien, para burlarse del zar de Rusia, los vestía con tapados de pieles[28].

El siglo XVII fue la época del pícaro, el hambre y las epidemias. Era infinita la cantidad de mendigos españoles, pero ello no impedía que también los mendigos extranjeros afluyeran desde todos los rincones de Europa. Hacia 1700, España contaba ya con 625 mil hidalgos, señores de la guerra, aunque el país se vaciaba: su población se había reducido a la mitad en algo más de dos siglos, y era equivalente a la de

---

[28] La especie no se ha extinguido. Abro una revista de Madrid de fines de 1969, leo: ha muerto doña Teresa Bertrán de Lis y Pidal Gorouski y Chico de Guzmán, duquesa de Albuquerque y marquesa de los Alcañices y de los Balbases, y la llora el viudo duque de Albuquerque, don Beltrán Alonso Osorio y Díez de Rivera Martos y Figueroa, marqués de Alcañices, de los Balbases, de Cadreita, de Cuéllar, de Cullera, de Montaos, conde de Fuensaldaña, de Grajal, De Huelma, de Ledesma, de la Torre, de Villanueva de Cañedo, de Villahumbrosa, tres veces Grande de España.

Inglaterra, que en el mismo período la había duplicado. 1700 señala el fin del régimen de los Habsburgo. La bancarrota era total. Desocupación crónica, grandes latifundios baldíos, moneda caótica, industria arruinada, guerras perdidas y tesoros vacíos, la autoridad central desconocida en las provincias: la España que afrontó Felipe V estaba «poco menos difunta que su amo muerto»[29].

Los Borbones dieron a la nación una apariencia más moderna, pero a fines del siglo XVIII el clero español tenía nada menos que doscientos mil miembros y el resto de la población improductiva no detenía su aplastante desarrollo, a expensas del subdesarrollo del país. Por entonces, había aún en España más de diez mil pueblos y ciudades sujetos a la jurisdicción señorial de la nobleza y, por lo tanto, fuera del control directo del rey. Los latifundios y la institución del mayorazgo seguían intactos. Continuaban en pie el oscurantismo y el fatalismo. No había sido superada la época de Felipe IV: en sus tiempos, una junta de teólogos se reunió para examinar el proyecto de construcción de un canal entre el Manzanares y el Tajo y terminó declarando que si Dios hubiese querido que los ríos fuesen navegables, Él mismo los hubiera hecho así.

La distribución de funciones entre el caballo y el jinete

En el primer tomo de *El capital*, escribió Karl Marx: «El descubrimiento de los yacimientos de oro y plata de América, la cruzada de exterminio, esclavización y sepultamiento en las minas de la población aborigen, el comienzo de la conquista y el saqueo de las Indias Orientales, la conversión del continente africano en cazadero de esclavos negros: son todos hechos que señalan los albores de la era de producción capitalista. Estos procesos idílicos representan otros tantos *factores fundamentales* en el movimiento de la *acumulación originaria*».

El saqueo, interno y externo, fue el medio más importante para la acumulación primitiva de capitales que, desde la Edad Media, hizo posible la aparición de una nueva etapa histórica en la evolución económica mundial. A medida que se extendía la economía monetaria, el intercambio desigual iba abarcando cada vez más capas sociales y

---

[29] John Lynch, *Administración colonial española*, Buenos Aires, 1962.

más regiones del planeta. Ernest Mandel ha sumado el valor del oro y la plata arrancados de América hasta 1660, el botín extraído de Indonesia por la Compañía Holandesa de las Indias Orientales desde 1650 hasta 1780, las ganancias del capital francés en la trata de esclavos durante el siglo XVIII, las entradas obtenidas por el trabajo esclavo en las Antillas británicas y el saqueo inglés de la India durante medio siglo: el resultado supera el valor de todo el capital invertido en todas las industrias europeas hacia 1800[30]. Mandel hace notar que esta gigantesca masa de capitales creó un ambiente favorable a las inversiones en Europa, estimuló el «espíritu de empresa» y financió directamente el establecimiento de manufacturas que dieron un gran impulso a la revolución industrial. *Pero, al mismo tiempo, la formidable concentración internacional de la riqueza en beneficio de Europa impidió, en las regiones saqueadas, el salto a la acumulación de capital industrial.* «La doble tragedia de los países en desarrollo consiste en que no sólo fueron víctimas de ese proceso de concentración internacional, sino que posteriormente han debido tratar de compensar su atraso industrial, es decir, realizar la acumulación originaria de capital industrial, en un mundo que está inundado con los artículos manufacturados por una industria ya madura, la occidental.»[31]

Las colonias americanas habían sido descubiertas, conquistadas y colonizadas dentro del proceso de la expansión del capital comercial. Europa tendía sus brazos para alcanzar al mundo entero. Ni España ni Portugal recibieron los beneficios del arrollador avance del mercantilismo capitalista, aunque fueron sus colonias las que, en medida sustancial, proporcionaron el oro y la plata que nutrieron esa expansión. Como hemos visto, si bien los metales preciosos de América alumbraron la engañosa fortuna de una nobleza española que vivía su Edad Media tardíamente y a contramano de la historia, simultáneamente sellaron la ruina de España en los siglos por venir. Fueron otras las comarcas de Europa que pudieron incubar el capitalismo moderno valiéndose, en gran parte, de la expropiación de los pueblos primitivos de América. A la rapiña de los tesoros acumulados sucedió la explotación sistemática, en los socavones y en los yaci-

---

[30] Ernest Mandel, *Tratado de economía marxista*, México, 1969.
[31] Ernest Mandel, *La teoría marxista de la acumulación primitiva y la industrialización del Tercer Mundo*, revista *Amaru*, núm. 6, Lima, abril-junio de 1968.

mientos, del trabajo forzado de los indígenas y de los negros esclavos arrancados de África por los traficantes.

Europa necesitaba oro y plata. Los medios de pago de circulación se multiplicaban sin cesar y era preciso alimentar los movimientos del capitalismo a la hora del parto: los burgueses se apoderaban de las ciudades y fundaban bancos, producían e intercambiaban mercancías, conquistaban mercados nuevos. Oro, plata, azúcar: la economía colonial, más abastecedora que consumidora, se estructuró en función de las necesidades del mercado europeo, y a su servicio. El valor de las exportaciones latinoamericanas de metales preciosos fue, durante prolongados períodos del siglo XVI, cuatro veces mayor que el valor de las importaciones, compuestas sobre todo por esclavos, sal, vino y aceite, armas, paños y artículos de lujo. Los recursos fluían para que los acumularan las naciones europeas emergentes. Ésta era la misión fundamental que habían traído los pioneros, aunque además aplicaran el Evangelio, casi tan frecuentemente como el látigo, a los indios agonizantes. La estructura económica de las colonias ibéricas nació subordinada al mercado externo y, en consecuencia, centralizada en torno del sector exportador, que concentraba la renta y el poder.

A lo largo del proceso, desde la etapa de los metales al posterior suministro de alimentos, cada región se identificó con lo que produjo, y produjo lo que de ella se esperaba en Europa: *cada producto, cargado en las bodegas de los galeones que surcaban el océano, se convirtió en una vocación y en un destino.* La división internacional del trabajo, tal como fue surgiendo junto con el capitalismo, se parecía más bien a la distribución de funciones entre un jinete y un caballo, como dice Paul Baran[32]. Los mercados del mundo colonial crecieron como meros apéndices del mercado interno del capitalismo que irrumpía.

Celso Furtado advierte[33] que los señores feudales europeos obtenían un excedente económico de la población por ellos dominada, y lo utilizaban, de una u otra forma, en sus mismas regiones, en tanto que el objetivo principal de los españoles que recibieron del rey minas, tierras e indígenas en América, consistía en sustraer un excedente para transferirlo a Europa. Esta observación contribuye a aclarar el

[32] Paul Baran, *Economía política del crecimiento*, México, 1959.
[33] Celso Furtado, *La economía latinoamericana desde la conquista ibérica hasta la revolución cubana*, Santiago de Chile, 1969, y México, 1969.

fin último que tuvo, desde su implantación, la economía colonial americana; aunque formalmente mostrara algunos rasgos feudales, actuaba al servicio del capitalismo naciente en otras comarcas. Al fin y al cabo, tampoco en nuestro tiempo la existencia de los centros ricos del capitalismo puede explicarse sin la existencia de las periferias pobres y sometidas: unos y otras integran el mismo sistema.

Pero no todo el excedente se evadía hacia Europa. La economía colonial también financiaba el despilfarro de los mercaderes, los dueños de las minas y los grandes propietarios de tierras, quienes se repartían el usufructo de la mano de obra indígena y negra bajo la mirada celosa y omnipotente de la Corona y su principal asociada, la Iglesia. El poder estaba concentrado en pocas manos, que enviaban a Europa metales y alimentos, y de Europa recibían los artículos suntuarios a cuyo disfrute consagraban sus fortunas crecientes. No tenían, las clases dominantes, el menor interés en diversificar las economías internas ni en elevar los niveles técnicos y culturales de la población: era otra su función dentro del engranaje internacional para el que actuaban, y la inmensa miseria popular, tan lucrativa desde el punto de vista de los intereses reinantes, impedía el desarrollo de un mercado interno de consumo.

Una economista francesa[34] sostiene que la peor herencia colonial de América Latina, que explica su considerable atraso actual, es la falta de capitales. Sin embargo, toda la información histórica muestra que la economía colonial produjo, en el pasado, una enorme riqueza a las clases asociadas, dentro de la región, al sistema colonialista de dominio. La cuantiosa mano de obra disponible, que era gratuita o prácticamente gratuita, y la gran demanda europea por los productos americanos, hicieron posible, dice Sergio Bagú[35] «una precoz y cuantiosa acumulación de capitales en las colonias ibéricas. El núcleo de beneficiarios, lejos de irse ampliando, fue reduciéndose en proporción a la masa de población, como se desprende del hecho cierto de que el número de europeos y criollos desocupados aumentara sin cesar». *El capital que restaba en América, una vez deducida la parte del león que se volcaba al proceso de acumulación primitiva del capitalismo europeo, no generaba, en estas tierras, un proceso análogo al de Europa,*

[34]   J. Beaujeau-Garnier, *L'économie de l'Amérique Latine*, París, 1949.
[35]   Sergio Bagú, *Economía de la sociedad colonial. Ensayo de historia comparada de América Latina*, Buenos Aires, 1949.

para echar las bases del desarrollo industrial, sino que se desviaba a la construcción de grandes palacios y templos ostentosos, a la compra de joyas y ropas y muebles de lujo, al mantenimiento de servidumbres numerosas y al despilfarro de las fiestas. En buena medida, también, ese excedente quedaba inmovilizado en la compra de nuevas tierras o continuaba girando en las actividades especulativas y comerciales.

En el ocaso de la era colonial, encontrará Humboldt en México «una enorme masa de capitales amontonados en manos de los propietarios de minas, o en las de negociantes que se han retirado del comercio». No menos de la mitad de la propiedad raíz y del capital total de México pertenecía, según su testimonio, a la Iglesia, que además controlaba buena parte de las tierras restantes mediante hipotecas[36]. Los mineros mexicanos invertían sus excedentes en la compra de latifundios y en los empréstitos en hipoteca, al igual que los grandes exportadores de Veracruz y Acapulco; la jerarquía clerical extendía sus bienes en la misma dirección. Las residencias capaces de convertir al plebeyo en príncipe y los templos despampanantes nacían como los hongos después de la lluvia.

En el Perú, a mediados del siglo XVII, grandes capitales procedentes de los encomenderos, mineros, inquisidores y funcionarios de la administración imperial se volcaban al comercio. Las fortunas nacidas en Venezuela del cultivo del cacao, iniciado a fines del siglo XVI, látigo en mano, a costa de legiones de esclavos negros, se invertían «en nuevas plantaciones y otros cultivos comerciales, así como en minas, bienes raíces urbanos, esclavos y hatos de ganado»[37].

RUINAS DE POTOSÍ: EL CICLO DE LA PLATA

Analizando la naturaleza de las relaciones «metrópoli-satélite» a lo largo de la historia de América Latina como una cadena de subordinaciones sucesivas, André Gunder Frank ha destacado, en una de sus obras[38], que las regiones hoy día más signadas por el subdesarrollo y

---

[36] Alexander von Humboldt, *Ensayo sobre el Reino de la Nueva España*, México, 1944.

[37] Sergio Bagú, *op. cit.*

[38] André Gunder Frank, *Capitalism and Underdevelopment in Latin America*, Nueva York, 1967.

la pobreza son aquellas que en el pasado han tenido lazos más estrechos con la metrópoli y han disfrutado de períodos de auge. Son las regiones que fueron las mayores productoras de bienes exportados hacia Europa o, posteriormente, hacia Estados Unidos, y las fuentes más caudalosas de capital: regiones abandonadas por la metrópoli cuando por una u otra razón los negocios decayeron.

Potosí brinda el ejemplo más claro de esta caída hacia el vacío. Las minas de plata de Guanajuato y Zacatecas, en México, vivieron su auge posteriormente. En los siglos XVI y XVII, el cerro rico de Potosí fue el centro de la vida colonial americana: a su alrededor giraban, de un modo u otro, la economía chilena, que le proporcionaba trigo, carne seca, pieles y vinos; la ganadería y las artesanías de Córdoba y Tucumán, que la abastecían de animales de tracción y de tejidos; las minas de mercurio de Huancavelica y la región de Arica, por donde se embarcaba la plata para Lima, principal centro administrativo de la época. El siglo XVIII señala el principio del fin para la economía de la plata que tuvo su centro en Potosí; sin embargo, en la época de la independencia, todavía la población del territorio que hoy comprende Bolivia era superior a la que habitaba lo que hoy es la Argentina. Siglo y medio después, la población boliviana es casi seis veces menor que la población argentina.

Aquella sociedad potosina, enferma de ostentación y despilfarro, sólo dejó a Bolivia la vaga memoria de sus esplendores, las ruinas de sus iglesias y palacios, y ocho millones de cadáveres de indios. Cualquiera de los diamantes incrustados en el escudo de un caballero rico valía más, al fin y al cabo, que lo que un indio podía ganar en toda su vida de *mitayo*, pero el caballero se fugó con los diamantes. Bolivia, hoy uno de los países más pobres del mundo, podría jactarse –si ello no resultara patéticamente inútil– de haber nutrido la riqueza de los países más ricos. En nuestros días, Potosí es una pobre ciudad de la pobre Bolivia: «La ciudad que más ha dado al mundo y la que menos tiene», como me dijo una vieja señora potosina, envuelta en un kilométrico chal de lana de alpaca, cuando conversamos ante el patio andaluz de su casa de dos siglos. Esta ciudad condenada a la nostalgia, atormentada por la miseria y el frío, es todavía una herida abierta del sistema colonial en América: una acusación. El mundo tendría que empezar por pedirle disculpas.

Se vive de los escombros. En 1640, el padre Álvaro Alonso-Barba publicó en Madrid, en la imprenta del reino, su excelente tratado sobre el arte de los metales. El estaño, escribió Barba, «es veneno»[39]. Mencionó cerros donde «hay mucho estaño, aunque lo conocen pocos, y por no hallarle la plata que todos buscan, le echan por ahí». En Potosí se explota ahora el estaño que los españoles arrojaron a un lado como basura. Se venden las paredes de las casas viejas como estaño de buena ley. Desde las bocas de los cinco mil socavones que los españoles abrieron en el cerro rico se ha chorreado la riqueza a lo largo de los siglos. El cerro ha ido cambiando de color a medida que los tiros de dinamita lo han ido vaciando y le han bajado el nivel de la cumbre. Los montones de roca, acumulados en torno de los infinitos agujeros, tienen todos los colores: son rosados, lilas, púrpuras, ocres, grises, dorados, pardos. Una colcha de retazos. Los *llamperos* rompen la roca y las *palliris* indígenas, de mano sabia para pesar y separar, picotean, como pajaritos, los restos minerales. Buscan estaño. En los viejos socavones que no están inundados, los mineros entran todavía, la lámpara de carburo en una mano, encogidos los cuerpos, para arrancar lo que se pueda. Plata no hay. Ni un relumbrón; los españoles barrían las vetas hasta con escobillas. Los *pallacos* cavan a pico y pala pequeños túneles para extraer estaño de los despojos. «El cerro es rico todavía –me decía sin asombro un desocupado que arañaba la tierra con las manos–. Dios ha de ser, figúrese: el mineral crece como si fuera planta, igual». Frente al cerro rico de Potosí, se alza el testigo de la devastación. Es un monte llamado Huakajchi, que en quechua significa: «Cerro que ha llorado». De sus laderas brotan muchos manantiales de agua pura, los «ojos de agua» que dan de beber a los mineros.

En sus épocas de auge, al promediar el siglo XVII, la ciudad había congregado a muchos pintores y artesanos españoles o criollos o imagineros indígenas que imprimieron su sello al arte colonial americano. Melchor Pérez de Holguín, El Greco de América, dejó una vasta obra religiosa que a la vez delata el talento de su creador y el aliento pagano de estas tierras. Los artistas locales cometían herejías, como el cuadro que muestra a la Virgen María ofreciendo un pecho a Jesús y el otro a su marido. Los orfebres, los cinceladores de platería, los maestros del repujado y los ebanistas, artífices del metal, la made-

---

[39] Álvaro Alonso-Barba, *Arte de los metales*, Potosí, 1967.

ra fina, el yeso y los marfiles nobles, nutrieron las numerosas iglesias y monasterios de Potosí con tallas y altares de infinitas filigranas, relumbrantes de plata, y púlpitos y retablos valiosísimos. Los frentes barrocos de los templos, trabajados en piedra, han resistido el embate de los siglos, pero no ha ocurrido lo mismo con los cuadros, en muchos casos mortalmente mordidos por la humedad, ni con las figuras y objetos de poco peso. Los turistas y los párrocos han vaciado las iglesias de cuanta cosa han podido llevarse: desde los cálices y las campanas hasta las tallas de San Francisco y Cristo en haya o fresno.

Estas iglesias desvalijadas, cerradas ya en su mayoría, se están viniendo abajo, aplastadas por los años. Es una lástima, porque constituyen todavía, aunque hayan sido saqueadas, formidables tesoros en pie de un arte colonial que funde y enciende todos los estilos, valioso en el genio y en la herejía: el «signo escalonado» de Tiahuanacu en lugar de la cruz y la cruz junto al sagrado sol y la sagrada luna, las vírgenes y los santos con pelo natural, las uvas y las espigas enroscadas en las columnas, hasta los capiteles, junto con la *kantuta*, la flor imperial de los incas; las sirenas, Baco y la fiesta de la vida alternando con el ascetismo románico, los rostros morenos de algunas divinidades y las cariátides de rasgos indígenas. Hay iglesias que han sido reacondicionadas para prestar, ya vacías de fieles, otros servicios. La iglesia de San Ambrosio se ha convertido en el cine Omiste; en febrero de 1970, sobre los bajorrelieves barrocos del frente se anunciaba el próximo estreno: «El mundo está loco, loco, loco». El templo de la Compañía de Jesús se convirtió también en cine, después en depósito de mercaderías de la empresa Grace y por último en almacén de víveres para la caridad pública. Pero otras pocas iglesias están aún, mal que bien, en actividad: hace por lo menos siglo y medio que los vecinos de Potosí queman cirios a falta de dinero. La de San Francisco, por ejemplo. Dicen que la cruz de esta iglesia crece algunos centímetros por año, y que también crece la barba del Señor de la Vera Cruz, un imponente Cristo de plata y seda que apareció en Potosí, traído por nadie, hace cuatro siglos. Los curas no niegan que cada determinado tiempo lo afeitan, y le atribuyen, hasta por escrito, todos los milagros: conjuraciones sucesivas de sequías y pestes, guerras en defensa de la ciudad acosada.

Sin embargo, nada pudo el Señor de la Vera Cruz contra la decadencia de Potosí. La extenuación de la plata había sido interpretada como un castigo divino por las atrocidades y los pecados de los mineros. Atrás quedaron las misas espectaculares; como los banquetes y las corridas de toros, los bailes y los fuegos de artificio, el culto religioso a todo lujo había sido también, al fin y al cabo, un subproducto del trabajo esclavo de los indios. Los mineros hacían, en la época del esplendor, fabulosas donaciones para las iglesias y los monasterios, y celebraban suntuosos oficios fúnebres. Llaves de plata pura para las puertas del cielo: el mercader Álvaro Bejarano había ordenado, en su testamento de 1559, que acompañaran su cadáver «todos los curas y sacerdotes de Potosí». El curanderismo y la brujería se mezclaban con la religión autorizada, en el delirio de los fervores y los pánicos de la sociedad colonial. La extremaunción con campanilla y palio podía, como la comunión, curar al agonizante, aunque resultaba mucho más eficaz un jugoso testamento para la construcción de un templo o de un altar de plata. Se combatía la fiebre con los evangelios: las oraciones en algunos conventos refrescaban el cuerpo; en otros, daban calor. «El Credo era fresco como el tamarindo o el nitro dulce y la Salve era cálida como el azahar o el cabello de choclo...»[40].

En la calle Chuquisaca puede uno admirar el frontis, roído por los siglos, de los condes de Carma y Cayara, pero el palacio es ahora el consultorio de un cirujano-dentista; la heráldica del maestre de campo don Antonio López de Quiroga, en la calle Lanza, adorna ahora una escuelita; el escudo del marqués de Otavi, con sus leones rampantes, luce en el pórtico del Banco Nacional. «En qué lugares vivirán ahora. Lejos se han debido ir...». La anciana potosina, atada a su ciudad, me cuenta que primero se fueron los ricos, y después también se fueron los pobres: Potosí tiene ahora tres veces menos habitantes que hace cuatro siglos. Contemplo el cerro desde una azotea de la calle Uyuni, una muy angosta y viboreante callejuela colonial, donde las casas tienen grandes balcones de madera tan pegados de vereda a vereda que pueden los vecinos besarse o golpearse sin necesidad de bajar a la calle. Sobreviven aquí, como en toda la ciudad, los viejos candiles de luz mortecina bajo los cuales, al decir de Jaime Molins, «se solventaron querellas de amor y se escurrieron, como duendes, embozados caballeros, damas elegantes y tahúres».

---

[40]   Gustavo Adolfo Otero, *op. cit.*

La ciudad tiene ahora luz eléctrica, pero no se nota mucho. En las plazas oscuras, a la luz de los viejos faroles, funcionan las tómbolas por las noches: vi rifar un pedazo de torta en medio de un gentío.

Junto con Potosí, cayó Sucre. Esta ciudad del valle, de clima agradable, que antes se había llamado Charcas, La Plata y Chuquisaca sucesivamente, disfrutó buena parte de la riqueza que manaba de las veras del cerro rico de Potosí. Gonzalo Pizarro, hermano de Francisco, había instalado allí su corte, fastuosa como la del rey que quiso ser y no pudo; iglesias y caserones, parques y quintas de recreo brotaban continuamente junto con los juristas, los místicos y los retóricos poetas que fueron dando a la ciudad, de siglo en siglo, su sello. «Silencio, es Sucre. Silencio no más, pues. Pero antes...». Antes, ésta fue la capital cultural de dos virreinatos, la sede del principal arzobispado de América y del más poderoso tribunal de justicia de la colonia, la ciudad más ostentosa y culta de América del Sur. Doña Cecilia Contreras de Torres y doña María de las Mercedes Torralba de Gramajo, señoras de Ubina y Colquechaca, daban banquetes de Camacho: competían en el derroche de las fabulosas rentas que producían sus minas de Potosí, y cuando las opíparas fiestas concluían arrojaban por los balcones la vajilla de plata y hasta los enseres de oro, para que los recogiesen los transeúntes afortunados.

Sucre cuenta todavía con una Torre Eiffel y con sus propios Arcos de Triunfo, y dicen que con las joyas de su Virgen se podría pagar toda la gigantesca deuda externa de Bolivia. Pero las famosas campanas de las iglesias que en 1809 cantaron con júbilo a la emancipación de América, hoy ofrecen un tañido fúnebre. La ronca campana de San Francisco, que tantas veces anunciara sublevaciones y motines, hoy dobla por la mortal inmovilidad de Sucre. Poco importa que siga siendo la capital legal de Bolivia, y que en Sucre resida todavía la Suprema Corte de Justicia. Por las calles pasean innumerables leguleyos, enclenques y de piel amarilla, sobrevivientes testimonios de la decadencia: doctores de aquellos que usaban quevedos, con cinta negra y todo. Desde los grandes palacios vacíos, los ilustres patriarcas de Sucre envían a sus sirvientes a vender empanadas a las ventanillas del ferrocarril. Hubo quien supo comprar, en otras horas afortunadas, hasta un título de príncipe.

En Potosí y en Sucre sólo quedaron vivos los fantasmas de la riqueza muerta. En Huanchaca, otra tragedia boliviana, los capitales anglochilenos agotaron, durante el siglo pasado, vetas de plata de más de dos metros de ancho, con una altísima ley; ahora sólo restan las ruinas humeantes de polvo. Huanchaca continúa en los mapas, como si todavía existiera, identificada como un centro minero todavía vivo, con su pico y su pala cruzados.

¿Tuvieron mejor suerte las minas mexicanas de Guanajuato y Zacatecas? Con base en los datos que proporciona Alexander von Humboldt, *se ha estimado en unos cinco mil millones de dólares actuales la magnitud del excedente económico evadido de México entre 1760 y 1809, apenas medio siglo, a través de las exportaciones de plata y oro*[41]. Por entonces no había minas más importantes en América. El gran sabio alemán comparó la mina de Valenciana, en Guanajuato, con la Himmels Furst de Sajonia, que era la más rica de Europa: la Valenciana producía 36 veces más plata, al filo del siglo, y dejaba a sus accionistas ganancias 33 veces más altas. El conde Santiago de la Laguna vibraba de emoción al describir, en 1732, el distrito minero de Zacatecas y «los preciosos tesoros que ocultan sus profundos senos», en los cerros «todos honrados con más de cuatro mil bocas, para mejor servir con el fruto de sus entrañas a ambas Majestades», Dios y el Rey, y «para que todos acudan a beber y participar de lo grande, de lo rico, de lo docto, de lo urbano y de lo noble», porque era «fuente de sabiduría, policía, armas y nobleza...»[42]. El cura Marmolejo describía más tarde a la ciudad de Guanajuato, atravesada por los puentes, con jardines que tanto se parecían a los de Semíramis en Babilonia y los templos deslumbrantes, el teatro, la plaza de toros, los palenques de gallos y las torres y las cúpulas alzadas contra las verdes laderas de las montañas. Pero éste era «el país de la desigualdad» y Humboldt

[41] Fernando Carmona, prólogo a Diego López Rosado, *Historia y pensamiento económico de México*, México, 1968.

[42] D. Joseph Ribera Bernárdez, Conde Santiago de la Laguna, *Descripción breve de la muy noble y leal ciudad de Zacatecas*, en Gabriel Salinas de la Torre, *Testimonios de Zacatecas*, México, 1946. Además de esta obra y del ensayo de Humboldt, el autor ha consultado: Luis Chávez Orozco, *Revolución industrial - Revolución política*, Biblioteca del Obrero y Campesino, México, s. f.; Lucio Marmolejo, Efemérides *guanajuatenses, o datos para formar la historia de la ciudad de Guanajuato*, Guanajuato, 1883; José María Luis Mora, *México y sus revoluciones*, México, 1965; y para los datos de la actualidad, *La economía del estado de Zacatecas y La economía del estado de Guanajuato*, de la serie de investigaciones del Sistema Bancos de Comercio, México, 1968.

pudo escribir sobre México: «Acaso en ninguna parte la desigualdad es más espantosa... la arquitectura de los edificios públicos y privados, la finura del ajuar de las mujeres, el aire de la sociedad; todo anuncia un extremo de esmero que se contrapone extraordinariamente a la desnudez, ignorancia y rusticidad del populacho». Los socavones engullían hombres y mulas en las lomas de las cordilleras; los indios, «que vivían sólo para salir del día», padecían hambre endémica y las pestes los mataban como moscas. En un solo año, 1784, una oleada de enfermedades provocadas por la falta de alimentos que resultó de una helada arrasadora, había segado más de ocho mil vidas en Guanajuato.

Los capitales no se acumulaban, sino que se derrochaban. Se practicaba el viejo dicho: «Padre mercader, hijo caballero, nieto pordiosero». En una representación dirigida al gobierno, en 1843, Lucas Alamán formuló una sombría advertencia, mientras insistía en la necesidad de defender la industria nacional mediante un sistema de prohibiciones y fuertes gravámenes contra la competencia extranjera: «Preciso es recurrir al fomento de la industria, como única fuente de una prosperidad universal –decía–. De nada serviría a Puebla la riqueza de Zacatecas, si no fuese por el consumo que proporciona a sus manufacturas, y si éstas decayesen otra vez como antes ha sucedido, se arruinaría ese departamento ahora floreciente, sin que pudiese salvarlo de la miseria la riqueza de aquellas minas». La profecía resultó certera. En nuestros días, Zacatecas y Guanajuato ni siquiera son las ciudades más importantes de sus propias comarcas. Ambas languidecen rodeadas de los esqueletos de los campamentos de la prosperidad minera. Zacatecas, alta y árida, vive de la agricultura y exporta mano de obra hacia otros estados; son bajísimas las leyes actuales de sus minerales de oro y plata, en relación con los buenos tiempos pasados. De las cincuenta minas que el distrito de Guanajuato tenía en explotación, apenas quedan, ahora, dos. No crece la población de la hermosa ciudad, pero afluyen los turistas a contemplar el esplendor exuberante de los viejos tiempos, a pasear por las callejuelas de nombres románticos, ricas de leyendas, y a horrorizarse con las cien momias que las sales de la tierra han conservado intactas. La mitad de las familias del estado de Guanajuato, con un promedio de más de cinco miembros, viven actualmente en chozas de una sola habitación.

El derramamiento de la sangre y de las lágrimas: y sin embargo, el Papa había resuelto que los indios tenían alma

En 1581, Felipe II había afirmado, ante la audiencia de Guadalajara, que ya un tercio de los indígenas de América había sido aniquilado, y que los que aún vivían se veían obligados a pagar tributos por los muertos. El monarca dijo, además, que los indios eran comprados y vendidos. Que dormían a la intemperie. Que las madres mataban a sus hijos para salvarlos del tormento en las minas[43]. Pero la hipocresía de la Corona tenía menos límites que el Imperio: la Corona recibía una quinta parte del valor de los metales que arrancaban sus súbditos en toda la extensión del Nuevo Mundo hispánico, además de otros impuestos, y otro tanto ocurría, en el siglo XVIII, con la Corona portuguesa en tierras de Brasil. La plata y el oro de América penetraron como un ácido corrosivo, al decir de Engels, por todos los poros de la sociedad feudal moribunda en Europa, y al servicio del naciente mercantilismo capitalista los empresarios mineros convirtieron a los indígenas y a los esclavos negros en un numerosísimo «proletariado externo» de la economía europea. La esclavitud grecorromana resucitaba en los hechos, en un mundo distinto; al infortunio de los indígenas de los imperios aniquilados en la América hispánica hay que sumar el terrible destino de los negros arrebatados a las aldeas africanas para trabajar en Brasil y en las Antillas. *La economía colonial latinoamericana dispuso de la mayor concentración de fuerza de trabajo hasta entonces conocida, para hacer posible la mayor concentración de riqueza de que jamás haya dispuesto civilización alguna en la historia mundial.*

Aquella violenta marea de codicia, horror y bravura no se abatió sobre estas comarcas sino al precio del genocidio nativo: las investigaciones recientes mejor fundadas atribuyen al México precolombino una población que oscila entre los veinticinco y treinta millones, y se estima que había una cantidad semejante de indios en la región andina; América Central y las Antillas contaban entre diez y trece millones de habitantes. *Los indios de las Américas sumaban no menos de setenta millones, y quizá más, cuando los conquistadores extranjeros aparecieron en el horizonte; un siglo y medio después se habían reduci-*

---

[43] John Collier, *The Indians of America*, Nueva York, 1947.

do, en total, a sólo tres millones y medio[44]. Según el marqués de Barinas, entre Lima y Paita, donde habían vivido más de dos millones de indios, no quedaban más que cuatro mil familias indígenas en 1685. El arzobispo Liñán y Cisneros negaba el aniquilamiento de los indios: «Es que se ocultan –decía– para no pagar tributos, abusando de la libertad de que gozan y que no tenían en la época de los incas»[45].

Manaba sin cesar el metal de las vetas americanas, y de la corte española llegaban, también sin cesar, ordenanzas que otorgaban una protección de papel y una dignidad de tinta a los indígenas, cuyo trabajo extenuante sustentaba al reino. La ficción de la legalidad amparaba al indio; la explotación de la realidad lo desangraba. De la esclavitud a la encomienda de servicios, y de ésta a la encomienda de tributos y al régimen de salarios, las variantes en la condición jurídica de la mano de obra indígena no alteraron más que superficialmente su situación real. La Corona consideraba tan necesaria la explotación inhumana de la fuerza de trabajo aborigen, que en 1601 Felipe III dictó reglas prohibiendo el trabajo forzoso en las minas y, simultáneamente, envió otras instrucciones secretas ordenando continuarlo «en caso de que aquella medida hiciese flaquear la producción»[46]. Del mismo modo, entre 1616 y 1619 el visitador y gobernador Juan de Solórzano hizo una investigación sobre las condiciones de trabajo en las minas de mercurio de Huancavélica: «...el veneno penetraba en la pura médula, debilitando los miembros todos y provocando un temblor constante, muriendo los obreros, por lo general, en el espacio de cuatro años», informó al Consejo de Indias y al monarca. Pero en 1631 Felipe IV ordenó que se continuara allí con el mismo sistema, y su sucesor, Carlos II, renovó tiempo después el decreto. Estas minas de mercurio eran directamente explotadas por la Corona, a diferencia de las minas de plata, que estaban en manos de empresarios privados.

En tres centurias, el cerro rico de Potosí quemó, según Josiah Conder, ocho millones de vidas. Los indios eran arrancados de las comunidades agrícolas y arriados, junto con sus mujeres y sus hijos, rumbo al cerro. De cada diez que marchaban hacia los altos páramos

[44] Según Darcy Ribeiro, *op. cit.*, con datos de Henry F. Dobyns, Paul Thompson y otros.
[45] Emilio Romero, *Historia económica del Perú*, Buenos Aires, 1949.
[46] Enrique Finot, *Nueva historia de Bolivia*, Buenos Aires, 1946.

helados, siete no regresaban jamás. Luis Capoche, que era dueño de minas y de ingenios, escribió que «estaban los caminos cubiertos que parecía que se mudaba el reino». En las comunidades, los indígenas habían visto «volver muchas mujeres afligidas sin sus maridos y muchos hijos huérfanos sin sus padres» y sabían que en la mina esperaban «mil muertes y desastres». Los españoles batían cientos de millas a la redonda en busca de mano de obra. Muchos de los indios morían por el camino, antes de llegar a Potosí. Pero eran las terribles condiciones de trabajo en la mina las que más gente mataban. El dominico fray Domingo de Santo Tomás denunciaba al Consejo de Indias, en 1550, a poco de nacida la mina, que Potosí era una «boca del infierno» que anualmente tragaba indios por millares y millares y que los rapaces mineros trataban a los naturales «como a animales sin dueño».Y fray Rodrigo de Loaysa diría después: «Estos pobres indios son como las sardinas en el mar. Así como los otros peces persiguen a las sardinas para hacer presa en ellas y devorarlas, así todos en estas tierras persiguen a los miserables indios...»[47]. Los caciques de las comunidades tenían la obligación de remplazar a los *mitayos* que iban muriendo, con nuevos hombres de dieciocho a cincuenta años de edad. El corral de repartimiento, donde se adjudicaban los indios a los dueños de las minas y los ingenios, una gigantesca cancha de paredes de piedra, sirve ahora para que los obreros jueguen al fútbol; la cárcel de los *mitayos*, un informe montón de ruinas, puede ser todavía contemplada a la entrada de Potosí.

En la Recopilación de Leyes de Indias no faltan decretos de aquella época estableciendo la igualdad de derechos de los indios y los españoles para explotar las minas y prohibiendo expresamente que se lesionaran los derechos de los nativos. La historia formal –letra muerta que en nuestros tiempos recoge la letra muerta de los tiempos pasados– no tendría de qué quejarse, pero mientras se debatía en legajos infinitos la legislación del trabajo indígena y estallaba en tinta el talento de los juristas españoles, en América la ley «se acataba pero no se cumplía». En los hechos, «el pobre del indio es una moneda –al decir de Luis Capoche– con la cual se halla todo lo que es menester, como con oro y plata, y muy mejor». Numerosos individuos reivindicaban ante los tribunales su condición de mestizos

---

[47] Obras citadas.

para que no los mandaran a los socavones, ni los vendieran y revendieran en el mercado.

A fines del siglo XVIII, Concolorcorvo, por cuyas venas corría sangre indígena, renegaba así de los suyos: «No negamos que las minas consumen número considerable de indios, pero esto no procede del trabajo que tienen en las minas de plata y azogue, sino del libertinaje en que viven». El testimonio de Capoche, que tenía muchos indios a su servicio, resulta ilustrativo en este sentido. Las glaciales temperaturas de la intemperie alternaban con los calores infernales en lo hondo del cerro. Los indios entraban en las profundidades, «y ordinariamente los sacan muertos y otros quebradas las cabezas y piernas, y en los ingenios cada día se hieren». Los *mitayos* hacían saltar el mineral a punta de barreta y luego lo subían cargándolo a la espalda, por escalas, a la luz de una vela. Fuera del socavón, movían los largos ejes de madera en los ingenios o fundían la plata a fuego, después de molerla y lavarla.

La «mita» era una máquina de triturar indios. El empleo del mercurio para la extracción de la plata por amalgama envenenaba tanto o más que los gases tóxicos en el vientre de la tierra. Hacía caer el cabello y los dientes y provocaba temblores indominables. Los «azogados» se arrastraban pidiendo limosna por las calles. Seis mil quinientas fogatas ardían en la noche sobre las laderas del cerro rico, y en ellas se trabajaba la plata valiéndose del viento que enviaba el «glorioso san Agustino» desde el cielo. A causa del humo de los hornos no había pastos ni sembradíos en un radio de seis leguas alrededor de Potosí, y las emanaciones no eran menos implacables con los cuerpos de los hombres.

No faltaban las justificaciones ideológicas. La sangría del Nuevo Mundo se convertía en un acto de caridad o una razón de fe. Junto con la culpa nació todo un sistema de coartadas para las conciencias culpables. Se transformaba a los indios en bestias de carga, porque resistían un peso mayor que el que soportaba el débil lomo de la llama, y de paso se comprobaba que, en efecto, los indios eran bestias de carga. Un virrey de México consideraba que no había mejor remedio que el trabajo en las minas para curar la «maldad natural» de los indígenas. Juan Ginés de Sepúlveda, el humanista, sostenía que los indios merecían el trato que recibían porque sus pecados e idolatrías constituían una ofensa contra Dios. El conde de Buffon afirmaba que no se registraba en los indios, animales frígidos y débiles, «ninguna actividad del alma». El abate De Paw inventaba una América donde los indios degenerados alternaban con perros que no sabían ladrar, vacas incomestibles y camellos impotentes. La América de Voltaire, habitada por indios perezosos y estúpidos, tenía cerdos con el ombligo a la espalda y leones calvos y cobardes. Bacon, De Maistre, Montesquieu, Hume y Bodin se negaron a reconocer como semejantes a los «hombres degradados» del Nuevo Mundo. Hegel habló de la impotencia física y espiritual de América y dijo que los indígenas habían perecido al soplo de Europa[48].

En el siglo XVII, el padre Gregorio García sostenía que los indios eran de ascendencia judía, porque al igual que los judíos «son perezosos, no creen en los milagros de Jesucristo y no están agradecidos a los españoles por todo el bien que les han hecho». Al menos, no negaba este sacerdote que los indios descendieran de Adán y Eva: eran numerosos los teólogos y pensadores que no habían quedado convencidos por la Bula del papa Paulo III, emitida en 1537, que había declarado a los indios «verdaderos hombres». El padre Bartolomé de Las Casas agitaba la corte española con sus denuncias contra la crueldad de los conquistadores de América: en 1557, un miembro del real consejo le respondió que los indios estaban demasiado bajos en la escala de la humanidad para ser capaces de recibir la fe[49]. Las Casas dedicó su fervorosa vida a la defensa de los indios frente a los desmanes de los mineros y los encomenderos. Decía que los indios preferían ir al infierno para no encontrarse con los cristianos.

A los conquistadores y colonizadores se les «encomendaban» indígenas para que los catequizaran. Pero como los indios debían al «encomendero» servicios personales y tributos económicos, no era mucho el tiempo que quedaba para introducirlos en el cristiano sendero de la salvación. En recompensa a sus servicios, Hernán Cortés había recibido veintitrés mil vasallos; se repartían los indios al mismo tiempo que se otorgaban las tierras mediante mercedes reales o se las obtenía por el despojo directo. Desde 1536 los indios eran otorgados en encomienda, junto con su descendencia, por el término de dos

---

[48] Antonello Gerbi, *La disputa del Nuevo Mundo*, México, 1960, y Daniel Vidart, *op. cit.*

[49] Lewis Hanke, *Estudios sobre fray Bartolomé de Las Casas y sobre la lucha por la justicia en la conquista española de América*, Caracas, 1968.

vidas: la del encomendero y su heredero inmediato; desde 1629 el régimen se fue extendiendo, en la práctica. Se vendían las tierras con los indios adentro[50]. En el siglo XVIII, los indios, los sobrevivientes, aseguraban la vida cómoda de muchas generaciones por venir. Como los dioses vencidos persistían en sus memorias, no faltaban coartadas santas para el usufructo de su mano de obra por parte de los vencedores: los indios eran paganos, no merecían otra vida. ¿Tiempos pasados? Cuatrocientos veinte años después de la Bula del papa Paulo III, en septiembre de 1957, la Corte Suprema de Justicia del Paraguay emitió una circular comunicando a todos los jueces del país que «los indios son tan seres humanos como los otros habitantes de la república...» Y el Centro de Estudios Antropológicos de la Universidad Católica de Asunción realizó posteriormente una encuesta reveladora en la capital y en el interior: de cada diez paraguayos, ocho creen que «los indios son como animales». En Caaguazú, en el Alto Paraná y en el Chaco, los indios son cazados como fieras, vendidos a precios baratos y explotados en régimen de virtual esclavitud. Sin embargo, casi todos los paraguayos tienen sangre indígena, y el Paraguay no se cansa de componer canciones, poemas y discursos en homenaje al «alma guaraní».

LA NOSTALGIA PELEADORA DE TÚPAC AMARU

Cuando los españoles irrumpieron en América, estaba en su apogeo el imperio teocrático de los incas, que extendía su poder sobre lo que hoy llamamos Perú, Bolivia y Ecuador, abarcaba parte de Colombia y de Chile y llegaba hasta el norte argentino y la selva brasileña; la confederación de los aztecas había conquistado un alto nivel de eficacia en el valle de México, y en Yucatán y Centroamérica la civilización espléndida de los mayas persistía en los pueblos herederos, organizados para el trabajo y la guerra.

Estas sociedades han dejado numerosos testimonios de su grandeza, a pesar de todo el largo tiempo de la devastación: monumentos religiosos que nada envidian a las pirámides egipcias; eficaces creaciones técnicas para pelear contra las sequías; objetos de arte que

[50]   J. M. Ots Capdequí, *op. cit.*

delatan un invicto talento. En el museo de Lima pueden verse centenares de cráneos que fueron objeto de trepanaciones y curaciones con placas de oro y plata por parte de los cirujanos incas. Los mayas habían sido grandes astrónomos, habían medido el tiempo y el espacio con precisión asombrosa, y habían descubierto el valor de la cifra cero antes que ningún otro pueblo en la historia. Las acequias y las islas artificiales creadas por los aztecas deslumbraron a Hernán Cortés, aunque no eran de oro.

La conquista rompió las bases de aquellas civilizaciones. Peores consecuencias que la sangre y el fuego de la guerra tuvo la implantación de una economía minera. Las minas exigían grandes desplazamientos de población y desarticulaban las unidades agrícolas comunitarias; no sólo extinguían vidas innumerables a través del trabajo forzado, sino que además, indirectamente, abatían el sistema colectivo de cultivos. Los indios eran conducidos a los socavones, sometidos a la servidumbre de los encomenderos y obligados a entregar por nada las tierras que obligatoriamente dejaban o descuidaban. En la costa del Pacífico los españoles destruyeron o dejaron extinguir los enormes cultivos de maíz, yuca, frijoles, pallares, maní, papa dulce; el desierto devoró rápidamente grandes extensiones de tierra que habían recibido vida de la red incaica de irrigación. Cuatro siglos y medio después de la conquista sólo quedan rocas y matorrales en el lugar de la mayoría de los caminos que unían el imperio. Aunque las gigantescas obras públicas de los incas fueron, en su mayor parte, borradas por el tiempo o por la mano de los usurpadores, restan aún, dibujadas en la cordillera de los Andes, las interminables terrazas que permitían y todavía permiten cultivar las laderas de las montañas. Un técnico norteamericano[51] estimaba, en 1936, que si en ese año se hubieran construido, con métodos modernos, esas terrazas, hubieran costado unos treinta mil dólares por acre. Las terrazas y los acueductos de irrigación fueron posibles, en aquel imperio que no conocía la rueda, el caballo ni el hierro, merced a una prodigiosa capacidad de organización y a un profundo conocimiento del medio, nacido de la relación religiosa del hombre con la tierra –que era sagrada y estaba, por lo tanto, siempre viva.

[51]   Un miembro del Servicio Norteamericano de Conservación de Suelos, según John Collier, *op. cit.*

También habían sido asombrosas las respuestas aztecas al desafío de la naturaleza. En nuestros días, los turistas conocen por «jardines flotantes» las pocas islas sobrevivientes en el lago desecado donde ahora se levanta, sobre las ruinas indígenas, la capital de México. Esas islas habían sido creadas por los aztecas para dar respuesta al problema de la falta de tierras en el lugar elegido para la creación de Tenochtitlán. Los indios habían trasladado grandes masas de barro desde las orillas y habían apresado las nuevas islas de limo entre delgadas paredes de cañas, hasta que las raíces de los árboles les dieron firmeza. Por entre los nuevos espacios de tierra se deslizaban los canales de agua. Sobre estas islas inusitadamente fértiles creció la poderosa capital de los aztecas, con sus amplias avenidas, sus palacios de austera belleza y sus pirámides escalonadas: brotada mágicamente de la laguna, estaba condenada a desaparecer ante los embates de la conquista extranjera. Cuatro siglos demoraría México para alcanzar una población tan numerosa como la que existía en aquellos tiempos.

Los indígenas eran, como dice Darcy Ribeiro, el combustible del sistema productivo colonial. «Es casi seguro –escribe Sergio Bagú– que a las minas hispanas fueron arrojados centenares de indios escultores, arquitectos, ingenieros y astrónomos confundidos entre la multitud esclava, para realizar un burdo y agotador trabajo de extracción. Para la economía colonial, la habilidad técnica de esos individuos no interesaba. Sólo contaban ellos como trabajadores no calificados.» Pero no se perdieron todas las esquirlas de aquellas culturas rotas. La esperanza del renacimiento de la dignidad perdida alumbraría numerosas sublevaciones indígenas. En 1781, Túpac Amaru puso sitio al Cuzco.

Este cacique mestizo, directo descendiente de los emperadores incas, encabezó el movimiento mesiánico y revolucionario de mayor envergadura. La gran rebelión estalló en la provincia de Tinta. Montado en su caballo blanco, Túpac Amaru entró en la plaza de Tungasuca y al son de tambores y pututus anunció que había condenado a la horca al corregidor real Antonio Juan de Arriaga, y dispuso la prohibición de la mita de Potosí. La provincia de Tinta estaba quedando despoblada a causa del servicio obligatorio en los socavones de plata del cerro rico. Pocos días después, Túpac Amaru expidió un nuevo bando por el que decretaba la libertad de los esclavos. Abolió todos los impuestos y el «repartimiento» de mano de obra indígena en todas sus formas. Los indígenas se sumaban, por millares y millares, a las fuerzas del «padre de todos los pobres y de todos los miserables y desvalidos». Al frente de sus guerrilleros, el caudillo se lanzó sobre el Cuzco. Marchaba predicando arengas: todos los que murieran bajo sus órdenes en esta guerra resucitarían para disfrutar las felicidades y las riquezas de las que habían sido despojados por los invasores. Se sucedieron victorias y derrotas; por fin, traicionado y capturado por uno de sus jefes, Túpac Amaru fue entregado, cargado de cadenas, a los realistas. En su calabozo entró el visitador Areche para exigirle, a cambio de promesas, los nombres de los cómplices de la rebelión. Túpac Amaru le contestó con desprecio: «Aquí no hay más cómplices que tú y yo; tú por opresor, y yo por libertador, merecemos la muerte»[52].

Túpac fue sometido a suplicio, junto con su esposa, sus hijos y sus principales partidarios, en la plaza del Wacaypata, en el Cuzco. Le cortaron la lengua. Ataron sus brazos y sus piernas a cuatro caballos, para descuartizarlo, pero el cuerpo no se partió. Lo decapitaron al pie de la horca. Enviaron la cabeza a Tinta. Uno de sus brazos fue a Tungasuca y el otro a Carabaya. Mandaron una pierna a Santa Rosa y la otra a Livitaca. Le quemaron el torso y arrojaron las cenizas al río Watanay. Se recomendó que fuera extinguida toda su descendencia, hasta el cuarto grado.

En 1802, otro cacique descendiente de los incas, Astorpilco, recibió la visita de Humboldt. Fue en Cajamarca, en el exacto sitio donde su antepasado, Atahualpa, había visto por primera vez al conquistador Pizarro. El hijo del cacique acompañó al sabio alemán a recorrer las ruinas del pueblo y los escombros del antiguo palacio incaico, y mientras caminaban le hablaba de los fabulosos tesoros escondidos bajo el polvo y las cenizas. «¿No sentís a veces el antojo de cavar en busca de los tesoros para satisfacer vuestras necesidades?», le preguntó Humboldt. Y el joven contestó: «Tal antojo no nos viene. Mi padre dice que sería pecaminoso. Si tuviéramos las ramas doradas con todos los frutos de oro, los vecinos blancos nos odiarían y nos harían daño»[53]. El cacique cultivaba un pequeño campo de trigo. Pero eso no bastaba para ponerse a salvo de la codicia ajena. Los usurpadores, ávidos de oro y plata y

[52] Daniel Valcárcel, *La rebelión de Túpac Amaru*, México, 1947.
[53] Alexander von Humboldt, *Ansichten der Natur*, tomo II. Citado en Adolf Meyer-Abich y otros, *Alejandro de Humboldt (1769-1969)*, Bad Godesberg, 1969.

también de brazos esclavos para trabajar las minas, no demoraron en abalanzarse sobre las tierras cuando los cultivos ofrecieron ganancias tentadoras. El despojo continuó todo a lo largo del tiempo, y en 1969, cuando se anunció la reforma agraria en el Perú, todavía los diarios daban cuenta, frecuentemente, de que los indios de las comunidades rotas de la sierra invadían de tanto en tanto, desplegando sus banderas, las tierras que habían sido robadas a ellos o a sus antepasados, y eran repelidos a balazos por el ejército. Hubo que esperar casi dos siglos desde Túpac Amaru para que el general nacionalista Juan Velasco Alvarado recogiera y aplicara aquella frase del cacique, de resonancias inmortales: «¡Campesino! ¡El patrón ya no comerá más tu pobreza!».

Otros héroes que el tiempo se ocupó de rescatar de la derrota fueron los mexicanos Hidalgo y Morelos. Miguel Hidalgo, que había sido hasta los cincuenta años un apacible cura rural, un buen día echó a vuelo las campanas de la iglesia de Dolores llamando a los indios a luchar por su liberación: «¿Queréis empeñaros en el esfuerzo de recuperar, de los odiados españoles, las tierras robadas a vuestros antepasados hace trescientos años?». Levantó el estandarte de la virgen india de Guadalupe, y antes de seis semanas ochenta mil hombres lo seguían, armados con machetes, picas, hondas, arcos y flechas. El cura revolucionario puso fin a los tributos y repartió las tierras de Guadalajara; decretó la libertad de los esclavos; abalanzó sus fuerzas sobre la ciudad de México. Pero fue finalmente ejecutado, al cabo de una derrota militar y, según dicen, dejó al morir un testimonio de apasionado arrepentimiento[54]. La revolución no demoró en encontrar un nuevo jefe, el sacerdote José María Morelos: «Deben tenerse como enemigos todos los ricos, nobles y empleados de primer orden...». Su movimiento –insurgencia indígena y revolución social– llegó a dominar una gran extensión del territorio de México, hasta que Morelos fue también derrotado y fusilado. La independencia de México, seis años después, «resultó ser un negocio perfectamente hispánico, entre europeos y gentes nacidas en América... una lucha política dentro de la misma clase reinante»[55]. El encomendado fue convertido en peón y el encomendero en hacendado[56].

[54] Tulio Halperin Donghi, *Historia contemporánea de América Latina*, Madrid, 1969.
[55] Ernest Gruening, *Mexico and its Heritage*, Nueva York, 1928.
[56] Alonso Aguilar Monteverde, *Dialéctica de la economía mexicana*, México, 1968.

La semana santa de los indios termina sin resurrección

A principios de nuestro siglo, todavía los dueños de los *pongos*, indios dedicados al servicio doméstico, los ofrecían en alquiler a través de los diarios de La Paz.

Hasta la revolución de 1952, que devolvió a los indios bolivianos el pisoteado derecho a la dignidad, los *pongos* comían las sobras de la comida del perro, a cuyo costado dormían, y se hincaban para dirigir la palabra a cualquier persona de piel blanca. Los indígenas habían sido bestias de carga para llevar a la espalda los equipajes de los conquistadores: las cabalgaduras eran escasas. Pero en nuestros días pueden verse, por todo el altiplano andino, changadores aimaraes y quechuas cargando fardos hasta con los dientes a cambio de un pan duro. La neumoconiosis había sido la primera enfermedad profesional de América; en la actualidad, cuando los mineros bolivianos cumplen treinta y cinco años de edad, ya sus pulmones se niegan a seguir trabajando: el implacable polvo de sílice impregna la piel del minero, le raja la cara y las manos, le aniquila los sentidos del olfato y el sabor, y le conquista los pulmones, los endurece y los mata.

Los turistas adoran fotografiar a los indígenas del altiplano vestidos con sus ropas típicas. Pero ignoran que la actual vestimenta indígena fue impuesta por Carlos III a fines del siglo XVIII. Los trajes femeninos que los españoles obligaron a usar a las indígenas eran calcados de los vestidos regionales de las labradoras extremeñas, andaluzas y vascas, y otro tanto ocurre con el peinado de las indias, raya al medio, impuesto por el virrey Toledo. No sucede lo mismo, en cambio, con el consumo de coca, que no nació con los españoles; ya existía en tiempos de los incas. La coca se distribuía, sin embargo, con mesura; el gobierno incaico la monopolizaba y sólo permitía su uso con fines rituales o para el duro trabajo en las minas. Los españoles estimularon agudamente el consumo de coca. Era un espléndido negocio. En el siglo XVI se gastaba tanto, en Potosí, en ropa europea para los opresores como en coca para los oprimidos. Cuatrocientos mercaderes españoles vivían, en el Cuzco, del tráfico de coca; en las minas de plata de Potosí entraban anualmente cien mil cestos, con un millón de kilos de hojas de coca. La Iglesia extraía impuestos a la droga. El inca Garcilaso de la Vega nos dice, en sus «comentarios reales», que la mayor parte de la renta del obispo y de los canónigos y demás ministros de la iglesia del Cuzco provenía de los diezmos sobre la coca, y que el transporte y la venta de este producto enriquecían a muchos españoles. Con las escasas monedas que obtenían a cambio de su trabajo, los indios compraban hojas de coca en lugar de comida: masticándolas, podían soportar mejor, al precio de abreviar la propia vida, las mortales tareas impuestas. Además de la coca, los indígenas consumían aguardiente, y sus propietarios se quejaban de la propagación de los «vicios maléficos». A esta altura del siglo veinte, los indígenas de Potosí continúan masticando coca para matar el hambre y matarse y siguen quemándose las tripas con alcohol puro. Son las estériles revanchas de los condenados. En las minas bolivianas, los obreros llaman todavía *mita* a su salario.

Desterrados en su propia tierra, condenados al éxodo eterno, los indígenas de América Latina fueron empujados hacia las zonas más pobres, las montañas áridas o el fondo de los desiertos, a medida que se extendía la frontera de la civilización dominante. *Los indios han padecido y padecen –síntesis del drama de toda América Latina– la maldición de su propia riqueza.* Cuando se descubrieron los placeres de oro del río Bluefields, en Nicaragua, los indios carcas fueron rápidamente arrojados lejos de sus tierras en las riberas, y ésta es también la historia de los indios de todos los valles fértiles y los subsuelos ricos del río Bravo al sur. Las matanzas de los indígenas que comenzaron con Colón nunca cesaron. En Uruguay y en la Patagonia argentina, los indios fueron exterminados, el siglo pasado, por tropas que los buscaron y los acorralaron en los bosques o en el desierto, con el fin de que no estorbaran el avance organizado de los latifundios ganaderos[57]. Los indios yaquis, del estado mexicano de Sonora, fueron su-

---

[57] Los últimos charrúas, que hacia 1832 sobrevivían saqueando novillos en las campiñas salvajes del norte del Uruguay, sufrieron la traición del presidente Fructuoso Rivera. Alejados de la espesura que les daba protección, desmontados y desarmados por las falsas promesas de amistad, fueron abatidos en un paraje llamado la Boca del Tigre: «Los clarines tocaron a degüello –cuenta el escritor Eduardo Acevedo Díaz (diario *La Época*, 19 de agosto de 1890)–. La horda se revolvió desesperada, cayendo uno tras otro sus mocetones bravíos, como toros heridos en la nuca». Varios caciques murieron. Los pocos indios que pudieron romper el cerco de fuego se vengaron poco después. Perseguidos por el hermano de Rivera, le tendieron una emboscada y lo acribillaron a lanzazos junto con sus soldados. El cacique Sepe «hizo cubrir con algunos nervios del cadáver el extremo de la moharra de su lanza».

mergidos en un baño de sangre para que sus tierras, ricas en recursos minerales y fértiles para el cultivo, pudieran ser vendidas sin inconvenientes a diversos capitalistas norteamericanos. Los sobrevivientes eran deportados rumbo a las plantaciones de Yucatán. Así, la península de Yucatán se convirtió no sólo en el cementerio de los indígenas mayas que habían sido sus dueños, sino también en la tumba de los indios yaquis, que llegaban desde lejos: a principios de siglo, los cincuenta reyes del henequén disponían de más de cien mil esclavos indígenas en sus plantaciones. Pese a su excepcional fortaleza física, raza de gigantes hermosos, dos tercios de los yaquis murieron durante el primer año de trabajo esclavo[58]. En nuestros días, la fibra de henequén sólo puede competir con sus sustitutos sintéticos gracias al nivel de vida sumamente bajo de sus obreros. Las cosas han cambiado, es cierto, pero no tanto como se cree, al menos para los indígenas de Yucatán: «Las condiciones de vida de esos trabajadores se asemeja en mucho al trabajo esclavo», dice el profesor Arturo Bonilla Sánchez[59]. En las pendientes andinas cercanas a Bogotá, el peón indígena está obligado a entregar jornadas gratuitas de trabajo para que el hacendado le permita cultivar, en las noches de claro de luna, su propia parcela: «Los antepasados de este indio cultivaban libremente, sin contraer deudas, el suelo rico de la llanura, que no pertenecía a nadie. ¡Él trabaja gratis para asegurarse el derecho de cultivar la pobre montaña!»[60].

No se salvan, en nuestros días, ni siquiera los indígenas que viven aislados en el fondo de las selvas. A principios de este siglo, sobrevi-

---

En la Patagonia argentina, a fines de siglo, los soldados cobraban contra la presentación de cada par de testículos. La novela de David Viñas *Los dueños de la tierra* (Buenos Aires, 1959) se abre con la cacería de los indios: «Porque matar era como violar a alguien. Algo bueno. Y hasta gustaba: había que correr, se podía gritar, se sudaba y después se sentía hambre... Los disparos se habían ido espaciando. Seguramente había quedado algún cuerpo enhorquetado en uno de esos nidos. Un cuerpo de indio echado hacia atrás, con una mancha negruzca entre los muslos...».

[58] John Kenneth Turner, *México bárbaro*, México, 1967.

[59] Arturo Bonilla Sánchez, *Un problema que se agrava: la subocupación rural*, en *Neolatifundismo y explotación, De Emiliano Zapata a Anderson Clayton & Co.*, varios autores, México, 1968.

[60] René Dumont, *Tierras vivas. Problemas de la reforma agraria en el mundo*, México, 1963.

vían aún doscientas treinta tribus en Brasil; desde entonces han desaparecido noventa, borradas del planeta por obra y gracia de las armas de fuego y los microbios. Violencia y enfermedad, avanzadas de la civilización: el contacto con el hombre blanco continúa siendo, para el indígena, el contacto con la muerte. Las disposiciones legales que desde 1537 protegen a los indios de Brasil se han vuelto contra ellos. De acuerdo con el texto de todas las constituciones brasileñas, son «los primitivos y naturales señores» de las tierras que ocupan. Ocurre que cuanto más ricas resultan esas tierras vírgenes, más grave se hace la amenaza que pende sobre sus vidas; la generosidad de la naturaleza los condena al despojo y al crimen.

La cacería de indios se ha desatado, en estos últimos años, con furiosa crueldad; la selva más grande del mundo, gigantesco espacio tropical abierto a la leyenda y a la aventura, se ha convertido, simultáneamente, en el escenario de un nuevo *sueño americano*. En tren de conquista, hombres y empresas de los Estados Unidos se han abalanzado sobre la Amazonia como si fuera un nuevo Far West. Esta invasión norteamericana ha encendido como nunca la codicia de los aventureros brasileños. Los indios mueren sin dejar huellas y las tierras se venden en dólares a los nuevos interesados. El oro y otros minerales cuantiosos, la madera y el caucho, riquezas cuyo valor comercial los nativos ignoran, aparecen vinculadas a los resultados de cada una de las escasas investigaciones que se han realizado. Se sabe que los indígenas han sido ametrallados desde helicópteros y avionetas, que se les ha inoculado el virus de la viruela, que se ha arrojado dinamita sobre sus aldeas y se les ha obsequiado azúcar mezclada con estricnina y sal con arsénico. El propio director del Servicio de Protección a los Indios, designado por la dictadura de Castelo Branco para sanear la administración, fue acusado, con pruebas, de cometer cuarenta y dos tipos diferentes de crímenes contra los indios. El escándalo estalló en 1968.

La sociedad indígena de nuestros días no existe en el vacío, fuera del marco general de la economía latinoamericana. Es verdad que hay tribus todavía encerradas en la selva amazónica y comunidades aisladas del mundo en el altiplano andino y en otras regiones, pero por lo general los indígenas *están* incorporados al sistema de producción y al mercado de consumo, aunque sea en forma indirecta. Participan, como víctimas, de un orden económico y social donde desempeñan el duro papel de los más explotados entre los explotados. Compran y venden buena parte de las escasas cosas que consumen y producen, en manos de intermediarios poderosos y voraces que cobran mucho y pagan poco; son jornaleros en las plantaciones, la mano de obra más barata, y soldados en las montañas; gastan sus días trabajando para el mercado mundial o peleando por sus vencedores. En países como Guatemala, por ejemplo, constituyen el eje de la vida económica nacional: año tras año, cíclicamente, abandonan sus *tierras sagradas*, tierras altas, minifundios del tamaño de un cadáver, para brindar doscientos mil brazos a las cosechas del café, el algodón y el azúcar en las tierras bajas. Los contratistas los transportan en camiones, como ganado, y no siempre la necesidad decide: a veces decide el aguardiente. Los contratistas pagan una orquesta de marimba y hacen correr el alcohol fuerte: cuando el indio despierta de la borrachera, ya lo acompañan las deudas. Las pagará trabajando en tierras cálidas que no conoce, de donde regresará al cabo de algunos meses, quizá con algunos centavos en el bolsillo, quizá con tuberculosis o paludismo. El ejército colabora eficazmente en la tarea de convencer a los remisos[61].

La expropiación de los indígenas –usurpación de sus tierras y de su fuerza de trabajo– ha resultado y resulta simétrica al desprecio racial, que a su vez se alimenta de la objetiva degradación de las civilizaciones rotas por la conquista. Los efectos de la conquista y todo el largo tiempo de la humillación posterior rompieron en pedazos la identidad cultural y social que los indígenas habían alcanzado. Sin embargo, esa identidad triturada es la única que persiste en Guatemala[62]. Persiste en la tragedia. En la semana santa, las procesiones de los herederos de los mayas dan lugar a terribles exhibiciones de masoquismo colectivo. Se arrastran las pesadas cruces, se participa

---

[61] Eduardo Galeano, *Guatemala, país ocupado*, México, 1967.

[62] La descomposición religiosa de los mayas-quichés empezó con la colonia. La religión católica sólo asimiló algunos aspectos mágicos y totémicos de la religión maya, en la tentativa vana de someter la fe indígena a la ideología de los conquistadores. El aplastamiento de la cultura original abrió paso al sincretismo, y así se recogen, por ejemplo, en la actualidad, testimonios de la involución con respecto a aquella evolución alcanzada: «Don Volcán necesita carne humana bien tostadita». Carlos Guzmán Böckler y Jean-Loup Herbert, *Guatemala: una interpretación histórico-social*, México, 1970.

de la flagelación de Jesús paso a paso durante el interminable ascenso del Gólgota; con aullidos de dolor, se convierte Su muerte y Su entierro en el culto de la propia muerte y el propio entierro, la aniquilación de la hermosa vida remota. La semana santa de los indios guatemaltecos termina sin Resurrección.

Villa Rica de Ouro Preto: la Potosí de oro

La fiebre del oro, que continúa imponiendo la muerte o la esclavitud a los indígenas de la Amazonia, no es nueva en Brasil; tampoco sus estragos.

Durante dos siglos a partir del descubrimiento, el suelo de Brasil había negado los metales, tenazmente, a sus propietarios portugueses. La explotación de la madera, el «palo Brasil», cubrió el primer período de colonización de las costas, y pronto se organizaron grandes plantaciones de azúcar en el nordeste. Pero, a diferencia de la América española, Brasil parecía vacío de oro y plata. Los portugueses no habían encontrado allí civilizaciones indígenas de alto nivel de desarrollo y organización, sino tribus salvajes y dispersas. Los aborígenes desconocían los metales; fueron los portugueses quienes tuvieron que descubrir, por su propia cuenta, los sitios en que se habían depositado los aluviones de oro en el vasto territorio que se iba abriendo, a través de la derrota y el exterminio de los indígenas, a su paso de conquista.

Los *bandeirantes*[63] de la región de San Pablo habían atravesado la vasta zona entre la Serra de Mantiqueira y la cabecera del río São Francisco, y habían advertido que los lechos y los bancos de varios ríos y riachuelos que por allí corrían contenían trazas de oro aluvial en pequeñas cantidades visibles. La acción milenaria de las lluvias había roído los filones de oro de las rocas y los había depositado en los ríos, en el fondo de los valles y en las depresiones de las montañas. Bajo las capas de arena, tierra o arcilla, el pedregoso subsuelo ofrecía pepitas de oro que era fácil extraer del *cascalho* de cuarzo; los méto-

---

[63] Las *bandeiras* paulistas eran bandas errantes de organización paramilitar y de fuerza variable. Sus expediciones selva adentro desempeñaron un papel importante en la colonización interior de Brasil.

dos de extracción se hicieron más complicados a medida que se fueron agotando los depósitos más superficiales. La región de Minas Gerais entró así, impetuosamente, en la historia: la mayor cantidad de oro hasta entonces descubierta en el mundo fue extraída en el menor espacio de tiempo.

«Aquí el oro era bosque», dice, ahora, el mendigo, y su mirada planea sobre las torres de las iglesias. «Había oro en las veredas, crecía como pasto.» Ahora él tiene setenta y cinco años de edad y se considera a sí mismo una tradición de Mariana (Ribeirão do Carmo), la pequeña ciudad minera cercana a Ouro Preto, que se conserva, como Ouro Preto, detenida en el tiempo. «La muerte es cierta, la hora incierta. Cada cual tiene su tiempo marcado», me dice el mendigo. Escupe sobre la escalinata de piedra y sacude la cabeza: «Les sobraba el dinero», cuenta, como si los hubiera visto. «No sabían dónde poner el dinero y por eso hacían una iglesia al lado de la otra.»

En otros tiempos, esta comarca era la más importante del Brasil. Ahora... «Ahora no», me dice el viejo. «Ahora esto no tiene vida ninguna. Aquí no hay jóvenes. Los jóvenes se van.» Camina descalzo, a mi lado, a pasos lentos bajo el tibio sol de la tarde: «¿Ve? ahí, en el frente de la iglesia, están el sol y la luna. Eso significa que los esclavos trabajaban día y noche. Este templo fue hecho por los negros; aquél por los blancos. Y aquélla es la casa de Monseñor Alipio, que murió a los noventa y nueve años justos.»

A lo largo del siglo XVIII, la producción brasileña del codiciado mineral superó el volumen total del oro que España había extraído de sus colonias durante los dos siglos anteriores[64]. Llovían los aventureros y los cazadores de fortuna. Brasil tenía trescientos mil habitantes en 1700; un siglo después, al cabo de los años del oro, la población se había multiplicado once veces. No menos de trescientos mil portugueses emigraron a Brasil durante el siglo XVIII, «un contingente mayor de población... que el que España aportó a todas sus colonias de América»[65]. Se estima en unos diez millones el total de negros esclavos introducidos desde África, a partir de la conquista de Brasil y hasta la abolición de la esclavitud: si bien no se dispone de cifras

[64] Celso Furtado, *op. cit.*
[65] Celso Furtado, *Formación económica del Brasil*, México, 1959.

exactas para el siglo XVIII, debe tenerse en cuenta que el ciclo del oro absorbió mano de obra esclava en proporciones enormes.

Salvador de Bahía fue la capital brasileña del próspero ciclo del azúcar en el nordeste, pero la «edad del oro» de Minas Gerais trasladó al sur el eje económico y político del país y convirtió a Río de Janeiro, puerto de la región, en la nueva capital de Brasil a partir de 1763. En el centro dinámico de la flamante economía minera, brotaron las ciudades, campamentos nacidos del *boom* y bruscamente acrecidos en el vértigo de la riqueza fácil, «santuarios para criminales, vagabundos y malhechores» –según las corteses palabras de una autoridad colonial de la época. La Villa Rica de Ouro Preto había conquistado categoría de ciudad en 1711; nacida de la avalancha de los mineros, era la quintaesencia de la civilización del oro. Simão Ferreira Machado la describía, veintitrés años después, y decía que el poder de los comerciantes de Ouro Preto excedía incomparablemente al de los más florecientes mercaderes de Lisboa: «Hacia acá, como hacia un puerto, se dirigen y son recogidas en la casa real de la moneda las grandiosas sumas de oro de todas las minas. Aquí viven los hombres mejor educados, tanto los laicos como los eclesiásticos. Éste es el asiento de toda la nobleza y la fuerza de los militares. Ésta es, en virtud de su posición natural, la cabeza de América íntegra; y por el poder de sus riquezas, es la perla preciosa del Brasil». Otro escritor de la época, Francisco Tavares de Brito, definía en 1732 a Ouro Preto como «la Potosí de oro»[66].

Con frecuencia llegaban a Lisboa quejas y protestas por la vida pecaminosa en Ouro Preto, Sabará, São João d'El Rei, Ribeirão do Carmo y todo el turbulento distrito minero. Las fortunas se hacían y se deshacían en un abrir y cerrar de ojos. El padre Antonil denunciaba que sobraban mineros dispuestos a pagar una fortuna por un negro que tocara bien la trompeta y el doble por una prostituta mulata, «para entregarse con ella a continuos y escandalosos pecados», pero los hombres de sotana no se portaban mejor: de la correspondencia oficial de la época pueden extraerse numerosos testimonios contra los «clérigos maus» que infestaban la región. Se los acusaba de hacer uso de su inmunidad para sacar oro de contrabando dentro de las pequeñas efigies de los santos de madera. En 1705, se afirmaba que

[66]   C. R. Boxer, *The Golden Age of Brazil (1695-1750)*, California, 1969.

no había en Minas Gerais ni un solo cura dispuesto a interesarse en la fe cristiana del pueblo, y seis años después, la Corona llegó a prohibir el establecimiento de cualquier orden religiosa en el distrito minero.

Proliferaban, de todos modos, las hermosas iglesias construidas y decoradas en el original estilo barroco característico de la región. Minas Gerais atraía a los mejores artesanos de la época. Exteriormente, los templos aparecían sobrios, despojados; pero el interior, símbolo del alma divina, resplandecía en el oro puro de los altares, los retablos, los pilares y los paneles en bajorrelieve; no se escatimaban los metales preciosos, para que las iglesias pudieran alcanzar «también las riquezas del Cielo», como aconsejaba el fraile Miguel de São Francisco en 1710. Los servicios religiosos tenían altísimos precios, pero todo era fantásticamente caro en las minas. Como había ocurrido en Potosí, Ouro Preto se lanzaba al derroche de su riqueza súbita. Las procesiones y los espectáculos daban lugar a la exhibición de vestidos y adornos de lujo fulgurante. En 1733, una festividad religiosa duró más de una semana. No sólo se hacían procesiones a pie, a caballo y en triunfales carros de nácar, sedas y oro, con trajes de fantasía y alegorías, sino también torneos ecuestres, corridas de toros y danzas en las calles al son de flautas, gaitas y guitarras[67].

Los mineros despreciaban el cultivo de la tierra y la región padeció epidemias de hambre en plena prosperidad, hacia 1700 y 1713: los millonarios tuvieron que comer gatos, perros, ratas, hormigas, gavilanes. Los esclavos agotaban sus fuerzas y sus días en los lavaderos de oro. «Allí trabajan –escribía Luis Gomes Ferreira–[68], allí comen, y a menudo allí tienen que dormir; y como cuando trabajan se bañan en sudor, con sus pies siempre sobre la tierra fría, sobre piedras o en el agua, cuando descansan o comen, sus poros se cierran y se congelan de tal forma que se hacen vulnerables a muchas peligrosas enfermedades, como las muy severas pleuresías, apoplejías, convulsiones, parálisis, neumonías y muchas otras.» La enfermedad era una bendición del cielo que aproximaba la muerte. Los *capitães do mato* de Minas Gerais cobraban recompensas en oro a cambio de las cabezas cortadas de los esclavos que se fugaban.

[67] Augusto de Lima Júnior, *Vila Rica de Ouro Preto. Sintese histórica e descritiva,* Belo Horizonte, 1957.
[68] C. R. Boxer, *op. cit.*

Los esclavos se llamaban «piezas de Indias» cuando eran medidos, pesados y embarcados en Luanda; los que sobrevivían a la travesía del océano se convertían, ya en Brasil, en «las manos y los pies» del amo blanco. Angola exportaba esclavos bantúes y colmillos de elefante a cambio de ropa, bebidas y armas de fuego; pero los mineros de Ouro Preto preferían a los negros que venían de la pequeña playa de Whydah, en la costa de Guinea, porque eran más vigorosos, duraban un poco más y tenían poderes mágicos para descubrir el oro. Cada minero necesitaba, además, por lo menos una amante negra de Whydah para que la suerte lo acompañara en las exploraciones[69]. La explosión del oro no sólo incrementó la importación de esclavos, sino que además absorbió buena parte de la mano de obra negra ocupada en las plantaciones de azúcar y tabaco de otras regiones de Brasil, que quedaron sin brazos. Un decreto real de 1711 prohibió la venta de los esclavos ocupados en tareas agrícolas con destino al servicio en las minas, con la excepción de los que mostraran «perversidad de carácter». Resultaba insaciable el hambre de esclavos de Ouro Preto. Los negros morían rápidamente, sólo en casos excepcionales llegaban a soportar siete años continuos de trabajo. Eso sí: antes de que cruzaran el Atlántico, los portugueses los bautizaban a todos. Y en Brasil tenían la obligación de asistir a misa, aunque les estaba prohibido entrar en la capilla mayor o sentarse en los bancos.

A mediados del siglo XVIII, ya muchos de los mineros se habían trasladado a la Serra do Frio en busca de diamantes. Las piedras cristales que los cazadores de oro habían arrojado a un costado mientras exploraban los lechos de los ríos habían resultado ser diamantes. Minas Gerais ofrecía oro y diamantes en matrimonio, en proporciones parejas. El floreciente campamento de Tijuco se convirtió en el centro del distrito diamantino, y en él, al igual que en Ouro Preto, los ricos vestían a la última moda europea y se traían desde el otro lado del mar las ropas, las armas y los muebles más lujosos: horas del delirio y el derroche. Una esclava mulata, Francisca da Silva, con-

[69] C. R. Boxer, *op. cit.* En Cuba se atribuían propiedades medicinales a las esclavas. Según el testimonio de Esteban Montejo, «había un tipo de enfermedad que recogían los blancos. Era una enfermedad en las venas y en las partes masculinas. Se quitaba con las negras. El que la cogía se acostaba con una negra y se la pasaba. Así se curaban en seguida». Miguel Barnet, *Biografía de un cimarrón*, Buenos Aires, 1968.

quistó su libertad al convertirse en la amante del millonario João Fernandes de Oliveira, virtual soberano de Tijuco, y ella, que era fea y ya tenía dos hijos, se convirtió en la *Xica que manda*[70]. Como nunca había visto el mar y quería tenerlo cerca, su caballero le construyó un gran lago artificial en el que puso un barco con tripulación y todo. Sobre las faldas de la sierra de São Francisco levantó para ella un castillo, con un jardín de plantas exóticas y cascadas artificiales; en su honor daba opíparos banquetes regados por los mejores vinos, bailes nocturnos de nunca acabar y funciones de teatro y conciertos. Todavía en 1818, Tijuco festejó a lo grande el casamiento del príncipe de la corte portuguesa. Diez años antes, John Mawe, un inglés que visitó Ouro Preto, se asombró de su pobreza; encontró casas vacías y sin valor, con letreros que las ponían infructuosamente en venta, y comió comida inmunda y escasa[71]. Tiempo atrás había estallado la rebelión que coincidió con la crisis en la comarca del oro. José Joaquim da Silva Xavier, «Tiradentes», había sido ahorcado y despedazado, y otros luchadores por la independencia habían partido desde Ouro Preto hacia la cárcel o el exilio.

Contribución del oro de Brasil al progreso de Inglaterra

El oro había empezado a fluir en el preciso momento en que Portugal firmaba el tratado de Methuen, en 1703, con Inglaterra. Ésta fue la coronación de una larga serie de privilegios conseguidos por los comerciantes británicos en Portugal. A cambio de algunas ventajas para sus vinos en el mercado inglés, Portugal abría su propio mercado, y el de sus colonias, a las manufacturas británicas. Dado el desnivel de desarrollo industrial ya por entonces existente, la medida implicaba una condenación a la ruina para las manufacturas locales. No era con vino como se pagarían los tejidos ingleses, sino con oro, con el oro de Brasil, y por el camino quedarían paralíticos los telares de Portugal. Portugal no se limitó a matar en el huevo a su propia industria, sino que, de paso, aniquiló también los gérmenes de cualquier tipo de desarrollo manufacturero en el Brasil. El reino prohibió el funciona-

---

[70]   Joaquim Felício dos Santos, *Memórias do Distrito Diamantino*, Río de Janeiro, 1956.
[71]   Augusto de Lima Júnior, *op. cit.*

miento de refinerías de azúcar en 1715; en 1729, declaró crimen la apertura de nuevas vías de comunicación en la región minera; en 1785, ordenó incendiar los telares y las hilanderías brasileñas.

Inglaterra y Holanda, campeonas del contrabando del oro y los esclavos, que amasaron grandes fortunas en el tráfico ilegal de *carne negra*, atrapaban por medios ilícitos, según se estima, más de la mitad del metal que correspondía al impuesto del «quinto real» que debía recibir, de Brasil, la corona portuguesa. Pero Inglaterra no recurría solamente al comercio prohibido para canalizar el oro brasileño en dirección a Londres. Las vías legales también le pertenecían. El auge del oro, que implicó el flujo de grandes contingentes de población portuguesa hacia Minas Gerais, estimuló agudamente la demanda colonial de productos industriales y proporcionó, a la vez, medios para pagarlos. De la misma manera que la plata de Potosí rebotaba en el suelo de España, el oro de Minas Gerais sólo pasaba en tránsito por Portugal. La metrópoli se convirtió en simple intermediaria. En 1755, el marqués de Pombal, primer ministro portugués, intentó la resurrección de una política proteccionista, pero ya era tarde: denunció que los ingleses habían conquistado Portugal sin los inconvenientes de una conquista, que abastecían las dos terceras partes de sus necesidades y que los agentes británicos eran dueños de la totalidad del comercio portugués. Portugal no producía prácticamente nada y tan ficticia resultaba la riqueza del oro que hasta los esclavos negros que trabajaban las minas de la colonia eran vestidos por los ingleses[72].

Celso Furtado ha hecho notar[73] que Inglaterra, que seguía una política clarividente en materia de desarrollo industrial, utilizó el oro de Brasil para pagar importaciones esenciales de otros países y pudo concentrar sus inversiones en el sector manufacturero. Rápidas y eficaces innovaciones tecnológicas pudieron ser aplicadas gracias a esta gentileza histórica de Portugal. El centro financiero de Europa se trasladó de Amsterdam a Londres. *Según las fuentes británicas, las entradas de oro brasileño en Londres alcanzaban a cincuenta mil libras por semana en algunos períodos. Sin esta tremenda acumulación de reservas metálicas, Inglaterra no hubiera podido enfrentar, posteriormente, a Napoleón.*

[72] Allan K. Manchester, *British Preeminence in Brazil: its Rise and Fall*, Chapel Hill, Carolina del Norte, 1933.
[73] Celso Furtado, *op. cit.*

Nada quedó, en suelo brasileño, del impulso dinámico del oro, salvo los templos y las obras de arte. A fines del siglo XVIII, aunque todavía no se habían agotado los diamantes, el país estaba postrado. El ingreso per cápita de los tres millones largos de brasileños no superaba los cincuenta dólares anuales al actual poder adquisitivo, según los cálculos de Furtado, y éste era el nivel más bajo de todo el período colonial. Minas Gerais cayó a pique en un abismo de decadencia y ruina. Increíblemente, un autor brasileño agradece el favor y sostiene que el capital inglés que salió de Minas Gerais «sirvió para la inmensa red bancaria que propició el comercio entre las naciones y tornó posible levantar el nivel de vida de los pueblos capaces de progreso»[74]. Condenados inflexiblemente a la pobreza en función del progreso ajeno, los pueblos mineros «incapaces» quedaron aislados y tuvieron que resignarse a arrancar sus alimentos de las pobres tierras ya despojadas de metales y piedras preciosas. La agricultura de subsistencia ocupó el lugar de la economía minera[75]. En nuestros días, los campos de Minas Gerais son, como los del nordeste, reinos del latifundio y de los «coroneles de hacienda», impertérritos bastiones del atraso. La venta de trabajadores *mineiros* a las haciendas de otros estados es casi tan frecuente como el tráfico de esclavos que los nordestinos padecen. Franklin de Oliveira recorrió Minas Gerais hace poco tiempo. Encontró casas de palo a pique, pueblitos sin agua ni luz, prostitutas con una edad media de trece años en la ruta al valle de Jequitinhonha, locos y famélicos a la vera de los caminos. Lo cuenta en su reciente libro *A tragédia da renovação brasileira*. Henri Gorceix había dicho, con razón, que Minas Gerais tenía un corazón de oro en un pecho de hierro[76], pero la explotación de su fabuloso *quadrilátero ferrífero* corre por cuenta, en nuestros días, de la Hanna Mining Co. y la Bethlehem Steel, asociadas al efecto: los yacimientos fueron entregados en 1964, al cabo de una siniestra historia. El hierro, en manos extranjeras, no dejará más de lo que el oro dejó.

---

[74] Augusto de Lima Júnior, *op. cit.* El autor siente una gran alegría por «la expansión del imperialismo colonizador, que los ignorantes de hoy, movidos por sus maestros moscovitas, califican de crimen».

[75] Roberto C. Simonsen, *História econômica do Brasil* (1500-1820), San Pablo, 1962.

[76] Eponina Ruas, *Ouro Preto. Sua história, seus templos e monumentos*, Río de Janeiro, 1950.

Sólo la explosión del talento había quedado como recuerdo del vértigo del oro, por no mencionar los agujeros de las excavaciones y las pequeñas ciudades abandonadas. Portugal no pudo, tampoco, rescatar otra fuerza creadora que no fuera la revolución estética. El convento de Mafra, orgullo de Dom João V, levantó a Portugal de la decadencia artística: en sus carillones de treinta y siete campanas, sus vasos y sus candelabros de oro macizo, centellea todavía el oro de Minas Gerais. Las iglesias de Minas han sido bastante saqueadas y son raros los objetos sacros, de tamaño portátil, que en ellas perduran, pero para siempre quedaron, alzadas sobre las ruinas coloniales, las monumentales obras barrocas, los frontispicios y los púlpitos, los retablos, las tribunas, las figuras humanas, que diseñó, talló o esculpió Antonio Francisco Lisboa, el «Aleijadinho», el «Tullidito», el hijo genial de una esclava y un artesano. Ya agonizaba el siglo XVIII cuando el «Aleijadinho» comenzó a modelar en piedra un conjunto de grandes figuras sagradas, al pie del santuario de Bom Jesus de Matosinhos, en Congonhas do Campo. La euforia del oro era cosa del pasado: la obra se llamaba *Los profetas*, pero ya no había ninguna gloria por profetizar. Toda la pompa y la alegría se habían desvanecido y no quedaba sitio para ninguna esperanza. El testimonio final, grandioso como un entierro para aquella fugaz civilización del oro nacida para morir, fue dejado a los siglos siguientes por el artista más talentoso de toda la historia de Brasil. El «Aleijadinho», desfigurado y mutilado por la lepra, realizó su obra maestra amarrándose el cincel y el martillo a las manos sin dedos y arrastrándose de rodillas, cada madrugada, rumbo a su taller.

La leyenda asegura que en la iglesia de Nossa Senhora das Mercês e Misericordia, de Minas Gerais, los mineros muertos celebran todavía misa en las frías noches de lluvia. Cuando el sacerdote se vuelve, alzando las manos desde el altar mayor, se le ven los huesos de la cara.

EL REY AZÚCAR Y OTROS MONARCAS AGRÍCOLAS

LAS PLANTACIONES, LOS LATIFUNDIOS Y EL DESTINO

La búsqueda del oro y de la plata fue, sin duda, el motor central de la conquista. Pero en su segundo viaje, Cristóbal Colón trajo las primeras raíces de caña de azúcar, desde las islas Canarias, y las plantó en las tierras que hoy ocupa la República Dominicana. Una vez sembradas, dieron rápidos retoños, para gran regocijo del almirante[1]. El azúcar, que se cultivaba en pequeña escala en Sicilia y en las islas Madeira y Cabo Verde y se compraba, a precios altos, en Oriente, era un artículo tan codiciado por los europeos que hasta en los ajuares de las reinas llegó a figurar como parte de la dote. Se vendía en las farmacias, se lo pesaba por gramos[2]. Durante poco menos de tres siglos a partir del descubrimiento de América, no hubo, para el comercio de Europa, producto agrícola más importante que el azúcar cultivado en estas tierras. Se alzaron los cañaverales en el litoral húmedo y caliente del nordeste de Brasil y, posteriormente, también las islas del Caribe –Barbados, Jamaica, Haití y la Dominicana, Guadalupe, Cuba, Puerto Rico– y Veracruz y la costa peruana resultaron sucesivos escenarios propicios para la explotación, en gran escala, del «oro blanco». Inmensas legiones de esclavos vinieron de África para proporcionar, al rey azúcar, la fuerza del trabajo numerosa y gratuita que exigía: combustible humano para quemar. Las tierras fueron devastadas por esta planta egoísta que invadió el Nuevo Mundo arrasando los bosques, malgastando la fertilidad natural y extinguiendo el humus acumulado por los suelos. El largo ciclo del azúcar dio origen, en América Latina, a prosperidades tan mortales como las que engen-

---

[1]   Fernando Ortiz, *Contrapunteo cubano del tabaco y el azúcar*, La Habana, 1963.
[2]   Caio Prado Júnior, *Historia económica del Brasil*, Buenos Aires, 1960.

draron, en Potosí, Ouro Preto, Zacatecas y Guanajuato, los furores de la plata y el oro; al mismo tiempo, impulsó con fuerza decisiva, directa e indirectamente, el desarrollo industrial de Holanda, Francia, Inglaterra y Estados Unidos.

La plantación, nacida de la demanda de azúcar en ultramar, era una empresa movida por el afán de ganancia de su propietario y puesta al servicio del mercado que Europa iba articulando internacionalmente. Por su estructura interna, sin embargo, tomando en cuenta que se bastaba a sí misma en buena medida, resultaban feudales algunos de sus rasgos predominantes. Utilizaba, por otra parte, mano de obra esclava. Tres edades históricas distintas –mercantilismo, feudalismo, esclavitud– se combinaban así en una sola unidad económica y social, pero era el mercado internacional quien estaba en el centro de la constelación de poder que el sistema de plantaciones integró desde temprano.

De la plantación colonial, subordinada a las necesidades extranjeras y financiada, en muchos casos, desde el extranjero, proviene en línea recta el latifundio de nuestros días. Éste es uno de los cuellos de botella que estrangulan el desarrollo económico de América Latina y uno de los factores primordiales de la marginación y la pobreza de las masas latinoamericanas. El latifundio actual, mecanizado en medida suficiente para multiplicar los excedentes de mano de obra, dispone de abundantes reservas de brazos baratos. Ya no depende de la importación de esclavos africanos ni de la «encomienda» indígena. Al latifundio le basta con el pago de jornales irrisorios, la retribución de servicios en especies o el trabajo gratuito a cambio del usufructo de un pedacito de tierra; se nutre de la proliferación de los minifundios, resultado de su propia expansión, y de la continua migración interna de legiones de trabajadores que se desplazan, empujados por el hambre, al ritmo de las zafras sucesivas.

La estructura combinada de la plantación funcionaba, y así funciona también el latifundio, como un colador armado para la evasión de las riquezas naturales. Al integrarse al mercado mundial, cada área conoció un ciclo dinámico; luego, por la competencia de otros productos sustitutivos, por el agotamiento de la tierra o por la aparición de otras zonas con mejores condiciones, sobrevino la decadencia. La cultura de la pobreza, la economía de subsistencia y el letargo son los precios que cobra, con el transcurso de los años, el impulso productivo original. El nordeste era la zona más rica de Brasil y hoy es la más pobre; en Barbados y Haití habitan hormigueros humanos condenados a la miseria; el azúcar se convirtió en la llave maestra del dominio de Cuba por los Estados Unidos, al precio del monocultivo y del empobrecimiento implacable del suelo. No sólo el azúcar. Ésta es también la historia del cacao, que alumbró la fortuna de la oligarquía de Caracas; del algodón de Maranhão, de súbito esplendor y súbita caída; de las plantaciones de caucho en el Amazonas, convertidas en cementerios para los obreros nordestinos reclutados a cambio de moneditas; de los arrasados bosques de quebracho del norte argentino y del Paraguay; de las fincas de henequén, en Yucatán, donde los indios yaquis fueron enviados al exterminio. Es también la historia del café, que avanza abandonando desiertos a sus espaldas, y de las plantaciones de frutas en Brasil, en Colombia, en Ecuador y en los desdichados países centroamericanos. Con mejor o peor suerte, cada producto se ha ido convirtiendo en un destino, muchas veces fugaz, para los países, las regiones y los hombres. El mismo itinerario han seguido, por cierto, las zonas productoras de riquezas minerales. *Cuanto más codiciado por el mercado mundial, mayor es la desgracia que un producto trae consigo al pueblo latinoamericano que, con su sacrificio, lo crea.* La zona menos castigada por esta ley de acero, el río de la Plata, que arrojaba cueros y luego carne y lana a las corrientes del mercado internacional, no ha podido, sin embargo, escapar de la jaula del subdesarrollo.

El asesinato de la tierra en el nordeste de Brasil

Las colonias españolas proporcionaban, en primer lugar, metales. Muy temprano se habían descubierto, en ellas, los tesoros y las vetas. El azúcar, relegada a un segundo plano, se cultivó en Santo Domingo, luego en Veracruz, más tarde en la costa peruana y en Cuba. En cambio, hasta mediados del siglo XVII, Brasil fue el mayor productor mundial de azúcar. Simultáneamente, la colonia portuguesa de América era el principal mercado de esclavos; la mano de obra indígena, muy escasa, se extinguía rápidamente en los trabajos forzados, y el azúcar exigía grandes contingentes de mano de obra para limpiar y preparar los terrenos, plantar, cosechar y transportar la caña y, por fin, molerla y purgarla. La sociedad colonial brasileña, subproducto del azúcar, floreció en Bahía y Pernambuco, hasta que el descubrimiento del oro trasladó su núcleo central a Minas Gerais.

Las tierras fueron cedidas por la corona portuguesa, en usufructo, a los primeros grandes terratenientes de Brasil. La hazaña de la conquista habría de correr pareja con la organización de la producción. Solamente doce «capitanes» recibieron, por carta de donación, todo el inmenso territorio colonial inexplorado[3], para explotarlo al servicio del monarca. Sin embargo, fueron capitales holandeses los que financiaron, en mayor medida, el negocio, que resultó, en resumidas cuentas, más flamenco que portugués. Las empresas holandesas no sólo participaron en la instalación de los ingenios y en la importación de los esclavos; además, recogían el azúcar en bruto en Lisboa, lo refinaban obteniendo utilidades que llegaban a la tercera parte del valor del producto[4], y lo vendían en Europa. En 1630, la Dutch West India Company invadió y conquistó la costa nordeste de Brasil, para asumir directamente el control del producto. Era preciso multiplicar las fuentes del azúcar, para multiplicar las ganancias, y la empresa ofreció a los ingleses de la isla Barbados todas las facilidades para iniciar el cultivo en gran escala en las Antillas. Trajo a Brasil colonos del Caribe, para que allí, en sus flamantes dominios, adquirieran los necesarios conocimientos técnicos y la capacidad de organización.

Cuando los holandeses fueron por fin expulsados del nordeste brasileño, en 1654, ya habían echado las bases para que Barbados se lanzara a una competencia furiosa y ruinosa. Habían llevado negros y raíces de caña, habían levantado ingenios y les habían proporcionado todos los implementos. Las exportaciones brasileñas cayeron bruscamente a la mitad, y a la mitad bajaron los precios del azúcar a fines del siglo XVII. Mientras tanto, en un par de décadas, se multiplicó por diez la población negra de Barbados. Las Antillas estaban más cerca del mercado europeo, Barbados proporcionaba tierras todavía invictas y producía con mejor nivel técnico. Las tierras brasileñas se habían cansado. La formidable magnitud de las rebeliones de los esclavos en Brasil y la aparición del oro en el sur, que arrebataba mano de obra a las plantaciones, precipitaron también la crisis del nordeste

---

[3]   Sergio Bagú, *Economía de la sociedad colonial. Ensayo de historia comparada de América Latina*, Buenos Aires, 1949.

[4]   Celso Furtado, *Formación económica del Brasil*, México-Buenos Aires, 1959

azucarero. Fue una crisis definitiva. Se prolonga, arrastrándose penosamente de siglo en siglo, hasta nuestros días.

El azúcar había arrasado el nordeste. La franja húmeda del litoral, bien regada por las lluvias, tenía un suelo de gran fertilidad, muy rico en humus y sales minerales, cubierto por los bosques desde Bahía hasta Ceará. Esta región de bosques tropicales se convirtió, como dice Josué de Castro, en una región de sabanas[5]. Naturalmente nacida para producir alimentos, pasó a ser una región de hambre. Donde todo brotaba con vigor exuberante, el latifundio azucarero, destructivo y avasallador, dejó rocas estériles, suelos lavados, tierras erosionadas. Se habían hecho, al principio, plantaciones de naranjos y mangos, que «fueron abandonadas a su suerte y se redujeron a pequeñas huertas que rodeaban la casa del dueño del ingenio, exclusivamente reservadas a la familia del plantador blanco»[6]. Los incendios que abrían tierras a los cañaverales devastaron la floresta y con ella la fauna; desaparecieron los ciervos, los jabalíes, los tapires, los conejos, las pacas y los tatúes. La alfombra vegetal, la flora y la fauna fueron sacrificadas, en los altares del monocultivo, a la caña de azúcar. La producción extensiva agotó rápidamente los suelos.

A fines del siglo XVI, había en Brasil no menos de 120 ingenios, que sumaban un capital cercano a los dos millones de libras, pero sus dueños, que poseían las mejores tierras, no cultivaban alimentos. Los importaban, como importaban una vasta gama de artículos de lujo que llegaban, desde ultramar, junto con los esclavos y las bolsas de sal. La abundancia y la prosperidad eran, como de costumbre, simétricas a la miseria de la mayoría de la población, que vivía en estado crónico de subnutrición. La ganadería fue relegada a los desiertos del interior, lejos de la franja húmeda de la costa: el *sertão* que, con un par de reses por kilómetro cuadrado, proporcionaba (y aún proporciona) la carne dura y sin sabor, siempre escasa.

De aquellos tiempos coloniales nace la costumbre, todavía vigente, de comer tierra. La falta de hierro provoca anemia; el instinto empuja a los niños nordestinos a compensar con tierra las sales minerales que no encuentran en su comida habitual, que se reduce a la harina de mandioca, los frijoles y, con suerte, el tasajo. Antiguamente, se castiga-

---

[5] Josué de Castro, *Geografía da fome*, San Pablo, 1963.
[6] *Ibíd.*

ba este «vicio africano» de los niños poniéndoles bozales o colgándolos dentro de cestas de mimbre a larga distancia del suelo[7].

El nordeste de Brasil es, en la actualidad, la región más subdesarrollada del hemisferio occidental[8]*. Gigantesco campo de concentración para treinta millones de personas, padece hoy la herencia del monocultivo del azúcar. De sus tierras brotó el negocio más lucrativo de la economía agrícola colonial en América Latina.* En la actualidad, menos de la quinta parte de la zona húmeda de Pernambuco está dedicada al cultivo de la caña de azúcar, y el resto no se usa para nada[9]: los dueños de los grandes ingenios centrales, que son los mayores plantadores de caña, se dan este lujo del desperdicio, manteniendo improductivos sus vastos latifundios. No es en las zonas áridas y semiáridas del interior nordestino donde la gente come peor, como equivocadamente se cree. El *sertão*, desierto de piedra y arbustos ralos, vegetación escasa, padece hambres periódicas: el sol rajante de la sequía se abate sobre la tierra y la reduce a un paisaje lunar; obliga a los hombres al éxodo y siembra de cruces los bordes de los caminos. Pero es en el litoral húmedo donde se padece hambre endémica. Allí donde más opulenta es la opulencia, más miserable resulta, tierra de contradicciones, la miseria: la región elegida por la naturaleza para producir todos los alimentos, los niega todos: la franja costera todavía conocida, ironía del vocabulario, como *zona da mata*, «zona del bosque», en homenaje al pasado remoto y a los míseros vestigios de la forestación sobreviviente a los siglos del azúcar. El latifundio azucarero, estructura del desperdicio, continúa obligando a traer alimentos desde otras zonas, sobre todo de la región centro-sur del país, a precios crecientes. El costo de la vida en Recife es el más alto de Brasil, por encima del

---

[7] *Ibíd.* Un viajero inglés, Henry Koster, atribuía la costumbre de comer tierra al contacto de los niños blancos con los negritos, «que contagian este vicio africano».

[8] El nordeste padece, por varias vías, una suerte de colonialismo interno en beneficio del sur industrializado. Dentro del nordeste, a la vez, la región del *sertão* está subordinada a la zona azucarera a la cual abastece, y los latifundios azucareros dependen de las plantas industrializadoras del producto. La vieja institución del *senhor de engenho* está en crisis; los molinos centrales han devorado a las plantaciones.

[9] Según las investigaciones del Instituto Joaquim Nabuco de Pesquisas Sociais, de Pernambuco, citadas por Kit Sims Taylor en *El nordeste brasileño: azúcar y plusvalía*, Monthly Review, núm. 63, Santiago de Chile, junio de 1969.

índice de Río de Janeiro. Los frijoles cuestan más caros en el nordeste que en Ipanema, la lujosa playa de la bahía carioca. Medio kilo de harina de mandioca equivale al salario diario de un trabajador adulto en una plantación de azúcar, por su jornada de sol a sol: si el obrero protesta, el capataz manda buscar al carpintero para que le vaya tomando las medidas del cuerpo. Para los propietarios o sus administradores sigue en vigencia, en vastas zonas, el «derecho a la primera noche» de cada muchacha. La tercera parte de la población de Recife sobrevive marginada en las chozas de los bajos fondos; en un barrio, Casa Amarela, más de la mitad de los niños que nacen muere antes de llegar al año[10]. La prostitución infantil, niñas de diez o doce años vendidas por sus padres, es frecuente en las ciudades del nordeste. La jornada de trabajo en algunas plantaciones se paga por debajo de los jornales bajos de la India. Un informe de la FAO, organismo de las Naciones Unidas, aseguraba en 1957 que en la localidad de Vitoria, cerca de Recife, la deficiencia de proteínas «provoca en los niños una pérdida de peso de un 40% más grave de lo que se observa generalmente en África». En numerosas plantaciones subsisten todavía las prisiones privadas, «pero los responsables de los asesinatos por subalimentación –dice René Dumont– no son encerrados en ellas, porque son los que tienen las llaves»[11].

Pernambuco produce ahora menos de la mitad del azúcar que produce el estado de San Pablo, y con rendimientos menores por hectárea; sin embargo, Pernambuco vive del azúcar, y de ella viven sus habitantes densamente concentrados en la zona húmeda, mientras que el estado de San Pablo contiene el centro industrial más poderoso de América Latina. En el nordeste ni siquiera el progreso resulta progresista, porque hasta el progreso está en manos de pocos propietarios. El alimento de las minorías se convierte en el hambre de las mayorías. A partir de 1870, la industria azucarera se modernizó considerablemente con la creación de los grandes molinos centrales, y entonces «la absorción de las tierras por los latifundios progresó de modo alarmante, acentuando la miseria alimentaria de esa zona»[12].

[10]   Franklin de Oliveira, *Revolución y contrarrevolución en el Brasil*, Buenos Aires, 1965.
[11]   René Dumont, *Tierras vivas. Problemas de la reforma agraria en el mundo*, México, 1963.
[12]   Josué de Castro, *op. cit.*

En la década de 1950, la industrialización en auge incrementó el consumo del azúcar en Brasil. La producción nordestina tuvo un gran impulso, pero sin que aumentaran los rendimientos por hectárea. Se incorporaron nuevas tierras, de inferior calidad, a los cañaverales, y el azúcar nuevamente devoró las pocas áreas dedicadas a la producción de alimentos. Convertido en asalariado, el campesino que antes cultivaba su pequeña parcela no mejoró con la nueva situación, pues no gana suficiente dinero para comprar los alimentos que antes producía[13]. Como de costumbre, la expansión expandió el hambre.

Las Antillas eran las *Sugar Islands*, las islas del azúcar: sucesivamente incorporadas al mercado mundial como productoras de azúcar, al azúcar quedaron condenadas, hasta nuestros días, Barbados, las islas de Sotavento, Trinidad Tobago, la Guadalupe, Puerto Rico y Santo Domingo (la Dominicana y Haití). Prisioneras del monocultivo de la caña en los latifundios de vastas tierras exhaustas, las islas padecen la desocupación y la pobreza: el azúcar se cultiva en gran escala y en gran escala irradia sus maldiciones. También Cuba continúa dependiendo, en medida determinante, de sus ventas de azúcar, pero a partir de la reforma agraria de 1959, se inició un intenso proceso de diversificación de la economía de la isla, lo que ha puesto punto final al desempleo: ya los cubanos no trabajan apenas cinco meses al año, durante las zafras, sino todo a lo largo de la ininterrumpida y por cierto difícil construcción de una sociedad nueva.

«Pensaréis tal vez, señores –decía Karl Marx en 1848–, que la producción de café y azúcar es el destino natural de las Indias Occidentales. Hace dos siglos, la naturaleza, que apenas tiene que ver con el comercio, no había plantado allí ni el árbol del café ni la caña de azúcar.»[14] La división internacional del trabajo no se fue estructurando por mano y gracia del Espíritu Santo, sino por obra de los hombres, o, más precisamente, a causa del desarrollo mundial del capitalismo.

En realidad, Barbados fue la primera isla del Caribe donde se cultivó el azúcar para la exportación en grandes cantidades, desde 1641, aunque con anterioridad los españoles habían plantado caña en la Dominicana y en Cuba. Fueron los holandeses, como hemos

---

[13] Celso Furtado, *Dialética do desenvolvimento*, Río de Janeiro, 1964.
[14] Karl Marx, *Discurso sobre el libre cambio*, en *Miseria de la filosofía*, Moscú, s. f.

visto, quienes introdujeron las plantaciones en la minúscula isla británica; en 1666 ya había en Barbados ochocientas plantaciones de azúcar y más de ochenta mil esclavos. Vertical y horizontalmente ocupada por el latifundio naciente, Barbados no tuvo mejor suerte que el nordeste de Brasil. Antes, la isla disfrutaba el policultivo; producía, en pequeñas propiedades, algodón y tabaco, naranjas, vacas y cerdos. Los cañaverales devoraron los cultivos agrícolas y devastaron los densos bosques, en nombre de un apogeo que resultó efímero. Rápidamente, la isla descubrió que sus suelos se habían agotado, que no tenía cómo alimentar a su población y que estaba produciendo azúcar a precios fuera de competencia[15].

Ya el azúcar se había propagado a otras islas, hacia el archipiélago de Sotavento, Jamaica y, en tierras continentales, las Guayanas. A principios del siglo XVIII, los esclavos eran, en Jamaica, diez veces más numerosos que los colonos blancos. También su suelo se cansó en poco tiempo. En la segunda mitad del siglo, el mejor azúcar del mundo brotaba del suelo esponjoso de las llanuras de la costa de Haití, una colonia francesa que por entonces se llamaba Saint Domingue. Al norte y al oeste, Haití se convirtió en un vertedero de esclavos: el azúcar exigía cada vez más brazos. En 1786, llegaron a la colonia veintisiete mil esclavos, y al año siguiente cuarenta mil.

En el otoño de 1791, estalló la revolución. En un solo mes, doscientas plantaciones de caña fueron presa de las llamas; los incendios y los combates se sucedieron sin tregua a medida que los esclavos insurrectos iban empujando a los ejércitos franceses hacia el océano. Los barcos zarpaban cargando cada vez más franceses y cada vez menos azúcar. La guerra derramó ríos de sangre y devastó las plantaciones. Fue larga. El país, en cenizas, quedó paralizado; a fines de siglo la producción había caído verticalmente. «En noviembre de 1803 casi toda la colonia, antiguamente floreciente, era un gran cementerio de cenizas y escombros», dice Lepkowski[16]. La revolución haitiana había coincidido, y no sólo en el tiempo, con la revolución francesa, y Haití sufrió también, en carne propia, el bloqueo contra Francia de la coalición internacional: Inglaterra dominaba los mares. Pero luego sufrió, a medida que su independencia se iba haciendo inevitable, el

15 Vincent T. Harlow, *A History of Barbados*, Oxford, 1926.
16 Tadeusz Lepkowski, *Haití*, tomo I, La Habana, 1968.

bloqueo *de* Francia. Cediendo a la presión francesa, el Congreso de los Estados Unidos prohibió el comercio con Haití, en 1806. Recién en 1825, Francia reconoció la independencia de su antigua colonia, pero a cambio de una gigantesca indemnización en efectivo. En 1802, poco después de que cayera preso el general Toussaint-Louverture, caudillo de los ejércitos esclavos, el general Leclerc había escrito a su cuñado Napoleón, desde la isla: «He aquí mi opinión sobre este país: hay que suprimir a todos los negros de las montañas, hombres y mujeres, conservando sólo a los niños menores de doce años, exterminar la mitad de los negros de las llanuras y no dejar en la colonia ni un solo mulato que lleve charreteras»[17]. El trópico se vengó de Leclerc, pues murió «agarrado por el vómito negro» pese a los conjuros mágicos de Paulina Bonaparte[18], sin poder cumplir su plan, pero la indemnización en dinero resultó una piedra aplastante sobre las espaldas de los haitianos independientes que habían sobrevivido a los baños de sangre de las sucesivas expediciones militares enviadas contra ellos. El país nació en ruinas y no se recuperó jamás: hoy es el más pobre de América Latina.

La crisis de Haití provocó el auge azucarero de Cuba, que rápidamente se convirtió en la primera proveedora del mundo. También la producción cubana de café, otro artículo de intensa demanda en ultramar, recibió su impulso de la caída de la producción haitiana, pero el azúcar le ganó la carrera del monocultivo: en 1862 Cuba se verá obligada a importar café del extranjero. Un miembro dilecto de la «sacarocracia» cubana llegó a escribir sobre «las fundadas ventajas que se pueden sacar de la desgracia ajena»[19]. A la rebelión haitiana sucedieron los precios más fabulosos de la historia del azúcar en el mercado europeo, y en 1806 ya Cuba había duplicado, a la vez, los ingenios y la productividad.

[17]   *Ibíd.*
[18]   Hay una novela espléndida de Alejo Carpentier, *El reino de este mundo* (Montevideo, 1966), sobre este alucinante período de la vida de Haití. Contiene una recreación perfecta de las andanzas de Paulina y su marido por el Caribe.
[19]   Citado por Manuel Moreno Fraginals, *El ingenio*, La Habana, 1964.

Castillos de azúcar sobre los suelos quemados de Cuba

Los ingleses se habían apoderado fugazmente de la Habana en 1762. Por entonces, las pequeñas plantaciones de tabaco y la ganadería eran las bases de la economía rural de la isla; La Habana, plaza fuerte militar, mostraba un considerable desarrollo de las artesanías, contaba con una fundición importante, que fabricaba cañones, y disponía del primer astillero de América Latina para construir en gran escala buques mercantes y navíos de guerra. Once meses bastaron a los ocupantes británicos para introducir una cantidad de esclavos que normalmente hubiese entrado en quince años y desde esa época la economía cubana fue modelada por las necesidades extranjeras de azúcar: los esclavos producirían la codiciada mercancía con destino al mercado mundial, y su jugosa plusvalía sería desde entonces disfrutada por la oligarquía local y los intereses imperialistas.

Moreno Fraginals describe, con datos elocuentes, el auge violento del azúcar en los años siguientes a la ocupación británica. El monopolio comercial español había saltado, de hecho, en pedazos; habían quedado deshechos además los frenos al ingreso de esclavos. El ingenio absorbía todo, hombres y tierras. Los obreros del astillero y la fundición y los innumerables pequeños artesanos, cuyo aporte hubiera resultado fundamental para el desarrollo de las industrias, se marchaban a los ingenios; los pequeños campesinos que cultivaban tabaco en las vegas o frutas en las huertas, víctimas del bestial arrasamiento de las tierras por los cañaverales, se incorporaban también a la producción de azúcar. La plantación extensiva iba reduciendo la fertilidad de los suelos; se multiplicaban en los campos cubanos las torres de los ingenios y cada ingenio requería cada vez más tierras. El fuego devoraba las vegas tabacaleras y los bosques y arrasaba las pasturas. En 1792, el tasajo, que pocos años antes era un artículo cubano de exportación, llegaba ya en grandes cantidades del extranjero, y Cuba continuaría importándolo en lo sucesivo[20]. Languide-

---

[20] Ya habían irrumpido los saladeros en el río de la Plata. Argentina y Uruguay, que por entonces no existían por separado ni se llamaban así, habían adaptado sus economías a la exportación en gran escala de carne seca y salada, cueros, grasas y sebos. Brasil y Cuba, los dos grandes centros esclavistas del siglo XIX, fueron excelentes mercados para el tasajo, un alimento muy

cían el astillero y la fundición, caía verticalmente la producción de tabaco; la jornada de trabajo de los esclavos del azúcar se extendía a veinte horas. Sobre las tierras humeantes se consolidaba el poder de la «sacarocracia». A fines del siglo XVIII, euforia de la cotización internacional por las nubes, la especulación volaba: los precios de la tierra se multiplicaban por veinte en Güines; en La Habana el interés real del dinero era ocho veces más alto que el legal; en toda Cuba la tarifa de los bautismos, los entierros y las misas subía en proporción a la desatada carestía de los negros y los bueyes.

Los cronistas de otros tiempos decían que podía recorrerse Cuba, a todo lo largo, a la sombra de las palmas gigantescas y los bosques frondosos, en los que abundaban la caoba y el cedro, el ébano y los dagames. Se puede todavía admirar las maderas preciosas de Cuba en las mesas y en las ventanas de El Escorial o en las puertas del palacio real de Madrid, pero la invasión cañera hizo arder, en Cuba, con varios fuegos sucesivos, los mejores bosques vírgenes de cuantos antes cubrían su suelo. En los mismos años en que arrasaba su propia floresta, Cuba se convertía en la principal compradora de madera de los Estados Unidos. El cultivo extensivo de la caña, cultivo de rapiña, no sólo implicó la muerte del bosque sino también, a largo plazo, «la muerte de la fabulosa fertilidad de la isla»[21]. Los bosques eran entregados a las llamas y la erosión no demoraba en morder los suelos indefensos; miles de arroyos se secaron. Actualmente, el rendimiento por hectáreas de las plantaciones azucareras de Cuba es inferior en más de tres veces al de Perú, y cuatro veces y media menor que el de

barato, de fácil transporte y no menos fácil almacenamiento, que no se descomponía al calor del trópico. Los cubanos llaman todavía «Montevideo» al tasajo, pero Uruguay dejó de venderlo en 1965, sumándose así al bloqueo dispuesto por la OEA contra Cuba. De esta manera Uruguay perdió, estúpidamente, el último mercado que le restaba para este producto. Había sido Cuba, a fines del siglo XVIII, el primer mercado que se abrió a la carne uruguaya, embarcada en delgadas lonjas secas. José Pedro Barrán y Benjamín Nahum, *Historia rural del Uruguay moderno (1851-1885)*, Montevideo, 1967.

[21] Manuel Moreno Fraginals, op. cit. Hasta hace poco tiempo, navegaban por el río Sagua los *palanqueros*. «Llevan una larga vara con una punta de hierro. Con ella van hiriendo el lecho del río hasta que clavan un madero... Así, día a día, extraen del fondo del río los restos de los árboles que el azúcar talara. Viven de los cadáveres del bosque.»

Hawaii[22]. El riego y la fertilización de la tierra constituyen tareas prioritarias para la revolución cubana. Se están multiplicando las presas hidráulicas, grandes y pequeñas, mientras se canalizan los campos y se diseminan, sobre las castigadas tierras, los abonos.

La «sacarocracia» alumbró su engañosa fortuna al tiempo que sellaba la dependencia de Cuba, una factoría distinguida cuya economía quedó enferma de diabetes. Entre quienes devastaron las tierras más fértiles por medios brutales había personajes de refinada cultura europea, que sabían reconocer un Brueghel auténtico y podían comprarlo; de sus frecuentes viajes a París traían vasijas etruscas y ánforas griegas, gobelinos franceses y biombos Ming, paisajes y retratos de los más cotizados artistas británicos. Me sorprendió descubrir, en la cocina de una mansión de La Habana, una gigantesca caja fuerte, con combinación secreta, que una condesa usaba para guardar la vajilla. Hasta 1959 no se construían fábricas, sino castillos de azúcar: el azúcar ponía y sacaba dictadores, proporcionaba o negaba trabajo a los obreros, decidía el ritmo de las danzas de los millones y las crisis terribles. La ciudad de Trinidad es, hoy, un cadáver resplandeciente. A mediados del siglo XIX, había en Trinidad más de cuarenta ingenios, que producían 700 mil arrobas de azúcar. Los campesinos pobres que cultivaban tabaco habían sido desplazados por la violencia, y la zona, que había sido también ganadera, y que antes exportaba carne, comía carne traída de fuera. Brotaron palacios coloniales, con sus portales de sombra cómplice, sus aposentos de altos techos, arañas con lluvias de cristales, alfombras persas, un silencio de terciopelo y en el aire las ondas del minué, los espejos en los salones para devolver la imagen de los caballeros de peluquín y zapatos con hebilla. Ahí está, ahora, el testimonio de los grandes esqueletos de mármol o piedra, la soberbia de los campanarios mudos, las calesas invadidas por el pasto. A Trinidad le dicen ahora «la ciudad de los *tuvo*», porque sus sobrevivientes blancos siempre hablan de algún antepasado que *tuvo* el poder y la gloria. Pero vino la crisis de 1857, cayeron los precios del azúcar y la ciudad cayó con ellos, para no levantarse nunca más[23].

---

[22]   Celso Furtado, *La economía latinoamericana desde la Conquista ibérica hasta la Revolución Cubana*, Santiago de Chile, 1969; México, 1969.

[23]   Moreno Fraginals ha observado, agudamente, que los nombres de los ingenios nacidos en el siglo XIX reflejaban las alzas y las bajas de la curva azuca-

Un siglo después, cuando los guerrilleros de la Sierra Maestra conquistaron el poder, Cuba seguía con su destino atado a la cotización del azúcar. «El pueblo que confía su subsistencia a un solo producto, se suicida», había profetizado el héroe nacional, José Martí. En 1920, con el azúcar a 22 centavos la libra, Cuba batió el récord mundial de exportaciones por habitante, superando incluso a Inglaterra, y tuvo el mayor ingreso per cápita de América Latina. Pero ese mismo año, en diciembre, el precio del azúcar cayó a cuatro centavos, y en 1921 se desató el huracán de la crisis: quebraron numerosas centrales azucareras, que fueron adquiridas por intereses norteamericanos, y todos los bancos cubanos o españoles, incluyendo el propio Banco Nacional. Sólo sobrevivieron las sucursales de los bancos de Estados Unidos[24]. Una economía tan dependiente y vulnerable como la de Cuba no podía escapar, posteriormente, al impacto feroz de la crisis de 1929 en Estados Unidos: el precio del azúcar llegó a bajar a mucho menos de un centavo en 1932, y en tres años las exportaciones se redujeron, en valor, a la cuarta parte. El índice de desempleo de Cuba en esos tiempos «difícilmente habrá sido igualado en ningún otro país»[25]. El desastre de 1921 había sido provocado por la caída del precio del azúcar en el mercado de los Estados Unidos, y de los Estados Unidos no demoró en llegar un crédito de cincuenta millones de dólares: en ancas del crédito, llegó también el general Crowder; so pretexto de controlar la utilización de los fondos, Crowder gobernaría, de hecho, el país. Gracias a sus buenos oficios la dictadura de Machado llega al poder en 1924, pero la gran depresión de los años treinta se lleva por delante, paralizada Cuba por la huelga general, a este régimen de sangre y fuego.

Lo que ocurría con los precios, se repetía con el volumen de las exportaciones. Desde 1948, Cuba recuperó su cuota para cubrir la tercera parte del mercado norteamericano de azúcar, a precios inferiores a los que recibían los productores de Estados Unidos, pero más altos y más estables que los del mercado internacional. Ya con ante-

---

rera: *Esperanza, Nueva Esperanza, Atrevido, Casualidad; Aspirante, Conquista, Confianza, El Buen Suceso; Apuro, Angustia, Desengaño.* Había cuatro ingenios llamados, premonitoriamente, *Desengaño.*

[24] René Dumont, *Cuba (intento de crítica constructiva)*, Barcelona, 1965.
[25] Celso Furtado, *La economía latinoamericana…, op. cit.*

rioridad los Estados Unidos habían desgravado las importaciones de azúcar cubana a cambio de privilegios similares concedidos al ingreso de los artículos norteamericanos en Cuba. Todos estos *favores* consolidaron la dependencia. «El pueblo que compra manda, el pueblo que vende sirve; hay que equilibrar el comercio para asegurar la libertad; el pueblo que quiere morir vende a un solo pueblo, y el que quiere salvarse vende a más de uno», había dicho Martí y repitió el Che Guevara en la conferencia de la OEA, en Punta del Este, en 1961. La producción era arbitrariamente limitada por las necesidades de Washington. El nivel de 1925, unos cinco millones de toneladas, continuaba siendo el promedio de los años cincuenta: el dictador Fulgencio Batista asaltó el poder, en 1952, en ancas de la mayor zafra hasta entonces conocida, más de siete millones, con la misión de apretar las clavijas, y al año siguiente la producción, obediente a la demanda del norte, cayó a cuatro[26].

LA REVOLUCIÓN ANTE LA ESTRUCTURA DE LA IMPOTENCIA

La proximidad geográfica y la aparición del azúcar de remolacha, surgida durante las guerras napoleónicas, en los campos de Francia y Alemania, convirtieron a los Estados Unidos en el cliente principal del azúcar de las Antillas. Ya en 1850, los Estados Unidos dominaban la tercera parte del comercio de Cuba, le vendían y le compraban más que España, aunque la isla era una colonia española, y la bandera de las barras y las estrellas flameaba en los mástiles de más de la mitad de los buques que llegaban allí. Un viajero español encontró hacia 1859, campo adentro, en remotos pueblitos de Cuba, máquinas de coser fabricadas en Estados Unidos[27]. Las principales calles de La Habana fueron empedradas con bloques de granito de Boston.

Cuando despuntaba el siglo xx se leía en el *Louisiana Planter*: «Poco

---

[26] El director del programa de azúcar en el Ministerio de Agricultura de los Estados Unidos declaró tiempo después de la Revolución: «Desde que Cuba ha dejado la escena, nosotros no contamos con la protección de este país, el más grande exportador mundial, ya que disponía siempre de reservas para atender, cuando era preciso, a nuestro mercado». Enrique Ruiz García, *América Latina: anatomía de una revolución*, Madrid, 1966.

[27] Leland H. Jenks, *Nuestra colonia de Cuba*, Buenos Aires, 1960.

a poco, va pasando toda la isla de Cuba a manos de ciudadanos nor-teamericanos, lo cual es el medio más sencillo y seguro de conseguir la anexión a los Estados Unidos.» En el Senado norteamericano se hablaba ya de una nueva estrella en la bandera; derrotada España, el general Leonard Wood gobernaba la isla. Al mismo tiempo pasaban a manos norteamericanas las Filipinas y Puerto Rico[28]. «Nos han sido otorgados por la guerra –decía el presidente McKinley incluyendo a Cuba–, y con la ayuda de Dios y en nombre del progreso de la huma-nidad y de la civilización, es nuestro deber responder a esta gran confianza.» En 1902, Tomás Estrada Palma tuvo que renunciar a la ciudadanía norteamericana que había adoptado en el exilio: las tro-pas norteamericanas de ocupación lo convirtieron en el primer pre-sidente de Cuba. En 1960, el ex embajador norteamericano en Cuba, Earl Smith, declaró ante una subcomisión del Senado: «Hasta el arri-bo de Castro al poder, los Estados Unidos tenían en Cuba una in-fluencia de tal manera irresistible que el embajador norteamericano

---

[28]   Puerto Rico, otra factoría azucarera, quedó prisionero. Desde el punto de vista norteamericano, los puertorriqueños no son suficientemente buenos para vivir en una patria propia, pero en cambio sí lo son para morir en el frente de Vietnam en nombre de una patria que no es la suya. En un cálculo proporcional a la población, el «estado libre asociado» de Puerto Rico tiene más soldados peleando en el sudeste asiático que cualquier otro estado de los Estados Unidos. A los puertorriqueños que resisten el servicio militar obligatorio en Vietnam se les envía por cinco años a las cárceles de Atlanta. Al servicio militar en filas norteamericanas se agregan otras humillaciones heredadas de la invasión de 1898 y benditas por ley (por ley del Congreso de los Estados Unidos). Puerto Rico cuenta con una representación simbó-lica en el Congreso norteamericano, sin voto y prácticamente sin voz. A cambio de este derecho, un estatuto colonial: Puerto Rico tenía, hasta la ocupación norteamericana, una moneda propia y mantenía un próspero comercio con los principales mercados. Hoy la moneda es el dólar y los aranceles de sus aduanas se fijan en Washington, donde se decide todo lo que tiene que ver con el comercio exterior e interior de la isla. Lo mismo ocurre con las relaciones exteriores, el transporte, las comunicaciones, los salarios y las condiciones de trabajo. Es la Corte Federal de los Estados Unidos la que juzga a los puertorriqueños; el ejército local integra el ejérci-to del norte. La industria y el comercio están en manos de los intereses norteamericanos privados. La desnacionalización quiso hacerse absoluta por la vía de la emigración: la miseria empujó a más de un millón de puertorriqueños a buscar mejor suerte en Nueva York, al precio de la frac-tura de su identidad nacional. Allí, forman un subproletariado que se aglo-mera en los barrios más sórdidos.

era el segundo personaje del país, a veces aún más importante que el presidente cubano».

Cuando cayó Batista, Cuba vendía casi todo su azúcar en Estados Unidos. Cinco años antes, un joven abogado revolucionario había profetizado certeramente, ante quienes lo juzgaban por el asalto al cuartel Moncada, que la historia lo absolvería; había dicho en su vibrante alegato: «Cuba sigue siendo una factoría productora de materia prima. Se exporta azúcar para importar caramelos...»[29]. Cuba compraba en Estados Unidos no sólo los automóviles y las máquinas, los productos químicos, el papel y la ropa, sino también arroz y frijoles, ajos y cebollas, grasas, carne y algodón. Venían helados de Miami, panes de Atlanta y hasta cenas de lujo desde París. El país del azúcar importaba cerca de la mitad de las frutas y las verduras que consumía, aunque sólo la tercera parte de su población activa tenía trabajo permanente y la mitad de las tierras de los centrales azucareros eran extensiones baldías donde las empresas no producían nada[30]. Trece ingenios norteamericanos disponían de más de 47 por ciento del área azucarera total y ganaban alrededor de 180 millones de dólares por cada zafra. La riqueza del subsuelo –níquel, hierro, cobre, manganeso, cromo, tungsteno– formaba parte de las reservas estratégicas de los Estados Unidos, cuyas empresas apenas explotaban los minerales de acuerdo con las variables urgencias del ejército y la industria del norte. Había en Cuba, en 1958, más prostitutas registradas que obreros mineros[31]. Un millón y medio de cubanos sufría el desempleo total o parcial, según las investigaciones de Seuret y Pino que cita Núñez Jiménez.

La economía del país se movía al ritmo de las zafras. El poder de compra de las exportaciones cubanas entre 1952 y 1956 no superaba el nivel de treinta años atrás[32], aunque las necesidades de divisas eran mucho mayores. En los años treinta, cuando la crisis consolidó la dependencia de la economía cubana en lugar de contribuir a romperla, se había llegado al colmo de desmontar fábricas recién instaladas para venderlas a otros países. Cuando triunfó la revolución, el primer día de

---

[29] Fidel Castro, *La Revolución cubana (discursos)*, Buenos Aires, 1959.

[30] A. Núñez Jiménez, *Geografía de Cuba*, La Habana, 1959.

[31] René Dumont, *op. cit.*

[32] Dudley Seers, Andrés Bianchi, Richard Jolly y Max Nolff, *Cuba, the Economic and Social Revolution*, Chapel Hill, Carolina del Norte, 1964.

1959, el desarrollo industrial de Cuba era muy pobre y lento, más de la mitad de la producción estaba concentrada en La Habana y las pocas fábricas con tecnología moderna se teledirigían desde los Estados Unidos. Un economista cubano, Regino Boti, coautor de las tesis económicas de los guerrilleros de la sierra, cita el ejemplo de una filial de la Nestlé que producía leche concentrada en Bayamo: «En caso de accidente, el técnico telefoneaba a Connecticut y señalaba que en su sector tal o cual cosa no marchaba. Recibía en seguida instrucciones sobre las medidas a tomar y las ejecutaba mecánicamente... Si la operación no resultaba exitosa, cuatro horas más tarde llegaba un avión transportando un equipo de especialistas de alta calificación que arreglaban todo. Después de la nacionalización ya no se podía telefonear para pedir socorro y los raros técnicos que hubieran podido reparar los desperfectos secundarios habían partido»[33]. El testimonio ilustra cabalmente las dificultades que la Revolución encontró desde que se lanzó a la aventura de convertir a la colonia en patria.

Cuba tenía las piernas cortadas por el estatuto de la dependencia y no le ha resultado nada fácil echarse a andar por su propia cuenta. La mitad de los niños cubanos no iba a la escuela en 1958, pero la ignorancia era, como denunciara Fidel Castro tantas veces, mucho más vasta y más grave que el analfabetismo. La gran campaña de 1961 movilizó a un ejército de jóvenes voluntarios para enseñar a leer y a escribir a todos los cubanos y los resultados asombraron al mundo: Cuba ostenta actualmente, según la Oficina Internacional de Educación de la UNESCO, el menor porcentaje de analfabetos y el mayor porcentaje de población escolar, primaria y secundaria, de América Latina. Sin embargo, la herencia maldita de la ignorancia no se supera en una noche y un día –ni en doce años. La falta de cuadros técnicos eficaces, la incompetencia de la administración y la desorganización del aparato productivo, el burocrático temor a la imaginación creadora y a la libertad de decisión, continúan interponiendo obstáculos al desarrollo del socialismo. Pero pese a todo el sistema de impotencias forjado por cuatro siglos y medio de historia de la opresión, Cuba está naciendo, con entusiasmo que no cesa, de nuevo: mide sus fuerzas, alegría y desmesura, ante los obstáculos.

---

[33] K. S. Karol, *Les guérrilleros au pouvoir. L'itinéraire politique de la révolution cubaine*, París, 1970.

El azúcar era el cuchillo y el imperio el asesino

«Edificar sobre el azúcar ¿es mejor que edificar sobre la arena?», se preguntaba Jean-Paul Sartre en 1960, desde Cuba.

En el muelle del puerto de Guayabal, que exporta azúcar a granel, vuelan los alcatraces sobre un galpón gigantesco. Entro y contemplo, atónito, una pirámide dorada de azúcar. A medida que las compuertas se abren, por debajo, para que las tolvas conduzcan el cargamento, sin embolsar, hacia los buques, la rajadura del techo va dejando caer nuevos chorros de oro, azúcar recién transportada desde los molinos de los ingenios. La luz del sol se filtra y les arranca destellos. Vale unos cuatro millones de dólares esta montaña tibia que palpo y no me alcanza la mirada para recorrerla. Pienso que aquí se resume toda la euforia y el drama de esta zafra récord de 1970 que quiso, pero no pudo, pese al esfuerzo sobrehumano, alcanzar los diez millones de toneladas. Y una historia mucho más larga resbala, con el azúcar, ante la mirada. Pienso en el reino de la Francisco Sugar Co., la empresa de Allen Dulles, donde he pasado una semana escuchando las historias del pasado y asistiendo al nacimiento del futuro: Josefina, hija de Caridad Rodríguez, que estudia en un aula que antes era celda del cuartel, en el preciso lugar donde su padre fue preso y torturado antes de morir; Antonio Bastidas, el negro de setenta años que una madrugada de este año se colgó con ambos puños de la palanca de la sirena porque el ingenio había sobrepasado la meta y gritaba: «¡Carajo!», gritaba: «¡Cumplimos, carajo!», y no había quien le sacara la palanca de las manos crispadas mientras la sirena, que había despertado al pueblo, estaba despertando a toda Cuba; historias de desalojos, de sobornos, de asesinatos, el hambre y los extraños oficios que la desocupación, obligatoria durante más de la mitad de cada año, engendraba: cazador de grillos en los plantíos, por ejemplo. Pienso que la desgracia tenía el vientre hinchado, ahora se sabe. No murieron en vano los que murieron: Amancio Rodríguez, por ejemplo, acribillado a tiros por los rompehuelgas en una asamblea, que había rechazado furioso un cheque en blanco de la empresa y cuando sus compañeros lo fueron a enterrar descubrieron que no tenía calzoncillos ni medias para llevarse al cajón, o por ejemplo Pedro Plaza, que a los veinte años fue detenido y condujo el camión de soldados hacia las minas que él mismo había sembrado y voló con el camión y los soldados. Y tantos otros, en esta localidad y en todas las demás: «Aquí las familias quieren mucho a los mártires –me ha dicho un viejo cañero–, pero después de muertos. Antes eran puras quejas». Sin embargo, no era por casualidad que Fidel Castro reclutara a las tres cuartas partes de sus guerrilleros entre los campesinos, hombres del azúcar, ni que la provincia de Oriente fuera, a la vez, la mayor fuente de azúcar y de sublevaciones en toda la historia de Cuba. Me explico el rencor acumulado: después de la gran zafra de 1961, la revolución optó por vengarse del azúcar. El azúcar era la memoria viva de la humillación. ¿Era también, el azúcar, un destino?

¿Se convirtió luego en una penitencia? ¿Puede ser ahora una palanca, la catapulta del desarrollo económico? Al influjo de una justa impaciencia, la revolución abatió numerosos cañaverales y quiso diversificar, en un abrir y cerrar de ojos, la producción agrícola: no cayó en el tradicional error de dividir los latifundios en minifundios improductivos, pero cada finca socializada acometió de golpe cultivos excesivamente variados. Había que realizar importaciones en gran escala para industrializar el país, aumentar la productividad agrícola y satisfacer muchas necesidades de consumo que la revolución, al redistribuir la riqueza, acrecentó enormemente. Sin las grandes zafras de azúcar, ¿de dónde obtener las divisas necesarias para esas importaciones? El desarrollo de la minería, sobre todo el níquel, exige grandes inversiones, que se están realizando, y la producción pesquera se ha multiplicado por ocho gracias al crecimiento de la flota, lo cual también ha exigido inversiones gigantes; los grandes planes de producción de cítricos están en ejecución, pero los años que separan a la siembra de la cosecha obligan a la paciencia. La revolución descubrió, entonces, que había confundido al cuchillo con el asesino. El azúcar, que había sido el factor del subdesarrollo, pasó a convertirse en un instrumento del desarrollo. No hubo más remedio que utilizar los frutos del monocultivo y la dependencia, nacidos de la incorporación de Cuba al mercado mundial, para romper el espinazo del monocultivo y la dependencia.

Porque los ingresos que el azúcar proporciona ya no se utilizan en consolidar la estructura del sometimiento[34]. Las importaciones de

---

[34] El precio estable del azúcar, garantizado por los países socialistas, ha desempeñado un papel decisivo en este sentido. También la ruptura parcial del bloqueo dispuesto por los Estados Unidos, a través del tráfico comercial intenso con España y otros países de Europa occidental. Un

maquinarias y de instalaciones industriales crecieron en un cuarenta por ciento desde 1958; el excedente económico que el azúcar genera se moviliza para desarrollar las industrias básicas y para que no queden tierras ociosas ni trabajadores condenados a la desocupación. Cuando cayó la dictadura de Batista, había en Cuba cinco mil tractores y trescientos mil automóviles. Hoy hay cincuenta mil tractores, aunque en buena medida se los desperdicia por las graves deficiencias de organización, y de aquella flota de automóviles, en su mayoría modelos de lujo, no restan más que algunos ejemplares dignos del museo de la chatarra. La industria del cemento y las plantas de electricidad han cobrado un asombroso impulso; las nuevas fábricas de fertilizantes han hecho posible que hoy se utilicen cinco veces más abonos que en 1958. Los embalses, creados por todas partes, contienen hoy un caudal de agua setenta y tres veces mayor que el total de agua embalsada en 1958[35] y han avanzado con botas de siete leguas las áreas de riego. Nuevos caminos, abiertos por toda Cuba, han roto la incomunicación de muchas regiones que parecían condenadas al aislamiento eterno. Para aumentar la magra producción de leche del ganado cebú, se han traído a Cuba toros de raza Holstein con los que, mediante la inseminación artificial, se han hecho nacer ochocientas mil vacas de cruza.

Grandes progresos se han realizado en la mecanización del corte y el alza de la caña, en buena medida en base a las invenciones cubanas, aunque todavía resultan insuficientes. Un nuevo sistema de trabajo se organiza, con dificultades, para ocupar el lugar del viejo sistema desorganizado por los cambios que la revolución trajo consigo. Los macheteros profesionales, presidiarios del azúcar, son en Cuba una especie extinguida: también para ellos la revolución implicó la libertad de elegir otros oficios menos pesados, y para sus hijos, la

tercio de las exportaciones cubanas proporciona dólares, es decir, divisas convertibles, al país; el resto se aplica al trueque con la Unión Soviética y la zona del rublo. Este sistema de comercio implica también ciertas dificultades: las turbinas soviéticas para las centrales termoeléctricas son de buena calidad, como todos los equipos pesados que la URSS produce, pero no ocurre lo mismo con los artículos de consumo de la industria ligera o mediana.

[35] Informe de Cuba a la XI Conferencia Regional de la FAO. Versión de Prensa Latina, 13 de octubre de 1970.

posibilidad de estudiar, mediante becas, en las ciudades. La redención de los cañeros ha provocado, en consecuencia, precio inevitable, severos trastornos para la economía de la isla. En 1970, Cuba debió utilizar el triple de trabajadores para la zafra, en su mayoría voluntarios o soldados o trabajadores de otros sectores, con lo que se perjudicaron las demás actividades del campo y de la ciudad: las cosechas de otros productos, el ritmo de trabajo de las fábricas. Y hay que tener en cuenta, en este sentido, que en una sociedad socialista, a diferencia de la sociedad capitalista, los trabajadores ya no actúan urgidos por el miedo a la desocupación ni por la codicia. Otros motores –la solidaridad, la responsabilidad colectiva, la toma de conciencia de los deberes y los derechos que lanzan al hombre más allá del egoísmo– deben ponerse en funcionamiento. Y no se cambia la conciencia de un pueblo entero en un santiamén. Cuando la revolución conquistó el poder, según Fidel Castro, la mayoría de los cubanos no era ni siquiera antiimperialista.

Los cubanos se fueron radicalizando junto con su revolución, a medida que se sucedían los desafíos y las respuestas, los golpes y los contragolpes entre La Habana y Washington, y a medida que se iban convirtiendo en hechos concretos las promesas de justicia social. Se construyeron ciento setenta hospitales nuevos y otros tantos policlínicos y se hizo gratuita la asistencia médica; se multiplicó por tres la cantidad de estudiantes matriculados a todos los niveles y también la educación se hizo gratuita; las becas benefician hoy a más de trescientos mil niños y jóvenes y se han multiplicado los internados y los círculos infantiles. Gran parte de la población no paga alquiler y ya son gratuitos los servicios de agua, luz, teléfono, funerales y espectáculos deportivos. Los gastos en servicios sociales crecieron cinco veces en pocos años. Pero ahora que todos tienen educación y zapatos, las necesidades se van multiplicando geométricamente y la producción sólo puede crecer aritméticamente. La presión del consumo, que es ahora consumo de todos y no de pocos, también obliga a Cuba al aumento rápido de las exportaciones, y el azúcar continúa siendo la mayor fuente de recursos.

En verdad, la revolución está viviendo tiempos duros, difíciles, de transición y sacrificio. Los propios cubanos han terminado de confirmar que el socialismo se construye con los dientes apretados y que la revolución no es ningún paseo. Al fin y al cabo, el futuro no sería de esta tierra si viniera regalado. Hay escasez, es cierto, de diversos productos: en 1970 faltan frutas y heladeras, ropa; las colas, muy frecuentes, no sólo resultan de la desorganización de la distribución. La causa esencial de la escasez es la nueva abundancia de consumidores: ahora el país pertenece a todos. Se trata, por lo tanto, de una escasez de signo inverso a la que padecen los demás países latinoamericanos.

En el mismo sentido operan los gastos de defensa. Cuba está obligada a dormir con los ojos abiertos, y también eso resulta, en términos económicos, muy caro. Esta revolución acosada, que ha debido soportar invasiones y sabotajes sin tregua, no cae porque –extraña dictadura– la defiende su pueblo en armas.

Los expropiadores expropiados no se resignan. En abril de 1961, la brigada que desembarcó en Playa Girón no estaba formada solamente por los viejos militares y policías de Batista, sino también por los dueños de más de 370 mil hectáreas de tierra, casi diez mil inmuebles, setenta fábricas, diez centrales azucareros, tres bancos, cinco minas y doce cabarets.

El dictador de Guatemala, Miguel Ydígoras, cedió campos de entrenamiento a los expedicionarios a cambio de las promesas que los norteamericanos le formularon, según él mismo confesó más tarde: dinero contante y sonante, que nunca le pagaron, y un aumento de la cuota guatemalteca de azúcar en el mercado de los Estados Unidos.

En 1965, otro país azucarero, la República Dominicana, sufrió la invasión de unos cuarenta mil *marines* dispuestos «a permanecer indefinidamente en este país, en vista de la confusión reinante», según declaró su comandante, el general Bruce Palmer. La caída vertical de los precios del azúcar había sido uno de los factores que hicieron estallar la indignación popular; el pueblo se levantó contra la dictadura militar y las tropas norteamericanas no demoraron en restablecer el orden. Dejaron cuatro mil muertos en los combates que los patriotas libraron, cuerpo a cuerpo, entre el río Ozama y el Caribe, en un barrio acorralado de la ciudad de Santo Domingo[36]. La Organización de Estados

---

[36] Ellsworth Bunker, presidente de la National Sugar Refining Co., fue el enviado especial de Lyndon Johnson a la Dominicana después de la intervención militar. Los intereses de la National Sugar en este pequeño país fueron salvaguardados bajo la atenta mirada de Bunker: las tropas de ocupación se retiraron para dejar en el poder, al cabo de muy democráticas elecciones, a Joaquín Balaguer, que había sido el brazo derecho de Trujillo

Americanos –que tiene la memoria del burro, porque no olvida nunca dónde come– bendijo la invasión y la estimuló con nuevas fuerzas. Había que matar el germen de otra Cuba.

GRACIAS AL SACRIFICIO DE LOS ESCLAVOS EN EL CARIBE, NACIERON LA MÁQUINA DE JAMES WATT Y LOS CAÑONES DE WASHINGTON

El Che Guevara decía que el subdesarrollo es un enano de cabeza enorme y panza hinchada: sus piernas débiles y sus brazos cortos no armonizan con el resto del cuerpo. La Habana resplandecía, zumbaban los cadillacs por sus avenidas de lujo y en el cabaret más grande del mundo ondulaban, al ritmo de Lecuona, las *vedettes* más hermosas; mientras tanto, en el campo cubano, sólo uno de cada diez obreros agrícolas bebía leche, apenas un cuatro por ciento consumía carne y, según el Consejo Nacional de Economía, las tres quintas partes de los trabajadores rurales ganaban salarios que eran tres o cuatro veces inferiores al costo de la vida.

Pero el azúcar no sólo produjo enanos. También produjo gigantes o, al menos, contribuyó intensamente al desarrollo de los gigantes. *El azúcar del trópico latinoamericano aportó un gran impulso a la acumulación de capitales para el desarrollo industrial de Inglaterra, Francia, Holanda y, también, de los Estados Unidos, al mismo tiempo que mutiló la economía del nordeste de Brasil y de las islas del Caribe y selló la ruina histórica de África. El comercio triangular entre Europa, África y América tuvo por viga maestra el tráfico de esclavos con destino a las plantaciones de azúcar.* «La historia de un grano de azúcar es toda una lección de economía política, de política y también de moral», decía Augusto Cochin.

---

todo a lo largo de su feroz dictadura. La población de Santo Domingo había peleado en las calles y en las azoteas, con palos, machetes y fusiles, contra los tanques, las bazukas y los helicópteros de las fuerzas extranjeras, reivindicando el retorno al poder del presidente constitucionalmente electo, Juan Bosch, que había sido derribado por un golpe militar. La historia, burlona, juega con las profecías. El día que Juan Bosch inauguró su breve presidencia, al cabo de treinta años de tiranía de Trujillo, Lyndon Johnson, que era por entonces vicepresidente de los Estados Unidos, llevó a Santo Domingo el obsequio oficial de su gobierno: era una ambulancia.

Las tribus de África occidental vivían peleando entre sí, para aumentar, con los prisioneros de guerra, sus reservas de esclavos. Pertenecían a los dominios coloniales de Portugal, pero los portugueses no tenían naves ni artículos industriales que ofrecer en la época del auge de la trata de negros, y se convirtieron en meros intermediarios entre los capitanes negreros de otras potencias y los reyezuelos africanos. Inglaterra fue, hasta que ya no le resultó conveniente, la gran campeona de la compra y venta de carne humana. Los holandeses tenían, sin embargo, más larga tradición en el negocio, porque Carlos V les había regalado el monopolio del transporte de negros a América tiempo antes de que Inglaterra obtuviera el derecho de introducir esclavos en las colonias ajenas. Y en cuanto a Francia, Luis XIV, el Rey Sol, compartía con el rey de España la mitad de las ganancias de la Compañía de Guinea, formada en 1701 para el tráfico de esclavos hacia América, y su ministro Colbert, artífice de la industrialización francesa, tenía motivos para afirmar que la trata de negros era «recomendable para el progreso de la marina mercante nacional»[37].

Adam Smith decía que el descubrimiento de América había «elevado el sistema mercantil a un grado de esplendor y gloria que de otro modo no hubiera alcanzado jamás». Según Sergio Bagú, el más formidable motor de acumulación del capital mercantil europeo fue la esclavitud americana; a su vez, ese capital resultó «la piedra fundamental sobre la cual se construyó el gigantesco capital industrial de los tiempos contemporáneos»[38]. La resurrección de la esclavitud grecorromana en el Nuevo Mundo tuvo propiedades milagrosas: multiplicó las naves, las fábricas, los ferrocarriles y los bancos de países que no estaban en el origen ni, con excepción de los Estados Unidos, tampoco en el destino de los esclavos que cruzaban el Atlántico. Entre los albores del siglo XVI y la agonía del siglo XIX, varios millones de africanos, no se sabe cuántos, atravesaron el océano; se sabe, sí, que fueron muchos más que los inmigrantes blancos, provenientes de Europa, aunque, claro está, muchos menos sobrevivieron. Del Potomac al río de la Plata, los esclavos edificaron la casa de sus amos, talaron los bosques, cortaron y molieron las cañas de azúcar,

---

[37] L. Capitan y Henri Lorin, *El trabajo en América, antes y después de Colón*, Buenos Aires, 1948.
[38] Sergio Bagú, *op. cit.*

107

plantaron algodón, cultivaron cacao, cosecharon café y tabaco y rastrearon los cauces en busca de oro. ¿A cuántas Hiroshimas equivalieron sus exterminios sucesivos? Como decía un plantador inglés de Jamaica, «a los negros es más fácil comprarlos que criarlos». Caio Prado calcula que hasta principios del siglo XIX habían llegado a Brasil entre cinco y seis millones de africanos; para entonces, ya Cuba era un mercado de esclavos tan grande como lo había sido, antes, todo el hemisferio occidental[39].

Allá por 1562, el capitán John Hawkins había arrancado trescientos negros de contrabando de la Guinea portuguesa. La reina Isabel se puso furiosa: «Esta aventura –sentenció– clama venganza del cielo.» Pero Hawkins le contó que en el Caribe había obtenido, a cambio de los esclavos, un cargamento de azúcar y pieles, perlas y jengibre. La reina perdonó al pirata y se convirtió en su socia comercial. Un siglo después, el duque de York marcaba al hierro candente sus iniciales, DY, sobre la nalga izquierda o el pecho de los tres mil negros que anualmente conducía su empresa hacia las «islas del azúcar». La Real Compañía Africana, entre cuyos accionistas figuraba el rey Carlos II, daba un trescientos por ciento de dividendos, pese a que, de los 70 mil esclavos que embarcó entre 1680 y 1688, sólo 46 mil sobrevivieron a la travesía. Durante el viaje, numerosos africanos morían víctima de epidemias o desnutrición, o se suicidaban negándose a comer, ahorcándose con sus cadenas o arrojándose por la borda al océano erizado de aletas de tiburones. Lenta pero firmemente, Inglaterra iba quebrando la hegemonía holandesa en la trata de negros. La South Sea Company fue la principal usufructuaria del «derecho de asiento» concedido a los ingleses por España, y en ella estaban envueltos los más prominentes personajes de la política y las finanzas británicas; el negocio, brillante como ninguno, enloqueció a la bolsa de valores de Londres y desató una especulación de leyenda.

El transporte de esclavos elevó a Bristol, sede de astilleros, al rango de segunda ciudad de Inglaterra, y convirtió a Liverpool en el mayor puerto del mundo. Partían los navíos con sus bodegas cargadas de armas, telas, ginebra, ron, chucherías y vidrios de colores, que serían el medio de pago para la mercadería humana de África, que a su vez pagaría el azúcar, el algodón, el café y el cacao de las plantacio-

---

[39] Daniel P. Mannix y M. Cowley, *Historia de la trata de negros*, Madrid, 1962.

nes coloniales de América. Los ingleses imponían su reinado sobre los mares. A fines del siglo XVIII, África y el Caribe daban trabajo a ciento ochenta mil obreros textiles en Manchester; de Sheffield provenían los cuchillos, y de Birmingham, 150 mil mosquetes por año[40]. Los caciques africanos recibían las mercancías de la industria británica y entregaban los cargamentos de esclavos a los capitanes negreros. Disponían, así, de nuevas armas y abundante aguardiente para emprender las próximas cacerías en las aldeas. También proporcionaban marfiles, ceras y aceite de palma. Muchos de los esclavos provenían de la selva y no habían visto nunca el mar; confundían los rugidos del océano con los de alguna bestia sumergida que los esperaba para devorarlos o, según el testimonio de un traficante de la época, creían, y en cierto modo no se equivocaban, que «iban a ser llevados como carneros al matadero, siendo su carne muy apreciada por los europeos»[41]. De muy poco servían los látigos de siete colas para contener la desesperación suicida de los africanos.

Los «fardos» que sobrevivían al hambre, las enfermedades y el hacinamiento de la travesía, eran exhibidos en andrajos, pura piel y huesos, en la plaza pública, luego de desfilar por las calles coloniales al son de las gaitas. A los que llegaban al Caribe demasiado exhaustos se los podía cebar en los depósitos de esclavos antes de lucirlos a los ojos de los compradores; a los enfermos se los dejaba morir en los muelles. Los esclavos eran vendidos a cambio de dinero en efectivo o pagarés a tres años de plazo. Los barcos zarpaban de regreso a Liverpool llevando diversos productos tropicales: a comienzos del siglo XVIII, las tres cuartas partes del algodón que hilaba la industria textil inglesa provenían de las Antillas, aunque luego Georgia y Louisiana serían sus principales fuentes; a mediados del siglo, había ciento veinte refinerías de azúcar en Inglaterra.

Un inglés podía vivir, en aquella época, con unas seis libras al año; los mercaderes de esclavos de Liverpool sumaban ganancias anuales por más de un millón cien mil libras, contando exclusivamente el dinero obtenido en el Caribe y sin agregar los beneficios del comercio adicional. Diez grandes empresas controlaban los dos tercios del tráfico. Liverpool inauguró un nuevo sistema de muelles; cada vez se

[40] Eric Williams, *Capitalism and Slavery*, Chapel Hill, Carolina del Norte, 1944.
[41] Daniel P. Mannix y M. Cowley, *op. cit.*

construían más buques, más largos y de mayor calado. Los orfebres ofrecían «candados y collares de plata para negros y perros», las damas elegantes se mostraban en público acompañadas de un mono vestido con un jubón bordado y un niño esclavo, con turbante y bombachudos de seda. Un economista describía por entonces la trata de negros como «el principio básico y fundamental de todo lo demás; como el principal resorte de la máquina que pone en movimiento cada rueda del engranaje». Se propagaban los bancos en Liverpool y Manchester, Bristol, Londres y Glasgow; la empresa de seguros Lloyd's acumulaba ganancias asegurando esclavos, buques y plantaciones. Desde muy temprano, los avisos del *London Gazette* indicaban que los esclavos fugados debían ser devueltos a Lloyd's. Con fondos del comercio negrero se construyó el gran ferrocarril inglés del oeste y nacieron industrias como las fábricas de pizarras de Gales. *El capital acumulado en el comercio triangular –manufacturas, esclavos, azúcar– hizo posible la invención de la máquina de vapor*: James Watt fue subvencionado por mercaderes que habían hecho así su fortuna. Eric Williams lo afirma en su documentada obra sobre el tema.

A principios del siglo XIX, Gran Bretaña se convirtió en la principal impulsora de la campaña antiesclavista. La industria inglesa ya necesitaba mercados internacionales con mayor poder adquisitivo, lo que obligaba a la propagación del régimen de salarios. Además, al establecerse el salario en las colonias inglesas del Caribe, el azúcar brasileño, producido con mano de obra esclava, recuperaba ventajas por sus bajos costos comparativos[42]. La Armada británica se lanzaba al asalto de los buques negreros, pero el tráfico continuaba creciendo para abastecer a Cuba y a Brasil. Antes de que los botes ingleses llegaran a los navíos piratas, los esclavos eran arrojados por la borda: adentro sólo se encontraba el olor, las calderas calientes y un capitán muerto de risa en cubierta. La represión del tráfico elevó los precios y aumentó enormemente las ganancias. A mediados del siglo, los traficantes entregaban un fusil viejo por cada esclavo vigoroso que arrancaban del África, para luego venderlo en Cuba a más de seiscientos dólares.

---

[42]   La primera ley que expresamente prohibió la esclavitud en Brasil no fue brasileña. Fue, y no por casualidad, inglesa. El Parlamento británico la votó el 8 de agosto de 1845. Osny Duarte Pereira, *Quem faz as leis no Brasil?*, Río de Janeiro, 1963.

Las pequeñas islas del Caribe habían sido infinitamente más importantes, para Inglaterra, que sus colonias del norte. A Barbados, Jamaica y Montserrat se les prohibía fabricar una aguja o una herradura por cuenta propia. Muy diferente era la situación de Nueva Inglaterra, y ello facilitó su desarrollo económico y, también, su independencia política.

Por cierto que la trata de negros en Nueva Inglaterra dio origen a gran parte del capital que facilitó la revolución industrial en Estados Unidos de América. A mediados del siglo XVIII, los barcos negreros del norte llevaban desde Boston, Newport o Providence barriles llenos de ron hasta las costas de África; en África los cambiaban por esclavos; vendían los esclavos en el Caribe y de allí traían la melaza a Massachusetts, donde se destilaba y se convertía, para completar el ciclo, en ron. El mejor ron de las Antillas, el *West Indian Rum*, no se fabricaba en las Antillas. *Con capitales obtenidos de este tráfico de esclavos, los hermanos Brown, de Providence, instalaron el horno de fundición que proveyó de cañones al general George Washington para la guerra de la independencia*[43]. Las plantaciones azucareras del Caribe, condenadas como estaban al monocultivo de la caña, no sólo pueden considerarse el centro dinámico del desarrollo de las «trece colonias» por el aliento que la trata de negros brindó a la industria naval y a las destilerías de Nueva Inglaterra. También constituyeron el gran mercado para el desarrollo de las exportaciones de víveres, maderas e implementos diversos con destino a los ingenios, con lo cual dieron viabilidad económica a la economía granjera y precozmente manufacturera del Atlántico norte. En gran escala, los navíos fabricados por los astilleros de los colonos del norte llevaban al Caribe peces ahumados, avena y granos, frijoles, harina, manteca, queso, cebollas, caballos y bueyes, velas y jabones, telas, tablas de pino, roble y cedro para las cajas de azúcar (Cuba contó con la primera sierra de vapor que llegó a la América hispánica pero no tenía madera que cortar) y duelas, arcos, aros, argollas y clavos.

Así se iba trasvasando la sangre por todos estos procesos. Se desarrollaban los países desarrollados de nuestros días; se subdesarrollaban los subdesarrollados.

[43]   Daniel P. Mannix y M. Cowley, *op. cit.*

EL ARCO IRIS ES LA RUTA DEL RETORNO A GUINEA

En 1518 el licenciado Alonso Zuazo escribía a Carlos V desde la Dominicana: «Es vano el temor de que los negros puedan sublevarse; viudas hay en las islas de Portugal muy sosegadas con ochocientos esclavos; todo está en cómo son gobernados. Yo hallé al venir algunos negros ladinos, otros huidos a monte; azoté a unos, corté las orejas a otros; y ya no se ha venido más queja». Cuatro años después estalló la primera sublevación de esclavos en América: los esclavos de Diego Colón, hijo del descubridor, fueron los primeros en levantarse y terminaron colgados de las horcas en los senderos del ingenio[44]. Se sucedieron otras rebeliones en Santo Domingo y luego en todas las islas azucareras del Caribe. Un par de siglos después del sobresalto de Diego Colón, en el otro extremo de la misma isla, los esclavos cimarrones huían a las regiones más elevadas de Haití y en las montañas reconstruían la vida africana: los cultivos de alimentación, la adoración de los dioses, las costumbres.

El arco iris señala todavía, en la actualidad, la ruta del retorno a Guinea para el pueblo de Haití. En una nave de vela blanca... En la Guayana holandesa, a través del río Courantyne, sobreviven desde hace tres siglos las comunidades de los *djukas*, descendientes de esclavos que habían huido por los bosques de Surinam. En estas aldeas, subsisten «santuarios similares a los de Guinea, y se cumplen danzas y ceremonias que podrían celebrarse en Ghana. Se utiliza el lenguaje de los tambores, muy parecido a los tambores de Ashanti»[45]. La primera gran rebelión de los esclavos de la Guayana ocurrió cien años después de la fuga de los *djukas*: los holandeses recuperaron las plantaciones y quemaron a fuego lento a los líderes de los esclavos. Pero tiempo antes del éxodo de los *djukas*, los esclavos cimarrones de Brasil habían organizado el reino negro de los Palmares, en el nordeste de Brasil, y victoriosamente resistieron, durante todo el siglo XVII, el asedio de las decenas de expediciones militares que lanzaron para abatirlo, una tras otra, los holandeses y los portugueses. Las

---

[44] Fernando Ortiz, *op. cit.*

[45] Philip Reno, *El drama de la Guayana británica. Un pueblo desde la esclavitud a la lucha por el socialismo, Monthly Review*, núm. 17/18, Buenos Aires, enero-febrero de 1965.

embestidas de millares de soldados nada podían contra las tácticas guerrilleras que hicieron invencible, hasta 1693, el vasto refugio. El reino independiente de los Palmares –convocatoria a la rebelión, bandera de la libertad– se había organizado como un estado «a semejanza de los muchos que existían en África en el siglo XVII»[46]. Se extendía desde las vecindades del Cabo de Santo Agostinho, en Pernambuco, hasta la zona norteña del río San Francisco, en Alagoas: equivalía a la tercera parte del territorio de Portugal y estaba rodeado por un espeso cerco de selvas salvajes. El jefe máximo era elegido entre los más hábiles y sagaces: reinaba el hombre «de mayor prestigio y felicidad en la guerra o en el mando»[47]. En plena época de las plantaciones azucareras omnipotentes, Palmares era el único rincón de Brasil donde se desarrollaba el policultivo. Guiados por la experiencia adquirida por ellos mismos o por sus antepasados en las sabanas y en las selvas tropicales de África, los negros cultivaban el maíz, el boniato, los frijoles, la mandioca, las bananas y otros alimentos. No en vano, la destrucción de los cultivos aparecía como el objetivo principal de las tropas coloniales lanzadas a la recuperación de los hombres que, tras la travesía del mar con cadenas en los pies, habían desertado de las plantaciones.

La abundancia de alimentos de Palmares contrastaba con las penurias que, en plena prosperidad, padecían las zonas azucareras del litoral. Los esclavos que habían conquistado la libertad la defendían con habilidad y coraje porque compartían sus frutos: la propiedad de la tierra era comunitaria y no circulaba el dinero en el estado negro. «No figura en la historia universal ninguna rebelión de esclavos tan prolongada como la de Palmares. La de Espartaco, que conmovió el sistema esclavista más importante de la antigüedad, duró dieciocho meses.»[48] Para la batalla final, la corona portuguesa movilizó el mayor ejército conocido hasta la muy posterior independencia de Brasil. No menos de diez mil personas defendieron la última fortaleza de Palmares; los sobrevivientes fueron degollados, arrojados a los precipicios o vendidos a los mercaderes de Río de Janeiro y Buenos Aires. Dos años después, el jefe Zumbi, a quien los esclavos consideraban

[46]   Edison Carneiro, *O quilombo dos Palmares*, Río de Janeiro, 1966.
[47]   Nina Rodrigues, *Os africanos no Brasil*, Río de Janeiro, 1932.
[48]   Décio de Freitas, *A guerra dos escravos*, inédito.

inmortal, no pudo escapar a una traición. Lo acorralaron en la selva y le cortaron la cabeza. Pero las rebeliones continuaron. No pasaría mucho tiempo antes de que el capitán Bartolomeu Bueno Do Prado regresara del río das Mortes con sus trofeos de la victoria contra una nueva sublevación de esclavos. Traía tres mil novecientos pares de orejas en las alforjas de los caballos.

También en Cuba se sucederían las sublevaciones. Algunos esclavos se suicidaban en grupo; burlaban al amo «con su huelga eterna y su inacabable cimarronería por el otro mundo», dice Fernando Ortiz. Creían que así resucitaban, carne y espíritu, en África. Los amos mutilaban los cadáveres, para que resucitaran castrados, mancos o decapitados, y de este modo conseguían que muchos renunciaran a la idea de matarse. Allá por 1870, según la reciente versión de un esclavo que en su juventud había huido a los montes de Las Villas, los negros ya no se suicidaban en Cuba. Mediante un cinturón mágico, «se iban volando, volaban por el cielo y cogían para su tierra», o se perdían en la sierra porque «cualquiera se cansaba de vivir. Los que se acostumbraban tenían el espíritu flojo. La vida en el monte era más saludable»[49].

Los dioses africanos continuaban vivos entre los esclavos de América como vivas continuaban, alimentadas por la nostalgia, las leyendas y los mitos de las patrias perdidas. Parece evidente que los negros expresaban así, en sus ceremonias, en sus danzas, en sus conjuros, la necesidad de afirmación de una identidad cultural que el cristianismo negaba. Pero también ha de haber influido el hecho de que la Iglesia estuviera materialmente asociada al sistema de explotación que sufrían. A comienzos del siglo XVIII, mientras en las islas inglesas los esclavos convictos de crímenes morían aplastados entre los tambores de los trapiches de azúcar y en las colonias francesas se los quemaba vivos o se los sometía al suplicio de la rueda, el jesuita Antonil formulaba dulces recomendaciones a los dueños de ingenios en Brasil, para evitar excesos semejantes: «A los administradores no se les debe consentir de ninguna manera dar puntapiés principalmente en la barriga de las mujeres que andan preñadas ni dar garrotazos a los esclavos, porque en la cólera no se miden los

---

[49]   Esteban Montejo tenía más de un siglo de edad cuando contó su historia a Miguel Barnet (*Biografía de un cimarrón*, Buenos Aires, 1968).

golpes y pueden herir en la cabeza a un esclavo eficiente, que vale mucho dinero, y perderlo»[50]. En Cuba, los mayorales descargaban sus látigos de cuero o cáñamo sobre las espaldas de las esclavas embarazadas que habían incurrido en falta, pero no sin antes acostarlas boca abajo, con el vientre en un hoyo, para no estropear la «pieza» nueva en gestación. Los sacerdotes, que recibían como diezmo el cinco por ciento de la producción de azúcar, daban su absolución cristiana: el mayoral castigaba como Jesucristo a los pecadores. El misionero apostólico Juan Perpiñá y Pibernat publicaba sus sermones a los negros: «¡Pobrecitos! No os asustéis porque sean muchas las penalidades que tengáis que sufrir como esclavos. Esclavo puede ser vuestro cuerpo: pero libre tenéis el alma para volar un día a la feliz mansión de los escogidos»[51].

El dios de los parias no es siempre el mismo que el dios del sistema que los hace parias. Aunque la religión católica abarca, en la información oficial, el 94 por ciento de la población de Brasil, en la realidad la población negra conserva vivas sus tradiciones africanas y viva perpetúa su fe religiosa, a menudo camuflada tras las figuras sagradas del cristianismo[52]. Los cultos de raíz africana encuentran amplia proyección entre los oprimidos –cualquiera que sea el color de su piel. Otro tanto ocurre en las Antillas. Las divinidades del *vudú* de Haití, el *bembé* de Cuba y la *umbanda* y la *quimbanda* de Brasil son más o menos las mismas, pese a la mayor o menor transfiguración que han sufrido, al nacionalizarse en tierras de América, los ritos y los dioses originales. En el Caribe y en Bahía se entonan los cánticos ceremoniales en nagô, yoruba, congo y otras lenguas africanas. En los suburbios de las grandes ciudades del sur de Brasil, en cambio, predomina la lengua portuguesa, pero han brotado de la costa del oeste de África las divinidades del bien y del mal que han

---

[50]   Roberto C. Simonsen, *História econômica do Brasil (1500-1820)*, São Paulo, 1962.

[51]   Manuel Moreno Fraginals, *op. cit.* Un jueves santo, el conde de Casa Bayona decidió humillarse ante sus esclavos. Inflamado de fervor cristiano, lavó los pies a doce negros y los sentó a comer, con él, a su mesa. Fue la última cena propiamente dicha. Al día siguiente, los esclavos se sublevaron y prendieron fuego al ingenio. Sus cabezas fueron clavadas sobre doce lanzas, en el centro del batey.

[52]   Eduardo Galeano, *Los dioses y los diablos en las favelas de Río*, en *Amaru*, núm. 10, Lima, junio de 1969.

atravesado los siglos para transformarse en los fantasmas vengadores de los marginados, la pobre gente humillada que clama en las *favelas* de Río de Janeiro:

> *Fuerza bahiana,*
> *fuerza africana,*
> *fuerza divina,*
> *ven acá.*
> *Ven a ayudarnos.*

La venta de campesinos

En 1888 se abolió la esclavitud en Brasil. Pero no se abolió el latifundio y ese mismo año un testigo escribía desde Ceará: «El mercado de ganado humano estuvo abierto mientras duró el hambre, pues compradores nunca faltaron. Raro era el vapor que no conducía gran número de cearenses»[53]. Medio millón de nordestinos emigraron a la Amazonia, convocados por los espejismos del caucho, hasta el filo del siglo; desde entonces el éxodo continuó, al impulso de las periódicas sequías que han asolado el *sertão* y de las sucesivas oleadas de expansión de los latifundios azucareros de la *zona da mata*. En 1900, cuarenta mil víctimas de la sequía abandonaron Ceará. Tomaban el camino por entonces habitual: la ruta del norte hacia la selva. Después, el itinerario cambió. En nuestros días los nordestinos emigran hacia el centro y el sur de Brasil. La sequía de 1970 arrojó muchedumbres hambrientas sobre las ciudades del nordeste. Saquearon trenes y comercios; a gritos imploraban la lluvia a San José. Los «flagelados» se lanzaron a los caminos. Un cable de abril de 1970 informa: «La policía del estado de Pernambuco detuvo el domingo último, en el municipio de Belém do São Francisco, a 210 campesinos que serían vendidos a propietarios rurales del estado de Minas Gerais a dieciocho dólares por cabeza»[54]. Los campesinos provenían de

---

[53] Rodolfo Teófilo, *Historia de Sêca do Ceará (1877-1880)*, Río de Janeiro, 1922.
[54] *France Presse*, 21 de abril de 1970. En 1938, la peregrinación de un vaquero por los calcinados caminos del *sertão* había dado origen a una de las mejores novelas de la historia literaria de Brasil. El azote de la sequía sobre los latifundios ganaderos del interior, subordinados a los ingenios de azúcar

Paraíba y Río Grande do Norte, los dos estados más castigados por la sequía. En junio, los teletipos trasmiten las declaraciones del jefe de la policía federal: sus servicios aún no disponen de los medios eficaces para poner término al tráfico de esclavos, y aunque en los últimos meses se han iniciado diez procedimientos de investigación, continúa la venta de trabajadores del nordeste a los propietarios ricos de otras zonas del país.

El *boom* del caucho y el auge del café implicaron grandes levas de trabajadores nordestinos. Pero también el gobierno hace uso de este caudal de mano de obra barata, formidable ejército de reserva para las grandes obras públicas. Del nordeste vinieron, acarreados como ganado, los hombres desnudos que en una noche y un día levantaron la ciudad de Brasilia en el centro del desierto. Esta ciudad, la más moderna del mundo, está hoy cercada por un vasto cinturón de miseria: terminado su trabajo, los *candangos* fueron arrojados a las ciudades satélites. En ellas, trescientos mil nordestinos, siempre listos para todo servicio, viven de los desperdicios de la resplandeciente capital.

El trabajo esclavo de los nordestinos está abriendo, ahora, la gran carretera transamazónica, que cortará Brasil en dos, penetrando la selva hasta la frontera con Bolivia. El plan implica también un proyecto de colonización agraria para extender «las fronteras de la civilización»: cada campesino recibirá diez hectáreas de superficie, si sobrevive a las fiebres tropicales de la floresta. En el nordeste hay seis millones de campesinos sin tierras, mientras que quince mil personas son dueñas de la mitad de la superficie total. La reforma agraria no se realiza en las regiones ya ocupadas, donde continúa siendo sagrado el derecho de propiedad de los latifundistas, sino en plena selva. Ello significa que los «flagelados» del nordeste abrirán el camino para la expansión del latifundio sobre nuevas áreas. Sin capital, sin medios de trabajo, ¿qué significan diez hectáreas a dos o tres mil kilómetros de distancia de los centros de consumo? Muy distintos son, se deduce, los propósitos reales del gobierno: proporcionar mano de obra a los

---

del litoral, no ha cesado, y tampoco han variado sus consecuencias. El mundo de *Vidas secas* continúa intacto: el papagayo imitaba el ladrido del perro, porque sus dueños ya casi no hacían uso de la voz humana. Graciliano Ramos, *Vidas secas*, La Habana, 1964.

latifundistas norteamericanos que han comprado o usurpado la mitad de las tierras al norte del río Negro y también a la United States Steel Co., que recibió de manos del general Garrastazú Médici los enormes yacimientos de hierro y manganeso de la Amazonia[55].

El ciclo del caucho: Caruso inaugura un teatro monumental en medio de la selva

Algunos autores estiman que no menos de medio millón de nordestinos sucumbieron a las epidemias, el paludismo, la tuberculosis o el beriberi en la época del auge de la goma. «Este siniestro osario fue el precio de la industria del caucho.»[56] Sin ninguna reserva de vitaminas, los campesinos de las tierras secas realizaban el largo viaje hacia la selva húmeda. Allí los aguardaba, en los pantanosos seringales, la fiebre. Iban hacinados en las bodegas de los barcos, en tales condiciones que muchos sucumbían antes de llegar; anticipaban, así, su próximo destino. Otros, ni siquiera alcanzaban a embarcarse. En 1878, de los ochocientos mil habitantes de Ceará, 120 mil se marcharon rumbo al río Amazonas, pero menos de la mitad pudo llegar; los restantes fueron cayendo, abatidos por el hambre o la enfermedad, en los caminos del *sertão* o en los suburbios de Fortaleza[57]. Un año antes, había comenzado una de las siete mayores sequías de cuantas azotaron el nordeste durante el siglo pasado.

No sólo la fiebre; también aguardaba, en la selva, un régimen de trabajo bastante parecido a la esclavitud. El trabajo se pagaba en especies –carne seca, harina de mandioca, rapadura, aguardiente– hasta que el *seringueiro* saldaba sus deudas, milagro que rara vez ocurría. Había un acuerdo entre los empresarios para no dar trabajo a los obreros que tuvieran deudas pendientes; los guardias rurales, apostados en las márgenes de los ríos, disparaban contra los prófugos. Las deudas se

[55] Paulo Schilling, *Un nuevo genocidio*, en *Marcha*, número 1.501, Montevideo, julio 10 de 1970. En octubre de 1970, los obispos de Pará denunciaron ante el presidente de Brasil la explotación brutal de los trabajadores nordestinos por parte de las empresas que están construyendo la carretera transamazónica. El gobierno la llama «la obra del siglo».
[56] Aurélio Pinheiro, *A margem do Amazonas*, San Pablo, 1937.
[57] Rodolfo Teófilo, *op. cit.*

sumaban a las deudas. A la deuda original, por el acarreo del trabajador desde el nordeste, se agregaba la deuda por los instrumentos de trabajo, machete, cuchillo, tazones, y como el trabajador comía, y sobre todo bebía, porque en los seringales no faltaba el aguardiente, cuanto mayor era la antigüedad del obrero, mayor se hacía la deuda por él acumulada. Analfabetos, los nordestinos sufrían sin defensas los pases de prestidigitación de la contabilidad de los administradores.

Priestley había observado, hacia 1770, que la goma servía para borrar los trazos de lápiz sobre el papel. Setenta años después, Charles Goodyear descubrió, al mismo tiempo que el inglés Hancock, el procedimiento de vulcanización del caucho, que le daba flexibilidad y lo tornaba inalterable a los cambios de temperatura. Ya en 1850, se revestían de goma las ruedas de los vehículos. A fines de siglo, surgió la industria del automóvil en Estados Unidos y en Europa, y con ella nació el consumo de neumáticos en grandes cantidades. La demanda mundial de caucho creció verticalmente. El árbol de la goma proporcionaba a Brasil, en 1890, una décima parte de sus ingresos por exportaciones; veinte años después, la proporción subía al 40 por ciento, con lo que las ventas casi alcanzaban el nivel del café, pese a que el café estaba, hacia 1910, en el cenit de su prosperidad. La mayor parte de la producción de caucho provenía por entonces del territorio del Acre, que Brasil había arrancado a Bolivia al cabo de una fulminante campaña militar[58].

Conquistado el Acre, Brasil disponía de la casi totalidad de las reservas mundiales de goma; la cotización internacional estaba en la cima y los buenos tiempos parecían infinitos. Los *seringueiros* no los disfrutaban, por cierto, aunque eran ellos quienes salían cada madrugada de sus chozas, con varios recipientes atados por correas a las espaldas, y se encaramaban a los árboles, los *hevea brasiliensis* gigantescos, para sangrarlos. Les hacían varias incisiones, en el tronco y en las ramas gruesas próximas a la copa; de las heridas manaba el látex, jugo blancuzco y pegajoso que llenaba los jarros en un par de horas. A la noche se cocían los discos planos de goma, que se acumularían luego en la administración de la propiedad. El olor ácido y repelente del caucho impregnaba la ciudad de Manaus, capital mundial del

---

[58] Bolivia fue mutilada en casi doscientos mil kilómetros cuadrados. En 1902 recibió una indemnización de dos millones de libras esterlinas y una línea férrea que le abriría el acceso a los ríos Madeira y Amazonas.

comercio del producto. En 1849, Manaus tenía cinco mil habitantes; en poco más de medio siglo creció a setenta mil. Los magnates del caucho edificaron allí sus mansiones de arquitectura extravagante y plenas de maderas preciosas de Oriente, mayólicas de Portugal, columnas de mármol de Carrara y muebles de ebanistería francesa. Los nuevos ricos de la selva se hacían traer los más caros alimentos desde Río de Janeiro; los mejores modistos de Europa cortaban sus trajes y vestidos; enviaban a sus hijos a estudiar a los colegios ingleses. El teatro Amazonas, monumento barroco de bastante mal gusto, es el símbolo mayor del vértigo de aquellas fortunas a principios de siglo: el tenor Caruso cantó para los habitantes de Manaus la noche de la inauguración, a cambio de una suma fabulosa, después de remontar el río a través de la selva. La Pavlova, que debía bailar, no pudo pasar de la ciudad de Belém, pero hizo llegar sus excusas.

En 1913, de un solo golpe, el desastre se abatió sobre el caucho brasileño. El precio mundial, que había alcanzado los doce chelines tres años atrás, se redujo a la cuarta parte. En 1900, el Oriente sólo había exportado cuatro toneladas de caucho; en 1914, las plantaciones de Ceilán y de Malasia volcaron más de setenta mil toneladas al mercado mundial, y cinco años más tarde, sus exportaciones ya estaban arañando las cuatrocientas mil toneladas. *En 1919, Brasil, que había disfrutado del virtual monopolio del caucho, sólo abastecía la octava parte del consumo mundial. Medio siglo después, Brasil compra en el extranjero más de la mitad de caucho que necesita.*

¿Qué había ocurrido? Allá por 1873, Henry Wickham, un inglés que poseía bosques de caucho en el río Tapajós y era conocido por sus manías de botánico, había enviado dibujos y hojas del árbol de la goma al director del jardín de Kew, en Londres. Recibió la orden de obtener una buena cantidad de semillas, las pepitas que el *hevea brasiliensis* alberga en sus frutos amarillos. Había que sacarlas de contrabando, porque Brasil castigaba severamente la evasión de semillas, y no era fácil: las autoridades revisaban, con pelos y señales, los barcos. Entonces, como por encanto, un buque de la Inman Line se internó dos mil kilómetros más de lo habitual hacia el interior de Brasil. Al regreso, Henry Wickham aparecía entre sus tripulantes. Había elegido las mejores semillas, después de poner los frutos a secar en una aldea indígena, y las traía dentro de un camarote clausurado, envueltas en hojas de plátano y suspendidas por cuerdas en el aire para que no las alcanzaran las ratas a bordo. Todo el resto del barco iba vacío. En Belém do Pará, frente a la desembocadura del río, Wickham invitó a las autoridades a un gran banquete. El inglés tenía fama de chiflado; se sabía en toda la Amazonia que coleccionaba orquídeas. Explicó que llevaba, por encargo del rey de Inglaterra, una serie de bulbos de orquídeas raras para el jardín de Kew. Como eran plantas muy delicadas, explicó, las tenía en un gabinete herméticamente cerrado, a una temperatura especial: si lo abría, se arruinaban las flores. Así, las semillas llegaron, intactas, a los muelles de Liverpool. Cuarenta años más tarde, los ingleses invadían el mercado mundial con el caucho malayo. Las plantaciones asiáticas, racionalmente organizadas a partir de los brotes verdes de Kew, desbancaron sin dificultad la producción extractiva de Brasil.

La prosperidad amazónica se hizo humo. La selva volvió a cerrarse sobre sí misma. Los cazadores de fortunas emigraron hacia otras comarcas; el lujoso campamento se desintegró. Quedaron, sí, sobreviviendo como podían, los trabajadores, que habían sido acarreados desde muy lejos para ser puestos al servicio de la aventura ajena. Ajena, incluso, para el propio Brasil, que no había hecho otra cosa que responder a los cantos de sirena de la demanda mundial de materia prima, pero sin participar en lo más mínimo en el verdadero negocio del caucho: la financiación, la comercialización, la industrialización, la distribución. Y la sirena se quedó muda. Hasta que, durante la Segunda Guerra Mundial, el caucho de la Amazonia brasileña cobró un nuevo empuje transitorio. Los japoneses habían ocupado la Malasia y las potencias aliadas necesitaban desesperadamente abastecerse de goma. También la selva peruana fue sacudida, en aquellos años cuarenta, por las urgencias del caucho[59]. En Brasil, la llamada «batalla del caucho» movilizó nuevamente a los campesinos del nordeste. Según una denuncia formulada en el Congreso cuando la «batalla» terminó, esta vez fueron cincuenta mil los muertos que, derrotados por las pestes y el hambre, quedaron pudriéndose entre los seringales.

[59]   A principios de siglo, las montañas con bosques de caucho también habían ofrecido a Perú las promesas de un nuevo Eldorado. Francisco García Calderón escribía en *El Perú contemporáneo*, hacia 1908, que el caucho era la gran riqueza del porvenir. En su novela *La casa verde* (Barcelona, 1966), Mario Vargas Llosa reconstruye la atmósfera febril en Iquitos y en la selva, donde los aventureros despojaban a los indios y se despojaban entre sí. La naturaleza se vengaba; disponía de la lepra y otras armas.

Los plantadores de cacao encendían sus cigarros con billetes de quinientos mil reis

Venezuela se identificó con el cacao, planta originaria de América, durante largo tiempo. «Los venezolanos habíamos sido hechos para vender cacao y distribuir, en nuestro suelo, las baratijas del exterior», dice Rangel[60]. Los oligarcas del cacao, más los usureros y los comerciantes, integraban «una Santísima Trinidad del atraso». Junto con el cacao, formando parte de su cortejo, coexistían la ganadería de los llanos, el añil, el azúcar, el tabaco y también algunas minas; pero *Gran Cacao* fue el nombre con que el pueblo bautizó, acertadamente, a la oligarquía esclavista de Caracas. A costa del trabajo de los negros, esta oligarquía se enriqueció abasteciendo de cacao a la oligarquía minera de México y a la metrópoli española. Desde 1873, se inauguró en Venezuela una edad del café; el café exigía, como el cacao, tierras de vertientes o valles cálidos. Pese a la irrupción del intruso, el cacao continuó, de todos modos, su expansión, invadiendo los suelos húmedos de Carúpano. Venezuela siguió siendo agrícola, condenada al calvario de las caídas cíclicas de los precios del café y del cacao; ambos productos surtían los capitales que hacían posible la vida parasitaria, puro despilfarro, de sus dueños, sus mercaderes y sus prestamistas. Hasta que, en 1922, el país se convirtió de súbito en un manantial de petróleo. A partir de entonces, el petróleo dominó la vida del país. La explosión de la nueva fortuna vino a dar la razón, con más de cuatro siglos de atraso, a las expectativas de los descubridores españoles: buscando sin suerte al príncipe que se bañaba en oro, habían llegado a la locura de confundir una aldehuela de Maracaibo con Venecia, espejismo al que Venezuela debe su nombre; y Colón había creído que en el golfo de Paria nacía el Paraíso Terrenal[61].

En las últimas décadas del siglo xix, se desató la glotonería de los europeos y los norteamericanos por el chocolate. El progreso de la industria dio un gran impulso a las plantaciones de cacao en Brasil y estimuló la producción de las viejas plantaciones de Venezuela y Ecuador. En Brasil, el cacao hizo su ingreso impetuoso en el escenario

---

[60] Domingo Alberto Rangel, *El proceso del capitalismo contemporáneo en Venezuela*, Caracas, 1968.

[61] Domingo Alberto Rangel, *Capital y desarrollo*, tomo I: *La Venezuela agraria*, Caracas, 1969.

económico al mismo tiempo que el caucho y, como el caucho, dio trabajo a los campesinos del nordeste. La ciudad del Salvador, en la Bahía de Todos los Santos, había sido una de las más importantes ciudades de América, como capital de Brasil y del azúcar, y resucitó entonces como capital del cacao. Al sur de Bahía, desde el Recôncavo hasta el estado de Espírito Santo, entre las tierras bajas del litoral y la cadena montañosa de la costa, los latifundios continúan proporcionando, en nuestros días, la materia prima de buena parte del chocolate que se consume en el mundo. Al igual que la caña de azúcar, el cacao trajo consigo el monocultivo y la quema de los bosques, la dictadura de la cotización internacional y la penuria sin tregua de los trabajadores. Los propietarios de las plantaciones, que viven en las playas de Río de Janeiro y son más comerciantes que agricultores, prohíben que se destine una sola pulgada de tierra a otros cultivos. Sus administradores suelen pagar los salarios en especies, charque, harina, frijoles; cuando los pagan en dinero, el campesino recibe por un día entero de trabajo un jornal que equivale al precio de un litro de cerveza y debe trabajar un día y medio para poder comprar una lata de leche en polvo.

Brasil disfrutó un buen tiempo de los favores del mercado internacional. No obstante, desde el pique encontró en África serios competidores. Hacia la década del veinte, ya Ghana había conquistado el primer lugar: los ingleses habían desarrollado la plantación de cacao en gran escala, con métodos modernos, en este país que por entonces era colonia y se llamaba Costa de Oro. Brasil cayó al segundo lugar, y años más tarde al tercero, como proveedor mundial de cacao. Pero hubo más de un período en que nadie hubiera podido creer que un destino mediocre aguardaba a las tierras fértiles del sur de Bahía. Invictos todo a lo largo de la época colonial, los suelos multiplicaban los frutos: los peones partían las bayas a golpes de facón, juntaban los granos, los cargaban en los carros para que los burros los condujeran hasta las artesas, y se hacía preciso talar cada vez más bosques, abrir nuevos claros, conquistar nuevas tierras a filo de machete y tiros de fusil. Nada sabían los peones de precios ni de mercados. Ni siquiera sabían quién gobernaba Brasil: hasta no hace muchos años, todavía se encontraban trabajadores de las *fazendas* convencidos de que don Pedro II, el emperador, continuaba en el trono. Los amos del cacao se restregaban las manos: ellos sí sabían, o creían que sabían. El consumo de cacao aumentaba y con él aumentaban las cotizaciones y las ganancias. El puerto de Ilhéus, por donde se embarcaba casi todo el cacao, se llamaba «la Reina del sur», y aunque hoy languidece, allí han quedado los sólidos palacetes que los *fazendeiros* amueblaron con fastuoso y pésimo gusto. Jorge Amado escribió varias novelas sobre el tema. Así recrea una etapa de alza de precios: «Ilhéus y la zona del cacao nadaron en oro, se bañaron en champaña, durmieron con francesas llegadas de Río de Janeiro. En 'Trianón', el más *chic* de los cabarets de la ciudad, el coronel Maneca Dantas encendía cigarros con billetes de quinientos mil reis, repitiendo el gesto de todos los *fazendeiros* ricos del país en las alzas anteriores del café, del caucho, del algodón y del azúcar»[62]. Con el alza de precios, la producción aumentaba; luego los precios bajaban. La inestabilidad se hizo cada vez más estrepitosa y las tierras fueron cambiando de dueño. Empezó el tiempo de los «millonarios mendigos»: los pioneros de las plantaciones cedían su sitio a los exportadores, que se apoderaban, ejecutando deudas, de las tierras.

En apenas tres años, entre 1959 y 1961, por no poner más que un ejemplo, el precio internacional del cacao brasileño en almendra se redujo en una tercera parte. Posteriormente, la tendencia al alza de los precios no ha sido capaz de abrir, por cierto, las puertas de la esperanza; la CEPAL augura breve vida a la curva de ascenso[63]. Los grandes consumidores de cacao –Estados Unidos, Inglaterra, Ale-

---

[62] El título de «coronel» se otorga en Brasil, con facilidad, a los latifundistas tradicionales y, por extensión, a todas las personas importantes. El párrafo proviene de la novela de Jorge Amado, *São Jorge dos Ilhéus* (Montevideo, 1946). Mientras tanto, «ni los chicos tocaban los frutos de cacao. Sentían miedo de aquellos cocos amarillos, de carozos dulces, que los tenían presos a esa vida de frutos de jaca y carne seca». Porque, en el fondo, «el cacao era el gran señor a quien hasta el *coronel* temía» (Jorge Amado, *Cacao*, Buenos Aires, 1935). En otra novela, *Gabriela, clavo y canela*, Buenos Aires, 1969, un personaje habla de Ilhéus en 1925, alzando un dedo categórico: «No existe en la actualidad, en el norte del país, una ciudad de progreso más rápido». Actualmente, Ilhéus no es ni la sombra.

[63] Refiriéndose a los aumentos de precios del cacao y del café, la Comisión Económica para América Latina (CEPAL) de las Naciones Unidas dice que «tienen un carácter relativamente transitorio» y que obedecen «en gran parte a contratiempos ocasionales en las cosechas». CEPAL, *Estudio económico de América Latina*, 1969, tomo II: *La economía de América Latina en 1969*, Santiago de Chile, 1970.

mania Federal, Holanda, Francia– estimulan la competencia entre el cacao africano y el que producen Brasil y Ecuador, para comer chocolate barato. Provocan, así, disponiendo como disponen de los precios, períodos de depresión que lanzan a los caminos a los trabajadores que el cacao expulsa. Los desocupados buscan árboles bajo los cuales dormir y bananas verdes para engañar el estómago: no comen, por cierto, los finos chocolates europeos que Brasil, tercer productor mundial de cacao, importa increíblemente desde Francia y desde Suiza. Los chocolates valen cada vez más; el cacao, en términos relativos, cada vez menos. Entre 1950 y 1960, las ventas de cacao de Ecuador aumentaron en más de un treinta por ciento en volumen, pero sólo un quince por ciento en valor. El quince por ciento restante fue un regalo de Ecuador a los países ricos, que en el mismo período le enviaron, a precios crecientes, sus productos industrializados. La economía ecuatoriana depende de las ventas de bananas, café y cacao, tres alimentos duramente sometidos a la zozobra de los precios. Según los datos oficiales, de cada diez ecuatorianos siete padecen desnutrición básica y el país sufre uno de los índices de mortalidad más altos del mundo.

BRAZOS BARATOS PARA EL ALGODÓN

Brasil ocupa el cuarto lugar en el mundo como productor de algodón; México, el quinto. En conjunto, de América Latina proviene más de la quinta parte del algodón que la industria textil consume en el planeta entero. A fines del siglo XVIII, el algodón se había convertido en la materia prima más importante de los viveros industriales de Europa; Inglaterra multiplicó por cinco, en treinta años, sus compras de esta fibra natural. El huso que Arkwright inventó al mismo tiempo que Watt patentaba su máquina de vapor y la posterior creación del telar mecánico de Cartwright impulsaron con decisivo vigor la fabricación de tejidos y proporcionaron al algodón, planta nativa de América, mercados ávidos en ultramar. El puerto de São Luiz de Maranhão, que había dormido una larga siesta tropical apenas interrumpida por un par de navíos al año, fue bruscamente despertado por la euforia del algodón: afluyeron los esclavos negros a las plantaciones del norte de Brasil y entre ciento cincuenta y doscientos buques partían cada año de São Luiz cargando un millón de libras de materia prima textil. Mientras nacía el siglo pasado, la crisis de la economía minera proporcionaba al algodón mano de obra esclava en abundancia; agotados el oro y los diamantes del sur, Brasil parecía resucitar en el norte. El puerto floreció, produjo poetas en medida suficiente como para que se lo llamara la Atenas de Brasil[64], pero el hambre llegó, con la prosperidad, a la región de Maranhão, donde nadie se ocupaba ya de cultivar alimentos. En algunos períodos sólo hubo arroz para comer[65]. Como había empezado, esta historia terminó: el colapso llegó de súbito. La producción de algodón en gran escala en las plantaciones del sur de los Estados Unidos, con tierras de mejor calidad y medios mecánicos para desgranar y enfardar el producto, abatió los precios a la tercera parte y Brasil quedó fuera de competencia. Una nueva etapa de prosperidad se abrió a raíz de la Guerra de Secesión, que interrumpió los suministros norteamericanos, pero duró poco. Ya en el siglo xx, entre 1934 y 1939, la producción brasileña de algodón se incrementó a un ritmo impresionante: de 126 mil toneladas pasó a más de 320 mil. Entonces sobrevino un nuevo desastre: los Estados Unidos arrojaron sus excedentes al mercado mundial y el precio se derrumbó.

Los excedentes agrícolas norteamericanos son, como se sabe, el resultado de los fuertes subsidios que el Estado otorga a los productores; a precios de *dumping* y como parte de los programas de ayuda exterior, los excedentes se derraman por el mundo. Así, el algodón fue el principal producto de exportación de Paraguay hasta que la competencia ruinosa del algodón norteamericano lo desplazó de los mercados y la producción paraguaya se redujo, desde 1952, a la mitad. Así perdió Uruguay el mercado canadiense para su arroz. Así el trigo de Argentina, un país que había sido el granero del planeta, perdió un peso decisivo en los mercados internacionales. El *dumping* norteamericano del algodón no ha impedido que una empresa norteamericana, la Anderson Clayton and Co., detente el imperio de este producto en América Latina, ni ha impedido que, a través de ella, los Estados Unidos compren algodón mexicano para revenderlo a otros países.

---

[64]   Roberto C. Simonsen, *op. cit.*
[65]   Caio Prado Júnior, *Formação do Brasil contemporâneo*, São Paulo, 1942.

El algodón latinoamericano continúa vivo en el comercio mundial, mal que bien, gracias a sus bajísimos costos de producción. Incluso las cifras oficiales, máscaras de la realidad, delatan el miserable nivel de la retribución del trabajo. En las plantaciones de Brasil, los salarios de hambre alternan con el trabajo servil; en las de Guatemala, los propietarios se enorgullecen de pagar salarios de diecinueve quetzales por mes (el quetzal equivale nominalmente al dólar) y, por si eso fuera mucho, ellos mismos advierten que la mayor parte se liquida en especies al precio por ellos fijado[66]; en México, los jornaleros que deambulan de zafra en zafra cobrando un dólar y medio por jornada no sólo padecen la subocupación sino también, y como consecuencia, la subnutrición, pero mucho peor es la situación de los obreros del algodón en Nicaragua; los salvadoreños que suministran algodón a los industriales textiles de Japón consumen menos calorías y proteínas que los hambrientos hindúes. Para la economía de Perú, el algodón es la segunda fuente agrícola de divisas. José Carlos Mariátegui había observado que el capitalismo extranjero, en su perenne búsqueda de tierras, brazos y mercados, tendía a apoderarse de los cultivos de exportación de Perú, a través de la ejecución de hipotecas de los terratenientes endeudados[67]. Cuando el gobierno nacionalista del general Velasco Alvarado llegó al poder en 1968, estaba en explotación menos de la sexta parte de las tierras del país aptas para la explotación intensiva, el ingreso per cápita de la población era quince veces menor que el de los Estados Unidos y el consumo de calorías aparecía entre los más bajos del mundo, pero la producción de algodón seguía, como la del azúcar, regida por los criterios ajenos a Perú que había denunciado Mariátegui. Las mejores tierras, campiñas de la costa, estaban en manos de empresas norteamericanas o de terratenientes que sólo eran nacionales en un sentido geográfico, al igual que la burguesía limeña. Cinco grandes empresas −entre ellas dos norteamericanas: la Anderson Clayton y la Grace− tenían en sus manos la exportación de algodón y de azúcar y contaban también con sus propios «complejos agroindustriales» de producción. Las plantaciones de azúcar y algodón de la costa, pre-

---

[66]   Comité Interamericano de Desarrollo Agrícola, *Guatemala. Tenencia de la tierra y desarrollo socioeconómico del sector agrícola*, Washington, 1965.

[67]   José Carlos Mariátegui, *Siete ensayos de interpretación de la realidad peruana*, Montevideo, 1970.

suntos focos de prosperidad y progreso por oposición a los latifundios de la sierra, pagaban a los peones salarios de hambre, hasta que la reforma agraria de 1969 las expropió y las entregó, en cooperativas, a los trabajadores. Según el Comité Interamericano de Desarrollo Agrícola, el ingreso de cada miembro de las familias de asalariados de la costa sólo llegaba a los cinco dólares mensuales[68].

La Anderson Clayton and Co. conserva treinta empresas filiales en América Latina, y no sólo se ocupa de vender el algodón sino que, además, monopolio horizontal, dispone de una red que abarca el financiamiento y la industrialización de la fibra y sus derivados, y produce también alimentos en gran escala. En México, por ejemplo, aunque no posee tierras, ejerce de todos modos su dominio sobre la producción de algodón; en sus manos están, de hecho, los ochocientos mil mexicanos que lo cosechan. La empresa compra a muy bajo precio la excelente fibra de algodón mexicano, porque previamente concede créditos a los productores, con la obligación de que le vendan las cosechas al precio con que ella abra el mercado. A los adelantos en dinero se suma el suministro de fertilizantes, semillas, insecticidas; la empresa se reserva el derecho de supervisar los trabajos de fertilización, siembra y cosecha. Fija la tarifa que se le ocurre para despepitar el algodón. Usa las semillas en sus fábricas de aceites, grasas y margarinas. En los últimos años, la Clayton, «no conforme con dominar además el comercio de algodón, ha irrumpido hasta en la producción de dulces y chocolates, comprando recientemente la conocida empresa Luxus»[69].

En la actualidad, Anderson Clayton es la principal firma exportadora de café de Brasil. En 1950 se interesó por el negocio. Tres años después, ya había destronado a la American Coffee Corporation. En Brasil es, además, la primera productora de alimentos, y figura entre las treinta y cinco empresas más poderosas del país.

---

[68] Comité Interamericano de Desarrollo Agrícola, *Perú. Tenencia de la tierra y desarrollo socioeconómico del sector agrícola*, Washington, 1966.

[69] Alonso Aguilar M. y Fernando Carmona, *México: riqueza y miseria*, México, 1968.

Brazos baratos para el café

Hay quienes aseguran que el café resulta casi tan importante como el petróleo en el mercado internacional. A principios de la década del cincuenta, América Latina abastecía las cuatro quintas partes del café que se consumía en el mundo; la competencia del café *robusta*, de África, de peor calidad pero de precio más bajo, ha reducido la participación latinoamericana en los años siguientes. No obstante, la sexta parte de las divisas que la región obtiene en el exterior proviene, actualmente, del café. Las fluctuaciones de los precios afectan a quince países del sur del río Bravo. Brasil es el mayor productor del mundo; del café obtiene cerca de la mitad de sus ingresos por exportaciones. El Salvador, Guatemala, Costa Rica y Haití dependen también en gran medida del café, que además provee las dos terceras partes de las divisas de Colombia.

El café había traído consigo la inflación a Brasil; entre 1824 y 1854, el precio de un hombre se multiplicó por dos. Ni el algodón del norte ni el azúcar del nordeste, agotados ya los ciclos de la prosperidad, podían pagar aquellos caros esclavos. Brasil se desplazó hacia el sur. Además de la mano de obra esclava, el café utilizó los brazos de los inmigrantes europeos, que entregaban a los propietarios la mitad de sus cosechas, en un régimen de medianería que aún hoy predomina en el interior de Brasil. Los turistas que actualmente atraviesan los bosques de Tijuca para ir a nadar a las aguas de la barra ignoran que allí, en las montañas que rodean a Río de Janeiro, hubo grandes cafetales hace más de un siglo. Por los flancos de la sierra, las plantaciones continuaron, rumbo al estado de San Pablo, su desenfrenada cacería del humus de nuevas tierras vírgenes. Ya agonizaba el siglo cuando los latifundistas cafetaleros, convertidos en la nueva élite social de Brasil, afilaron los lápices y sacaron cuentas: más baratos resultaban los salarios de subsistencia que la compra y manutención de los escasos esclavos. Se abolió la esclavitud en 1888, y quedaron así inauguradas formas combinadas de servidumbre feudal y trabajo asalariado que persisten en nuestros días. Legiones de braceros «libres» acompañarían, desde entonces, la peregrinación del café. El valle del río Paraíba se convirtió en la zona más rica del país, pero fue rápidamente aniquilado por esta planta perecedera que, cultivada en un sistema destructivo, iba dejando a sus espaldas bosques arrasados, reservas naturales agotadas y decadencia general. La erosión arruinaba, sin piedad, las tierras antes intactas y, de saqueo en saqueo, iba bajando sus rendimientos, debilitando las plantas y haciéndolas vulnerables a las plagas. El latifundio cafetalero invadió la vasta meseta purpúrea del occidente de San Pablo; con métodos de explotación menos bestiales, la convirtió en un «mar de café», y continuó avanzando hacia el oeste. Llegó a las riberas del Paraná; de cara a las sabanas de Mato Grosso, se desvió hacia el sur para desplazarse, en estos últimos años, de nuevo hacia el oeste, ya por encima de las fronteras de Paraguay.

En la actualidad, San Pablo es el estado más desarrollado de Brasil, porque contiene el centro industrial del país, pero en sus plantaciones de café abundan todavía los «moradores vasallos» que pagan con su trabajo y el de sus hijos el alquiler de la tierra.

En los años prósperos que siguieron a la primera guerra mundial, la voracidad de los cafetaleros determinó la virtual abolición del sistema que permitía a los trabajadores de las plantaciones cultivar alimentos por cuenta propia. Sólo pueden hacerlo, ahora, a cambio de una renta que pagan trabajando sin cobrar. Además, el latifundista cuenta con colonos contratistas a quienes permite realizar cultivos temporarios, pero a cambio de que inicien cafetales nuevos en su beneficio. Cuatro años después, cuando los granos amarillos colorean las matas, la tierra ha multiplicado su valor y entonces llega, para el colono, el turno de marcharse.

En Guatemala las plantaciones de café pagan aún menos que las de algodón. En la vertiente del sur, los propietarios dicen retribuir con quince dólares mensuales el trabajo de los millares de indígenas que bajan cada año desde el altiplano hasta el sur, para vender sus brazos en las cosechas. Las fincas cuentan con policía privada; allí, como alguien me explicó, «un hombre es más barato que su tumba»; y el aparato de represión se encarga de que lo siga siendo. En la región de Alta Verapaz la situación es aún peor. Allí no hay camiones ni carretas, porque los finqueros no los necesitan: sale más barato transportar el café a lomo de indio.

Para la economía de El Salvador, pequeño país en manos de un puñado de familias oligárquicas, el café tiene una importancia fundamental: el monocultivo obliga a comprar en el exterior frijoles, única fuente de proteínas para la alimentación popular, maíz, hortalizas, y otros alimentos que tradicionalmente el país producía. La cuarta parte de los salvadoreños fallecen víctimas de la avitaminosis. En cuanto a Haití, tiene la tasa de mortalidad más alta de América Latina; más de la mitad de su población infantil padece anemia. El salario legal pertenece, en Haití, a los dominios de la ciencia ficción; en las plantaciones de café, el salario real oscila entre siete y quince centavos de dólar por día.

En Colombia, territorio de vertientes, el café disfruta de la hegemonía. Según un informe publicado por la revista *Time* en 1962, los trabajadores sólo reciben un cinco por ciento, a través de los salarios, del precio total que el café obtiene en su viaje desde la mata a los labios del consumidor norteamericano[70]. A diferencia de Brasil, el café de Colombia no se produce, en su mayor parte, en los latifundios, sino en minifundios que tienden a pulverizarse cada vez más. Entre 1955 y 1960, aparecieron cien mil plantaciones nuevas, en su mayoría con extensiones ínfimas, de menos de una hectárea. Pequeños y muy pequeños agricultores producen las tres cuartas partes del café que Colombia exporta; el 96 por ciento de las plantaciones son minifundios[71]. Juan Valdés sonríe en los avisos, pero la atomización de la tierra abate el nivel de vida de los cultivadores, de ingresos cada vez menores, y facilita las maniobras de la Federación Nacional de Cafeteros, que representa los intereses de los grandes propietarios y que virtualmente monopoliza la comercialización del producto. Las parcelas de menos de una hectárea generan un ingreso de hambre: ciento treinta dólares, como promedio, *por año*[72].

[70] Mario Arrubla, *Estudios sobre el subdesarrollo colombiano*, Medellín, 1969. El precio se descompone así: 40 por 100 para los intermediarios, exportadores e importadores; 10 por 100 para los impuestos de ambos gobiernos; 10 por 100 para los transportadores; 5 por 100 para la propaganda de la Oficina Panamericana del Café, en Washington; 30 por 100 para los dueños de las plantaciones, y 5 por 100 para los salarios obreros.

[71] Banco Cafetero, *La industria cafetera en Colombia*, Bogotá, 1962.

[72] *Panorama económico Latinoamericano*, núm. 87, La Habana, septiembre de 1963.

La cotización del café arroja al fuego las cosechas y marca el ritmo de los casamientos

¿Qué es esto? ¿El electroencefalograma de un loco? En 1889 el café valía dos centavos y seis años después había subido a nueve; tres años más tarde había bajado a cuatro centavos y cinco años después a dos. Éste fue un período ilustrativo[73]. Las gráficas de los precios del café, como las de todos los productos tropicales, se han parecido siempre a los cuadros clínicos de la epilepsia, pero la línea cae siempre a pique cuando registra el valor de intercambio del café frente a las maquinarias y los productos industrializados. Carlos Lleras Restrepo, presidente de Colombia, se quejaba en 1967: ese año, su país debió pagar cincuenta y siete bolsas de café para comprar un jeep, y en 1950 bastaban diecisiete bolsas. Al mismo tiempo, el ministro de Agricultura de San Pablo, Herbert Levi, hacía cálculos más dramáticos: para comprar un tractor en 1967, Brasil necesitaba trescientas cincuenta bolsas de café, pero catorce años antes setenta bolsas habían sido suficientes. El presidente Getulio Vargas se había partido el corazón de un balazo, en 1954, y la cotización del café no había sido ajena a la tragedia: «Vino la crisis de la producción de café –escribió Vargas en su testamento– y se valorizó nuestro principal producto. Pensamos defender su precio y la respuesta fue una violenta presión sobre nuestra economía, al punto de vernos obligados a ceder».Vargas quiso que su sangre fuera un precio de rescate.

Si la cosecha de café de 1964 se hubiera vendido, en el mercado norteamericano, a los precios de 1955, Brasil hubiera recibido doscientos millones de dólares más. La baja de un solo centavo en la cotización del café implica una pérdida de 65 millones de dólares para el conjunto de los países productores. Desde 1964, como el precio continuó cayendo hasta 1968, se hizo mayor la cantidad de dólares usurpados por el país consumidor, Estados Unidos, a Brasil, país productor. Pero, ¿en beneficio de quién? ¿Del ciudadano que bebe el café? En julio de 1968, el precio del café brasileño en Estados Unidos había bajado un treinta por ciento en relación con enero de 1964. Sin embargo, el consumidor norteamericano no pagaba más barato su café, sino un trece por ciento más caro. Los intermediarios

[73]   Pierre Monbeig, *Pionniers et planteurs de São Paulo*, París, 1952.

se quedaron, pues, entre el '64 y el '68, con este trece y con aquel treinta: ganaron a dos puntas. En el mismo espacio de tiempo, los precios que recibieron los productores brasileños por cada bolsa de café se redujeron a la mitad[74]. ¿Quiénes son los intermediarios? Seis empresas norteamericanas disponen de más de la tercera parte del café que sale de Brasil, y otras seis empresas norteamericanas disponen de más de la tercera parte del café que entra en los Estados Unidos: son las firmas dominantes en ambos extremos de la operación[75]. La United Fruit (que ha pasado a llamarse United Brands mientras escribo estas líneas) ejerce el monopolio de la venta de bananas desde América Central, Colombia y Ecuador, y a la vez monopoliza la importación y distribución de bananas en Estados Unidos. De modo semejante, son empresas norteamericanas las que manejan el negocio del café, y Brasil sólo participa como proveedor y como víctima. Es el Estado brasileño el que carga con los *stocks*, cuando la sobreproducción obliga a acumular reservas.

¿Acaso no existe, sin embargo, un Convenio Internacional del Café para equilibrar los precios en el mercado? El Centro Mundial de Información del Café publicó en Washington, en 1970, un amplio documento destinado a convencer a los legisladores para que los Estados Unidos prorrogaran, en septiembre, la vigencia de la ley complementaria correspondiente al convenio. El informe asegura que el convenio ha beneficiado en primer lugar a los Estados Unidos, consumidores de más de la mitad del café que se vende en el mundo. La compra del grano sigue siendo una ganga. En el mercado norteamericano, el irrisorio aumento del precio del café (en beneficio, como hemos visto, de los intermediarios) ha resultado mucho menor que el alza general del costo de la vida y del nivel interno de los salarios; el valor de las exportaciones de los Estados Unidos se elevó, entre 1960 y 1969, una sexta parte, y en el mismo período el valor de las importaciones de café, en vez de aumentar, disminuyó. Además, es preciso tener en cuenta que los países latinoamericanos aplican las deterioradas divisas que obtienen por la venta del café, a la compra de esos productos norteamericanos encarecidos.

---

[74] Datos del Banco Central, Instituto Brasileiro do Café y FAO, Revista *Fator*, núm. 2, Río de Janeiro, noviembre-diciembre de 1968.

[75] Según la investigación realizada por la Federal Trade Commission. Cid Silveira, *Café: um drama na economia nacional*, Río de Janeiro, 1962.

El café beneficia mucho más a quienes lo consumen que a quienes lo producen. En Estados Unidos y en Europa genera ingresos y empleos y moviliza grandes capitales; en América Latina paga salarios de hambre y acentúa la deformación económica de los países puestos a su servicio. *En Estados Unidos el café proporciona trabajo a más de seiscientas mil personas: los norteamericanos que distribuyen y venden el café latinoamericano ganan salarios infinitamente más altos que los brasileños, colombianos, guatemaltecos, salvadoreños o haitianos que siembran y cosechan el grano en las plantaciones. Por otra parte la CEPAL nos informa que, por increíble que parezca, el café arroja más riqueza en las arcas estatales de los países europeos, que la riqueza que deja en manos de los países productores.* En efecto, «en 1960 y 1961, las cargas fiscales totales impuestas por los países de la Comunidad Europea al café latinoamericano ascendieron a cerca de setecientos millones de dólares, mientras que los ingresos de los países abastecedores (en términos del valor f.o.b. de las mismas exportaciones) sólo alcanzaron a seiscientos millones de dólares»[76]. Los países ricos, predicadores del comercio libre, aplican el más rígido proteccionismo contra los países pobres: convierten todo lo que tocan en oro para sí y en lata para los demás –incluyendo la propia producción de los países subdesarrollados. El mercado internacional del café copia de tal manera el modelo de un embudo, que Brasil aceptó recientemente imponer altos impuestos a sus exportaciones de café soluble para proteger, proteccionismo al revés, los intereses de los fabricantes norteamericanos del mismo artículo. El café instantáneo producido por Brasil es más barato y de mejor calidad que el de la floreciente industria de los Estados Unidos, pero en el régimen de la libre competencia, está visto, unos son más libres que otros.

En este reino del absurdo organizado las catástrofes naturales se convierten en bendiciones del cielo para los países productores. Las agresiones de la naturaleza levantan los precios y permiten movilizar las reservas acumuladas. Las feroces heladas que asolaron la cosecha de 1969 en Brasil condenaron a la ruina a numerosos productores, sobre todo a los más débiles, pero empujaron hacia arriba la cotización internacional del café y aliviaron considerablemente el *stock* de

---

[76] CEPAL, *El comercio internacional y el desarrollo de América Latina*, México-Buenos Aires, 1964.

sesenta millones de bolsas –equivalentes a dos tercios de la deuda externa de Brasil– que el Estado había acumulado para defender los precios. El café almacenado, que se estaba deteriorando y perdía valor progresivamente, podía haber terminado en la hoguera. No sería la primera vez. A raíz de la crisis de 1929, que echó abajo los precios y contrajo el consumo, Brasil quemó 78 millones de bolsas de café: así ardió en llamas el esfuerzo de doscientas mil personas durante cinco zafras[77]. *Aquélla fue una típica crisis de una economía colonial: vino de fuera.* La brusca caída de las ganancias de los plantadores y los exportadores de café en los años treinta provocó, además del incendio del café, un incendio de la moneda. Éste es el mecanismo usual en América Latina para «socializar las pérdidas» del sector exportador: se compensa en moneda nacional, a través de las devaluaciones, lo que se pierde en divisas.

Pero el auge de los precios no tiene mejores consecuencias. Desencadena grandes siembras, un crecimiento de la producción, una multiplicación del área destinada al cultivo del producto afortunado. El estímulo funciona como un *boomerang,* porque la abundancia del producto derriba los precios y provoca el desastre. Esto fue lo que ocurrió en 1958, en Colombia, cuando se cosechó el café sembrado con tanto entusiasmo cuatro años antes, y ciclos semejantes se han repetido a todo lo largo de la historia de este país. Colombia depende del café y su cotización exterior hasta tal punto que, «en Antioquia, la curva de matrimonio responde ágilmente a la curva de los precios del café. Es típico de una estructura dependiente: hasta el momento propicio para una declaración de amor en una loma antioqueña se decide en la bolsa de Nueva York»[78].

Diez años que desangraron a Colombia

Allá por los años cuarenta, el prestigioso economista colombiano Luis Eduardo Nieto Arteta escribió una apología del café. El café había logrado lo que nunca consiguieron, en los anteriores ciclos económicos del país, las minas ni el tabaco, ni el añil ni la quina: dar

[77] Roberto C. Simonsen, *op. cit.*
[78] Mario Arrubla, *op. cit.*

nacimiento a un orden maduro y progresista. Las fábricas textiles y otras industrias livianas habían nacido, y no por casualidad, en los departamentos productores de café: Antioquia, Caldas, Valle del Cauca, Cundinamarca. Una democracia de pequeños productores agrícolas, dedicados al café, había convertido a los colombianos en «hombres moderados y sobrios». «El supuesto más vigoroso –decía–, para la normalidad en el funcionamiento de la vida política colombiana ha sido la consecución de una peculiar estabilidad económica. El café la ha producido, y con ella el sosiego y la mesura.»[79]

Poco tiempo después, estalló la violencia. En realidad, los elogios al café no habían interrumpido, como por arte de magia, la larga historia de revueltas y represiones sanguinarias en Colombia. Esta vez, durante diez años, entre 1948 y 1957, la guerra campesina abarcó los minifundios y los latifundios, los desiertos y los sembradíos, los valles y las selvas y los páramos andinos, empujó al éxodo a comunidades enteras, generó guerrillas revolucionarias y bandas de criminales y convirtió al país entero en un cementerio: se estima que dejó un saldo de ciento ochenta mil muertos[80]. *El baño de sangre coincidió con un período de euforia económica para la clase dominante: ¿es lícito confundir la prosperidad de una clase con el bienestar de un país?*

La violencia había empezado como un enfrentamiento entre liberales y conservadores, pero la dinámica del odio de clases fue acentuando cada vez más su carácter de lucha social. Jorge Eliécer Gaitán, el caudillo liberal a quien la oligarquía de su propio partido, entre despectiva y temerosa, llamaba «el Lobo» o «el Badulaque», había ganado un formidable prestigio popular y amenazaba el orden establecido; cuando lo asesinaron a tiros, se desencadenó el huracán. Primero fue una marea humana incontenible en las calles de la capital, el espontáneo «bogotazo», y en seguida la violencia derivó al campo, donde, desde hacía un tiempo, ya las bandas organizadas por los conservadores venían sembrando el terror. El odio largamente masticado por los campesinos hizo explosión, y mientras el gobierno enviaba policías y soldados a cortar testículos, abrir los vientres de las

---

[79] Luis Eduardo Nieto Arteta, *Ensayos sobre economía colombiana*, Medellín, 1969.

[80] Germán Guzmán Campos, Orlando Fals Borda y Eduardo Umaña Luna, *La violencia en Colombia. Estudio de un proceso social*, Bogotá, 1963-64.

mujeres embarazadas o arrojar niños al aire para ensartarlos a puntas de bayoneta bajo la consigna de «no dejar ni la semilla», los doctores del Partido Liberal se recluían en sus casas sin alterar sus buenos modales ni el tono caballeresco de sus manifiestos o, en el peor de los casos, viajaban al exilio. Fueron los campesinos quienes pusieron los muertos. La guerra alcanzó extremos de increíble crueldad, impulsada por un afán de venganza que crecía con la guerra misma. Surgieron nuevos estilos de la muerte: en el «corte corbata», la lengua quedaba colgando desde el pescuezo. Se sucedían las violaciones, los incendios, los saqueos; los hombres eran descuartizados o quemados vivos, desollados o partidos lentamente en pedazos; los batallones arrasaban las aldeas y las plantaciones; los ríos quedaban teñidos de rojo; los bandoleros otorgaban el permiso de vivir a cambio de tributos en dinero o cargamentos de café y las fuerzas represivas expulsaban y perseguían a innumerables familias que huían a las montañas a buscar refugio: en los bosques, parían las mujeres. Los primeros jefes guerrilleros, animados por la necesidad de revancha pero sin horizontes políticos claros, se lanzaban a la destrucción por la destrucción, el desahogo a sangre y fuego sin otros objetivos. Los nombres de los protagonistas de la violencia (Teniente Gorila, Malasombra, El Cóndor, Pielroja, El Vampiro, Avenegra, El Terror del Llano) no sugieren una epopeya de la revolución. Pero el acento de rebelión social se imprimía hasta en las coplas que cantaban las bandas:

> Yo *soy campesino puro,*
> *y no empecé la pelea,*
> *pero si me buscan ruido*
> *la bailan con la más fea.*

Y en definitiva, el terror indiscriminado había aparecido también, mezclado con las reivindicaciones de justicia, en la revolución mexicana de Emiliano Zapata y Pancho Villa. En Colombia la rabia estallaba de cualquier manera, pero no es casual que de aquella década de violencia nacieran las posteriores guerrillas políticas que, levantando las banderas de la revolución social, llegaron a ocupar y controlar extensas zonas del país. Los campesinos, asediados por la represión, emigraron a las montañas y allí organizaron el trabajo agrícola y la autodefensa. Las llamadas «repúblicas independientes» continuaron ofreciendo refugio a los perseguidos después de que los conservadores y los liberales firmaron, en Madrid, el pacto de la paz. Los dirigentes de ambos partidos, en un clima de brindis y palomas, resolvieron turnarse sucesivamente en el poder en aras de la concordia nacional y entonces comenzaron, ya de común acuerdo, la faena de la «limpieza» contra los focos de perturbación del sistema. En una sola de las operaciones, para abatir a los rebeldes de Marquetalia, se dispararon un millón y medio de proyectiles, se arrojaron veinte mil bombas y se movilizaron, por tierra y por aire, dieciséis mil soldados[81].

En plena violencia había un oficial que decía: «A mí no me traigan cuentos. Tráiganme orejas». El sadismo de la represión y la ferocidad de la guerra ¿podrían explicarse por razones clínicas? ¿Fueron el resultado de la maldad natural de sus protagonistas? Un hombre que cortó las manos de un sacerdote, prendió fuego a su cuerpo y a su casa y luego lo despedazó y lo arrojó a un caño, gritaba, cuando ya la guerra había terminado: «Yo no soy culpable. Yo no soy culpable. Déjenme solo». Había perdido la razón, pero en cierto modo la tenía: el horror de la violencia no hizo más que poner de manifiesto el horror del sistema. Porque el café no trajo consigo la felicidad y la armonía, como había profetizado Nieto Arteta. Es verdad que gracias al café se activó la navegación del Magdalena y nacieron líneas de ferrocarril y carreteras y se acumularon capitales que dieron origen a ciertas industrias, pero el orden oligárquico interno y la dependencia económica ante los centros extranjeros de poder no sólo no resultaron vulnerados por el proceso ascendente del café, sino que, por el contrario, se hicieron infinitamente más agobiantes para los colombianos. Cuando la década de la violencia llegaba a su fin, las Naciones Unidas publicaban los resultados de su encuesta sobre la nutrición en Colombia. Desde entonces la situación no ha mejorado en absoluto: un 88 por ciento de los escolares de Bogotá padecía avitaminosis, un 78 por ciento sufría arriboflavinosis y más de la mitad tenía un peso por debajo de lo normal; entre los obreros, la avitaminosis castigaba al 71 por ciento y entre los campesinos del valle de Tensa, al 78 por ciento[82]. La encuesta mostró «una marcada insuficiencia de alimentos protectores –leche y sus derivados, huevos, carne, pescado, y algunas frutas

---

[81] Germán Guzmán, *La violencia en Colombia (parte descriptiva)*, Bogotá, 1968.
[82] Naciones Unidas, *Análisis y proyecciones del desarrollo económico*, III, en *El desarrollo económico de Colombia*, Nueva York, 1957.

y hortalizas– que aportan conjuntamente proteínas, vitaminas y sales». No sólo a la luz de los fogonazos de las balas se revela una tragedia social. Las estadísticas indican que Colombia ostenta un índice de
homicidios siete veces mayor que el de los Estados Unidos, pero también indican que la cuarta parte de los colombianos en edad activa
carece de trabajo fijo. Doscientas cincuenta mil personas se asoman
cada año al mercado laboral; la industria no genera nuevos empleos y
en el campo la estructura de latifundios y minifundios tampoco necesita más brazos: por el contrario, expulsa sin cesar nuevos desocupados hacia los suburbios de las ciudades. Hay en Colombia más de un
millón de niños sin escuela. Ello no impide que el sistema se dé el lujo
de mantener cuarenta y una universidades diferentes, públicas o privadas, cada una con sus diversas facultades y departamentos, para la
educación de los hijos de la élite y de la minoritaria clase media[83].

LA VARITA MÁGICA DEL MERCADO MUNDIAL DESPIERTA A CENTROAMÉRICA

Las tierras de la franja centroamericana llegaron a la mitad del siglo
pasado sin que se les hubiera infligido mayores molestias. Además de
los alimentos destinados al consumo, América Central producía la grana
y el añil, con pocos capitales, escasa mano de obra y preocupaciones
mínimas. La grana, insecto que nacía y crecía sin problemas sobre la
espinosa superficie de los nopales, disfrutaba, como el añil, de una
sostenida demanda en la industria textil europea. Ambos colorantes
naturales murieron de muerte sintética cuando, hacia 1850, los químicos alemanes inventaron las anilinas y otras tintas más baratas para
teñir las telas.

Treinta años después de esta victoria de los laboratorios sobre la
naturaleza, llegó el turno del café. Centroamérica se transformó. De
sus plantaciones recién nacidas provenía, hacia 1880, poco menos de
la sexta parte de la producción mundial de café. Fue a través de este

---

[83] El profesor Germán Rama encontró que algunas de estas venerables casas
académicas tienen en sus bibliotecas, como acervo más importante, la colección encuadernada de *Selecciones del Reader's Digest*. Germán W. Rama,
Educación y movilidad social en Colombia, Revista «Eco», núm. 116, Bogotá,
diciembre de 1969.

producto como la región quedó definitivamente incorporada al mercado internacional. A los compradores ingleses sucedieron los alemanes y los norteamericanos; los consumidores extranjeros dieron vida a una burguesía nativa del café, que irrumpió en el poder político, a través de la revolución liberal de Justo Rufino Barrios, a principios de la década de 1870. La especialización agrícola, dictada desde fuera, despertó el furor de la apropiación de tierras y de hombres: el latifundio actual nació, en Centroamérica, bajo las banderas de la libertad de trabajo.

Así pasaron a manos privadas grandes extensiones baldías, que pertenecían a nadie o a la Iglesia o al Estado, y tuvo lugar el frenético despojo de las comunidades indígenas. A los campesinos que se negaban a vender sus tierras se los enganchaba, por la fuerza, en el ejército; las plantaciones se convirtieron en pudrideros de indios; resucitaron los mandamientos coloniales, el reclutamiento forzoso de mano de obra y las leyes contra la vagancia. Los trabajadores fugitivos eran perseguidos a tiros; los gobiernos liberales modernizaban las relaciones de trabajo instituyendo el salario, pero los asalariados se convertían en propiedad de los flamantes empresarios del café. En ningún momento, todo a lo largo del siglo transcurrido desde entonces, los períodos de altos precios se hicieron notar sobre el nivel de los salarios, que continuaron siendo retribuciones de hambre sin que las mejores cotizaciones del café se tradujeran nunca en aumentos. Éste fue uno de los factores que impidieron el desarrollo de un mercado interno de consumo en los países centroamericanos[84].

Como en todas partes, el cultivo del café desalentó, en su expansión sin frenos, la agricultura de alimentos destinados al mercado interno. También estos países fueron condenados a padecer una crónica escasez de arroz, frijoles, maíz, trigo y carne. Apenas sobrevivió una miserable agricultura de subsistencia, en las tierras altas y quebradas donde el latifundio acorraló a los indígenas al apropiarse de las tierras bajas de mayor fertilidad. En las montañas, cultivando en minúsculas parcelas el maíz y los frijoles imprescindibles para no caerse muertos, viven durante una parte del año los indígenas que brindan sus brazos, durante las cosechas, a las plantaciones. Éstas son

---

[84] Edelberto Torres-Rivas, *Procesos y estructuras de una sociedad dependiente (Centroamérica)*, Santiago de Chile, 1959.

las reservas de mano de obra del mercado mundial. La situación no ha cambiado: el latifundio y el minifundio constituyen, juntos, la unidad de un sistema que se apoya sobre la despiadada explotación de la mano de obra nativa. En general, y muy especialmente en Guatemala, esta estructura de apropiación de la fuerza de trabajo aparece identificada con todo un sistema del desprecio racial: los indios padecen el colonialismo interno de los blancos y los mestizos, ideológicamente bendito por la cultura dominante, del mismo modo que los países centroamericanos sufren el colonialismo extranjero[85].

Desde principios de siglo aparecieron también, en Honduras, Guatemala y Costa Rica, los enclaves bananeros. Para trasladar el café a los puertos, habían nacido ya algunas líneas de ferrocarril financiadas por el capital nacional. Las empresas norteamericanas se apoderaron de esos ferrocarriles y crearon otros, exclusivamente para el transporte del banano desde sus plantaciones, al tiempo que implantaban el monopolio de los servicios de luz eléctrica, correos, telégrafos, teléfonos y, servicio público no menos importante, también el monopolio de la política: en Honduras, «una mula cuesta más que un diputado» y en toda Centroamérica los embajadores de Estados Unidos presiden más que los presidentes. La United Fruit Co. deglutió a sus competidores en la producción y venta de bananas, se transformó en la principal latifundista de Centroamérica, y sus filiales acapararon el transporte ferroviario y marítimo; se hizo dueña de los puertos, y dispuso de aduana y policía propias. El dólar se convirtió, de hecho, en la moneda nacional centroamericana.

LOS FILIBUSTEROS AL ABORDAJE

En la concepción geopolítica del imperialismo, América Central no es más que un apéndice natural de los Estados Unidos. Ni siquiera Abraham Lincoln, que también pensó en anexar sus territorios, pudo escapar a los dictados del «destino manifiesto» de la gran potencia sobre sus áreas contiguas[86].

[85]   Carlos Guzmán Böckler y Jean-Loup Herbert, *Guatemala: una interpretación histórico-social*, México, 1970.

[86]   Darcy Ribeiro, *Las Américas y la civilización*, tomo III: *Los pueblos trasplantados. Civilización y desarrollo*, Buenos Aires, 1970.

A mediados del siglo pasado, el filibustero William Walker, que operaba en nombre de los banqueros Morgan y Garrison, invadió Centroamérica al frente de una banda de asesinos que se llamaban a sí mismos «la falange americana de los inmortales». Con el respaldo oficioso del gobierno de los Estados Unidos, Walker robó, mató, incendió y se proclamó presidente, en expediciones sucesivas, de Nicaragua, El Salvador y Honduras. Reimplantó la esclavitud en los territorios que sufrieron su devastadora ocupación, continuando, así, la obra filantrópica de su país en los estados que habían sido usurpados, poco antes, a México.

A su regreso fue recibido en los Estados Unidos como un héroe nacional. Desde entonces se sucedieron las invasiones, las intervenciones, los bombardeos, los empréstitos obligatorios y los tratados firmados al pie del cañón. En 1912, el presidente William H. Taft afirmaba: «No está lejano el día en que tres banderas de barras y estrellas señalen en tres sitios equidistantes la extensión de nuestro territorio: una en el Polo Norte, otra en el Canal de Panamá y la tercera en el Polo Sur. Todo el hemisferio será nuestro, de hecho, como, en virtud de nuestra superioridad racial, ya es nuestro moralmente»[87]. Taft decía que el recto camino de la justicia en la política externa de los Estados Unidos «no excluye en modo alguno una activa intervención para asegurar a nuestras mercancías y a nuestros capitalistas facilidades para las inversiones beneficiosas». Por la misma época, el ex presidente Teddy Roosevelt recordaba en voz alta su exitosa amputación de tierra a Colombia: «I took the Canal», decía el flamante Premio Nobel de la Paz, mientras contaba cómo había independizado a Panamá[88]. Colombia recibiría, poco después, una indemnización de veinticinco millones de dólares: era el precio de un país, nacido para que los Estados Unidos dispusieran de una vía de comunicación entre ambos océanos.

Las empresas se apoderaban de tierras, aduanas, tesoros y gobiernos; los *marines* desembarcaban por todas partes para «proteger la vida y los intereses de los ciudadanos norteamericanos», coartada igual a la que utilizarían, en 1965, para borrar con agua bendita

[87] Gregorio Selser, *Diplomacia, garrote y dólares en América Latina*, Buenos Aires, 1962.
[88] Claude Julien, *L'Empire Americain*, París, 1968.

las huellas del crimen de la Dominicana. La bandera envolvía otras mercaderías. El comandante Smedley D. Butler, que encabezó muchas de las expediciones, resumía así su propia actividad, en 1935, ya retirado: «Me he pasado treinta y tres años y cuatro meses en el servicio activo, como miembro de la más ágil fuerza militar de este país: el Cuerpo de Infantería de Marina. Serví en todas las jerarquías, desde teniente segundo hasta general de división. Y durante todo ese período me pasé la mayor parte del tiempo en funciones de pistolero de primera clase para los Grandes Negocios, para Wall Street y los banqueros. En una palabra, fui un pistolero del capitalismo... Así, por ejemplo, en 1914 ayudé a hacer que México y en especial Tampico, resultasen una presa fácil para los intereses petroleros norteamericanos. Ayudé a hacer que Haití y Cuba fuesen lugares decentes para el cobro de rentas por parte del National City Bank... En 1909-1912 ayudé a purificar a Nicaragua para la casa bancaria internacional de Brown Brothers. En 1916 llevé la luz a la República Dominicana, en nombre de los intereses azucareros norteamericanos. En 1903 ayudé a 'pacificar' a Honduras en beneficio de las compañías fruteras norteamericanas»[89].

En los primeros años del siglo, el filósofo William James había dictado una sentencia poco conocida: «El país ha vomitado de una vez y para siempre la Declaración de Independencia...». Por no poner más que un ejemplo, los Estados Unidos ocuparon Haití durante veinte años y allí, en ese país negro que había sido el escenario de la primera revuelta victoriosa de los esclavos, introdujeron la segregación racial y el régimen de trabajos forzados, mataron mil quinientos obreros en una de sus operaciones de represión (según la investigación del Senado norteamericano en 1922) y, cuando el gobierno local se negó a convertir el Banco Nacional en una sucursal del National City Bank de Nueva York, suspendieron el pago de sus sueldos al Presidente y a sus ministros, para que recapacitaran[90].

Historias semejantes se repetían en las demás islas del Caribe y en toda América Central, el espacio geopolítico del *Mare Nostrum* del Imperio, al ritmo alternado del *big stick* o de «la diplomacia del dólar».

[89]   Publicado en *Common Sense*, noviembre de 1935. V. Leo Huberman, *Man's Wordly Goods. The Story of the Wealth of Nations*, Nueva York, 1936.
[90]   William Krehm, *Democracia y tiranías en el Caribe*, Buenos Aires, 1959.

El *Corán* menciona al plátano entre los árboles del paraíso, pero la *bananización* de Guatemala, Honduras, Costa Rica, Panamá, Colombia y Ecuador permite sospechar que se trata de un árbol del infierno. En Colombia, la United Fruit se había hecho dueña del mayor latifundio del país cuando estalló, en 1928, una gran huelga en la costa atlántica. Los obreros bananeros fueron aniquilados a balazos, frente a una estación de ferrocarril. Un decreto oficial había sido dictado: «Los hombres de la fuerza pública quedan facultados para castigar por las armas...» y después no hubo necesidad de dictar ningún decreto para borrar la matanza de la memoria oficial del país[91].

Miguel Ángel Asturias narró el proceso de la conquista y el despojo en Centroamérica. *El papa verde* era Minor Keith, rey sin corona de la región entera, padre de la United Fruit, devorador de países. «Tenemos muelles, ferrocarriles, tierras, edificios, manantiales –enumeraba el presidente–; corre el dólar, se habla el inglés y se enarbola nuestra bandera...» «Chicago no podía menos que sentir orgullo de ese hijo que marchó con una mancuerna de pistolas y regresaba a reclamar su puesto entre los emperadores de la carne, reyes de los ferrocarriles, reyes del cobre, reyes de la goma de mascar.»[92] En *El paralelo 42* John Dos Passos trazó la rutilante biografía de Keith, biografía de la empresa: «En Europa y Estados Unidos la gente había comenzado a comer plátanos, así que tumbaron la selva a través de América Central para sembrar plátanos y construir ferrocarriles para transportar los plátanos, y cada año más vapores de la Great White Fleet iban hacia el norte repletos de plátanos, y ésa es la historia del imperio norteameri-

---

[91] Éste es el tema de la novela de Álvaro Cepeda Samudio, *La casa grande* (Buenos Aires, 1967), y también integra uno de los capítulos de *Cien años de soledad* (Buenos Aires, 1967) de Gabriel García Márquez: «Seguro que fue un sueño», insistían los oficiales.

[92] El ciclo comprende las novelas *Viento fuerte, El papa verde* y *Los ojos de los enterrados*, trilogía publicada en Buenos Aires en la década del 50. En *Viento fuerte*, uno de los personajes, Mr. Pyle, dice proféticamente: «Si en lugar de efectuar nuevas plantaciones, nosotros compramos a los productores particulares su fruta, se ganará mucho hacia el futuro». Esto es lo que actualmente ocurre en Guatemala: la United Fruit –ahora United Brands– ejerce su monopolio bananero a través de los mecanismos de comercialización, más eficaces y menos riesgosos que la producción directa. Cabe anotar que la producción de bananas cayó verticalmente en la década del sesenta, a partir del momento en que la United Fruit decidió vender y/o arrendar sus plantaciones de Guatemala, amenazadas por los hervores de la agitación social.

cano en el Caribe y del Canal de Panamá y del futuro canal de Nicaragua y los *marines* y los acorazados y las bayonetas...».

Las tierras quedaban tan exhaustas como los trabajadores: a las tierras les robaban el humus y a los trabajadores los pulmones, pero siempre había nuevas tierras para explotar y más trabajadores para exterminar. Los dictadores, próceres de opereta, velaban por el bienestar de la United Fruit con el cuchillo entre los dientes. Después, la producción de bananas fue decayendo y la omnipotencia de la empresa frutera sufrió varias crisis, pero América Central continúa siendo, en nuestros días, un santuario del lucro para los aventureros aunque el café, el algodón y el azúcar hayan derribado a los plátanos de su sitial de privilegio. En 1970, las bananas son la principal fuente de divisas para Honduras y Panamá y, en América del Sur, para Ecuador. Hacia 1930, América Central exportaba 38 millones anuales de racimos y la United Fruit pagaba a Honduras un centavo de impuesto por cada racimo. No había manera de controlar el pago del miniimpuesto (que después subió un poquito), ni la hay, porque aún hoy la United Fruit exporta e importa lo que se le ocurre al margen de las aduanas estatales. La balanza comercial y la balanza de pagos del país son obras de ficción a cargo de los técnicos de imaginación pródiga.

LA CRISIS DE LOS AÑOS TREINTA: «ES UN CRIMEN MÁS GRANDE MATAR A UNA HORMIGA QUE A UN HOMBRE»

El café dependía del mercado norteamericano, de su capacidad de consumo y de sus precios; las bananas eran un negocio norteamericano y para norteamericanos. Y estalló, de golpe, la crisis de 1929. El *crack* de la Bolsa de Nueva York, que hizo crujir los cimientos del capitalismo mundial, cayó en el Caribe como un gigantesco bloque de piedra en un charquito. Bajaron verticalmente los precios del café y de las bananas, y no menos verticalmente descendió el volumen de las ventas. Los desalojos campesinos recrudecieron con violencia febril, el desempleo cundió en el campo y en las ciudades, se levantó una oleada de huelgas; se abatieron bruscamente los créditos, las inversiones y los gastos públicos, los sueldos de los funcionarios del Estado se redujeron casi a la mitad en Honduras, Guatemala y Nicaragua[93]. El equipo de dictadores llegó sin demora para aplastar las tapas de las marmitas; se abría la época de la política de la Buena Vecindad en Washington, pero era preciso contener a sangre y fuego la agitación social que por todas partes hervía. Alrededor de veinte años –unos más, otros menos– permanecieron en el poder Jorge Ubico en Guatemala, Maximiliano Hernández Martínez en El Salvador, Tiburcio Carías en Honduras y Anastasio Somoza en Nicaragua.

La epopeya de Augusto César Sandino conmovía al mundo. La larga lucha del jefe guerrillero de Nicaragua había derivado a la reivindicación de la tierra y levantaba en vilo la ira campesina. Durante siete años, su pequeño ejército en harapos peleó, a la vez, contra los doce mil invasores norteamericanos y contra los miembros de la guardia nacional. Las granadas se hacían con latas de sardinas llenas de piedras, los fusiles Springfield se arrebataban al enemigo y no faltaban machetes; el asta de la bandera era un palo sin descortezar y en vez de botas los campesinos usaban, para moverse en las montañas enmarañadas, una tira de cuero llamada *caite*. Con música de *Adelita*, los guerrilleros cantaban[94]:

> *En Nicaragua, señores,*
> *le pega el ratón al gato.*

Ni el poder de fuego de la Infantería de Marina ni las bombas que arrojaban los aviones resultaban suficientes para aplastar a los rebeldes de Las Segovias. Tampoco las calumnias que derramaban por el mundo entero las agencias informativas Associated Press y United Press, cuyos corresponsales en Nicaragua eran dos norteamericanos que tenían en sus manos la aduana del país[95]. En 1932, Sandino presentía: «Yo no viviré mucho tiempo». Un año después, al influjo de la política norteamericana de la Buena Vecindad, se celebraba la paz. El jefe guerrillero fue invitado por el presidente a una reunión decisiva en Managua. Por el camino cayó muerto en una emboscada. El asesino, Anastasio Somoza, sugirió después que la ejecución había sido ordenada por el embajador norteamericano Arthur Bliss Lane. Somoza, por entonces jefe militar, no demoró

[93] Edelberto Torres-Rivas, *op. cit.*
[94] Gregorio Selser, *Sandino, general de hombres libres*, Buenos Aires, 1959.
[95] Carleton Beals, *América ante América*, Santiago de Chile, 1940.

mucho en instalarse en el poder. Gobernó Nicaragua durante un cuarto de siglo y luego sus hijos recibieron, en herencia, el cargo. Antes de cruzarse el pecho con la banda presidencial, Somoza se había condecorado a sí mismo con la Cruz del Valor, la Medalla de Distinción y la Medalla Presidencial al Mérito. Ya en el poder, organizó varias matanzas y grandes celebraciones, para las cuales disfrazaba de romanos, con sandalias y cascos, a sus soldados; se convirtió en el mayor productor de café del país, con 46 fincas, y también se dedicó a la cría de ganado en otras 51 haciendas. Nunca le faltó tiempo, sin embargo, para sembrar también el terror. Durante su larga gestión de gobierno, no pasó, la verdad sea dicha, mayores necesidades, y recordaba con cierta tristeza los años juveniles, cuando debía falsificar monedas de oro para poder divertirse.

También en El Salvador estallaron las tensiones como consecuencia de la crisis. Casi la mitad de los obreros bananeros de Honduras eran salvadoreños y muchos fueron obligados a retornar a su país, donde no había trabajo para nadie. En la región de Izalco, se produjo un gran levantamiento campesino en 1932, que se propagó rápidamente a todo el occidente del país. El dictador Martínez envió a los soldados, con equipos modernos, a combatir contra «los bolcheviques». Los indios pelearon a machete contra las ametralladoras y el episodio se cerró con diez mil muertos. Martínez, un brujo vegetariano y teósofo, sostenía que «es un crimen más grande matar a una hormiga que a un hombre, porque el hombre al morir reencarna, mientras que la hormiga muere definitivamente»[96]. Decía que él estaba protegido por «legiones invisibles» que le daban cuenta de todas las conspiraciones y mantenía comunicación telepática directa con el presidente de los Estados Unidos. Un reloj de péndulo le indicaba, sobre el plato, si la comida estaba envenenada; sobre un mapa, le señalaba los lugares donde se escondían enemigos políticos y tesoros de piratas. Solía enviar notas de condolencia a los padres de sus víctimas y en el patio de su palacio pastaban los ciervos. Gobernó hasta 1944.

Las matanzas se sucedían por todas partes. En 1933, Jorge Ubico fusiló en Guatemala a un centenar de dirigentes sindicales, estudian-

---

[96] William Krehm, *op. cit.* Krehm vivió largos años en Centroamérica como corresponsal de la revista norteamericana *Time*.

tiles y políticos, al tiempo que reimplantaba las leyes contra «la vagancia» de los indios. Cada indio debía llevar una libreta donde constaban sus días de trabajo; si no se consideraban suficientes, pagaba la deuda en la cárcel o arqueando la espalda sobre la tierra, gratuitamente, durante medio año. En la insalubre costa del Pacífico, los obreros que trabajaban hundidos hasta las rodillas en el barro cobraban treinta centavos por día, y la United Fruit demostraba que Ubico la había obligado a rebajar los salarios. En 1944, poco antes de la caída del dictador, el *Reader's Digest* publicó un artículo ardiente de elogios: este profeta del Fondo Monetario Internacional había evitado la inflación bajando los salarios, de un dólar a veinticinco centavos diarios, para la construcción de la carretera militar de emergencia, y de un dólar a cincuenta centavos para los trabajos de la base aérea en la capital. Por esta época, Ubico otorgó a los señores del café y a las empresas bananeras el permiso para matar: «Estarán exentos de responsabilidad criminal los propietarios de fincas...». El decreto llevaba el número 2.795 y fue restablecido en 1967, durante el democrático y representativo gobierno de Méndez Montenegro.

Como todos los tiranos del Caribe, Ubico se creía Napoleón. Vivía rodeado de bustos y cuadros del Emperador, que tenía, según él, su mismo perfil. Creía en la disciplina militar: militarizó a los empleados de correo, a los niños de las escuelas y a la orquesta sinfónica. Los integrantes de la orquesta tocaban de uniforme, a cambio de nueve dólares mensuales, las piezas que Ubico elegía y con la técnica y los instrumentos por él dispuestos. Consideraba que los hospitales eran para los maricones, de modo que los pacientes recibían asistencia en los suelos de los pasillos y los corredores, si tenían la desgracia de ser pobres además de enfermos.

¿Quién desató la violencia en Guatemala?

En 1944, Ubico cayó de su pedestal, barrido por los vientos de una revolución de sello liberal que encabezaron algunos jóvenes oficiales y universitarios de la clase media. Juan José Arévalo, elegido presidente, puso en marcha un vigoroso plan de educación y dictó un nuevo Código del Trabajo para proteger a los obreros del campo y de las ciudades. Nacieron varios sindicatos; la United Fruit Co., dueña de vastas tierras, el ferrocarril y el puerto, virtualmente exonerada de impuestos y libre de controles, dejó de ser omnipotente en sus propiedades. En 1951, en su discurso de despedida, Arévalo reveló que había debido sortear treinta y dos conspiraciones financiadas por la empresa. El gobierno de Jacobo Arbenz continuó y profundizó el ciclo de reformas. Las carreteras y el nuevo puerto de San José rompían el monopolio de la frutera sobre los transportes y la exportación. Con capital nacional, y sin tender la mano ante ningún banco extranjero, se pusieron en marcha diversos proyectos de desarrollo que conducían a la conquista de la independencia. En junio de 1952, se aprobó la reforma agraria, que llegó a beneficiar a más de cien mil familias, aunque sólo afectaba a las tierras improductivas y pagaba indemnización, en bonos, a los propietarios expropiados. La United Fruit sólo cultivaba el ocho por ciento de sus tierras, extendidas entre ambos océanos.

La reforma agraria se proponía «desarrollar la economía capitalista campesina y la economía capitalista de la agricultura en general», pero una furiosa campaña de propaganda internacional se desencadenó contra Guatemala: «La cortina de hierro está descendiendo sobre Guatemala», vociferaban las radios, los diarios y los próceres de la OEA[97]. El coronel Castillo Armas, graduado en Fort Leavenworth, Kansas, abatió sobre su propio país las tropas entrenadas y pertrechadas, al efecto, en los Estados Unidos. El bombardeo de los F-47, con aviadores norteamericanos, respaldó la invasión. «Tuvimos que deshacernos de un gobierno comunista que había asumido el poder», diría, nueve años más tarde, Dwight Eisenhower[98]. Las declaraciones del embajador norteamericano en Honduras ante una subcomisión del Senado de los Estados Unidos, revelaron el 27 de julio de 1961 que la operación *libertadora* de 1954 había sido realizada por un equipo del que formaban parte, además de él mismo, los embajadores ante Guatemala, Costa Rica y Nicaragua. Allen Dulles, que en aquella época era el hombre número uno de la CIA, les había enviado telegramas de felicitación por la faena cumplida. Anteriormente, el bueno de Allen había integrado el directorio de la United

[97] Eduardo Galeano, *Guatemala, país ocupado*, México, 1967.
[98] Discurso en la American Booksellers Association, Washington, 10 de junio de 1963. Citado por David Wise y Thomas Ross, *El gobierno invisible*, Buenos Aires, 1966.

Fruit Co. Su sillón fue ocupado, un año después de la invasión, por otro directivo de la CIA, el general Walter Bedell Smith. Foster Dulles, hermano de Allen, se había encendido de impaciencia en la conferencia de la OEA que dio el visto bueno a la expedición militar contra Guatemala. Casualmente, en sus escritorios de abogado habían sido redactados, en tiempos del dictador Ubico, los borradores de los contratos de la United Fruit.

La caída de Arbenz marcó a fuego la historia posterior del país. Las mismas fuerzas que bombardearon la ciudad de Guatemala, Puerto Barrios y el puerto de San José al atardecer del 18 de junio de 1954, están hoy en el poder. Varias dictaduras feroces sucedieron a la intervención extranjera, incluyendo el período de Julio César Méndez Montenegro (1966-1970), quien proporcionó a la dictadura el decorado de un régimen democrático. Méndez Montenegro había prometido una reforma agraria, pero se limitó a firmar la autorización para que los terratenientes portaran armas, y las usaran. La reforma agraria de Arbenz había saltado en pedazos cuando Castillo Armas cumplió su misión devolviendo las tierras a la United Fruit y a los otros terratenientes expropiados.

1967 fue el peor de los años del ciclo de la violencia inaugurado en 1954. Un sacerdote católico norteamericano expulsado de Guatemala, el padre Thomas Melville, informaba al *National Catholic Reporter,* en enero de 1968: en poco más de un año, los grupos terroristas de la derecha habían asesinado a más de dos mil ochocientos intelectuales, estudiantes, dirigentes sindicales y campesinos que habían «intentado combatir las enfermedades de la sociedad guatemalteca». El cálculo del padre Melville se hizo en base a la información de la prensa, pero de la mayoría de los cadáveres nadie informó nunca: eran indios sin nombre ni origen conocidos, que el ejército incluía, algunas veces, sólo como números, en los partes de las victorias contra la subversión. La represión indiscriminada formaba parte de la campaña militar de «cerco y aniquilamiento» contra los movimientos guerrilleros. De acuerdo con el nuevo código en vigencia, los miembros de los cuerpos de seguridad no tenían responsabilidad penal por homicidios, y los partes policiales o militares se consideraban plena prueba en los juicios. Los finqueros y sus administradores fueron legalmente equiparados a la calidad de autoridades locales, con derecho a portar armas y formar cuerpos represivos. No vibraron los teletipos del mundo con las primicias de la sistemática carnicería, no llegaron a Guatemala los periodistas ávidos de noticias, no se escucharon voces de condenación. El mundo estaba de espaldas, pero Guatemala sufría una larga noche de San Bartolomé. La aldea Cajón del Río quedó sin hombres, y a los de la aldea Tituque les revolvieron las tripas a cuchillo y a los de Piedra Parada los desollaron vivos y quemaron vivos a los de Agua Blanca de Ipala, previamente baleados en las piernas; en el centro de la plaza de San Jorge clavaron en una pica la cabeza de un campesino rebelde. En Cerro Gordo, llenaron de alfileres las pupilas de Jaime Velázquez; el cuerpo de Ricardo Miranda fue encontrado con treinta y ocho perforaciones y la cabeza de Haroldo Silva, sin el cuerpo de Haroldo Silva, al borde de la carretera a San Salvador; en Los Mixcos cortaron la lengua de Ernesto Chinchilla; en la fuente del Ojo de Agua, los hermanos Oliva Aldana fueron cosidos a tiros con las manos atadas a la espalda y los ojos vendados; el cráneo de José Guzmán se convirtió en un rompecabezas de piezas minúsculas arrojadas al camino; de los pozos de San Lucas Sacatepequez emergían muertos en vez de agua; los hombres amanecían sin manos ni pies en la finca Miraflores. A las amenazas sucedían las ejecuciones o la muerte acometía, sin aviso, por la nuca; en las ciudades se señalaban con cruces negras las puertas de los sentenciados. Se los ametrallaba al salir, se arrojaban los cadáveres a los barrancos.

Después no cesó la violencia. Todo a lo largo del tiempo del desprecio y de la cólera inaugurado en 1954, la violencia ha sido y sigue siendo una transpiración natural de Guatemala. Continuaron apareciendo, uno cada cinco horas, los cadáveres en los ríos o al borde de los caminos, los rostros sin rasgos, desfigurados por la tortura, que no serán identificados jamás. También continuaron, y en mayor medida, las matanzas más secretas: los cotidianos genocidios de la miseria. Otro sacerdote expulsado, el padre Blase Bonpane, denunciaba en el *Washington Post*, en 1968, a esta sociedad enferma: «De las setenta mil personas que cada año mueren en Guatemala, treinta mil son niños. La tasa de mortalidad infantil en Guatemala es cuarenta veces más alta que la de los Estados Unidos».

La primera reforma agraria de América Latina:
un siglo y medio de derrotas para José Artigas

A carga de lanza o golpes de machete, habían sido los desposeídos quienes realmente pelearon, cuando despuntaba el siglo XIX, contra el poder español en los campos de América. La independencia no los recompensó: traicionó las esperanzas de los que habían derramado su sangre. Cuando la paz llegó, con ella se reabrió el tiempo de la desdicha. Los dueños de la tierra y los grandes mercaderes aumentaron sus fortunas, mientras se extendía la pobreza de las masas populares.

Al mismo tiempo, y al ritmo de las intrigas de los nuevos dueños de América Latina, los cuatro virreinatos del imperio español saltaron en pedazos y múltiples países nacieron como esquirlas de la unidad nacional pulverizada. La idea de «nación» que el patriciado latinoamericano engendró se parecía demasiado a la imagen de un puerto activo, habitado por la clientela mercantil y financiera del imperio británico, con latifundios y socavones a la retaguardia. La legión de parásitos que había recibido los partes de la guerra de independencia bailando minué en los salones de las ciudades, brindaba por la libertad de comercio en copas de cristalería británica. Se pusieron de moda las más altisonantes consignas republicanas de la burguesía europea: nuestros países se ponían al servicio de los industriales ingleses y de los pensadores franceses. ¿Pero qué «burguesía nacional» era la nuestra, formada por los terratenientes, los grandes traficantes, comerciantes y especuladores, los políticos de levita y los doctores sin arraigo? América Latina tuvo pronto sus constituciones burguesas, muy barnizadas de liberalismo, pero no tuvo, en cambio, una burguesía creadora, al estilo europeo o norteamericano, que se propusiera como misión histórica el desarrollo de un capitalismo nacional pujante. Las burguesías de estas tierras habían nacido como simples instrumentos del capitalismo internacional, prósperas piezas del engranaje mundial que sangraba a las colonias y a las semicolonias. Los burgueses de mostrador, usureros y comerciantes, que acapararon el poder político, no tenían el menor interés en impulsar el ascenso de las manufacturas locales, muertas en el huevo cuando el libre cambio abrió las puertas a la avalancha de las mercancías británicas. Sus socios, los dueños de la tierra, no estaban, por su parte, interesados en resolver «la cuestión agraria», sino a la medida de sus propias conveniencias. El latifundio se consolidó sobre el despojo, todo a lo largo del siglo xix. La reforma agraria fue, en la región, una bandera temprana.

Frustración económica, frustración social, frustración nacional: una historia de traiciones sucedió a la independencia, y América Latina, desgarrada por sus nuevas fronteras, continuó condenada al monocultivo y a la dependencia. En 1824, Simón Bolívar dictó el Decreto de Trujillo para proteger a los indios de Perú y reordenar allí el sistema de la propiedad agraria: sus disposiciones legales no hirieron en absoluto los privilegios de la oligarquía peruana, que permanecieron intactos pese a los buenos propósitos del Libertador, y los indios continuaron tan explotados como siempre. En México, Hidalgo y Morelos habían caído derrotados tiempo antes y transcurriría un siglo antes de que rebrotaran los frutos de su prédica por la emancipación de los humildes y la reconquista de las tierras usurpadas.

Al sur, José Artigas encarnó la revolución agraria. Este caudillo, con tanta saña calumniado y tan desfigurado por la historia oficial, encabezó a las masas populares de los territorios que hoy ocupan Uruguay y las provincias argentinas de Santa Fe, Corrientes, Entre Ríos, Misiones y Córdoba, en el ciclo heroico de 1811 a 1820. Artigas quiso echar las bases económicas, sociales y políticas de una Patria Grande en los límites del antiguo Virreinato de Río de la Plata, y fue el más importante y lúcido de los jefes federales que pelearon contra el centralismo aniquilador del puerto de Buenos Aires. Luchó contra los españoles y los portugueses, y finalmente sus fuerzas fueron trituradas por el juego de pinzas de Río de Janeiro y Buenos Aires, instrumentos del Imperio británico, y por la oligarquía que, fiel a su estilo, lo traicionó no bien se sintió, a su vez, traicionada por el programa de reivindicaciones sociales del caudillo.

Seguían a Artigas, lanza en mano, los patriotas. En su mayoría eran paisanos pobres, gauchos montaraces, indios que recuperaban en la lucha el sentido de la dignidad, esclavos que ganaban la libertad incorporándose al ejército de la independencia. La revolución de los jinetes pastores incendiaba la pradera. La traición de Buenos Aires, que dejó en manos del poder español y las tropas portuguesas, en 1811, el territorio que hoy ocupa el Uruguay, provocó el éxodo masivo de la población hacia el norte. El pueblo en armas se hizo pueblo en marcha; hombres y mujeres, viejos y niños, lo abandonaban todo tras las huellas del caudillo, en una caravana de peregrinos sin fin. En el norte, sobre el río Uruguay, acampó Artigas, con las caballadas y las carretas y en el norte establecería, poco tiempo después, su gobierno. En 1815, Artigas controlaba vastas comarcas desde su campamento de Purificación, en Paysandú. «¿Qué les parece que vi? —narraba un viajero inglés—[99]. ¡El Excelentísimo Señor Protector de la mitad del Nuevo Mundo estaba sentado en una cabeza de buey, junto a un fogón encendido en el suelo fangoso de su rancho, comiendo carne del asador y bebiendo ginebra en un cuerno de vaca! Lo rodeaba una docena de oficiales andrajosos...» De todas partes llegaban, al galope, soldados, edecanes y exploradores. Paseándose con las manos en la espalda, Artigas dictaba los decretos revolucionarios de su gobierno. Dos secretarios —no existía el papel carbón— tomaban nota. Así nació la primera reforma agraria de América Latina, que se aplicaría durante un año en la «Provincia Oriental», hoy Uruguay, y que sería hecha trizas por una nueva invasión portuguesa, cuando la oligarquía abriera las puertas de Montevideo al general Lecor y lo saludara como a un libertador y lo condujera bajo palio a un solemne Tedéum, honor al invasor, ante los altares de la catedral. Anteriormente, Artigas había promulgado también un reglamento aduanero que gravaba con un fuerte impuesto la importación de mercaderías extranjeras competitivas de las manufacturas y artesanías de tierra adentro, de considerable desarrollo en algunas regiones hoy argentinas comprendidas en los dominios del caudillo, a la par que liberaba la importación de los bienes de producción necesarios al desarrollo económico y adjudicaba un gravamen insignificante a los artículos americanos, como la yerba y el tabaco de Paraguay[100]. Los sepultureros de la revolución también enterrarían el reglamento aduanero.

El código agrario de 1815 —tierra libre, hombres libres— fue «la más avanzada y gloriosa constitución»[101] de cuantas llegarían a conocer los uruguayos. Las ideas de Campomanes y Jovellanos en el ciclo reformista de Carlos III influyeron sin duda sobre el reglamento de

[99] J. P. y G. P. Robertson, *La Argentina en la época de la Revolución. Cartas sobre el Paraguay*, Buenos Aires, 1920.

[100] Washington Reyes Abadie, Óscar H. Bruschera y Tabaré Melogno, *El ciclo artiguista*, tomo IV, Montevideo, 1968.

[101] Nelson de la Torre, Julio C. Rodríguez y Lucía Sala de Touron, *Artigas: tierra y revolución*, Montevideo, 1967.

Artigas, pero éste surgió, en definitiva, como una respuesta revolucionaria a la necesidad nacional de recuperación económica y de justicia social. Se decretaba la expropiación y el reparto de las tierras de los «malos europeos y peores americanos» emigrados a raíz de la revolución y no indultados por ella. Se decomisaba la tierra de los enemigos sin indemnización alguna, y a los enemigos pertenecía, dato importante, la inmensa mayoría de los latifundios. Los hijos no pagaban la culpa de los padres: el reglamento les ofrecía lo mismo que a los patriotas pobres. Las tierras se repartían de acuerdo con el principio de que «los más infelices serán los más privilegiados». Los indios tenían, en la concepción de Artigas, «el principal derecho». El sentido esencial de esta reforma agraria consistía en asentar sobre la tierra a los pobres del campo, convirtiendo en paisano al gaucho acostumbrado a la vida errante de la guerra y a las faenas clandestinas y el contrabando en tiempos de paz. Los gobiernos posteriores de la cuenca del Plata reducirán a sangre y fuego al gaucho, incorporándolo por la fuerza a las peonadas de las grandes estancias, pero Artigas había querido hacerlo propietario: «Los gauchos alzados comenzaban a gustar del trabajo honrado, levantaban ranchos y corrales, plantaban sus primeras sementeras»[102]. La intervención extranjera terminó con todo. La oligarquía levantó cabeza y se vengó. La legislación desconoció, en lo sucesivo, la validez de las donaciones de tierras realizadas por Artigas. Desde 1820 hasta fines del siglo fueron desalojados, a tiros, los patriotas pobres que habían sido beneficiados por la reforma agraria. No conservarían «otra tierra que la de sus tumbas». Derrotado, Artigas se había marchado a Paraguay, a morirse solo al cabo de un largo exilio de austeridad y silencio. Los títulos de propiedad por él expedidos no valían nada: el fiscal de gobierno, Bernardo Bustamante, afirmaba, por ejemplo, que se advertía a primera vista «la despreciabilidad que caracteriza a los indicados documentos». Mientras tanto, su gobierno se aprestaba a celebrar, ya restaurado el «orden», la primera constitución de un Uruguay independiente, desgajado de la patria grande por la que Artigas había, en vano, peleado.

El reglamento de 1815 contenía disposiciones especiales para evitar

---

[102]   Nelson de la Torre, Julio C. Rodríguez y Lucía Sala de Touron, *op. cit.* De los mismos autores, *Evolución económica de la Banda Oriental*, Montevideo, 1967, y *Estructura económico-social de la Colonia*, Montevideo, 1968.

la acumulación de tierras en pocas manos. En nuestros días, el campo uruguayo ofrece el espectáculo de un desierto: quinientas familias monopolizan la mitad de la tierra total y, constelación del poder, controlan también las tres cuartas partes del capital invertido en la industria y en la banca[103]. Los proyectos de reforma agraria se acumulan, unos sobre otros, en el cementerio parlamentario, mientras el campo se despuebla: los desocupados se suman a los desocupados y cada vez hay menos personas dedicadas a las tareas agropecuarias, según el dramático registro de los censos sucesivos. El país vive de la lana y de la carne, pero en sus praderas pastan, en nuestros días, menos ovejas y menos vacas que a principios de siglo. El atraso de los métodos de producción se refleja en los bajos rendimientos de la ganadería –librada a la pasión de los toros y los carneros en primavera, a las lluvias periódicas y a la fertilidad natural del suelo– y también en la pobre productividad de los cultivos agrícolas. La producción de carne por animal no llega ni a la mitad de la que obtienen Francia o Alemania, y otro tanto ocurre con la leche en comparación con Nueva Zelanda, Dinamarca y Holanda; cada oveja rinde un kilo menos de lana que en Australia. Los rendimientos de trigo por hectárea son tres veces menores que los de Francia, y en el maíz, los rendimientos de los Estados Unidos superan en siete veces a los de Uruguay[104]. Los grandes propietarios, que evaden sus ganancias al exterior, pasan sus veranos en Punta del Este, y tampoco en invierno, de acuerdo con su propia tradición, residen en sus latifundios, a los que visitan de vez en cuando en avioneta: hace un siglo, cuando se fundó la Asociación Rural, dos terceras partes de sus miembros tenían ya su domicilio en la capital. La producción extensiva, obra de la naturaleza y los peones hambrientos, no implica mayores dolores de cabeza.

Y por cierto que brinda ganancias. Las rentas y las ganancias de los capitalistas ganaderos suman no menos de 75 millones de dólares por año en la actualidad[105]. Los rendimientos productivos son bajos,

---

[103] Vivian Trías, *Reforma agraria en el Uruguay*, Montevideo, 1962. Este libro constituye todo un prontuario, familia por familia, de la oligarquía uruguaya.

[104] Eduardo Galeano, *Uruguay: Promise and Betrayal*, en *Latin America: Reform or Revolution?*, ed. por J. Petras y M. Zeitlin, Nueva York, 1968.

[105] Instituto de Economía, *El proceso económico del Uruguay. Contribución al estudio de su evolución y perspectivas*, Montevideo, 1969. En las épocas del auge de la industria nacional, fuertemente subsidiada y protegida por el

pero los beneficios muy altos, a causa de los bajísimos costos. Tierra sin hombres, hombres sin tierra: los mayores latifundios ocupan, y no todo el año, apenas dos personas por cada mil hectáreas. En los rancheríos, al borde de las estancias, se acumulan, miserables, las reservas siempre disponibles de mano de obra. El gaucho de las estampas folklóricas, tema de cuadros y poemas, tiene poco que ver con el peón que trabaja, en la realidad, las tierras anchas y ajenas. Las alpargatas bigotudas ocupan el lugar de las botas de cuero; un cinturón común, o a veces una simple piola, sustituye los anchos cinturones con adornos de oro y plata. Quienes producen la carne han perdido el derecho de comerla: los criollos muy rara vez tienen acceso al típico asado criollo, la carne jugosa y tierna dorándose a las brasas. Aunque las estadísticas internacionales sonríen exhibiendo promedios engañosos, la verdad es que el «ensopado», guiso de fideos y achuras de capón, constituye la dieta básica, falta de proteínas, de los campesinos en Uruguay[106].

Estado, buena parte de las ganancias del campo derivó hacia las fábricas nacientes. Cuando la industria entró en su agónico ciclo de crisis, los excedentes de capital de la ganadería se volcaron en otras direcciones. Las más inútiles y lujosas mansiones de Punta del Este *brotaron de la desgracia nacional*; la especulación financiera desató, después, la fiebre de los pescadores en el río revuelto de la inflación. Pero, sobre todo, los capitales huyeron: los capitales y las ganancias que, año tras año, el país produce. Entre 1962 y 1966, según los datos oficiales, 250 millones de dólares volaron del Uruguay rumbo a los seguros bancos de Suiza y Estados Unidos. También los hombres, los hombres jóvenes, bajaron del campo a la ciudad, hace veinte años, a ofrecer sus brazos a la industria en desarrollo, y hoy se marchan, por tierra o por mar, rumbo al extranjero. Claro está, su suerte es distinta. Los capitales son recibidos con los brazos abiertos; a los peregrinos les aguarda un destino difícil, el desarraigo y la intemperie, la aventura incierta. El Uruguay de 1970, estremecido por una crisis feroz, no es ya el mitológico oasis de paz y progreso que se prometía a los inmigrantes europeos, sino un país turbulento que condena al éxodo a sus propios habitantes. Produce violencia y exporta hombres, tan naturalmente como produce y exporta carne y lana.

[106] German Wettstein y Juan Rudolf, *La sociedad rural*, en la colección *Nuestra Tierra*, núm. 16, Montevideo, 1969.

Artemio Cruz y la segunda muerte de Emiliano Zapata

Exactamente un siglo después del reglamento de tierras de Artigas, Emiliano Zapata puso en práctica, en su comarca revolucionaria del sur de México, una profunda reforma agraria.

Cinco años antes, el dictador Porfirio Díaz había celebrado, con grandes fiestas, el primer centenario del grito de Dolores: los caballeros de levita, México oficial, olímpicamente ignoraban el México real, cuya miseria alimentaba sus esplendores. En la república de los parias, los ingresos de los trabajadores no habían aumentado en un solo centavo desde el histórico levantamiento del cura Miguel Hidalgo. En 1910, poco más de ochocientos latifundistas, muchos de ellos extranjeros, poseían casi todo el territorio nacional. Eran señoritos de ciudad, que vivían en la capital o en Europa y muy de vez en cuando visitaban los cascos de sus latifundios, donde dormían parapetados tras altas murallas de piedra oscura sostenidas por robustos contrafuertes[107]. Al otro lado de las murallas, en las cuadrillas, los peones se amontonaban en cuartuchos de adobe. Doce millones de personas dependían, en una población total de quince millones, de los salarios rurales; los jornales se pagaban casi por entero en las tiendas de raya de las haciendas, traducidos, a precios de fábula, en frijoles, harina y aguardiente. La cárcel, el cuartel y la sacristía tenían a su cargo la lucha contra los defectos naturales de los indios, quienes, al decir de un miembro de una familia ilustre de la época, nacían «flojos, borrachos y ladrones». La esclavitud, atado el obrero por deudas que se heredaban o por contrato legal, era el sistema real de trabajo en las plantaciones de henequén de Yucatán, en las vegas de tabaco del Valle Nacional, en los bosques de madera y frutas de Chiapas y Tabasco, y en las plantaciones de caucho, café, caña de azúcar, tabaco y frutas de Veracruz, Oaxaca y Morelos. John Kenneth Turner, escritor norteamericano, denunció en el testimonio de su visita[108], que «los Estados Unidos han convertido virtualmente a Porfirio Díaz en un vasallo político y, en consecuencia, han transformado a México en una colo-

---

[107] Jesús Silva Herzog, *Breve historia de la Revolución mexicana*, México-Buenos Aires, 1960.

[108] John Kenneth Turner, *México bárbaro*, publicado en Estados Unidos en 1911; México, 1967.

nia esclava». Los capitales norteamericanos obtenían, directa o indirectamente, jugosas utilidades de su asociación con la dictadura. «La
norteamericanización de México, de la que tanto se jacta Wall Street
–decía Turner–, se está ejecutando como si fuera una venganza.»

En 1845, los Estados Unidos se habían anexado los territorios
mexicanos de Texas y California, donde restablecieron la esclavitud
en nombre de la civilización, y en la guerra, México perdió también
los actuales estados norteamericanos de Colorado, Arizona, Nuevo
México, Nevada y Utah. Más de la mitad del país. El territorio usurpado equivalía a la extensión actual de Argentina. «¡Pobrecito México! –se dice desde entonces– tan lejos de Dios y tan cerca de los
Estados Unidos.» El resto de su territorio mutilado sufrió después la
invasión de las inversiones norteamericanas en el cobre, en el petróleo, en el caucho, en el azúcar, en la banca y en los transportes. El
American Cordage Trust, filial de la Standard Oil, no resultaba en
absoluto ajeno al exterminio de los indios mayas y yaquis en las plantaciones de henequén de Yucatán, campos de concentración donde
los hombres y los niños eran comprados y vendidos como bestias,
porque ésta era la empresa que adquiría más de la mitad del henequén producido y le convenía disponer de la fibra a precios baratos.
Otras veces, le explotación de la mano de obra esclava era, como
descubrió Turner, directa. Un administrador norteamericano le contó que pagaba los lotes de peones enganchados a cincuenta pesos por
cabeza, «y los conservamos mientras duran... En menos de tres meses enterramos a más de la mitad»[109].

En 1910, llegó la hora del desquite. México se alzó en armas
contra Porfirio Díaz. Un caudillo agrarista encabezó desde entonces
la insurrección en el sur: Emiliano Zapata, el más puro de los líderes
de la revolución, el más leal a la causa de los pobres, el más fervoroso
en su voluntad de redención social.

Las últimas décadas del siglo XIX habían sido tiempos de despojo

---

[109] John Kenneth Turner, *op. cit.* México era el país preferido por las inversiones norteamericanas: reunía a fines de siglo poco menos de la tercera parte
de los capitales de Estados Unidos invertidos en el extranjero. En el estado
de Chihuahua y otras regiones del norte, William Randolph Hearst, el
célebre *Citizen Kane* del film de Welles, poseía más de tres millones de
hectáreas. Fernando Carmona, *El drama de América Latina. El caso de
México*, México, 1964.

feroz para las comunidades agrarias de todo México; los pueblos y las aldeas de Morelos sufrieron la febril cacería de tierras, aguas y brazos que las plantaciones de caña de azúcar devoraban en su expansión. Las haciendas azucareras dominaban la vida del estado y su prosperidad había hecho nacer ingenios modernos, grandes destilerías y ramales ferroviarios para transportar el producto. En la comunidad de Anenecuilco, donde vivía Zapata y a la que en cuerpo y alma pertenecía, los campesinos indígenas despojados reivindicaban siete siglos de trabajo continuo sobre su suelo: estaban allí desde antes de que llegara Hernán Cortés. Los que se quejaban en voz alta marchaban a los campos de trabajos forzados en Yucatán. Como en todo el estado de Morelos, cuyas tierras buenas estaban en manos de diecisiete propietarios, los trabajadores vivían mucho peor que los caballos de polo que los latifundistas mimaban en sus establos de lujo. Una ley de 1909 determinó que nuevas tierras fueran arrebatadas a sus legítimos dueños y puso al rojo vivo las ya ardientes contradicciones sociales. Emiliano Zapata, el jinete parco en palabras, famoso porque era el mejor domador del estado y unánimemente respetado por su honestidad y su coraje, se hizo guerrillero. «Pegados a la cola del caballo del jefe Zapata», los hombres del sur formaron rápidamente un ejército libertador[110].

Cayó Díaz, y Francisco Madero, en ancas de la revolución, llegó al gobierno. Las promesas de reforma agraria no demoraron en disolverse en una nebulosa institucionalista. El día de su matrimonio, Zapata tuvo que interrumpir la fiesta: el gobierno había enviado a las tropas del general Victoriano Huerta para aplastarlo. El héroe se había convertido en «bandido», según los doctores de la ciudad. En noviembre de 1911, Zapata proclamó su Plan de Ayala, al tiempo que anunciaba: «Estoy dispuesto a luchar contra todo y contra todos». El plan advertía que «la inmensa mayoría de los pueblos y ciudadanos mexicanos no son más dueños que del terreno que pisan» y propugnaba la nacionalización total de los bienes de los enemigos de la revolución, la devolución a sus legítimos propietarios de las tierras usurpadas por la avalancha latifundista y la expropiación de una tercera parte de las tierras de los hacendados restantes. El Plan de Ayala se convirtió en un imán irresistible que atraía a millares y millares de

[110] John Womack Jr., *Zapata y la Revolución mexicana*, México, 1969.

campesinos a las filas del caudillo agrarista. Zapata denunciaba «la infame pretensión» de reducirlo todo a un simple cambio de personas en el gobierno: la revolución no se hacía para eso.

Cerca de diez años duró la lucha. Contra Díaz, contra Madero, luego contra Huerta, el asesino, y más tarde contra Venustiano Carranza. El largo tiempo de la guerra fue también un período de intervenciones norteamericanas continuas: los *marines* tuvieron a su cargo dos desembarcos y varios bombardeos, los agentes diplomáticos urdieron conjuras políticas diversas y el embajador Henry Lane Wilson organizó con éxito el crimen del presidente Madero y su vice. Los cambios sucesivos en el poder no alteraban, en todo caso, la furia de las agresiones contra Zapata y sus fuerzas, porque ellas eran la expresión no enmascarada de la lucha de clases en lo hondo de la revolución nacional: el peligro real. Los gobiernos y los diarios bramaban contra «las hordas vandálicas» del general de Morelos. Poderosos ejércitos fueron enviados, uno tras otro, contra Zapata. Los incendios, las matanzas, la devastación de los pueblos, resultaron, una y otra vez, inútiles. Hombres, mujeres y niños morían fusilados o ahorcados como «espías zapatistas» y a las carnicerías seguían los anuncios de victoria: la limpieza ha sido un éxito. Pero al poco tiempo volvían a encenderse las hogueras en los trashumantes campamentos revolucionarios de las montañas del sur. En varias oportunidades, las fuerzas de Zapata contraatacaban con éxito hasta los suburbios de la capital. Después de la caída del régimen de Huerta, Emiliano Zapata y Pancho Villa, el «Atila del Sur» y el «Centauro del Norte», entraron en Ciudad de México a paso de vencedores y fugazmente compartieron el poder. A fines de 1914, se abrió un breve ciclo de paz que permitió a Zapata poner en práctica, en Morelos, una reforma agraria aún más radical que la anunciada en el Plan de Ayala. El fundador del Partido Socialista y algunos militantes anarcosindicalistas influyeron mucho en este proceso: radicalizaron la ideología del líder del movimiento, sin herir sus raíces tradicionales, y le proporcionaron una imprescindible capacidad de organización.

La reforma agraria se proponía «destruir de raíz y para siempre el injusto monopolio de la tierra, para realizar un estado social que garantice plenamente el derecho natural que todo hombre tiene sobre la extensión de tierra necesaria a su propia subsistencia y a la de su familia». Se restituían las tierras a las comunidades e individuos despojados a partir de la ley de desamortización de 1856, se fijaban límites máximos a los terrenos según el clima y la calidad natural, y se declaraban de propiedad nacional los predios de los enemigos de la revolución. Esta última disposición política tenía, como en la reforma agraria de Artigas, un claro sentido económico: los enemigos eran los latifundistas. Se formaron escuelas de técnicos, fábricas de herramientas y un banco de crédito rural; se nacionalizaron los ingenios y las destilerías, que se convirtieron en servicios públicos. Un sistema de democracias locales colocaba en manos del pueblo las fuentes del poder político y el sustento económico. Nacían y se difundían las escuelas zapatistas, se organizaban juntas populares para la defensa y la promoción de los principios revolucionarios, una democracia auténtica cobraba forma y fuerza. Los municipios eran unidades nucleares de gobierno y la gente elegía sus autoridades, sus tribunales y su policía. Los jefes militares debían someterse a la voluntad de las poblaciones civiles organizadas. No era la voluntad de los burócratas y los generales la que imponía los sistemas de producción y de vida. La revolución se enlazaba con la tradición y operaba «de conformidad con la costumbre y usos de cada pueblo..., es decir, que si determinado pueblo pretende el sistema comunal así se llevará a cabo, y si otro pueblo desea el fraccionamiento de la tierra para reconocer su pequeña propiedad, así se hará»[111].

En la primavera de 1915, ya todos los campos de Morelos estaban bajo cultivo, principalmente con maíz y otros alimentos. La ciudad de México padecía, mientras tanto, por falta de alimentos, la inminente amenaza del hambre. Venustiano Carranza había conquistado la presidencia y dictó, a su vez, una reforma agraria, pero sus jefes no demoraron en apoderarse de sus beneficios; en 1916 se abalanzaron, con buenos dientes, sobre Cuernavaca, capital de Morelos, y las demás comarcas zapatistas. Los cultivos, que habían vuelto a dar frutos, los minerales, las pieles y algunas maquinarias, resultaron un botín excelente para los oficiales que avanzaban quemando todo a su paso y proclamando, a la vez, «una obra de reconstrucción y progreso».

En 1919, una estratagema y una traición terminaron con la vida de Emiliano Zapata. Mil hombres emboscados descargaron los fusiles sobre su cuerpo. Murió a la misma edad que el Che Guevara. Lo

[111]   John Womack Jr., *op. cit.*

sobrevivió la leyenda: el caballo alazán que galopaba solo, hacia el sur, por las montañas. Pero no sólo la leyenda. Todo Morelos se dispuso a «consumar la obra del reformador, vengar la sangre del mártir y seguir el ejemplo del héroe», y el país entero le prestó eco. Pasó el tiempo, y con la presidencia de Lázaro Cárdenas (1934-1940) las tradiciones zapatistas recobraron vida y vigor a través de la puesta en práctica, por todo México, de la reforma agraria. Se expropiaron, sobre todo bajo su período de gobierno, 67 millones de hectáreas en poder de empresas extranjeras o nacionales y los campesinos recibieron, además de la tierra, créditos, educación y medios de organización para el trabajo. La economía y la población del país habían comenzado su acelerado ascenso; se multiplicó la producción agrícola al tiempo que el país entero se modernizaba y se industrializaba. Crecieron las ciudades y se amplió, en extensión y en profundidad, el mercado de consumo.

Pero el nacionalismo mexicano no derivó al socialismo y, en consecuencia, como ha ocurrido en otros países que tampoco dieron el salto decisivo, no realizó cabalmente sus objetivos de independencia económica y justicia social. Un millón de muertos habían tributado su sangre, en los largos años de revolución y guerra, «a un Huitzilopochtli más cruel, duro e insaciable que aquel adorado por nuestros antepasados: el desarrollo capitalista de México, en las condiciones impuestas por la subordinación al imperialismo»[112]. Diversos estudiosos han investigado los signos del deterioro de las viejas banderas. Edmundo Flores afirma, en una publicación reciente[113] que, «actualmente, el 60 por 100 de la población total de México tiene un ingreso menor de 120 dólares al año y pasa hambre». Ocho millones de mexicanos no consumen prácticamente otra cosa que frijoles, tortillas de maíz y chile picante[114]. El sistema no revela sus hondas contradicciones solamente cuando caen quinientos estudiantes muertos en la matanza de Tlatelolco. Recogiendo cifras oficiales, Alonso Aguilar llega a la conclusión de que hay en México unos dos millones de campesinos sin tierra, tres millones de niños que no reciben edu-

---

[112] Fernando Carmona, *op. cit.*
[113] Edmundo Flores, *¿Adónde va la economía de México?*, en *Comercio exterior*, vol. XX, núm. 1, México, enero de 1970.
[114] Ana María Flores, *La magnitud del hambre en México*, México, 1961.

cación, cerca de once millones de analfabetos y cinco millones de personas descalzas[115]. La propiedad colectiva de los ejidatarios se pulveriza continuamente, y junto con la multiplicación de los minifundios, que se fragmentan a sí mismos, ha hecho su aparición un latifundismo de nuevo cuño y una nueva burguesía agraria dedicada a la agricultura comercial en gran escala. Los terratenientes e intermediarios nacionales que han conquistado una posición dominante trampeando el texto y el espíritu de las leyes son, a su vez, dominados, y en un libro reciente se los considera incluidos en los términos «and company» de la empresa Anderson Clayton[116]. En el mismo libro, el hijo de Lázaro Cárdenas dice que «los latifundios simulados se han constituido, preferentemente, en las tierras de mejor calidad, en las más productivas».

El novelista Carlos Fuentes ha reconstruido, a partir de la agonía, la vida de un capitán del ejército de Carranza que se va abriendo paso, a tiros y a fuerza de astucia, en la guerra y en la paz[117]. Hombre de muy humilde origen, Artemio Cruz va dejando atrás, con el paso de los años, el idealismo y el heroísmo de la juventud: usurpa tierras, funda y multiplica empresas, se hace diputado y trepa, en rutilante carrera, hacia las cumbres sociales, acumulando fortuna, poder y prestigio en base a los negocios, los sobornos, la especulación, los grandes golpes de audacia y la represión a sangre y fuego de la indiada. El proceso del personaje se parece al proceso del partido que, poderosa impotencia de la revolución mexicana, virtualmente monopoliza la vida política del país en nuestros días. Ambos han caído hacia arriba.

[115] Alonso Aguilar M. y Fernando Carmona, *op. cit.* Véase también, de los mismos autores y Guillermo Montaño y Jorge Carrión, *El milagro mexicano,* México, 1970.

[116] Rodolfo Stavenhagen, Fernando Paz Sánchez, Cuauhtémoc Cárdenas y Arturo Bonilla Sánchez, *Neolatifundismo y explotación. De Emiliano Zapata a Anderson Clayton & Co.,* México, 1968.

[117] Carlos Fuentes, *La muerte de Artemio Cruz,* México, 1962.

EL LATIFUNDIO MULTIPLICA LAS BOCAS PERO NO LOS PANES

La producción agropecuaria por habitante de América Latina es hoy menor que en la víspera de la Segunda Guerra Mundial. Treinta años largos han transcurrido. En el mundo, la producción de alimentos creció, en este período, en la misma proporción en que, en nuestras tierras, disminuyó. La estructura del atraso del campo latinoamericano opera también como una estructura del desperdicio: desperdicio de la fuerza de trabajo, de la tierra disponible, de los capitales, del producto y, sobre todo, desperdicio de las huidizas oportunidades históricas del desarrollo. El latifundio y su pariente pobre, el minifundio, constituyen, en casi todos los países latinoamericanos, el cuello de botella que estrangula el crecimiento agropecuario y el desarrollo de la economía toda. El régimen de propiedad imprime su sello al régimen de producción: el uno y medio por ciento de los propietarios agrícolas latinoamericanos posee la mitad del total de tierras cultivables y América Latina gasta, anualmente, más de quinientos millones de dólares en comprar al extranjero alimentos que podría producir sin dificultad en sus inmensas y fértiles tierras. Apenas un cinco por ciento de la superficie total se encuentra bajo cultivo: *la proporción más baja del mundo y, en consecuencia, el desperdicio más grande*[118]. En las escasas tierras cultivadas, los rendimientos son, además, muy bajos. Y las técnicas modernas de producción, virtual monopolio de las grandes empresas agrícolas, en su mayoría extranjeras, se usan de tal modo que en vez de ayudar a los suelos, los envenenan para ganar el máximo en el mínimo de tiempo[119].

El latifundio integra, a veces como Rey Sol, una constelación de poder que, para usar la feliz expresión de Maza Zavala[120], multiplica los hambrientos pero no los panes. En vez de absorber mano de obra, el latifundio la expulsa: en cuarenta años, los trabajadores latinoamericanos del campo se han reducido en más de un veinte por

---

[118] FAO, *Anuario de la producción*, vol. 19, 1965.

[119] Alberto Baltra Cortés, *Problemas del subdesarrollo económico latinoamericano*, Buenos Aires, 1966.

[120] D. F. Maza Zavala, *Explosión demográfica y crecimiento económico*, Caracas, 1970.

ciento. Sobran tecnócratas dispuestos a afirmar, aplicando mecánicamente recetas hechas, que éste es un índice de progreso: la urba-
nización acelerada, el traslado masivo de la población campesina.
Los desocupados, que el sistema vomita sin descanso, afluyen, en
efecto, a las ciudades y extienden sus suburbios. Pero las fábricas,
que también segregan desocupados a medida que se modernizan,
no brindan refugio a esta mano de obra excedente y no especializada. Los adelantos tecnológicos del campo, cuando ocurren, agudizan
el problema. Se incrementan las ganancias de los terratenientes, al
incorporar medios más modernos a la explotación de sus propiedades, pero más brazos quedan sin actividad y se hace más ancha la
brecha que separa a ricos y pobres. La introducción de los equipos
motorizados, por ejemplo, elimina más empleos rurales de los que
crea. *Los latinoamericanos que producen, en jornadas de sol a sol, los
alimentos, sufren normalmente desnutrición: sus ingresos son miserables, la renta que el campo genera se gasta en las ciudades o emigra al
extranjero.* Las mejores técnicas que aumentan los rendimientos ma-
gros del suelo pero dejan intacto el régimen de propiedad vigente no
resultan, por cierto, aunque contribuyan al progreso general, una
bendición para los campesinos. No crecen sus salarios ni su participación en las cosechas. El campo irradia pobreza para muchos y
riqueza para muy pocos. Las avionetas privadas sobrevuelan los desiertos miserables, se multiplica el lujo estéril en los grandes balnea-
rios y Europa hierve de turistas latinoamericanos rebosantes de dinero, que descuidan el cultivo de sus tierras pero no descuidan, faltaba más, el cultivo de sus espíritus.

Paul Bairoch atribuye la debilidad principal de la economía del
Tercer Mundo al hecho de que su productividad agrícola media
sólo alcance a la mitad del nivel alcanzado, en vísperas de la revolución industrial, por los países hoy desarrollados[121]. En efecto, la industria, para expandirse armoniosamente, requeriría un aumento
mucho mayor de la producción de alimentos y de materias primas
agropecuarias. Alimentos, porque las ciudades crecen y comen;
materias primas, para las fábricas y para la exportación, de manera
de disminuir las importaciones agrícolas y aumentar las ventas al

---

[121] Paul Bairoch, *Diagnostic de l'évolution économique du Tiers Monde. 1900-
1966*, París, 1967.

exterior generando las divisas que el desarrollo requiere. Por otra parte, el sistema de latifundios y minifundios implica el raquitismo del mercado interno de consumo, sin cuya expansión la industria naciente pierde pie. Los salarios de hambre en el campo y el ejército de reserva cada vez más numeroso de los desocupados, conspiran en este sentido: los emigrantes rurales, que vienen a golpear a las puertas de las ciudades, empujan a la baja el nivel general de las retribuciones obreras.

Desde que la Alianza para el Progreso proclamó, a los cuatro vientos, la necesidad de la reforma agraria, la oligarquía y la tecno-cracia no han cesado de elaborar proyectos. Decenas de proyectos, gordos, flacos, anchos, angostos, duermen en las estanterías de los parlamentos de todos los países latinoamericanos. *Ya no es un tema maldito la reforma agraria: los políticos han aprendido que la mejor manera de no hacerla consiste en invocarla de continuo.* Los procesos simultáneos de concentración y pulverización de la propiedad de la tierra continúan, olímpicos, su curso en la mayoría de los países. No obstante, las excepciones empiezan a abrirse paso.

Porque el campo no es solamente un semillero de pobreza: es, también, un semillero de rebeliones, aunque las tensiones sociales agudas se oculten a menudo, enmascaradas por la resignación apa-rente de las masas. El nordeste de Brasil, por ejemplo, impresiona a primera vista como un bastión del fatalismo, cuyos habitantes acep-tan morirse de hambre tan pasivamente como aceptan la llegada de la noche al cabo de cada día. Pero no está tan lejos en el tiempo, al fin y al cabo, la explosión mística de los nordestinos que pelearon junto a sus mesías, apóstoles extravagantes, alzando la cruz y los fusiles contra los ejércitos, para traer a esta tierra el reino de los cielos, ni las furiosas oleadas de violencia de los *cangaceiros*: los fanáticos y los bandoleros, utopía y venganza, dieron cauce a la protesta social, ciega todavía, de los campesinos desesperados[122]. Las ligas campesinas recuperarían más tarde, profundizándolas, estas tradiciones de lucha.

La dictadura militar que usurpó el poder en Brasil en 1964 no demoró en anunciar su reforma agraria. El Instituto Brasileño de Reforma Agraria es, como ha hecho notar Paulo Schilling, un caso

[122] Rui Facó, *Cangaceiros e fanáticos*, Río de Janeiro, 1965.

único en el mundo: en vez de distribuir tierra a los campesinos, se dedica a expulsarlos, para restituir a los latifundistas las extensiones espontáneamente invadidas o expropiadas por gobiernos anteriores. En 1966 y 1967, antes de que la censura de prensa se aplicara con mayor rigor, los diarios solían dar cuenta de los despojos, los incendios y las persecuciones que las tropas de la policía militar llevaban a cabo por orden del atareado Instituto. Otra reforma agraria digna de una antología es la que se promulgó en Ecuador en 1964. El gobierno sólo distribuyó tierras improductivas, a la par que facilitó la concentración de las tierras de mejor calidad en manos de los grandes terratenientes. La mitad de las tierras distribuidas por la reforma agraria de Venezuela, a partir de 1960, eran de propiedad pública; las grandes plantaciones comerciales no fueron tocadas y los latifundistas expropiados recibieron indemnizaciones tan altas que obtuvieron espléndidas ganancias y compraron nuevas tierras en otras zonas.

El dictador argentino Juan Carlos Onganía estuvo a punto de anticipar en dos años su caída, cuando en 1968 intentó aplicar un nuevo régimen de impuestos a la propiedad rural. El proyecto intentaba gravar las improductivas «llanuras peladas» más severamente que las tierras productivas. La oligarquía vacuna puso el grito en el cielo, movilizó sus propias espadas en el estado mayor y Onganía tuvo que olvidar sus heréticas intenciones. La Argentina dispone, como el Uruguay, de praderas naturalmente fértiles que, al influjo de un clima benigno, le han permitido disfrutar de una prosperidad relativa en América Latina. Pero la erosión va mordiendo sin piedad las inmensas llanuras abandonadas que no se aplican al cultivo ni al pastoreo, y otro tanto ocurre con gran parte de los millones de hectáreas dedicadas a la explotación extensiva del ganado. Como en el caso de Uruguay, aunque en menor grado, esa explotación extensiva está en el trasfondo de la crisis que ha sacudido a la economía argentina en los años sesenta. Los latifundistas argentinos no han mostrado suficiente interés por introducir innovaciones técnicas en sus campos. La productividad es todavía baja, porque conviene que lo sea; la ley de la ganancia puede más que todas las leyes. La extensión de las propiedades, a través de la compra de nuevos campos, resulta más lucrativa y menos riesgosa que la puesta en práctica de los medios que la tecnología moderna proporciona para la producción intensiva[123].

En 1931, la Sociedad Rural oponía el caballo al tractor: «¡Agricultores ganaderos! –proclamaban sus dirigentes–. ¡Trabajar con caballos en las faenas agrícolas es proteger sus propios intereses y los del país!».Veinte años después, insistía en sus publicaciones: «Es más fácil –ha dicho un conocido militar– que llegue pasto al estómago de un caballo que nafta al tanque de un pesado camión»[124]. Según los datos de la CEPAL, Argentina tiene, en proporción a las hectáreas de superficie arable, dieciséis veces menos tractores que Francia, y diecinueve veces menos tractores que el Reino Unido. El país consume, también en proporción, ciento cuarenta veces menos fertilizantes que Alemania Occidental[125]. Los rendimientos de trigo, maíz y algodón de la agricultura argentina son bastante más bajos que los rendimientos de esos cultivos en los países desarrollados.

Juan Domingo Perón había desafiado los intereses de la oligarquía terrateniente de la Argentina, cuando impuso el estatuto del peón y el cumplimiento del salario mínimo rural. En 1944, la Sociedad Rural afirmaba: «En la fijación de los salarios es primordial determinar el estándar de vida del peón común. Son a veces tan limitadas sus necesidades materiales que un remanente trae destinos socialmente poco interesantes». La Sociedad Rural continúa hablando de los peones como si fueran animales, y la honda meditación a propósito de las cortas necesidades de consumo de los trabajadores brinda, involuntariamente, una buena clave para comprender las limitacio-

---

[123] La pradera artificial representa, desde el punto de vista del capitalista ganadero, un traslado de capital hacia una inversión más cuantiosa, más riesgosa y simultáneamente menos rentable que la inversión tradicional en ganadería extensiva. Así, el interés privado del productor entra en contradicción con el interés de la sociedad en su conjunto: la calidad del ganado y sus rendimientos sólo pueden incrementarse, a partir de cierto punto, a través del aumento del poder nutritivo del suelo. El país necesita que las vacas produzcan más carne y las ovejas más lana, pero los dueños de la tierra ganan más que suficiente al nivel de los rendimientos actuales. Las conclusiones del Instituto de Economía de la Universidad del Uruguay (*op. cit.*) son, en cierto sentido, también aplicables a la Argentina.

[124] Dardo Cúneo, *Comportamiento y crisis de la clase empresaria*, Buenos Aires, 1967.

[125] CEPAL, *Estudio económico de América Latina*, Santiago de Chile, 1964 y 1966, y *El uso de fertilizantes en América Latina*, Santiago de Chile, 1966.

nes del desarrollo industrial argentino: el mercado interno no se extiende ni se profundiza en medida suficiente. La política de desarrollo económico que impulsó el propio Perón no rompió nunca la estructura del subdesarrollo agropecuario. En junio de 1952, en un discurso que pronunció desde el Teatro Colón, Perón desmintió que tuviera el propósito de realizar una reforma agraria, y la Sociedad Rural comentó, oficialmente: «Fue una magistral disertación».

En Bolivia, gracias a la reforma agraria de 1952, ha mejorado visiblemente la alimentación en vastas zonas rurales del altiplano, tanto que hasta se han comprobado cambios de estatura en los campesinos. Sin embargo, el conjunto de la población boliviana consume todavía apenas un sesenta por ciento de las proteínas y una quinta parte del calcio necesarios en la dieta mínima, y en las áreas rurales el déficit es aún más agudo que estos promedios. No puede decirse en modo alguno que la reforma agraria haya fracasado, pero la división de las tierras altas no ha bastado para impedir que Bolivia gaste, en nuestros días, la quinta parte de sus divisas en importar alimentos del extranjero.

La reforma agraria que ha puesto en práctica, desde 1969, el gobierno militar de Perú, está asomando como una experiencia de cambio en profundidad. Y en cuanto a la expropiación de algunos latifundios chilenos por parte del gobierno de Eduardo Frei, es de justicia reconocer que abrió el cauce a la reforma agraria radical que el nuevo presidente, Salvador Allende, anuncia mientras escribo estas páginas.

LAS TRECE COLONIAS DEL NORTE Y LA IMPORTANCIA DE NO NACER IMPORTANTE

La apropiación privada de la tierra siempre se anticipó, en América Latina, a su cultivo útil. Los rasgos más retrógrados del sistema de tenencia actualmente vigente no provienen de las crisis, sino que han nacido durante los períodos de mayor prosperidad; a la inversa, los períodos de depresión económica han apaciguado la voracidad de los latifundistas por la conquista de nuevas extensiones. En Brasil, por ejemplo, la decadencia del azúcar y la virtual desaparición del oro y los diamantes hicieron posible, entre 1820 y 1850, una legislación que aseguraba la propiedad de la tierra a quien la ocupara y la hiciera producir. En 1850, el ascenso del café como nuevo «producto rey» determinó la sanción de la Ley de Tierras, cocinada según el paladar de los políticos y los militares del régimen oligárquico, para negar la propiedad de la tierra a quienes la trabajaban, a medida que se iban abriendo, hacia el sur y hacia el oeste, los gigantescos espacios interiores del país. Esta ley «fue reforzada y ratificada desde entonces por una copiosísima legislación, que establecía la compra como única forma de acceso a la tierra y creaba un sistema notarial de registro que haría casi impracticable que un labrador pudiera legalizar su posesión...»[126].

La legislación norteamericana de la misma época se propuso el objetivo opuesto, para promover la colonización interna de los Estados Unidos. Crujían las carretas de los pioneros que iban extendiendo la frontera, a costa de las matanzas de los indígenas, hacia las tierras vírgenes del oeste: la Ley Lincoln de 1862, el Homested Act, aseguraba a cada familia la propiedad de lotes de 65 hectáreas. Cada beneficiario se comprometía a cultivar su parcela por un período no menor de cinco años[127]. El dominio público se colonizó con rapidez asombrosa; la población aumentaba y se propagaba como una enorme mancha de aceite sobre el mapa. La tierra accesible, fértil y casi gratuita, atraía a los campesinos europeos con un imán irresistible: cruzaban el océano y también los Apalaches rumbo a las praderas abiertas. Fueron granjeros libres, así, quienes ocuparon los nuevos territorios del centro y del oeste. Mientras el país crecía en superficie y en población, se creaban fuentes de trabajo agrícola y, al mismo tiempo, se generaba un mercado interno con gran poder adquisitivo, la enorme masa de los granjeros propietarios, para sustentar la pujanza del desarrollo industrial.

En cambio, los trabajadores rurales que, desde hace más de un siglo, han movilizado con ímpetu la frontera interior de Brasil, no han sido ni son familias de campesinos libres en busca de un trozo de tierra propia, como observa Ribeiro, sino braceros contratados para servir a los latifundistas que previamente han tomado pose-

---

[126] Darcy Ribeiro, *Las Américas y la civilización*, tomo II: *Los pueblos nuevos*, Buenos Aires, 1969.

[127] Edward C. Kirkland, *Historia económica de Estados Unidos*, México, 1941.

sión de los grandes espacios vacíos. Los desiertos interiores nunca fueron accesibles, como no fuera de esta manera, a la población rural. En provecho ajeno, los obreros han ido abriendo el país, a golpes de machete, a través de la selva. La colonización resulta una simple extensión del área latifundista. Entre 1950 y 1960, 65 latifundios brasileños absorbieron la cuarta parte de las nuevas tierras incorporadas a la agricultura[128].

Estos dos opuestos sistemas de colonización interior muestran una de las diferencias más importantes entre los modelos de desarrollo de los Estados Unidos y de América Latina. ¿Por qué el norte es rico y el sur pobre? El río Bravo señala mucho más que una frontera geográfica. El hondo desequilibrio de nuestros días, que parece confirmar la profecía de Hegel sobre la inevitable guerra entre una y otra América, ¿nació de la expansión imperialista de los Estados Unidos o tiene raíces más antiguas? En realidad, al norte y al sur se habían generado, ya en la matriz colonial, sociedades muy poco parecidas y al servicio de fines que no eran los mismos[129] Los peregrinos del *Mayflower* no atravesaron el mar para conquistar tesoros legendarios ni para explotar la mano de obra indígena escasa en el norte, sino para establecerse con sus familias y reproducir, en el Nuevo Mundo, el sistema de vida y de trabajo que practicaban en Europa. No eran soldados de fortuna, sino pioneros; no venían a conquistar, sino a colonizar: fundaron «colonias de poblamiento». Es cierto que el proceso posterior desarrolló, al sur de la bahía de Delaware, una economía de plantaciones esclavistas semejante a la que surgió en América Latina, pero con la diferencia de que en Estados Unidos el centro de gravedad estuvo desde el principio radicado en las granjas y los talleres de Nueva Inglaterra, de donde saldrían los ejércitos vencedores de la Guerra de Secesión en el siglo XIX. Los colonos de Nueva Inglaterra, núcleo original de la civilización norteamericana, no actuaron nunca como agentes coloniales de la acumulación capitalista europea; desde el principio, vivieron al servicio de su propio desarrollo y del desarrollo de su tierra nueva. Las trece colonias del norte sirvieron de desembocadura al ejército de campesinos y artesanos euro-

---

[128] Celso Furtado, *Um projeto para o Brasil*, Río de Janeiro, 1969.
[129] Lewis Hanke y otros autores de *Do the Americas Have a Common History?* (Nueva York, 1964) despliegan en vano la imaginación en el afán de encontrar identidades entre los procesos históricos del norte y del sur.

peos que el desarrollo metropolitano iba lanzando fuera del mercado de trabajo. Trabajadores *libres* formaron la base de aquella nueva sociedad de este lado del mar.

España y Portugal contaron, en cambio, con una gran abundancia de mano de obra *servil* en América Latina. A la esclavitud de los indígenas sucedió el trasplante en masa de los esclavos africanos. A lo largo de los siglos, hubo siempre una legión enorme de campesinos desocupados disponibles para ser trasladados a los centros de producción: las zonas florecientes coexistieron siempre con las decadentes, al ritmo de los auges y las caídas de las exportaciones de metales preciosos o azúcar, y las zonas de decadencia surtían de mano de obra a las zonas florecientes. Esta estructura persiste hasta nuestros días, y también en la actualidad implica un bajo nivel de salarios, por la presión que los desocupados ejercen sobre el mercado de trabajo, y frustra el crecimiento del mercado interno de consumo. Pero además, a diferencia de los puritanos del norte, las clases dominantes de la sociedad colonial latinoamericana no se orientaron jamás al desarrollo económico interno. Sus beneficios provenían de fuera; estaban más vinculados al mercado extranjero que a la propia comarca. Terratenientes y mineros y mercaderes habían nacido para cumplir esa función: abastecer a Europa de oro, plata y alimentos. Los caminos trasladaban la carga en un solo sentido: hacia el puerto y los mercados de ultramar. Ésta es también la clave que explica la expansión de los Estados Unidos como unidad nacional y la fracturación de América Latina: nuestros centros de producción no estaban conectados entre sí, sino que formaban un abanico con el vértice muy lejos.

Las trece colonias del norte tuvieron, bien pudiera decirse, la dicha de la desgracia. Su experiencia histórica mostró la tremenda importancia de no nacer importante. Porque al norte de América no había oro ni había plata, ni civilizaciones indígenas con densas concentraciones de población ya organizada para el trabajo, ni suelos tropicales de fertilidad fabulosa en la franja costera que los peregrinos ingleses colonizaron. La naturaleza se había mostrado avara, y también la historia: faltaban los metales y la mano de obra esclava para arrancar los metales del vientre de la tierra. Fue una suerte. Por lo demás, desde Maryland hasta Nueva Escocia, pasando por Nueva Inglaterra, las colonias del norte producían, en virtud del clima y por las características de los suelos, exactamente lo mismo que la agricultura británica, es decir, que no ofrecían a la metrópoli, como advierte Bagú[130], una producción *complementaria*.

Muy distinta era la situación de las Antillas y de las colonias ibéricas de tierra firme. De las tierras tropicales brotaban el azúcar, el tabaco, el algodón, el añil, la trementina; una pequeña isla del Caribe resultaba más importante para Inglaterra, desde el punto de vista económico, que las trece colonias matrices de los Estados Unidos.

Estas circunstancias explican el ascenso y la consolidación de los Estados Unidos, como un sistema económicamente autónomo, que no drenaba hacia fuera la riqueza generada en su seno. Eran muy flojos los lazos que ataban la colonia a la metrópoli; en Barbados o Jamaica, en cambio, sólo se reinvertían los capitales indispensables para reponer los esclavos a medida que se iban gastando. No fueron factores raciales, como se ve, los que decidieron el desarrollo de unos y el subdesarrollo de otros: las islas británicas de las Antillas no tenían nada de españolas ni de portuguesas. La verdad es que la insignificancia económica de las trece colonias permitió la temprana diversificación de sus exportaciones y alumbró el impetuoso desarrollo de las manufacturas. La industrialización norteamericana contó, desde antes de la independencia, con estímulos y protecciones oficiales. Inglaterra se mostraba tolerante, al mismo tiempo que prohibía estrictamente que sus islas antillanas fabricaran siquiera un alfiler.

130 Sergio Bagú, *op. cit.*

LA ECONOMÍA NORTEAMERICANA NECESITA LOS MINERALES DE AMÉRICA LATINA COMO LOS PULMONES NECESITAN EL AIRE

Los astronautas habían impreso las primeras huellas humanas sobre la superficie de la luna, y en julio de 1969 el padre de la hazaña, Werner von Braun, anunciaba a la prensa que los Estados Unidos se proponían instalar una lejana estación en el espacio, con propósitos más bien cercanos: «Desde esta maravillosa plataforma de observación –declaró– podremos examinar todas las riquezas de la Tierra: los pozos de petróleo desconocidos, las minas de cobre y de cinc...».

El petróleo sigue siendo el principal combustible de nuestro tiempo, y los norteamericanos importan la séptima parte del petróleo que consumen. Para matar vietnamitas, necesitan balas y las balas necesitan cobre: los Estados Unidos compran fuera de fronteras una quinta parte del cobre que gastan. La falta de cinc resulta cada vez más angustiosa: cerca de la mitad viene del exterior. No se puede fabricar aviones sin aluminio, y no se puede fabricar aluminio sin bauxita: los Estados Unidos casi no tienen bauxita. Sus grandes centros siderúrgicos –Pittsburgh, Cleveland, Detroit– no encuentran hierro suficiente en los yacimientos de Minnesota, que van camino de agotarse, ni tienen manganeso en el territorio nacional: la economía norteamericana importa una tercera parte del hierro y todo el manganeso que necesita. Para producir los motores de retropropulsión, no cuentan con níquel ni con cromo en su subsuelo. Para fabricar aceros especiales, se requiere tungsteno: importan la cuarta parte.

Esta dependencia, creciente, respecto a los suministros extranjeros, determina una identificación también creciente de los intereses de los capitalistas norteamericanos en América Latina, con la seguridad nacional de los Estados Unidos. La estabilidad interior de la primera

175

potencia del mundo aparece íntimamente ligada a las inversiones norteamericanas al sur del río Bravo. Cerca de la mitad de esas inversiones está dedicada a la extracción de petróleo y a la explotación de riquezas mineras, «indispensables para la economía de los Estados Unidos tanto en la paz como en la guerra»[1]. El presidente del Consejo Internacional de la Cámara de Comercio del país del norte lo define así: «Históricamente, una de las razones principales de los Estados Unidos para invertir en el exterior es el desarrollo de recursos naturales, particularmente minerales y, más especialmente, petróleo. Es perfectamente obvio que los incentivos de este tipo de inversiones no pueden menos que incrementarse. Nuestras necesidades de materias primas están en constante aumento a medida que la población se expande y el nivel de vida sube. Al mismo tiempo, nuestros recursos domésticos se agotan...»[2] Los laboratorios científicos del gobierno, de las universidades y de las grandes corporaciones avergüenzan a la imaginación con el ritmo febril de sus invenciones y sus descubrimientos, pero la nueva tecnología no ha encontrado la manera de prescindir de los materiales básicos que la naturaleza, y sólo ella, proporciona.

Se van debilitando, al mismo tiempo, las respuestas que el subsuelo nacional es capaz de dar al desafío del crecimiento industrial de los Estados Unidos[3].

El subsuelo también produce golpes de estado, revoluciones, historias de espías y aventuras en la selva amazónica

En Brasil, los espléndidos yacimientos de hierro del valle de Paraopeba derribaron dos presidentes, Janio Quadros y João Goulart, antes de que el mariscal Castelo Branco, que asaltó el poder en 1964, los cediera amablemente a la Hanna Mining Co. Otro amigo anterior del embajador de los Estados Unidos, el presidente Eurico Dutra (1946-

---

[1] Edwin Lieuwen, *The United States and the Challenge to Security in Latin America*, Ohio, 1966.

[2] Philip Courtney, en un trabajo presentado ante el II Congreso Internacional de Ahorro e Inversión, Bruselas, 1959.

[3] Harry Magdoff, *La era del imperialismo*, en *Monthly Review*, selecciones en castellano, Santiago de Chile, enero-febrero de 1969, y Claude Julien, *L'Empire Américan*, París, 1969.

51), había concedido a la Bethlehem Steel, algunos años antes, los cuarenta millones de toneladas de manganeso del estado de Amapá, uno de los mayores yacimientos del mundo, a cambio de un cuatro por ciento para el Estado sobre los ingresos de exportación; desde entonces, la Bethlehem está mudando las montañas a los Estados Unidos con tal entusiasmo que se teme que de aquí a quince años Brasil quede sin suficiente manganeso para abastecer su propia siderurgia. Por lo demás, de cada cien dólares que la Bethlehem invierte en la extracción de minerales, ochenta y ocho corresponden a una gentileza del gobierno brasileño: las exoneraciones de impuestos en nombre del «desarrollo de la región». La experiencia del oro perdido de Minas Gerais –«oro blanco, oro negro, oro podrido», escribió el poeta Manuel Bandeira– no ha servido, como se ve, para nada: Brasil continúa despojándose gratis de sus fuentes naturales de desarrollo[4]. Por su parte, el dictador René Barrientos se apoderó de Bolivia en 1964 y, entre matanza y matanza de mineros, otorgó a la firma Philips Brothers la concesión de la mina Matilde, que contiene plomo, plata y grandes yacimientos de cinc con una ley doce veces más alta que la de las minas norteamericanas. La empresa quedó autorizada a llevarse el cinc en bruto, para elaborarlo en sus refinerías extranjeras, pagando al Estado nada menos que el uno y medio por ciento del valor de venta del mineral[5]. En Perú, en 1968, se perdió misteriosamente la página número once del convenio que el presidente Belaúnde Terry había firmado a los pies de una filial de la Standard Oil, y el general Velasco Alvarado derrocó al presidente, tomó las riendas del país y nacionalizó los pozos y la refinería de la empresa. En Venezuela, el gran lago de petróleo de la Standard Oil y la Gulf, tiene su asiento la mayor misión militar norteamericana de América Latina. Los frecuentes golpes de Estado de Argentina estallan antes o después de cada licitación petrolera. El cobre no era en modo alguno ajeno a la desproporcionada ayuda militar que Chile recibía del Pentágono hasta

---

[4] El gobierno de México advirtió a tiempo, en cambio, que el país, uno de los principales exportadores mundiales de azufre, se estaba vaciando. La Texas Gulf Sulphur Co. y la Pan American Sulfur habían asegurado que las reservas con que todavía contaban sus concesiones eran seis veces más abundantes de lo que eran en realidad, y el gobierno resolvió, en 1965, limitar las ventas al exterior.

[5] Sergio Almaraz Paz, *Réquiem para una república*, La Paz, 1969.

el triunfo electoral de las fuerzas de izquierda encabezadas por Salvador Allende; las reservas norteamericanas de cobre habían caído en más de un sesenta por ciento entre 1965 y 1969. En 1964, en su despacho de La Habana, el Che Guevara me enseñó que la Cuba de Batista no era sólo de azúcar: los grandes yacimientos cubanos de níquel y de manganeso explicaban mejor, a su juicio, la furia ciega del Imperio contra la revolución. Desde aquella conversación, las reservas de níquel de los Estados Unidos se redujeron a la tercera parte: la empresa norteamericana Nicro-Nickel había sido nacionalizada y el presidente Johnson había amenazado a los metalúrgicos franceses con embargar sus envíos a los Estados Unidos si compraban el mineral a Cuba.

Los minerales tuvieron mucho que ver con la caída del gobierno del socialista Cheddi Jagan, que a fines de 1964 había obtenido nuevamente la mayoría de los votos en lo que entonces era la Guayana británica. El país que hoy se llama Guyana es el cuarto productor mundial de bauxita y figura en el tercer lugar entre los productores latinoamericanos de manganeso. La CIA desempeñó un papel decisivo en la derrota de Jagan. Arnold Zander, el máximo dirigente de la huelga que sirvió de provocación y pretexto para negar con trampas la victoria electoral de Jagan, admitió públicamente, tiempo después, que su sindicato había recibido una lluvia de dólares de una de las fundaciones de la Agencia Central de Inteligencia de los Estados Unidos[6]. El nuevo régimen garantizó que no correrían peligro los intereses de la Aluminium Company of America en Guyana: la empresa podría seguir llevándose, sin sobresaltos, la bauxita, y vendiéndosela a sí misma al mismo precio de 1938, aunque desde entonces se hubiera multiplicado el precio del aluminio[7]. El negocio ya no corría

---

[6]   Claude Julien, *op. cit.*

[7]   Arthur Davis, presidente de la Aluminium Co. durante largo tiempo, murió en 1962 y dejó trescientos millones de dólares en herencia a las fundaciones de caridad, con la expresa condición de que no gastaran los fondos fuera del territorio de los Estados Unidos. Ni siquiera por esta vía pudo Guyana rescatar aunque fuera una parte de la riqueza que la empresa le ha arrebatado. (Philip Reno, *Aluminium Profits and Caribbean People*, en *Monthly Review*, Nueva York, octubre de 1963, y del mismo autor, *El drama de la Guayana Británica. Un pueblo desde la esclavitud a la lucha por el socialismo*, en *Monthly Review*, selecciones en castellano, Buenos Aires, enero-febrero de 1965.)

peligro. La bauxita de Arkansas vale el doble que la bauxita de Guyana. Los Estados Unidos disponen de muy poca bauxita en su territorio; utilizando materia prima ajena y muy barata, producen, en cambio, casi la mitad del aluminio que se elabora en el mundo.

Para abastecerse de la mayor parte de los minerales estratégicos que se consideran de valor crítico para su potencial de guerra, los Estados Unidos dependen de las fuentes extranjeras. «El motor de retropropulsión, la turbina de gas y los reactores nucleares tienen hoy una enorme influencia sobre la demanda de materiales que sólo pueden ser obtenidos en el exterior», dice Magdoff en este sentido[8]. La imperiosa necesidad de minerales estratégicos, imprescindibles para salvaguardar el poder militar y atómico de los Estados Unidos, aparece claramente vinculada a la compra masiva de tierras, por medios generalmente fraudulentos, en la Amazonia brasileña. En la década del 60, numerosas empresas norteamericanas, conducidas de la mano por aventureros y contrabandistas profesionales, se abatieron en un *rush* febril sobre esta selva gigantesca. Previamente, en virtud del acuerdo firmado en 1964, los aviones de la Fuerza Aérea de los Estados Unidos habían sobrevolado y fotografiado toda la región. Habían utilizado equipos de cintilómetros para detectar los yacimientos de minerales radiactivos por la emisión de ondas de luz de intensidad variable, electromagnetómetros para radiografiar el subsuelo rico en minerales no ferrosos y magnetómetros para descubrir y medir el hierro. Los informes y las fotografías obtenidas en el relevamiento de la extensión y la profundidad de las riquezas secretas de la Amazonia fueron puestos en manos de las empresas privadas interesadas en el asunto, gracias a los buenos servicios del *Geological Survey* del gobierno de los Estados Unidos[9]. En la inmensa región se comprobó la existencia de oro, plata, diamantes, gipsita, hematita, magnetita, tantalio, titanio, torio, uranio, cuarzo, cobre, manganeso, plomo, sulfatos, potasios, bauxita, cinc, circonio, cromo y mercurio. Tanto se abre el cielo desde la jungla virgen de Mato Grosso hasta las llanuras del sur de Goiás que, según deliraba la revista *Time* en su última edición latinoamericana de 1967, se puede ver al mismo tiem-

---

[8]   Harry Magdoff, *op. cit.*
[9]   Hermano Alves, *Aerofotogrametria*, en *Correio da Manhã*, Río de Janeiro, 8 de junio de 1967.

po el sol brillante y media docena de relámpagos de tormentas distintas. El gobierno había ofrecido exoneraciones de impuestos y otras seducciones para colonizar los espacios vírgenes de este universo mágico y salvaje. Según *Time*, los capitalistas extranjeros habían comprado, antes de 1967, a siete centavos el acre, una superficie mayor que la que suman los territorios de Connecticut, Rhode Island, Delaware, Massachusetts y New Hampshire. «Debemos mantener las puertas bien abiertas a la inversión extranjera –decía el director de la agencia gubernamental para el desarrollo de la Amazonia–, porque necesitamos más de lo que podemos obtener.» Para justificar el relevamiento aerofotogramétrico por parte de la aviación norteamericana, el gobierno había declarado, antes, que carecía de recursos. En América Latina es lo normal: *siempre se entregan los recursos en nombre de la falta de recursos.*

El Congreso brasileño pudo realizar una investigación que culminó con un voluminoso informe sobre el tema[10]. En él se enumeran casos de venta o usurpación de tierras por veinte millones de hectáreas, extendidas de manera tan curiosa que, según la comisión investigadora, «forman un cordón para aislar la Amazonia del resto de Brasil». La «explotación clandestina de minerales muy valiosos» figura en el informe como uno de los principales motivos de la avidez norteamericana por abrir una *nueva frontera* dentro de Brasil. El testimonio del gabinete del Ministerio del Ejército, recogido en el informe, hace hincapié en «el interés del propio gobierno norteamericano en mantener, bajo su control, una vasta extensión de tierras para su utilización ulterior, sea para la explotación de minerales, particularmente los radiactivos, sea como base de una colonización dirigida». El Consejo de Seguridad Nacional afirma: «Causa sospecha el hecho de que las áreas ocupadas, o en vías de ocupación, por elementos extranjeros, coincidan con regiones que están siendo sometidas a campañas de esterilización de mujeres brasileñas por extranjeros». En efecto, según el diario *Correio da Manhã*, «más de veinte misiones religiosas extranjeras, principalmente las de la Iglesia protestante de Estados Unidos, están ocupando la Amazonia, localizándose en los

[10] Informe de la Comisión Parlamentaria de Investigaciones sobre la venta de tierras brasileñas a personas físicas o jurídicas extranjeras, Brasilia, 3 de junio de 1968.

puntos más ricos en minerales radiactivos, oro y diamantes... Difunden en gran escala diversos anticonceptivos, como el dispositivo intrauterino, y enseñan inglés a los indios catequizados... Sus áreas están cercadas por elementos armados y nadie puede penetrar en ellas»[11]. No está de más advertir que la Amazonia es la zona de mayor extensión entre todos los desiertos del planeta habitables por el hombre. El *control de la natalidad* se puso en práctica en este grandioso espacio vacío, para evitar la competencia demográfica de los muy escasos brasileños que, en remotos rincones de la selva o de las planicies inmensas, viven y se reproducen.

Por su parte, el general Riograndino Kruel afirmó, ante la comisión investigadora del Congreso, que «el volumen de contrabando de materiales que contienen torio y uranio alcanza la cifra astronómica de un millón de toneladas». Algún tiempo antes, en septiembre de 1966, Kruel, jefe de la policía federal, había denunciado «la impertinente y sistemática interferencia» de un cónsul de los Estados Unidos en el proceso abierto contra cuatro ciudadanos norteamericanos acusados de contrabando de minerales atómicos brasileños. A su juicio, que se les hubiera encontrado cuarenta toneladas de mineral radiactivo era suficiente para condenarlos. Poco después, tres de los contrabandistas se fugaron de Brasil misteriosamente. El contrabando no era un fenómeno nuevo, aunque se había intensificado mucho. Brasil pierde cada año más de cien millones de dólares, solamente por la evasión clandestina de diamantes en bruto[12]. Pero, en realidad, el contrabando sólo se hace necesario en medida relativa. Las concesiones legales arrancan a Brasil cómodamente sus más fabulosas riquezas naturales. Por no citar más que otro ejemplo, nueva cuenta de un largo collar, el mayor yacimiento de niobio del mundo, que está en Araxá, pertenece a una filial de la Niobium Corporation, de Nueva York. Del niobio provienen varios metales que se utilizan, por su gran resistencia a las temperaturas altas, para la construcción de reactores nucleares, cohetes y naves espaciales, satélites o simples jets. La empresa extrae también, de paso, junto con el niobio, buenas cantidades de tántalo, torio, uranio, pirocloro y tierras raras de alta ley mineral.

---

[11] *Correio da Manhã*, Río de Janeiro, 30 de junio de 1968.
[12] Paulo R. Schilling, *Brasil para extranjeros*, Montevideo, 1966.

Un químico alemán derrotó a los vencedores
de la guerra del Pacífico

La historia del salitre, su auge y su caída, resulta muy ilustrativa de la duración ilusoria de las prosperidades latinoamericanas en el mercado mundial: *el siempre efímero soplo de las glorias y el peso siempre perdurable de las catástrofes.*

A mediados del siglo pasado, las negras profecías de Malthus planeaban sobre el Viejo Mundo. La población europea crecía vertiginosamente y se hacía imprescindible otorgar nueva vida a los suelos cansados para que la producción de alimentos pudiera aumentar en proporción pareja. El guano reveló sus propiedades fertilizantes en los laboratorios británicos; a partir de 1840, comenzó su exportación en gran escala desde la costa peruana. Los alcatraces y las gaviotas, alimentados por los fabulosos cardúmenes de las corrientes que lamen las riberas, habían ido acumulando en las islas y los islotes, desde tiempos inmemoriales, grandes montañas de excrementos ricos en nitrógeno, amoníaco, fosfatos y sales alcalinas: el guano se conservaba puro en las costas sin lluvia de Perú[13]. Poco después del lanzamiento internacional del guano, la química agrícola descubrió que eran aún mayores las propiedades nutritivas del salitre, y en 1850 ya se había hecho muy intenso su empleo como abono en los campos europeos. Las tierras del viejo continente dedicadas al cultivo del trigo, empobrecidas por la erosión, recibían ávidamente los cargamentos de nitrato de soda provenientes de las salitreras peruanas de Tarapacá y, luego, de la provincia boliviana de Antofagasta[14]. Gracias al salitre y al guano, que yacían en las costas del Pacífico «casi al alcance de los barcos que venían a buscarlos»[15], el fantasma del hambre se alejó de Europa.

---

[13] Ernst Samhaber, *Sudamérica, biografía de un continente,* Buenos Aires, 1946. Las aves guaneras son las más valiosas del mundo, escribía Robert Cushman Murphy mucho después del auge, «por su rendimiento en dólares por cada digestión». Están por encima, decía, del ruiseñor de Shakespeare que cantaba en el balcón de Julieta, por encima de la paloma que voló sobre el Arca de Noé y, desde luego, de las tristes golondrinas de Bécquer. (Emilio Romero, *Historia económica del Perú,* Buenos Aires, 1949.)

[14] Óscar Bermúdez, *Historia del salitre desde sus orígenes basta la Guerra del Pacífico,* Santiago de Chile, 1963.

[15] José Carlos Mariátegui, *Siete ensayos de interpretación de la realidad peruana,* Montevideo, 1970.

La oligarquía de Lima, soberbia y presuntuosa como ninguna, continuaba enriqueciéndose a manos llenas y acumulando símbolos de su poder en los palacios y los mausoleos de mármol de Carrara que la capital erguía en medio de los desiertos de arena. Antiguamente, las grandes familias limeñas habían florecido a costa de la plata de Potosí, y ahora pasaban a vivir de la mierda de los pájaros y del grumo blanco y brillante de las salitreras. Perú creía que era independiente, pero Inglaterra había ocupado el lugar de España. «El país se sintió rico —escribía Mariátegui—. El Estado usó sin medida de su crédito. Vivió en el derroche, hipotecando su porvenir a las finanzas inglesas.» En 1868, según Romero, los gastos y las deudas del Estado ya eran mucho mayores que el valor de las ventas al exterior. Los depósitos de guano servían de garantía a los empréstitos británicos, y Europa jugaba con los precios; la rapiña de los exportadores hacía estragos: lo que la naturaleza había acumulado en las islas a lo largo de milenios se malbarataba en pocos años. Mientras tanto, en las pampas salitreras, cuenta Bermúdez, los obreros sobrevivían en chozas «miserables, apenas más altas que el hombre, hechas con piedras, cascotes de caliche y barro, de un solo recinto».

La explotación del salitre rápidamente se extendió hasta la provincia boliviana de Antofagasta, aunque el negocio no era boliviano sino peruano y, más que peruano, chileno. Cuando el gobierno de Bolivia pretendió aplicar un impuesto a las salitreras que operaban en su suelo, los batallones del ejército de Chile invadieron la provincia para no abandonarla jamás. Hasta aquella época, el desierto había oficiado de zona de amortiguación para los conflictos latentes entre Chile, Perú y Bolivia. El salitre desencadenó la pelea. La guerra del Pacífico estalló en 1879 y duró hasta 1883. Las fuerzas armadas chilenas, que ya en 1879 habían ocupado también los puertos peruanos de la región del salitre, Patillos, Iquique, Pisagua, Junín, entraron por fin victoriosas en Lima, y al día siguiente la fortaleza del Callao se rindió. La derrota provocó la mutilación y la sangría de Perú. La economía nacional perdió sus dos principales recursos, se paralizaron las fuerzas productivas, cayó la moneda, se cerró el crédito exterior[16]. El colapso no trajo consigo, advertía

---

[16] Perú perdió la provincia salitrera de Tarapacá y algunas importantes islas guaneras, pero conservó los yacimientos de guano de la costa norte. El guano seguía siendo el fertilizante principal de la agricultura peruana, hasta

Mariátegui, una liquidación del pasado: la estructura de la economía colonial permaneció invicta, aunque le faltaban sus fuentes de sustentación. Bolivia, por su parte, no se dio cuenta de lo que había perdido con la guerra: la mina de cobre más importante del mundo actual, Chuquicamata, se encuentra precisamente en la provincia, ahora chilena, de Antofagasta. Pero, ¿y los triunfadores?

El salitre y el yodo sumaban el cinco por ciento de las rentas del Estado chileno en 1880; diez años después, más de la mitad de los ingresos fiscales provenían de la exportación de nitrato desde los territorios conquistados. En el mismo período las inversiones inglesas en Chile se triplicaron con creces: la región del salitre se convirtió en una factoría británica[17]. Los ingleses se apoderaron del salitre utilizando procedimientos nada costosos. El gobierno de Perú había expropiado las salitreras en 1875 y las había pagado con bonos; la guerra abatió el valor de estos documentos, cinco años después, a la décima parte. Algunos aventureros audaces, como John Thomas North y su socio Robert Harvey, aprovecharon la coyuntura. Mientras los chilenos, los peruanos y los bolivianos intercambiaban balas en el campo de batalla, los ingleses se dedicaban a quedarse con los bonos, gracias a los créditos que el Banco de Valparaíso y otros bancos chilenos les proporcionaban sin dificultad alguna. Los soldados estaban peleando para ellos, aunque no lo sabían. El gobierno chileno recompensó inmediatamente el sacrificio de North, Harvey, Inglis, James, Bush, Robertson y otros laboriosos hombres de empresa: en 1881 dispuso la devolución de las salitreras a sus *legítimos dueños*, cuando ya la mitad de los bonos había pasado a las manos brujas de los especuladores británicos. No había salido ni un penique de Inglaterra para financiar este despojo.

---

que a partir de 1960 el auge de la harina de pescado aniquiló a los alcatraces y a las gaviotas. Las empresas pesqueras, en su mayoría norteamericanas, arrasaron rápidamente los bancos de anchovetas cercanos a la costa, para alimentar con harina peruana a los cerdos y las aves de Estados Unidos y Europa, y los pájaros guaneros salían a perseguir a los pescadores, cada vez más lejos, mar afuera. Sin resistencia para el regreso, caían al mar. Otros no se iban, y así podían verse, en 1962 y en 1963, las bandadas de alcatraces persiguiendo comida por la avenida principal de Lima: cuando ya no podían levantar vuelo, los alcatraces quedaban muertos en las calles.

[17] Hernán Ramírez Necochea, *Historia del imperialismo en Chile*, Santiago de Chile, 1960.

Al abrirse la década del 90, Chile destinaba a Inglaterra las tres cuartas partes de sus exportaciones, y de Inglaterra recibía casi la mitad de sus importaciones; su dependencia comercial era todavía mayor que la que por entonces padecía la India. La guerra había otorgado a Chile el monopolio mundial de los nitratos naturales, pero el rey del salitre era John Thomas North. Una de sus empresas, la Liverpool Nitrate Company, pagaba dividendos del cuarenta por ciento. Este personaje había desembarcado en el puerto de Valparaíso, en 1866, con sólo diez libras esterlinas en el bolsillo de su viejo traje lleno de polvo; treinta años después, los príncipes y los duques, los políticos más prominentes y los grandes industriales se sentaban a la mesa de su mansión en Londres. North se había inventado un título de coronel y se había afiliado, como correspondía a un caballero de sus quilates, al Partido Conservador y a la Logia Masónica de Kent. Lord Dorchester, lord Randolph Churchill y el Marqués de Stockpole asistían a sus fiestas extravagantes, en las que North bailaba disfrazado de Enrique VIII[18]. Mientras tanto, en su lejano reino del salitre, los obreros chilenos no conocían el descanso de los domingos, trabajaban hasta dieciséis horas por día y cobraban sus salarios con fichas que perdían cerca de la mitad de su valor en las pulperías de las empresas.

Entre 1886 y 1890, bajo la presidencia de José Manuel Balmaceda, el Estado chileno realizó, dice Ramírez Necochea, «los planes de progreso más ambiciosos de toda su historia». Balmaceda impulsó el desarrollo de algunas industrias, ejecutó importantes obras públicas, renovó la educación, tomó medidas para romper el monopolio de la empresa británica de ferrocarriles en Tarapacá y contrató con Alemania el primer y único empréstito que Chile *no* recibió de Inglaterra en todo el siglo pasado. En 1888, anunció que era necesario nacionalizar los distritos salitreros mediante la formación de empresas chilenas, y se negó a vender a los ingleses las tierras salitreras de propiedad del Estado. Tres años más tarde estalló la guerra civil. North y sus colegas financiaron con holgura a los rebeldes[19] y los barcos británi-

---

[18] Hernán Ramírez Necochea, *Balmaceda y la contrarrevolución de 1891*, Santiago de Chile, 1969.

[19] El Senado encabezaba la oposición al presidente, y era notoria la debilidad que muchos de sus miembros sentían por las libras esterlinas. El soborno de chilenos era, según los ingleses, «una costumbre del país». Así lo definió en 1897 Robert Harvey, el socio de North, durante el juicio que algunos

cos de guerra bloquearon la costa de Chile, mientras en Londres la prensa bramaba contra Balmaceda, «dictador de la peor especie», «carnicero». Derrotado, Balmaceda se suicidó. El embajador inglés informó al Foreign Office: «La comunidad británica no hace secretos de su satisfacción por la caída de Balmaceda, cuyo triunfo, se cree, habría implicado serios perjuicios a los intereses comerciales británicos». De inmediato se vinieron abajo las inversiones estatales en caminos, ferrocarriles, colonización, educación y obras públicas, a la par que las empresas británicas extendían sus dominios.

En vísperas de la Primera Guerra Mundial, dos tercios del ingreso nacional de Chile provenían de la exportación de los nitratos, pero la pampa salitrera era más ancha y ajena que nunca. La prosperidad no había servido para desarrollar y diversificar el país, sino que había acentuado, por el contrario, sus deformaciones estructurales. Chile funcionaba como un apéndice de la economía británica: el más importante proveedor de abonos del mercado europeo no tenía derecho a la vida propia. Y entonces un químico alemán derrotó, desde su laboratorio, a los generales que habían triunfado, años atrás, en los campos de batalla. El perfeccionamiento del proceso Haber-Bosch para producir nitratos fijando el nitrógeno del aire, desplazó al salitre definitivamente y provocó la estrepitosa caída de la economía chilena. La crisis del salitre fue la crisis de Chile, honda herida, porque Chile vivía del salitre y para el salitre –y el salitre estaba en manos extranjeras.

En el reseco desierto de Tamarugal, donde los resplandores de la tierra le queman a uno los ojos, he sido testigo del arrasamiento de Tarapacá. Aquí había ciento veinte oficinas salitreras en la época del auge, y ahora sólo queda una en funcionamiento. En la pampa no hay humedad ni polillas, de modo que no sólo se vendieron las máquinas como chatarra, sino también las tablas de pino de Oregón de las

---

pequeños accionistas entablaron contra él y otros directores de The Nitrate Railways Co. Explicando el desembolso de cien mil libras con fines de soborno, dijo Harvey: «La administración pública en Chile, como usted sabe, es muy corrompida... No digo que sea necesario cohechar jueces, pero creo que muchos miembros del Senado, escasos de recursos, sacaron algún beneficio de parte de ese dinero a cambio de sus votos; y que sirvió para impedir que el gobierno se negara en absoluto a oír nuestras protestas y reclamaciones...» (Hernán Ramírez Necochea, *op. cit.*)

mejores casas, las planchas de calamina y hasta los pernos y los clavos intactos. Surgieron obreros especializados en desarmar pueblos: eran los únicos que conseguían trabajo en estas inmensidades arrasadas o abandonadas. He visto los escombros y los agujeros, los pueblos fantasmas, las vías muertas de la Nitrate Railways, los hilos ya mudos de los telégrafos, los esqueletos de las oficinas salitreras despedazadas por el bombardeo de los años, las cruces de los cementerios que el viento frío golpea por las noches, los cerros blanquecinos que los desperdicios del caliche habían ido irguiendo junto a las excavaciones. «Aquí corría el dinero y todos creían que no se terminaría nunca», me han contado los lugareños que sobreviven. El pasado parece un paraíso por oposición al presente, y hasta los domingos, que en 1889 todavía no existían para los trabajadores, y que luego fueron conquistados a brazo partido por la lucha gremial, se recuerdan con todos los fulgores: «Cada domingo en la pampa salitrera –me contaba un viejo muy viejo– era para nosotros una fiesta nacional, un nuevo dieciocho de septiembre cada semana». Iquique, el mayor puerto del salitre, «puerto de primera» según su galardón oficial, había sido el escenario de más de una matanza de obreros, pero a su teatro municipal, de estilo *belle époque*, llegaban los mejores cantantes de la ópera europea antes que a Santiago.

Dientes de cobre sobre Chile

El cobre no demoró mucho en ocupar el lugar del salitre como viga maestra de la economía chilena, al tiempo que la hegemonía británica cedía paso al dominio de los Estados Unidos. En vísperas de la crisis del '29, las inversiones norteamericanas en Chile ascendían ya a más de cuatrocientos millones de dólares, casi todos destinados a la explotación y el transporte del cobre. Hasta la victoria electoral de las fuerzas de la Unidad Popular en 1970, los mayores yacimientos del metal rojo continuaban en manos de la Anaconda Copper Mining Co. y la Kennecott Copper Co., dos empresas íntimamente vinculadas entre sí como partes de un mismo consorcio mundial. En medio siglo, ambas habían remitido cuatro mil millones de dólares desde Chile a sus casas matrices, caudalosa sangre evadida por diversos conceptos, y habían realizado como contrapartida, según sus propias cifras infladas, una inversión total que no pasaba de ochocientos millones, casi todos prevenientes de las ganancias arrancadas al país[20]. La hemorragia había ido aumentando a medida que la producción crecía, hasta superar los cien millones de dólares por año en los últimos tiempos. Los dueños del cobre eran los dueños de Chile.

Mientras escribo esto, a fines del '70, Salvador Allende habla desde el balcón del palacio de gobierno a una multitud fervorosa; anuncia que ha firmado el proyecto de reforma constitucional que hará posible la nacionalización de la gran minería. En 1969, dice, la Anaconda ha logrado en Chile utilidades por 79 millones de dólares, que equivalen al ochenta por ciento de sus ganancias en todo el mundo: y sin embargo, agrega, la Anaconda tiene en Chile menos de la sexta parte de sus inversiones en el exterior. La *guerra bacteriológica* de la derecha, planificada campaña de propaganda destinada a sembrar el terror para evitar la nacionalización del cobre y las demás reformas de estructura anunciadas desde la izquierda, había sido tan intensa como en las elecciones anteriores. Los diarios habían exhibido pesados tanques soviéticos rodando ante el palacio presidencial de La Moneda; sobre las paredes de Santiago los guerrilleros barbudos aparecían arrastrando jóvenes inocentes rumbo a la muerte; se escuchaba el timbre de cada casa, una señora explicaba: «¿Tiene usted cuatro niños? Dos irán a la Unión Soviética y dos a Cuba». Todo resultó inútil. El cobre, anuncia Allende, «se pone poncho y espuelas»: el cobre será chileno.

Los Estados Unidos, por su parte, con las piernas presas en la trampa de las guerras del sudeste asiático, no han ocultado el malestar oficial ante la marcha de los acontecimientos en el sur de la cordillera de los Andes. Pero Chile no está al alcance de una súbita expedición de *marines*, y al fin y al cabo Allende es presidente con todos los requisitos de la democracia representativa que el país del norte formalmente predica. El imperialismo atraviesa las primeras etapas de un nuevo ciclo crítico, cuyos signos se han hecho claros en la economía; su función de policía mundial se hace cada vez más cara y más difícil. ¿Y la guerra de precios? La producción chilena se vende ahora

---

[20] Las mismas empresas industrializaban el mineral chileno en sus fábricas lejanas. Anaconda American Brass, Anaconda Wire and Cable y Kennecott Wire and Cable figuran entre las principales fábricas de bronce y alambre del mundo entero. José Cademartori, *La economía chilena*, Santiago de Chile, 1968.

en mercados diversos y puede abrir amplios mercados nuevos entre los países socialistas; los Estados Unidos carecen de medios para bloquear, a escala universal, las ventas del cobre que los chilenos se disponen a recuperar. Muy distinta era, por cierto, la situación del azúcar cubana doce años atrás, destinada enteramente al mercado norteamericano y por entero dependiente de los precios norteamericanos. Cuando Eduardo Frei ganó las elecciones del '64, la cotización del cobre subió de inmediato con visible alivio; cuando Allende ganó las del '70, el precio, que ya venía bajando, declinó aún más. Pero el cobre, habitualmente sometido a muy agudas fluctuaciones de precios, había gozado de precios considerablemente altos en los últimos años y, como la demanda excede a la oferta, la escasez impide que el nivel caiga muy abajo. A pesar de que el aluminio ha ocupado en gran medida su lugar como conductor de electricidad, el aluminio también requiere cobre, y en cambio no se han encontrado sucedáneos más baratos y eficaces para desplazarlo de la industria del acero ni de la química, y el metal rojo sigue siendo la materia prima principal de las fábricas de pólvora, latón y alambre[21].

Todo a lo largo de las faldas de la cordillera, Chile posee las mayores reservas de cobre del mundo, una tercera parte del total hasta ahora conocido. El cobre chileno aparece por lo general asociado a otros metales, como oro, plata o molibdeno. Esto resulta un factor adicional para estimular su explotación. Por lo demás, los obreros chilenos son baratos para las empresas: con sus bajísimos costos de Chile, la Anaconda y la Kennecott financian con creces sus altos costos en Estados Unidos, del mismo modo que el cobre chileno paga, por la vía de los «gastos en el exterior», más de diez millones de dólares por año para el mantenimiento de las oficinas en Nueva York. El salario promedio de las minas chilenas apenas alcanzaba, en 1964, a la octava parte del salario básico en las refinerías de la Kennecott en los Estados Unidos, pese a que la productividad de unos y otros obreros estaba al mismo nivel[22]. No eran iguales, en cambio, ni lo son, las condiciones de vida. Por lo general, los mineros chilenos viven en camarotes estrechos y sórdidos, separados de sus familias, que habitan casuchas miserables

---

[21] R. I. Grant-Suttie, *Sucedáneos del cobre*, en *Finanzas y Desarrollo*, revista del FMI y el BIRF, Washington, junio de 1969.

[22] Mario Vera y Elmo Catalán, *La encrucijada del cobre*, Santiago de Chile, 1965.

en las afueras; separados también, claro está, del personal extranjero, que en las grandes minas habita un universo aparte, minúsculos estados dentro del Estado, donde sólo se habla inglés y hasta se editan periódicos para su uso exclusivo. La productividad obrera ha ido aumentando, en Chile, a medida que las empresas han mecanizado sus medios de explotación. Desde 1945, la producción de cobre ha aumentado en un cincuenta por ciento, pero la cantidad de trabajadores ocupados en las minas se ha reducido en una tercera parte.

La nacionalización pondrá fin a un estado de cosas que se había hecho insoportable para el país, y evitará que se repita, con el cobre, la experiencia de saqueo y caída en el vacío que sufrió Chile en el ciclo del salitre. Porque los impuestos que las empresas pagan al Estado no compensan en modo alguno el agotamiento inflexible de los recursos minerales que la naturaleza ha concedido pero que no renovará. Por lo demás, los impuestos han disminuido, en términos relativos, desde que en 1955 se estableció el sistema de la tributación decreciente de acuerdo con los aumentos de la producción, y desde la «chilenización» del cobre dispuesta por el gobierno de Frei. En 1965, Frei convirtió al Estado en socio de la Kennecott y permitió a las empresas poco menos que triplicar sus ganancias a través de un régimen tributario muy favorable para ellas. Los gravámenes se aplicaron, en el nuevo régimen, sobre un precio promedio de 29 centavos de dólar por libra, aunque el precio se elevó, empujado por la gran demanda mundial, hasta los setenta centavos. Chile perdió, por la diferencia de impuestos entre el precio ficticio y el precio real, una enorme cantidad de dólares, como lo reconoció el propio Radomiro Tomic, el candidato elegido por la Democracia Cristiana para suceder a Frei en el período siguiente. En 1969, el gobierno de Frei pactó con la Anaconda un acuerdo para comprarle el 51 por ciento de las acciones en cuotas semestrales, en condiciones tales que desataron un nuevo escándalo político y dieron mayor impulso al crecimiento de las fuerzas de izquierda. El presidente de la Anaconda había dicho previamente al presidente de Chile, según la versión divulgada por la prensa: «Excelencia: los capitalistas no conservan los bienes por motivos sentimentales, sino por razones económicas. Es corriente que una familia guarde un ropero porque perteneció a un abuelo; pero las empresas no tienen abuelos. Anaconda puede vender todos sus bienes. Sólo depende del precio que le paguen».

Los mineros del estaño, por debajo y por encima de la tierra

Hace poco menos de un siglo, un hombre medio muerto de hambre peleaba contra las rocas en medio de las desolaciones del altiplano de Bolivia. La dinamita estalló. Cuando él se acercó a recoger los pedazos de piedra triturados por la explosión, quedó deslumbrado. Tenía, en las manos, trozos fulgurantes de la veta de estaño más rica del mundo. Al amanecer del día siguiente, montó a caballo rumbo a Huanuni. El análisis de las muestras confirmó el valor del hallazgo. El estaño podía marchar directamente de la veta al puerto, sin necesidad de sufrir ningún proceso de concentración. Aquel hombre se convirtió en el rey del estaño, y cuando murió, la revista *Fortune* afirmó que era uno de los diez multimillonarios más multimillonarios del planeta. Se llamaba Simón Patiño. Desde Europa, durante muchos años alzó y derribó a los presidentes y a los ministros de Bolivia, planificó el hambre de los obreros y organizó sus matanzas, ramificó y extendió su fortuna personal: Bolivia era un país que existía a su servicio.

A partir de las jornadas revolucionarias de abril de 1952, Bolivia nacionalizó el estaño. Pero ya para entonces, aquellas minas riquísimas se habían vuelto pobres. En el cerro Juan del Valle, donde Patiño había descubierto el fabuloso filón, la ley del estaño se ha reducido ciento veinte veces. De las 156 mil toneladas de roca que salen mensualmente por las bocaminas sólo se recuperan cuatrocientas. Las perforaciones ya suman, en kilómetros, una distancia dos veces mayor que la que separa a la mina de la ciudad de La Paz: el cerro es, por dentro, un hormiguero agujereado por infinitas galerías, pasadizos, túneles y chimeneas. Va camino de convertirse en una cáscara vacía. Cada año pierde un poco más de altura, y el lento derrumbamiento le va carcomiendo la cresta: parece, de lejos, una muela cariada.

Antenor Patiño no sólo cobró una indemnización considerable por las minas que su padre había exprimido, sino que mantuvo, además, el control del precio y del destino del estaño expropiado. Desde Europa, no cesaba de sonreír. «Mister Patiño es el afable rey del estaño boliviano», seguirían diciendo las crónicas sociales muchos años después de la nacionalización[23]. Porque la nacionaliza-

---

[23]   *The New York Times* del 13 de agosto de 1969 lo definía en esos términos, al describir en éxtasis las vacaciones del duque y la duquesa de Windsor en el castillo del siglo XVI que Patiño posee en los alrededores de Lisboa. «Nos

ción, conquista fundamental de la revolución del '52, no había modificado el papel de Bolivia en la división internacional del trabajo. Bolivia continuó exportando el mineral en bruto, y casi todo el estaño se refina todavía en los hornos de Liverpool de la empresa Williams, Harvey and Co., que pertenece a Patiño. La nacionalización de las fuentes de producción de cualquier materia prima no es, como lo enseña la dolorosa experiencia, suficiente. Un país puede seguir tan condenado a la impotencia como siempre, aunque se haya hecho nominalmente dueño de su subsuelo. Bolivia ha producido, todo a lo largo de su historia, minerales en bruto y discursos refinados. Abundan la retórica y la miseria; desde siempre, los escritores cursis y los doctores de levita se han dedicado a absolver a los culpables. De cada diez bolivianos, seis no saben, todavía, leer; la mitad de los niños no concurre a la escuela. Recién en 1971, Bolivia ha de tener en funcionamiento su propia fundición nacional de estaño, levantada en Oruro al cabo de una historia infinita de traiciones, sabotajes, intrigas y sangre derramada[24]. Este país que no había podido, hasta ahora, produ-

---

gusta dar a los sirvientes algo de calma y de paz», confesaba la señora, mientras explicaba a Charlotte Curtis su programa del día.

Después, es el tiempo de las vacaciones de montaña en Suiza; los fotógrafos y los periodistas se abalanzaban sobre los condes y las artistas de moda en Saint Moritz. Una millonaria de cincuenta años acaba de perder a su segundo marido, vicepresidente de la Ford, y sonríe ante los *flashes:* anuncia su próximo matrimonio con un jovencito que la toma del brazo y mira con ojos asustados. Al lado, otra pareja del gran mundo. Él es un hombre de baja estatura y rasgos de indio; cejas espesas, ojos duros, nariz aplastada, pómulos salientes. Antenor Patiño continúa pareciendo boliviano. En una revista, Antenor aparece disfrazado de príncipe oriental, con turbante y todo, entre varios príncipes auténticos que se han reunido en el palacio del barón Alexis de Rédé: la princesa Margarita de Dinamarca, el príncipe Enrique, María Pía de Saboya y su primo el príncipe Miguel de Borbón-Parma, el príncipe Lobckowitz y otros trabajadores.

[24] Cuando el general Alfredo Ovando anunció, en julio de 1966, que se había llegado a un acuerdo con la empresa alemana Klochner para instalar los hornos estatales, dijo que tendrían un nuevo destino «esas pobres minas que solamente han servido, hasta ahora, para abrir socavones en los pulmones de nuestros hermanos mineros». Esos hombres que dan su vida por el mineral, escribía Sergio Almaraz Paz (*El poder y la caída. El estaño en la historia de Bolivia,* La Paz-Cochabamba, 1967), «no lo poseen. Nunca lo poseyeron; ni antes ni después de 1952. Porque lo que sucede es que el estaño nada vale en cuanto a aprovechamiento inmediato si no es bajo el brillante aspecto de un

cir sus propios lingotes, se da el lujo, en cambio, de contar con ocho facultades de derecho destinadas a la fabricación de vampiros de indios.

Cuentan que hace un siglo el dictador Mariano Melgarejo obligó al embajador de Inglaterra a beber un barril entero de chocolate, en castigo por haber despreciado un vaso de chicha. El embajador fue paseado en burro, montado al revés, por la calle principal de La Paz. Y fue devuelto a Londres. Dicen que entonces la reina Victoria, enfurecida, pidió un mapa de América del Sur, dibujó una cruz de tiza sobre Bolivia y sentenció: «Bolivia no existe». Para el mundo, en efecto, Bolivia no existía ni existió después: el saqueo de la plata y, posteriormente, el despojo del estaño no han sido más que el ejercicio de un derecho natural de los países ricos. Al fin y al cabo, el envase de hojalata identifica a los Estados Unidos tanto como el emblema del águila o el pastel de manzana. Pero el envase de hojalata no es solamente un símbolo *pop* de los Estados Unidos: *es también un símbolo, aunque no se sepa, de la silicosis en las minas de Siglo XX o Huanuni: la hojalata contiene estaño, y los mineros bolivianos mueren con los pulmones podridos para que el mundo pueda consumir estaño barato. Media docena de hombres fija su precio mundial.* ¿Qué significa, para los consumidores de conservas o los manipuladores de la Bolsa, la dura vida del minero en Bolivia? Los norteamericanos compran la mayor parte del estaño que se refina en el planeta: para mantener a raya los precios, periódicamente amenazan con lanzar al mercado sus enormes reservas de mineral, compradas muy por debajo de su cotización, a precios de «contribución democrática», en los años de la Se-

---

lingote. El mineral, polvo pesado de terroso aspecto, ciertamente no sirve para nada que no sea para volcarlo en la boca de un horno».

Almaraz Paz contó la historia de un industrial, Mariano Peró, que libró una guerra solitaria, a lo largo de más de treinta años, para que el estaño boliviano se refinara en Oruro y no en Liverpool. En 1946, pocos días después de la caída del presidente nacionalista Gualberto Villarroel, Peró entró en el Palacio Quemado. Iba a recoger dos lingotes de estaño. Eran los primeros lingotes producidos en su fundición de Oruro, y ya no tenía sentido que aquel par de símbolos, que encarnaban a la nación, continuaran adornando el escritorio del Presidente de la República. Villarroel había sido ahorcado en un farol de la Plaza Murillo y el poder de la *rosca* oligárquica era restaurado a partir de su caída. Mariano Peró recogió los lingotes y se fue con ellos. Estaban manchados de sangre seca.

gunda Guerra Mundial. Según los datos de la FAO, el ciudadano medio de los Estados Unidos consume cinco veces más carne y leche y veinte veces más huevos que un habitante de Bolivia. Y los mineros están muy por debajo del bajo promedio nacional. En el cementerio de Catavi, donde los ciegos rezan por los muertos a cambio de una moneda, duele encontrar, entre las lápidas oscuras de los adultos, una innumerable cantidad de cruces blancas sobre las tumbas pequeñas. De cada dos niños nacidos en las minas, uno muere poco tiempo después de abrir los ojos. El otro, el que sobrevive, será seguramente minero cuando crezca. Y antes de llegar a los treinta y cinco años, ya no tendrá pulmones.

El cementerio cruje. Por debajo de las tumbas, han sido cavados infinitos túneles, socavones de boca estrecha donde apenas caben los hombres que se introducen, como vizcachas, a la búsqueda del mineral. Nuevos yacimientos de estaño se han acumulado en los desmontes a lo largo de los años; toneladas de residuos sobre residuos han sido volcadas en gigantescas moles grises que han sumado, así, estaño al estaño del paisaje. Cuando cae la lluvia, que se arroja con violencia desde las nubes próximas, uno ve a los desocupados agacharse a lo largo de las calzadas de tierra de Llallagua, donde los hombres se emborrachan desesperadamente en las chicherías: van recogiendo y calibrando las cargas de estaño que la lluvia arrastra consigo. Aquí, el estaño es un dios de lata que reina sobre los hombres y las cosas, y está presente en todas partes. No sólo hay estaño en el vientre del viejo cerro de Patiño. Hay estaño, delatado por el brillo negro de la casiterita, hasta en las paredes de adobe de los campamentos. También tiene estaño la lama amarillenta que avanza arrastrando los desperdicios de la mina y lo tienen las aguas que fluyen, envenenadas, desde la montaña; se encuentra estaño en la tierra y en la roca, en la superficie y en el subsuelo, en las arenas y en las piedras del cauce del río Seco. En estas tierras áridas y pedregosas, a casi cuatro mil metros de altura, donde no crece el pasto y donde todo, hasta la gente, tiene el oscuro color del estaño, los hombres sufren estoicamente su obligado ayuno y no conocen la fiesta del mundo. Viven en los campamentos, amontonados en casas de una sola pieza de piso de tierra; el viento cortante se cuela por las rendijas. Un informe universitario sobre la mina de Colquiri revela que, de cada diez varones jóvenes encuestados, seis duermen en la misma cama con sus hermanas, y agrega: «Muchos padres se sienten molestos cuando sus hijos los observan durante el acto sexual». No hay baños; las letrinas son pequeños cobertizos públicos tapados de inmundicia y moscas: la gente prefiere los cenizales, baldíos abiertos, donde al menos circula el aire a pesar de la basura y los excrementos acumulados y de los cerdos que retozan felices. También es colectivo el servicio de agua: hay que esperar el momento en que el agua llega y apurarse, hacer la cola, recoger el agua de la pila pública en latas de gasolina o en tinajas. La comida es escasa y fea. Consiste en papas, fideos, arroz, chuño, maíz molido y algo de carne dura.

Estábamos muy en lo hondo del cerro Juan del Valle. El aullido penetrante de la sirena, que llamaba a los trabajadores de la primera *punta*, había resonado en el campamento varias horas antes. Recorriendo galerías, habíamos pasado del calor tropical al frío polar y nuevamente al calor, sin salir, durante horas, de una misma atmósfera envenenada. Aspirando aquel aire espeso –humedad, gases, polvo, humo–, uno podía comprender por qué los mineros pierden, en pocos años, los sentidos del olfato y el sabor. Todos masticaban, mientras trabajaban, hojas de coca con ceniza, y esto también formaba parte de la obra de aniquilación, porque la coca, como se sabe, al adormecer el hambre y enmascarar la fatiga, va apagando el sistema de alarmas con que cuenta el organismo para seguir vivo. Pero lo peor era el polvo. Los cascos guardatojos irradiaban un revoloteo de círculos de luz que salpicaban la gruta negra y dejaban ver, a su paso, cortinas de blanco polvo denso: el implacable polvo de sílice. El mortal aliento de la tierra va envolviendo poco a poco. Al año se sienten los primeros síntomas, y en diez años se ingresa al cementerio. Dentro de la mina se usan perforadoras suecas último modelo, pero los sistemas de ventilación y las condiciones de trabajo no han mejorado con el tiempo. En la superficie, los trabajadores independientes usan picota y pesados combos de doce libras para pelear contra la roca, exactamente igual que hace cien años, y quimbaletes, cribas y cernidores para concentrar el mineral en la canchamina. Ganan centavos y trabajan como bestias. Sin embargo, muchos de ellos tienen, al menos, la ventaja del aire libre. Dentro de la mina, en cambio, los obreros son presos condenados, sin apelación, a la muerte por asfixia.

Había cesado ya el estrépito de los barrenos y los obreros hacían una pausa mientras aguardábamos la explosión de más de veinte cargas de dinamita y anfo. La mina también brinda muertes rápidas y sonoras: alcanza con equivocarse al contar las detonaciones, o con que la mecha demore más de lo debido en arder. Alcanza también con que una roca floja, un *tojo*, se desprenda sobre el cráneo. O alcanza con el infierno de la metralla: la noche de san Juan de 1967 fue la última cuenta de un largo rosario de matanzas. En la madrugada, los soldados tomaron posición en las colinas, rodilla en tierra, y arrojaron un huracán de balas sobre los campamentos iluminados por las fogatas de la fiesta[25]. Pero la muerte lenta y callada constituye la especialidad de la mina. El vómito de sangre, la tos, la sensación de un peso de plomo sobre la espalda y una aguda opresión en el pecho son los signos que la anuncian. Después del análisis médico vienen los peregrinajes burocráticos de nunca acabar. Dan un plazo de tres meses para desalojar la casa.

Ya había cesado el estrépito de los barrenos y pronto la explosión atraparía aquella escurridiza veta de color café y forma de víbora. Entonces pudimos hablar. El bulto de la coca hinchaba la mejilla de cada obrero y por las comisuras de los labios corrían los chorros verdosos. Un minero pasó, apurado, chapoteando barro por entre los

---

[25] «Cuando me siento, borracho estoy. Tres, cuatro, veo a la gente. No puedo comer solo. Una huahua soy, pues. Un niño.» Saturnino Condori, viejo albañil del campamento minero de Siglo XX, está tendido desde hace más de tres años en una cama del hospital de Catavi. Es una de las víctimas de la matanza de la noche de san Juan, en 1967. Ni siquiera había festejado nada. Por trabajar el sábado 24, le habían ofrecido pagarle triple, así que decidió no sumergirse, a diferencia de todos los demás, en el delirio de la chicha y la farra. Se acostó temprano. Esa noche soñó con que un caballero le arrojaba espinas al cuerpo: «Espinas grandes me ha empujado». Se despertó varias veces, porque la lluvia de balas se desencadenó sobre el campamento desde las cinco de la mañana. «Mi cuerpo se ha deshecho, se ha descompuesto, medio templación me ha agarrado, y yo asustado, y yo asustado, así, he estado. Mi señora me ha dicho: anda, escapate. Pero yo ¿qué había hecho? A ninguna parte no he salido. Andate, andate, me ha dicho. Tiroteos había de noche, qué será eso, qué será, pap-pap-pap-pap-pap. Y yo mismo despertando y durmiendo así de a ratos, y ni asimismo me he escapado, mi señora me ha dicho: pues andate, pues andate, escapa. Qué me van a hacer, le digo, yo soy un albañil particular, qué me van a hacer.» Se despertó a eso de las ocho de la mañana. Se irguió sobre la cama. La bala atravesó el techo, atravesó el sombrero de su mujer y se le metió en el cuerpo y le reventó la columna vertebral.

rieles de la galería. «Ése es un nuevo», me dijeron. «¿Has visto? Con su pantalón del ejército y su chomba amarilla se ve tan joven. Ha entrado ahorita y cómo trabaja. Todavía es un hacha. *Todavía no siente.*»

Los tecnócratas y los burócratas no mueren de silicosis, pero viven de ella. El gerente general de la COMIBOL, Corporación Minera Boliviana, gana cien veces más que un obrero. Desde un barranco que cae a pico hacia el cauce del río, en el límite de Llallagua, puede verse la pampa de María Barzola. Se llama así en homenaje a la militante obrera que hace treinta años cayó, al frente de una manifestación, con la bandera de Bolivia cosida al cuerpo por las ráfagas de las ametralladoras. Y más allá de la pampa de María Barzola puede verse la mejor cancha de golf de toda Bolivia: es la que usan los ingenieros y los principales funcionarios de Catavi. El dictador René Barrientos había reducido a la mitad los salarios de hambre de los mineros, en 1964, y al mismo tiempo había elevado las retribuciones de los técnicos y los burócratas prominentes. Los sueldos del personal superior son secretos. Secretos y en dólares. Hay un todopoderoso *grupo asesor*, formado por técnicos del Banco Interamericano de Desarrollo, la Alianza para el Progreso y la banca extranjera acreedora, cuyos consejos orientan a la minería nacionalizada de Bolivia, de tal manera que, a esta altura, la COMIBOL, convertida en un Estado dentro del Estado, constituye una propaganda viva contra la nacionalización de cualquier cosa. El poder de la vieja *rosca* oligárquica ha sido sustituido por el poder de los numerosísimos miembros de una «nueva clase» que ha dedicado sus mejores esfuerzos a sabotear por dentro a la minería estatal. Los ingenieros no sólo torpedearon todos los proyectos y planes destinados a la creación de una fundición nacional, sino que, además, han contribuido a que las minas del Estado quedaran encerradas en los límites de los viejos yacimientos de Patiño, Aramayo y Hochschild, en acelerado proceso de agotamiento de reservas. Entre fines de 1964 y abril de 1969, el general Barrientos rompió la barrera del sonido en la entrega de los recursos del subsuelo boliviano al capital imperialista, con la complicidad abierta de los técnicos y los gerentes. Sergio Almaraz ha contado, en uno de sus libros[26], la historia de la concesión de los desmontes de estaño a la International Mining Processing Co. Con

[26]   Sergio Almaraz Paz, *op. cit.*

un capital declarado de apenas cinco mil dólares, la empresa de tan pomposo nombre obtuvo un contrato que le permitirá ganar más de novecientos millones.

Dientes de hierro sobre Brasil

Los Estados Unidos pagan más barato el hierro que reciben de Brasil o Venezuela que el hierro que extraen de su propio subsuelo. Pero ésta no es la clave de la desesperación norteamericana por apoderarse de los yacimientos de hierro en el exterior: la captura o el control de las minas fuera de fronteras constituye, más que un negocio, un imperativo de la seguridad nacional. El subsuelo norteamericano se está quedando, como hemos visto, exhausto. Sin hierro no se puede hacer acero y el ochenta y cinco por ciento de la producción industrial de los Estados Unidos contiene, de una u otra forma, acero. Cuando en 1969 se redujeron los abastecimientos de Canadá, ello se reflejó de inmediato en un aumento de las importaciones de hierro desde América Latina.

El cerro Bolívar, en Venezuela, es tan rico que la tierra que le arranca la US Steel C° se descarga directamente en las bodegas de los buques rumbo a los Estados Unidos. El cerro exhibe en sus flancos las hondas heridas que le van infligiendo los bulldozers: la empresa estima que contiene cerca de ocho mil millones de dólares en hierro. En un solo año, 1960, la US Steel y la Bethlehem Steel repartieron utilidades por más de un treinta por ciento de sus capitales invertidos en el hierro de Venezuela, y el volumen de estas ganancias distribuidas resultó igual a la suma de todos los impuestos pagados al estado venezolano en los diez años transcurridos desde 1950[27]. Como ambas empresas venden el hierro con destino a sus propias plantas siderúrgicas de los Estados Unidos, no tienen el menor interés por defender los precios; al contrario, les conviene que la materia prima resulte lo más barata posible. La cotización internacional del hierro, que había caído en línea vertical entre 1958 y 1964, se estabilizó relativamente en los años posteriores y permanece estancada; mientras tanto, el precio del acero no ha cesa-

---

[27] Salvador de la Plaza, en el volumen colectivo *Perfiles de la economía venezolana*, Caracas, 1964.

do de subir. *El acero se produce en los centros ricos del mundo, y el hierro en los suburbios pobres; el acero paga salarios de «aristocracia obrera» y el hierro, jornales de mera subsistencia.*

Gracias a la información que recogió y divulgó, allá por 1910, un Congreso Internacional de Geología reunido en Estocolmo, los hombres de negocios de los Estados Unidos pudieron por primera vez evaluar las dimensiones de los tesoros escondidos bajo el suelo de una serie de países, uno de los cuales, quizás el más tentador, era Brasil. Muchos años después, en 1948, la embajada de los Estados Unidos creó un cargo nuevo en Brasil, el *agregado mineral*, que de entrada tuvo por lo menos tanto trabajo como el agregado militar o el cultural: tanto, que rápidamente fueron designados dos agregados minerales en lugar de uno[28]. Poco después, la Bethlehem Steel recibía del gobierno de Dutra los espléndidos yacimientos de manganeso de Amapá. En 1952, el acuerdo militar firmado con los Estados Unidos prohibió a Brasil vender las materias primas de valor estratégico –como el hierro– a los países socialistas. Ésta fue una de las causas de la trágica caída del presidente Getulio Vargas, que desobedeció esta imposición vendiendo hierro a Polonia y Checoslovaquia, en 1953 y 1954, a precios más altos que los que pagaban los Estados Unidos. En 1957, la Hanna Mining Co. compró, por seis millones de dólares, la mayoría de las acciones de una empresa británica, la Saint John Mining Co., que se dedicaba a la explotación del oro de Minas Gerais desde los lejanos tiempos del Imperio. La Saint John operaba en el valle de Paraopeba, donde yace la mayor concentración de hierro del mundo entero, evaluada en doscientos mil millones de dólares. La empresa inglesa no estaba legalmente habilitada para explotar esta riqueza fabulosa, ni lo estaría la Hanna, de acuerdo con claras disposiciones constitucionales y legales que Duarte Pereira enumera en su obra sobre el tema. Pero éste había sido, según se supo luego, el negocio del siglo.

George Humphrey, director presidente de la Hanna, era por entonces miembro prominente del gobierno de los Estados Unidos, como secretario del Tesoro y como director del Eximbank, el banco oficial para la financiación de las operaciones de comercio exterior.

---

[28] Osny Duarte Pereira, *Ferro e Independencia. Um desafío a dignidade nacional*, Río de Janeiro, 1967.

La Saint John había solicitado un empréstito al Eximbank: no tuvo suerte hasta que la Hanna se apoderó de la empresa. Se desencadenaron, a partir de entonces, las más furiosas presiones sobre los sucesivos gobiernos de Brasil. Los directores, abogados o asesores de la Hanna –Lucas Lopes, José Luiz Bulhões Pedreira, Roberto Campos, Mário da Silva Pinto, Otávio Gouveia de Bulhões– eran también miembros, al más alto nivel, del gobierno de Brasil, y continuaron ocupando cargos de ministros, embajadores o directores de servicios en los ciclos siguientes. La Hanna no había elegido mal a su estado mayor. El bombardeo se hizo cada vez más intenso, para que se reconociera a la Hanna el derecho de explotar el hierro que pertenecía, en rigor, al Estado. El 21 de agosto de 1961 el presidente Jânio Quadros firmó una resolución que anulaba las ilegales autorizaciones extendidas a favor de la Hanna y restituía los yacimientos de hierro de Minas Gerais a la reserva nacional. Cuatro días después, los ministros militares obligaron a Quadros a renunciar: «Fuerzas terribles se levantaron contra mí...», decía el texto de la renuncia.

El levantamiento popular que encabezó Leonel Brizola en Porto Alegre frustró el golpe de los militares y colocó en el poder al vicepresidente de Quadros, João Goulart. Cuando en julio de 1962 un ministro quiso poner en práctica el decreto fatal contra la Hanna –que había sido mutilado en el Diario Oficial–, el embajador de los Estados Unidos, Lincoln Gordon, envió a Goulart un telegrama protestando con viva indignación por el atentado que el gobierno intentaba cometer contra los intereses de una empresa norteamericana. El Poder Judicial ratificó la validez de la resolución de Quadros, pero Goulart vacilaba. Mientras tanto, Brasil daba los primeros pasos para establecer un entrepuerto de minerales en el Adriático, con el fin de abastecer de hierro a varios países europeos, socialistas y capitalistas: la venta directa del hierro implicaba un desafío insoportable para las grandes empresas que manejan los precios en escala mundial. El entrepuerto nunca se hizo realidad, pero otras medidas nacionalistas –como el dique opuesto al drenaje de las ganancias de las empresas extranjeras– se pusieron en práctica y proporcionaron detonantes a la explosiva situación política. La espada de Damocles de la resolución de Quadros permanecía en suspenso sobre la cabeza de la Hanna. Por fin el golpe de estado estalló, el último día de marzo de 1964, en Minas Gerais, que casualmente era el escenario de los yacimientos de hierro en disputa.

«Para la Hanna –escribió la revista *Fortune*–, la revuelta que derribó a Goulart en la primavera pasada llegó como uno de esos rescates de último minuto por el Primero de Caballería.»[29]

Hombres de la Hanna pasaron a ocupar la vicepresidencia de Brasil y tres de los ministerios. El mismo día de la insurrección militar, el *Washington Star* había publicado un editorial por lo menos profético: «He aquí una situación –había anunciado– en la cual un buen y efectivo golpe de Estado, al viejo estilo, de los líderes militares conservadores, bien puede servir a los mejores intereses de todas las Américas».[30] Todavía no había renunciado Goulart, ni había abandonado Brasil, cuando Lyndon Johnson no pudo contenerse y envió su célebre telegrama de buenos augurios al presidente del Congreso brasileño, que había asumido provisionalmente la Presidencia del país: «El pueblo norteamericano observó con ansiedad las dificultades políticas y económicas por las cuales ha estado atravesando su gran nación, y ha admirado la resuelta voluntad de la comunidad brasileña para solucionar esas dificultades dentro de un marco de democracia constitucional y sin lucha civil».[31] Poco más de un mes había transcurrido, cuando el embajador Lincoln Gordon, que recorría, eufórico, los cuarteles, pronunció un discurso en la Escuela Superior de Guerra, afirmando que el triunfo de la conspiración de Castelo Branco «podría ser incluido junto a la propuesta del Plan Marshall, el bloqueo de Berlín, la derrota de la agresión comunista en Corea y la solución de la crisis de los cohetes en Cuba, como uno de los más importantes momentos de cambio en la historia mundial de mediados del siglo veinte»[32]. Uno de los miembros militares de la embajada de los Estados Unidos había ofrecido ayuda material a los conspiradores, poco antes de que estallara el golpe[33,] y el propio Gordon les había sugerido que los Estados Unidos reconocerían a un gobierno autónomo si era capaz de sostenerse dos días en San Pablo[34]. No vale la pena abundar

[29] *Immovable Mountains*, en *Fortune*, abril de 1965.
[30] Citado por Mário Pedrosa, *A opção brasileira*, Río de Janeiro, 1966.
[31] De Lyndon Johnson a Rainieri Mazzili, 2 de abril de 1964, versión de Associated Press.
[32] Según informó el diario *O Estado de São Paulo*, 4 de mayo de 1964.
[33] José Stacchini, *Mobilização de audácia*, San Pablo, 1965.
[34] Philip Siekman, «When Executives Turned Revolutionaires», en *Fortune*, julio de 1964.

en testimonios sobre la importancia que tuvo, en el desarrollo y desenlace de los acontecimientos, la ayuda económica de los Estados Unidos, de la cual, por lo demás, nos ocuparemos más adelante, o la asistencia norteamericana en el plano militar o sindical[35].

Después de que se cansaron de arrojar a la hoguera o al fondo de la bahía de Guanabara los libros de autores rusos tales como Dostoievski, Tolstoi o Gorki, y tras haber condenado al exilio, la prisión o la fosa a una innumerable cantidad de brasileños, la flamante dictadura de Castelo Branco puso manos a la obra: entregó el hierro y todo lo demás. La Hanna recibió su decreto de 24 de diciembre de 1964. Este regalo de Navidad no sólo le otorgaba todas las seguridades para explotar en paz los yacimientos de Paraopeba, sino que además respaldaba los planes de la empresa para ampliar un puerto propio a sesenta millas de Río de Janeiro, y para construir un ferrocarril destinado al transporte del hierro. En octubre de 1965, la Hanna formó un consorcio con la Bethlehem Steel para explotar en común el hierro concedido. Este tipo de alianzas, frecuentes en Brasil, no pueden formalizarse en los Estados Unidos, porque allí las leyes las prohíben[36]. El incansable Lincoln Gordon había puesto fin a la tarea, ya todos eran felices y el cuento había terminado, y pasó a presidir una universidad en Baltimore. En abril de 1966, Johnson designó a su sustituto, John Tuthill, al cabo de varios meses de vacilaciones, y explicó que se había demorado porque para Brasil necesitaba un buen economista.

La US Steel no se quedó atrás. ¿Por qué la iban a dejar sin invitación para la cena? Antes de que pasara mucho tiempo se asoció con la empresa minera del Estado, la Companhia Vale do Rio Doce, que en buena medida se convirtió, así, en su seudónimo oficial. Por esta vía la US Steel obtuvo, resignándose a *nada más* que el cuarenta y nueve

[35] Véanse las declaraciones ante el Comité de Asuntos Exteriores de la Cámara de Representantes de los Estados Unidos, citadas por Harry Magdoff, *op. cit.*, y el revelador artículo de Eugene Methvin en *Selecciones de Reader's Digest* en español, de diciembre de 1966: según Methvin, gracias a los buenos servicios del Instituto Americano para el Desarrollo del Sindicalismo Libre, con sede en Washington, los golpistas brasileños pudieron coordinar por cable sus movimientos de tropas, y el nuevo régimen militar recompensó al IADSL designando a cuatro de sus graduados «para que hicieran una limpieza en los sindicatos dominados por los rojos...».

[36] Osny Duarte Pereira, *op. cit.*

por ciento de las acciones, la concesión de los yacimientos de hierro de la sierra de los Carajás, en la Amazonia. Su magnitud es, según afirman los técnicos, comparable a la corona de hierro de la Hanna-Bethlehem en Minas Gerais. Como de costumbre, el gobierno adujo que Brasil no disponía de capitales para realizar la explotación por su sola cuenta.

El petróleo, las maldiciones y las hazañas

El petróleo es, con el gas natural, el principal combustible de cuantos ponen en marcha al mundo contemporáneo, una materia prima de creciente importancia para la industria química y el material estratégico primordial para las actividades militares. Ningún otro imán atrae tanto como el «oro negro» a los capitales extranjeros, ni existe otra fuente de tan fabulosas ganancias; el petróleo es la riqueza más monopolizada en todo el sistema capitalista. No hay empresarios que disfruten del poder político que ejercen, en escala universal, las grandes corporaciones petroleras. La Standard Oil y la Shell levantan y destronan reyes y presidentes, financian conspiraciones palaciegas y golpes de Estado, disponen de innumerables generales, ministros y James Bonds y en todas las comarcas y en todos los idiomas deciden el curso de la guerra y de la paz. La Standard Oil Co. de Nueva Jersey es la mayor empresa industrial del mundo capitalista; fuera de los Estados Unidos no existe ninguna empresa industrial más poderosa que la Royal Dutch Shell. Las filiales venden el petróleo crudo a las subsidiarias, que lo refinan y venden los combustibles a las sucursales para su distribución: la sangre no sale, en todo el circuito, fuera del aparato circulatorio interno del cártel, que además posee los oleoductos y gran parte de la flota petrolera en los siete mares. Se manipulan los precios, en escala mundial, para reducir los impuestos a pagar y aumentar las ganancias a cobrar: el petróleo crudo aumenta siempre menos que el refinado.

Con el petróleo ocurre, como ocurre con el café o con la carne, que los países ricos ganan mucho más por tomarse el trabajo de consumirlo, que los países pobres por producirlo. La diferencia es de diez a uno: de los once dólares que cuestan los derivados de un barril de petróleo, los países exportadores de la materia prima más importante del mundo reciben apenas un dólar, resultado de la suma de los impuestos y los costes de extracción, mientras que los países del área desarrollada, donde tienen su asiento las casas matrices de las corporaciones petroleras, se quedan con diez dólares, resultado de la suma de sus propios aranceles y sus impuestos, ocho veces mayores que los impuestos de los países productores, y de los costos y las ganancias del transporte, la refinación, el procesamiento y la distribución que las grandes empresas monopolizan[37].

El petróleo que brota de los Estados Unidos disfruta de un precio alto (su inmensa flota de automóviles bebe gasolina barata, gracias a los subsidios públicos). Pero la cotización del petróleo de Venezuela y de Medio Oriente ha ido cayendo, desde 1957, todo a lo largo de la década de los años sesenta. Cada barril de petróleo venezolano, por ejemplo, valía, en promedio, 2,65 dólares en 1957. A fines de 1970, el precio es de 1,86 dólares. El gobierno de Rafael Caldera anuncia que fijará unilateralmente un precio mucho mayor, pero el nuevo precio no alcanzará de todos modos, según las cifras que los comentaristas manejan y pese al escándalo que se presiente, el nivel de 1957. Los Estados Unidos son, a la vez, los principales productores y los principales importadores de petróleo en el mundo. En la época en que la mayor parte del petróleo crudo que vendían las corporaciones provenía del subsuelo norteamericano, el precio se mantenía alto; durante la Segunda Guerra Mundial, los Estados Unidos se convirtieron en importadores netos, y el cártel comenzó a aplicar una nueva política de precios: la cotización se ha venido abajo sistemáticamente. *Curiosa inversión de las «leyes del mercado»: el precio del petróleo se derrumba, aunque no cesa de aumentar la demanda mundial,* a medida que se multiplican las fábricas, los automóviles y las plantas generadoras de energía. Y otra paradoja: *aunque el precio del petróleo baja, sube en todas partes el precio de los combustibles que pagan los consumidores.* Hay una desproporción descomunal entre el precio del crudo y el de los derivados. Toda esta cadena de absurdos es perfectamente racional; no resulta necesario recurrir a las fuerzas sobrenaturales para encontrar una explicación. Porque el negocio

---

[37] Según los datos publicados por la Organización de Países Exportadores de Petróleo. Francisco Mieres, *El petróleo y la problemática estructural venezolana,* Caracas, 1969.

del petróleo en el mundo capitalista está, como hemos visto, en manos de un cártel todopoderoso.

El cártel nació en 1928, en un castillo del norte de Escocia rodeado por la bruma, cuando la Standard Oil de Nueva Jersey, la Shell y la Anglo-Iranian, hoy llamada British Petroleum, se pusieron de acuerdo para dividirse el planeta. La Standard de Nueva York y la de California, la Gulf y la Texaco se incorporaron posteriormente al núcleo dirigente del cártel[38]. La Standard Oil, fundada por Rockefeller en 1870, se había partido en treinta y cinco diferentes empresas en 1911, por la aplicación de la ley Sherman contra los trusts; la hermana mayor de la numerosa familia Standard es, en nuestros días, la empresa de Nueva Jersey. Sus ventas de petróleo, sumadas a las ventas de la Standard de Nueva York y de California, abarcan la mitad de las ventas totales del cártel en nuestros días. Las empresas petroleras del grupo Rockefeller son de tal magnitud que suman nada menos que la tercera parte del total de beneficios que las empresas norteamericanas de todo tipo, en su conjunto, arrancan al mundo entero. La Jersey, típica corporación multinacional, obtiene sus mayores ganancias fuera de fronteras; América Latina le brinda más ganancias que los Estados Unidos y Canadá sumados: al sur del río Bravo, su tasa de ganancias resulta cuatro veces más alta[39]. Las *filiales de Venezuela produjeron, en 1957, más de la mitad de los beneficios recogidos por la Standard Oil de Nueva Jersey en todas partes; en ese mismo año, las filiales venezolanas proporcionaran a la Shell la mitad de sus ganancias en el mundo entero*[40].

Estas corporaciones multinacionales no pertenecen a las múltiples naciones donde operan: son multinacionales, más simplemente, en la medida en que desde los cuatro puntos cardinales arrastran grandes caudales de petróleo y dólares a los centros de poder del sistema capitalista. No necesitan exportar capitales, por cierto, para financiar la expansión de sus negocios; las ganancias usurpadas a los países pobres no sólo derivan en línea recta a las pocas ciudades donde habitan sus mayores cortadores de cupones, sino que además se reinvierten parcialmente para robustecer y extender la red inter-

---

[38] Informe del Senado de Estados Unidos; *Actas secretas del cártel petrolero*, Buenos Aires, 1961, y Harvey O'Connor, *El Imperio del petróleo*, La Habana, 1961.

[39] Paul A. Baran y Paul M. Sweezy, *El capital monopolista*, México, 1970.

[40] Francisco Mieres, *op. cit.*

nacional de operaciones. La estructura del cártel implica el dominio de numerosos países y la penetración en sus numerosos gobiernos; el petróleo empapa presidentes y dictadores, y acentúa las deformaciones estructurales de las sociedades que pone a su servicio. Son las empresas quienes deciden, con un lápiz sobre el mapa del mundo, cuáles han de ser las zonas de explotación y cuáles las de reserva, y son ellas quienes fijan los precios que han de cobrar los productores y pagar los consumidores. La riqueza natural de Venezuela y otros países latinoamericanos con petróleo en el subsuelo, objetos del asalto y el saqueo organizados, se ha convertido en el principal instrumento de su servidumbre política y su degradación social. Ésta es una larga historia de hazañas y de maldiciones, infamias y desafíos.

Cuba proporcionaba, por vías complementarias, jugosas ganancias a la Standard Oil de Nueva Jersey. La Jersey compraba el petróleo crudo a la Creole Petroleum, su filial en Venezuela, y lo refinaba y lo distribuía en la isla, todo a los precios que mejor le convenían para cada una de las etapas. En octubre de 1959, en plena efervescencia revolucionaria, el Departamento de Estado elevó una nota oficial a La Habana en la que expresaba su preocupación por el futuro de las inversiones norteamericanas en Cuba: ya habían comenzado los bombardeos de los aviones «piratas» procedentes del norte, y las relaciones estaban tensas. En enero de 1960, Eisenhower anunció la reducción de la cuota cubana de azúcar, y en febrero, Fidel Castro firmó un acuerdo comercial con la Unión Soviética para intercambiar azúcar por petróleo y otros productos a precios buenos para Cuba. La Jersey, la Shell y la Texaco se negaron a refinar el petróleo soviético: en julio, el gobierno cubano las intervino y las nacionalizó sin compensación alguna.

Encabezadas por la Standard Oil de Nueva Jersey, las empresas comenzaron el bloqueo. Al boicot del personal calificado se sumó el boicot de los repuestos esenciales para las maquinarias y el boicot de los fletes. El conflicto era una prueba de soberanía[41], y Cuba salió airosa. Dejó de ser, al mismo tiempo, una estrella en la constelación de la bandera de los Estados Unidos y una pieza en el engranaje mundial de la Standard Oil.

---

[41] Michael Tanzer, *The Political Economy of International Oil and the Underdeveloped Countries*, Boston, 1969.

México había sufrido, veinte años antes, un embargo internacional decretado por la Standard Oil de Nueva Jersey y la Royal Dutch Shell. Entre 1939 y 1942, el cártel dispuso el bloqueo de las exportaciones mexicanas de petróleo y de los abastecimientos necesarios para sus pozos y refinerías. El presidente Lázaro Cárdenas había nacionalizado las empresas. Nelson Rockefeller, que en 1930 se había graduado de economista escribiendo una tesis sobre las virtudes de su Standard Oil, viajó a México para negociar un acuerdo, pero Cárdenas no dio marcha atrás. La Standard y la Shell, que se habían repartido el territorio mexicano atribuyéndose la primera el norte y la segunda el sur, no sólo se negaban a aceptar las resoluciones de la Suprema Corte en la aplicación de las leyes laborales mexicanas, sino que además habían arrasado los yacimientos de la famosa Faja de Oro a una velocidad vertiginosa, y obligaban a los mexicanos a pagar, por su propio petróleo, precios más altos que los que cobraban en Estados Unidos y en Europa por ese mismo petróleo[42]. En pocos meses, la fiebre exportadora había agotado brutalmente muchos pozos que hubieran podido seguir produciendo durante treinta o cuarenta años. «Habían quitado a México –escribe O'Connor– sus depósitos más ricos, y sólo le habían dejado una colección de refinerías anticuadas, campos exhaustos, los pobreríos de la ciudad de Tampico y recuerdos amargos.» En menos de veinte años, la producción se había reducido a una quinta parte. México se quedó con una industria decrépita, orientada hacia la demanda extranjera, y con catorce mil obreros; los técnicos se fueron, y hasta desaparecieron los medios de transporte. Cárdenas convirtió la recuperación del petróleo en una gran causa nacional, y salvó la crisis a fuerza de imaginación y de coraje. Pemex, Petróleos Mexicanos, la empresa creada en 1938 para hacerse cargo de toda la producción y el mercado, es hoy la mayor empresa no extranjera de toda América Latina. A costa de las ganancias que Pemex produjo, el gobierno mexicano pagó abultadas indemnizaciones a las empresas, entre 1947 y 1962, pese a que,

---

[42] Harvey O'Connor, *La crisis mundial del petróleo*, Buenos Aires, 1963. Este fenómeno sigue siendo usual en varios países. En Colombia, por ejemplo, donde el petróleo se exporta libremente y sin pagar impuestos, la refinería estatal compra a las compañías extranjeras el petróleo colombiano con un recargo del 37 por 100 sobre el precio internacional, y lo tiene que pagar en dólares (Raúl Alameda Ospina en la revista *Esquina*, Bogotá, enero de 1968).

como bien dice Jesús Silva Herzog, «México no es el deudor de esas compañías piratas, sino su acreedor legítimo».[43] En 1949, la Standard Oil interpuso veto a un préstamo que los Estados Unidos iban a conceder a Pemex, y muchos años después, ya cerradas las heridas por obra de las generosas indemnizaciones, Pemex vivió una experiencia semejante ante el Banco Interamericano de Desarrollo.

Uruguay fue el país que creó la primera refinería estatal en América Latina. La ANCAP, Administración Nacional de Combustibles, Alcohol y Portland, había nacido en 1931, y la refinación y la venta de petróleo crudo figuraban entre sus funciones principales. Era la respuesta nacional a una larga historia de abusos del trust en el río de la Plata. Paralelamente, el Estado contrató la compra de petróleo barato en la Unión Soviética. El cártel financió de inmediato una furiosa campaña de desprestigio contra el ente industrial del Estado uruguayo y comenzó su tarea de extorsión y amenaza. Se afirmaba que el Uruguay no encontraría quien le vendiera las maquinarias y que se quedaría sin petróleo crudo, que el Estado era un pésimo administrador, y que no podía hacerse cargo de tan complicado negocio. El golpe palaciego de marzo de 1933 despedía cierto olor a petróleo: la dictadura de Gabriel Terra anuló el derecho de la ANCAP a monopolizar la importación de combustibles, y en enero de 1938 firmó los *convenios secretos* con el cártel, ominosos acuerdos que fueron ignorados por el público hasta un cuarto de siglo después y que todavía están en vigencia. De acuerdo con sus términos, el país está obligado a comprar un cuarenta por ciento del petróleo crudo sin licitación y donde lo indiquen la Standard Oil, la Shell, la Atlantic y la Texaco, a los precios que el cártel fija. Además, el Estado, que conserva el monopolio de la refinación, paga todos los gastos de las empresas, incluyendo la propaganda, los salarios privilegiados y los lujosos muebles de sus oficinas[44]. *Esso es progreso*, canta la televisión, y el bombardeo de los avisos no cuesta a la Standard Oil ni un solo centavo. El abogado del Banco de la República

---

[43] Jesús Silva Herzog, *Historia de la expropiación de las empresas petroleras*, México, 1964.

[44] Vivian Trías, *Imperialismo y petróleo en el Uruguay*, Montevideo, 1963. Véase también el discurso del diputado Enrique Erro en el diario de sesiones de la Cámara de Representantes, núm. 1211, tomo 577, Montevideo, 8 de septiembre de 1966.

tiene también a su cargo las relaciones públicas de la Standard Oil: el Estado le paga los dos sueldos.

Allá por 1939, la refinería de la ANCAP levantaba, exitosa, sus torres llameantes: el ente había sido mutilado gravemente a poco de nacer, como hemos visto, pero constituía todavía un ejemplo de desafío victorioso ante las presiones del cártel. El jefe del Consejo Nacional del Petróleo de Brasil, general Horta Barbosa, viajó a Montevideo y se entusiasmó con la experiencia: la refinería uruguaya había pagado casi la totalidad de sus gastos de instalación durante el primer año de trabajo. Gracias a los esfuerzos del general Barbosa, sumados al fervor de otros militares nacionalistas, Petrobrás, la empresa estatal brasileña, pudo iniciar sus operaciones en 1953 al grito de *O petróleo é nosso!* Actualmente, Petrobrás es la mayor empresa de Brasil[45]. Explora, extrae y refina el petróleo brasileño. Pero también Petrobrás fue mutilada. El cártel le ha arrebatado dos grandes fuentes de ganancias: en primer lugar, la distribución de la gasolina, los aceites, el querosene y los diversos fluidos, un estupendo negocio que la Esso, la Shell y la Atlantic manejan por teléfono sin mayores dificultades y con tan buen resultado que éste es, después de la industria automotriz, el rubro más fuerte de la inversión norteamericana en Brasil; en segundo lugar, la industria petroquímica, generoso manantial de beneficios, que ha sido desnacionalizada, hace pocos años, por la dictadura del mariscal Castelo Branco. Recientemente, el cártel desencadenó una estrepitosa campaña destinada a despojar a Petrobrás del monopolio de la refinación. Los defensores de Petrobrás recuerdan que la iniciativa privada, que tenía el campo libre, no se había ocupado del petróleo brasileño antes de 1953[46], y procuran devolver a la frágil memoria del público un episodio bien ilustrativo de la buena voluntad de los monopolios. En noviembre de 1960, en efecto, Petrobrás encomendó a dos técnicos brasileños que encabezaran una revisión general de los yacimientos sedimentarios del país. Como resultado de sus informes, el pequeño estado nordestino de Sergipe pasó a la vanguardia en la producción de petróleo. Poco antes, en

[45]   Petrobrás figura en el primer lugar en la lista de las quinientas mayores empresas, publicada por *Conjuntura económica*, vol. 24, núm. 9, Río de Janeiro, 1970.

[46]   Declaraciones del ingeniero Márcio Leite Cesarino, en *Correio da Manhã*, Río de Janeiro, 28 de enero de 1967.

agosto, el técnico norteamericano Walter Link, que había sido el principal geólogo de la Standard Oil de Nueva Jersey, había recibido del Estado brasileño medio millón de dólares por una montaña de mapas y un extenso informe que tachaba de «inexpresiva» la espesura sedimentaria de Sergipe: hasta entonces había sido considerada de grado B, y Link la rebajó a grado C. Después se supo que era de grado A[47]. Según O'Connor, Link había trabajado todo el tiempo como un agente de la Standard, de antemano resuelto a no encontrar petróleo para que Brasil continuara dependiendo de las importaciones de la filial de Rockefeller en Venezuela.

También en Argentina las empresas extranjeras y sus múltiples ecos nativos sostienen siempre que el subsuelo contiene escaso petróleo, aunque las investigaciones de los técnicos de YPF, Yacimientos Petrolíferos Fiscales, han indicado con toda certidumbre que en cerca de la mitad del territorio nacional subyace el petróleo, y que también hay petróleo abundante en la vasta plataforma submarina de la costa atlántica. Cada vez que se pone de moda hablar de la pobreza del subsuelo argentino, el gobierno firma una nueva concesión en beneficio de alguno de los miembros del cártel. La empresa estatal, YPF, ha sido víctima de un continuo y sistemático sabotaje, desde sus orígenes hasta la fecha. La Argentina fue, hasta no hace muchos años, uno de los últimos escenarios históricos de la pugna interimperialista entre Inglaterra, en el desesperado ocaso, y los ascendentes Estados Unidos. Los acuerdos del cártel no han impedido que la Shell y la Standard disputaran el petróleo de este país por medios a veces violentos: hay una serie de elocuentes coincidencias en los golpes de Estado que se han sucedido todo a lo largo de los últimos cuarenta años. El Congreso argentino se disponía a votar la ley de nacionalización del petróleo, el 6 de septiembre de 1930, cuando el caudillo nacionalista Hipólito Yrigoyen fue derribado de la Presidencia del país por el cuartelazo de José Félix Uriburu. El gobierno de Ramón Castillo cayó en junio de 1943, cuando tenía a la firma un convenio que promovía la extracción del petróleo por los capitales norteamericanos. En septiembre de 1955, Juan Domingo Perón marchó al exilio cuando el Congreso estaba por aprobar una concesión a

---

[47] *Correio da Manhã* publicó un amplio extracto del documento en su edición del 19 de febrero de 1967.

la California Oil Co. Arturo Frondizi desencadenó varias y muy agudas crisis militares, en las tres armas, al anunciar el llamado a licitación que ofrecía todo el subsuelo del país a las empresas interesadas en extraer petróleo: en agosto de 1959, la licitación fue declarada desierta. Resucitó en seguida y, en octubre de 1960, quedó sin efecto. Frondizi realizó varias concesiones en beneficio de las empresas norteamericanas del cártel, y los intereses británicos –decisivos en la Marina y en el sector «colorado» del ejército– no fueron ajenos a su caída en marzo de 1962. Arturo Illia anuló las concesiones y fue derribado en 1966; al año siguiente, Juan Carlos Onganía promulgó una ley de hidrocarburos que favorecía los intereses norteamericanos en la pugna interna.

El petróleo no ha provocado solamente golpes de Estado en América Latina. También desencadenó una guerra, la del Chaco (1932-35), entre los dos pueblos más pobres de América del Sur: «Guerra de los soldados desnudos», llamó René Zavaleta a la feroz matanza recíproca de Bolivia y Paraguay[48]. El 30 de mayo de 1934 el senador por Louisiana, Huey Long, sacudió a los Estados Unidos con un violento discurso en el que denunciaba que la Standard Oil de Nueva Jersey había provocado el conflicto y que financiaba al ejército boliviano para apoderarse, por su intermedio, del Chaco paraguayo, necesario para tender un oleoducto desde Bolivia hacia el río y, además, presumiblemente rico en petróleo: «Estos criminales han ido allá y han alquilado sus asesinos» –afirmó[49]. Los paraguayos marchaban al matadero, por su parte, empujados por la Shell: a medida que avanzaban hacia el norte, los soldados descubrían las perforaciones de la Standard en el escenario de la discordia. Era una disputa entre dos empresas, enemigas y a la vez socias dentro del cártel, pero no eran ellas quienes derramaban la sangre. Finalmente, Paraguay ganó la guerra pero perdió la paz. Spruille Braden, notorio personero de la Standard Oil, presidió la comisión de negociaciones que preservó

[48] René Zavaleta Mercado, *Bolivia. El desarrollo de la conciencia nacional*, Montevideo, 1967.
[49] El senador Long no ahorró ningún adjetivo a la Standard Oil: la llamó *criminal, malhechora, facinerosa, asesina doméstica, asesina extranjera, conspiradora internacional, hato de salteadores y ladrones rapaces, conjunto de vándalos y ladrones.* Reproducido en la revista *Guarania*, Buenos Aires, noviembre de 1934.

para Bolivia, y para Rockefeller, varios miles de kilómetros cuadrados que los paraguayos reivindicaban.

Muy cerca del último territorio de aquellas batallas están los pozos de petróleo y los vastos yacimientos de gas natural que la Gulf Oil Co., la empresa de la familia Mellon, perdió en Bolivia en octubre de 1969. «Ha concluido para los bolivianos el tiempo del desprecio» –clamó el general Alfredo Ovando al anunciar la nacionalización desde los balcones del Palacio Quemado. Quince días antes, cuando todavía no había tomado el poder, Ovando había jurado que nacionalizaría la Gulf, ante un grupo de intelectuales nacionalistas; había redactado el decreto, lo había firmado, lo había guardado, sin fecha, en un sobre. Y cinco meses antes, en el Cañadón del Arque, el helicóptero del general René Barrientos había chocado contra los cables de telégrafo y se había ido a pique. La imaginación no hubiera sido capaz de inventar una muerte tan perfecta. El helicóptero era un regalo personal de la Gulf Oil Co.; el telégrafo pertenece, como se sabe, al Estado. Junto con Barrientos ardieron dos valijas llenas de dinero que él llevaba para repartir, billete por billete, entre los campesinos, y algunas metralletas que no bien prendieron fuego comenzaron a regar una lluvia de balas en torno del helicóptero incendiado, de tal modo que nadie pudo acercarse a rescatar al dictador mientras se quemaba vivo.

Además de decretar la nacionalización, Ovando derogó el Código del Petróleo, llamado *Código Davenport* en homenaje al abogado que lo había redactado en inglés. Para la elaboración del Código, Bolivia había obtenido, en 1956, un préstamo de los Estados Unidos; en cambio, el Eximbank, la banca privada de Nueva York y el Banco Mundial habían respondido siempre con la negativa a las solicitudes de crédito para el desarrollo de YPFB, la empresa petrolera del Estado. El gobierno norteamericano hacía siempre suya la causa de las corporaciones petroleras privadas[50]. En función del código, la Gulf

---

[50] Los ejemplos abundan en la historia, reciente o lejana. Irving Florman, embajador de los Estados Unidos en Bolivia, informaba a Donald Dawson, de la Casa Blanca, el 28 de diciembre de 1950: «Desde que he llegado aquí, he trabajado diligentemente en el proyecto de abrir ampliamente la industria petrolera de Bolivia a la penetración de la empresa privada norteamericana, y ayudar a nuestro programa de defensa nacional en vasta escala». Y también: «Sabía que a usted le interesaría escuchar que la industria petrolera de Bolivia y esta tierra entera están ahora bien abiertas a la libre iniciativa

recibió, entonces, por un plazo de cuarenta años, la concesión de los campos más ricos en petróleo de todo el país. El código fijaba una ridícula participación del Estado en las utilidades de las empresas: por muchos años, apenas un once por ciento. El Estado se hacía socio en los gastos del concesionario, pero no tenía ningún control sobre esos gastos, y se llegó a la situación extrema en materia de ofrendas: todos los riesgos eran para YPFB, y ninguno para la Gulf. En la *Carta de intenciones* firmada por la Gulf a fines de 1966, durante la dictadura de Barrientos, se estableció, en efecto, que en las operaciones conjuntas con YPFB, la Gulf recobraría el total de sus capitales invertidos en la exploración de un área, si no encontraba petróleo. Si el petróleo aparecía, los gastos serían recuperados a través de la explotación posterior, pero ya de entrada serían cargados al pasivo de la empresa estatal. Y la Gulf fijaría esos gastos según su paladar[51]. En esa misma *Carta de intenciones*, la Gulf se atribuyó también, con toda tranquilidad, la propiedad de los yacimientos de gas, que no se le habían concedido nunca. El subsuelo de Bolivia contiene mucho más gas que petróleo. El general Barrientos hizo un gesto de distracción: resultó suficiente. Un simple pase de manos para decidir el destino de la principal reserva de energía de Bolivia. Pero la función no había terminado.

Un año antes de que el general Alfredo Ovando expropiara la Gulf en Bolivia, otro general nacionalista, Juan Velasco Alvarado, había estatizado los yacimientos y la refinería de la International Petroleum Co., filial de la Standard Oil de Nueva Jersey, en Perú. Velasco había tomado el poder a la cabeza de una junta militar, y en la cresta de la ola de un gran escándalo político: el gobierno de Fernando Belaúnde Terry había *perdido* la página final del convenio de Talara, suscrito entre el Estado y la IPC. Esa página misteriosamente eva-

---

norteamericana. Bolivia es, por lo tanto, el primer país del mundo que ha hecho una desnacionalización, o una nacionalización a la inversa, y yo me siento orgulloso de haber sido capaz de cumplir esta tarea para mi país y la administración». La copia fotostática de esta carta, extraída de la biblioteca de Harry Truman, fue reproducida por *NACLA Newsletter*, Nueva York, febrero de 1969.

[51] Marcelo Quiroga Santa Cruz, interpelación del 11 y 12 de octubre de 1966 en la Cámara de Diputados, en la *Revista jurídica*, edición extraordinaria, Cochabamba, 1967.

porada, la página once, contenía la garantía del precio mínimo que la empresa norteamericana debía pagar por el petróleo crudo nacional en su refinería. El escándalo no terminaba allí. Al mismo tiempo, se había revelado que la subsidiaria de la Standard había estafado a Perú en más de mil millones de dólares, a lo largo de medio siglo, a través de los impuestos y las regalías que había eludido y de otras variadas formas del fraude y la corrupción. El director de la IPC se había entrevistado con el presidente Belaúnde en sesenta ocasiones antes de llegar al acuerdo que provocó el alzamiento militar; durante dos años, mientras las negociaciones con la empresa avanzaban, se rompían y comenzaban de nuevo, el Departamento de Estado había suspendido todo tipo de ayuda a Perú[52]. Virtualmente no quedó tiempo para reanudar la ayuda, porque la claudicación selló la suerte del Presidente acosado. Cuando la empresa de Rockefeller presentó su protesta ante la Corte judicial peruana, la gente arrojó moneditas a los rostros de sus abogados.

América Latina es una caja de sorpresas; no se agota nunca la capacidad de asombro de esta región torturada del mundo. En los Andes, el nacionalismo militar ha resurgido con ímpetu, como un río subterráneo largamente escondido. Los mismos generales que hoy están llevando adelante, en un proceso contradictorio, una política de reforma y de afirmación patriótica, habían aniquilado poco antes a los guerrilleros. Muchas de las banderas de los caídos han sido recogidas, así, por sus propios vencedores. Los militares peruanos habían regado con napalm algunas zonas guerrilleras, en 1965, y había sido la International Petroleum Co., filial de la Standard Oil de Nueva Jersey, quien les había proporcionado la gasolina y el *know-how* para que elaboraran las bombas en la base aérea de Las Palmas, cerca de Lima[53].

---

[52] Cuando el escándalo estalló, la embajada de los Estados Unidos no guardó un prudente silencio. Uno de sus funcionarios llegó a afirmar que no existía ningún original del contrato de Talara. (Richard N. Goodwin, «El conflicto con la IPC: Carta de Perú», reproducido de *The New Yorker* por *Comercio exterior*, México, julio de 1969.)

[53] Georgie Anne Geyer, *Seized U. S. Oil Firm Made Napalm*, en el *New York Post*, 7 de abril de 1969.

El lago de Maracaibo en el buche
de los grandes buitres de metal

Aunque su participación en el mercado mundial se ha reducido a la mitad en los años sesenta, Venezuela es todavía, en 1970, el mayor exportador de petróleo. De Venezuela proviene casi la mitad de las ganancias que los capitales norteamericanos sustraen a toda América Latina. Éste es uno de los países más ricos del planeta y, también, uno de los más pobres y uno de los más violentos. Ostenta el ingreso per cápita más alto de América Latina, y posee la red de carreteras más completa y ultramoderna; en proporción a la cantidad de habitantes, ninguna otra nación del mundo bebe tanto whisky escocés. Las reservas de petróleo, gas y hierro que su subsuelo ofrece a la explotación inmediata podrían multiplicar por diez la riqueza de cada uno de los venezolanos; en sus vastas tierras vírgenes podría caber, entera, la población de Alemania o Inglaterra. Los taladros han extraído, en medio siglo, una renta petrolera tan fabulosa que duplica los recursos del Plan Marshall para la reconstrucción de Europa; desde que el primer pozo de petróleo reventó a torrentes, la población se ha multiplicado por tres y el presupuesto nacional por cien, pero buena parte de la población, que disputa las sobras de la minoría dominante, no se alimenta mejor que en la época en que el país dependía del cacao y del café[54]. Caracas, la capital, creció siete veces en treinta años; la ciudad patriarcal de frescos patios, plaza mayor y catedral silenciosa se ha erizado de rascacielos en la misma medida

---

[54] Para la redacción de este capítulo, el autor ha utilizado, además de las obras ya citadas de Harvey O'Connor y Francisco Mieres, los libros siguientes: Orlando Araújo, *Operación Puerto Rico sobre Venezuela*, Caracas, 1967; Federico Brito, *Venezuela siglo XX*, La Habana, 1967; M. A. Falcon Urbano, *Desarrollo e industrialización de Venezuela*, Caracas, 1969; Elena Hochman, Héctor Mujica y otros, *Venezuela 1°*, Caracas, 1963; William Krehm, *Democracia y tiranías en el Caribe*, Buenos Aires, 1959; los ensayos de D. F. Maza Zavala, Salvador de la Plaza, Pedro Esteban Mejía y Leonardo Montiel Ortega en el volumen citado en la nota 27; Rodolfo Quintero, *La cultura del petróleo*, Caracas, 1968; Domingo Alberto Rangel, *El proceso del capitalismo contemporáneo en Venezuela*, Caracas, 1968; Arturo Uslar Pietri, *¿Tiene un porvenir la juventud venezolana?*, en *Cuadernos Americanos*, México, marzo-abril de 1968; y Naciones Unidas-CEPAL, *Estudio económico de América Latina*, 1969, Nueva York-Santiago de Chile, 1970.

en que han brotado las torres de petróleo en el lago de Maracaibo. Ahora, es una pesadilla de aire acondicionado, supersónica y estrepitosa, un centro de la cultura del petróleo que prefiere el consumo a la creación y que multiplica las necesidades artificiales para ocultar las reales. Caracas ama los productos sintéticos y los alimentos enlatados; no camina nunca, sólo se moviliza en automóvil, y ha envenenado con los gases de los motores el limpio aire del valle; a Caracas le cuesta dormir, porque no puede apagar la ansiedad de ganar, y comprar, consumir y gastar, apoderarse de todo. En las laderas de los cerros, más de medio millón de olvidados contempla, desde sus chozas armadas de basura, el derroche ajeno. Relampaguean los millares y millares de automóviles último modelo por las avenidas de la dorada capital. En vísperas de las fiestas, los barcos llegan al puerto de La Guaira atiborrados de champaña francesa, whisky de Escocia y bosques de pinos de Navidad que vienen del Canadá, mientras la mitad de los niños y los jóvenes de Venezuela quedan todavía, en 1970, según los censos, fuera de las aulas de enseñanza.

Tres millones y medio de barriles de petróleo produce Venezuela cada día para poner en movimiento la maquinaria industrial del mundo capitalista, pero las diversas filiales de la Standard Oil, la Shell, la Gulf y la Texaco no explotan las cuatro quintas partes de sus concesiones, que siguen siendo reservas invictas, y más de la mitad del valor de las exportaciones no vuelve nunca al país. Los folletos de propaganda de la Creole (Standard Oil) exaltan la filantropía de la corporación en Venezuela, en los mismos términos en que proclamaba virtudes, a mediados del siglo XVIII, la Real Compañía Guipuzcoana; las ganancias arrancadas a esta gran vaca lechera sólo resultan comparables, en proporción al capital invertido, con las que en el pasado obtenían los mercaderes de esclavos o los corsarios. Ningún país ha producido tanto al capitalismo mundial en tan poco tiempo: Venezuela ha drenado una riqueza que, según Rangel, excede a la que los españoles usurparon a Potosí o los ingleses a la India. La primera Convención Nacional de Economistas reveló que las ganancias reales de las empresas petroleras en Venezuela habían ascendido, en 1961, al 38 por ciento, y en 1962 al 48 por ciento, aunque las tasas de beneficio que las empresas denunciaban en sus balances eran del 15 y el 17 por ciento respectivamente. La diferencia corre por cuenta de la magia de la contabilidad y las transferencias ocultas. En la complicada relojería del negocio petrolero, por lo demás, con sus múltiples y simultáneos sistemas de precios, resulta muy difícil estimar el volumen de las ganancias que se ocultan detrás de la baja artificial de la cotización del petróleo crudo, que desde el pozo a la bomba de gasolina circula siempre por las mismas venas, y detrás del alza artificial de los gastos de producción, donde se computan sueldos de fábula y muy inflados costos de propaganda. Lo cierto es que, según las cifras oficiales, en la última década Venezuela no ha registrado el ingreso de nuevas inversiones del exterior, sino, por el contrario, una sistemática desinversión. Venezuela sufre la sangría de más de setecientos millones de dólares anuales, convictos y confesos como «rentas del capital extranjero». Las únicas inversiones nuevas provienen de las utilidades que el propio país proporciona. Mientras tanto, los costos de extracción del petróleo van bajando en línea vertical, porque cada vez las empresas ocupan menos mano de obra. Sólo entre 1959 y 1962 se redujo en más de diez mil la cantidad de obreros: quedaron poco más de treinta mil en actividad, y a fines de 1970 ya el petróleo ocupa nada más que veintitrés mil trabajadores. La producción, en cambio, ha crecido mucho en esta última década.

Como consecuencia de la desocupación creciente, se agudizó la crisis de los campamentos petroleros del lago de Maracaibo. El lago es un bosque de torres. Dentro de las armazones de hierros cruzados, el implacable cabeceo de los balancines genera, desde hace medio siglo, toda la opulencia y toda la miseria de Venezuela. Junto a los balancines arden los mechurrios, quemando impunemente el gas natural que el país se da el lujo de regalar a la atmósfera. Se encuentran balancines hasta en los fondos de las casas y en las esquinas de las calles de las ciudades que brotaron a chorros, como el petróleo, en las costas del lago: allí el petróleo tiñe de negro las calles y las ropas, los alimentos y las paredes, y hasta las profesionales del amor llevan apodos petroleros, tales como «La Tubería» o «La Cuatro Válvulas», «La Cabria» o «La Remolcadora». Los precios de la vestimenta y la comida son, aquí, más altos que en Caracas. Estas aldeas modernas, tristes de nacimiento pero a la vez aceleradas por la alegría del dinero fácil, han descubierto ya que no tienen destino. Cuando se mueren los pozos, la supervivencia se convierte en materia de milagro: quedan los esqueletos de las casas, las aguas aceitosas de veneno matando peces y lamiendo las zonas abandonadas. La desgracia acomete también a las ciudades que viven de la explotación de los pozos en actividad, por los despidos en masa y la mecanización creciente. «Por aquí el petróleo nos pasó por encima», decía un poblador de Lagunillas en 1966. Cabimas, que durante medio siglo fue la mayor fuente de petróleo de Venezuela, y que tanta prosperidad ha regalado a Caracas y al mundo, no tiene ni siquiera cloacas. Cuenta apenas con un par de avenidas asfaltadas.

La euforia se había desatado largos años atrás. Hacia 1917, el petróleo coexistía ya, en Venezuela, con los latifundios tradicionales, los inmensos campos despoblados y de tierras ociosas, donde los hacendados vigilaban el rendimiento de su fuerza de trabajo azotando a los peones o enterrándolos vivos hasta la cintura. A fines de 1922, reventó el pozo de La Rosa, que chorreaba cien mil barriles por día, y se desató la borrasca petrolera. Brotaron los taladros y las cabrias en el lago de Maracaibo, súbitamente invadido por los aparatos extraños y los hombres con cascos de corcho; los campesinos afluían y se instalaban sobre los suelos hirvientes, entre tablones y latas de aceite, para ofrecer sus brazos al petróleo. Los acentos de Oklahoma y Texas resonaban por primera vez en los llanos y en la selva, hasta en las más escondidas comarcas. Setenta y tres empresas surgieron en un santiamén. El rey del carnaval de las concesiones era el dictador Juan Vicente Gómez, un ganadero de los Andes que ocupó sus veintisiete años de gobierno (1908-35) haciendo hijos y negocios. Mientras los torrentes negros nacían a borbotones, Gómez extraía acciones petroleras de sus bolsillos repletos, y con ellas recompensaba a sus amigos, a sus parientes y a sus cortesanos, al médico que le custodiaba la próstata y a los generales que le custodiaban las espaldas, a los poetas que cantaban su gloria y al arzobispo que le otorgaba permisos especiales para comer carne los viernes santos. Las grandes potencias cubrían el pecho de Gómez con lustrosas condecoraciones: era preciso alimentar los automóviles que invadían los caminos del mundo. Los favoritos del dictador vendían las concesiones a la Shell o a la Standard Oil o a la Gulf; el tráfico de influencias y de sobornos desató la especulación y el hambre de subsuelos. Las comunidades indígenas fueron despojadas de sus tierras y muchas familias de agricultores perdieron, por las buenas o por las malas, sus propiedades. La ley petrolera de 1922 fue redactada por los representantes de tres firmas de los Estados Unidos. Los campos de petróleo estaban cercados y tenían policía propia. Se prohibía la entrada a quienes no portaran la ficha de enrolamiento de las empresas; estaba vedado hasta el tránsito por las carreteras que conducían el petróleo a los puertos. Cuando Gómez murió, en 1935, los obreros petroleros cortaron las alambradas de púas que rodeaban los campamentos y se declararon en huelga.

En 1948, con la caída del gobierno de Rómulo Gallegos, se cerró el ciclo reformista inaugurado tres años antes, y los militares victoriosos rápidamente redujeron la participación del Estado sobre el petróleo extraído por las filiales del cártel. La rebaja de impuestos se tradujo, en 1954, en más de trescientos millones de dólares de beneficios adicionales para la Standard Oil. En 1953, un hombre de negocios de los Estados Unidos había declarado en Caracas: «Aquí, usted tiene la libertad de hacer con su dinero lo que le plazca; para mí, esa libertad vale más que todas las libertades políticas y civiles juntas».[55] Cuando el dictador Marcos Pérez Jiménez fue derribado en 1958, Venezuela era un vasto pozo petrolero rodeado de cárceles y cámaras de torturas, que importaba todo desde los Estados Unidos: los automóviles y las heladeras, la leche condensada, los huevos, las lechugas, las leyes y los decretos. La mayor de las empresas de Rockefeller, la Creole, había declarado en 1957 utilidades que llegaban casi a la mitad de sus inversiones totales. La junta revolucionaria de gobierno elevó el impuesto a la renta de las empresas mayores, de un 25 a un 45 por ciento. En represalia, el cártel dispuso la inmediata caída del precio del petróleo venezolano y fue entonces cuando comenzó a despedir en masa a los obreros. Tan abajo se vino el precio, que a pesar del aumento de los impuestos y del mayor volumen de petróleo exportado, en 1958 el Estado recaudó sesenta millones de dólares menos que en el año anterior.

Los gobiernos siguientes no nacionalizaron la industria petrolera, pero tampoco han otorgado, hasta 1970, nuevas concesiones a las empresas extranjeras para la extracción de oro negro. Mientras tanto, el cártel aceleró la producción de sus yacimientos del Cercano Oriente y Canadá; en Venezuela ha cesado virtualmente la prospección de nuevos pozos y la exportación está paralizada. La política de negar nuevas concesiones perdió sentido en la medida en que la Cor-

---

[55] *Time*, edición para América Latina, 11 de septiembre de 1953.

poraciónVenezolana del Petróleo, el organismo estatal, no asumió la responsabilidad vacante. La Corporación se ha limitado, en cambio a perforar unos pocos pozos aquí y allá, confirmando que su función no es otra que la que le había adjudicado el presidente Rómulo Betancourt: «No alcanzar una dimensión de gran empresa, sino servir de intermediario para las negociaciones en la nueva fórmula de concesiones». La nueva fórmula no se puso en práctica, aunque se la anunció varias veces.

Mientras tanto, el fuerte impulso industrializador que había cobrado cuerpo y fuerza desde hacía dos décadas muestra ya visibles síntomas de agotamiento, y vive una impotencia muy conocida en América Latina: el mercado interno, limitado por la pobreza de las mayorías, no es capaz de sustentar el desarrollo manufacturero más allá de ciertos límites. La reforma agraria, por otra parte, inaugurada por el gobierno de Acción Democrática, se ha quedado a menos de la mitad del camino que se proponía, en las promesas de sus creadores, recorrer.Venezuela compra al extranjero, y sobre todo a Estados Unidos, buena parte de los alimentos que consume. El plato nacional, por ejemplo, que es el frijol negro, llega en grandes cantidades desde el norte, en bolsas que lucen la palabra «beans».

Salvador Garmendia, el novelista que reinventó el infierno prefabricado de toda esta cultura de conquista, la cultura del petróleo, me escribía en una carta, a mediados del '69: «¿Has visto un balancín, el aparato que extrae el petróleo crudo? Tiene la forma de un gran pájaro negro cuya cabeza puntiaguda sube y baja pesadamente, día y noche, sin detenerse un segundo: es el único buitre que no come mierda. ¿Qué pasará cuando oigamos el ruido característico del sorbedor al acabarse el líquido? La obertura grotesca ya empieza a escucharse en el lago de Maracaibo, donde de la noche a la mañana brotaron pueblos fabulosos con cinematógrafos, supermercados, *dancings*, hervideros de putas y garitos, donde el dinero no tenía valor. Hace poco hice un recorrido por ahí y sentí una garra en el estómago. El olor a muerto y a chatarra es más fuerte que el del aceite. Los pueblos están semidesiertos, carcomidos, todos ulcerados por la ruina, las calles enlodadas, las tiendas en escombros. Un antiguo buzo de las empresas se sumerge a diario, armado de una segueta, para cortar trozos de tuberías abandonadas y venderlas como hierro viejo. La gente empieza a hablar de *las compañías* como quien evoca una fábula dorada. Se vive de un pasado mítico y funambulesco de fortunas derrochadas en un golpe de dados y borracheras de siete días. Entre tanto, los balancines siguen cabeceando y la lluvia de dólares cae en Miraflores, el palacio de gobierno, para transformarse en autopistas y demás monstruos de cemento armado. Un setenta por ciento del país vive marginado de todo. En las ciudades prospera una atolondrada clase media con altos sueldos, que se atiborra de objetos inservibles, vive aturdida por la publicidad y profesa la imbecilidad y el mal gusto en forma estridente. Hace poco el gobierno anunció con gran estruendo que había exterminado el analfabetismo. Resultado: en la pasada fiesta electoral, el censo de inscritos arrojó un millón de analfabetos entre los dieciocho y los cincuenta años de edad».

LOS BARCOS BRITÁNICOS DE GUERRA SALUDABAN
LA INDEPENDENCIA DESDE EL RÍO

En 1823, George Canning, cerebro del Imperio británico, estaba celebrando sus triunfos universales. El encargado de negocios de Francia tuvo que soportar la humillación de este brindis: «Vuestra sea la gloria del triunfo, seguida por el desastre y la ruina; nuestro sea el tráfico sin gloria de la industria y la prosperidad siempre creciente... La edad de la caballería ha pasado; y la ha sucedido una edad de economistas y calculadores». Londres vivía el principio de una larga fiesta; Napoleón había sido definitivamente derrotado algunos años atrás, y la era de la *Pax Britannica* se abría sobre el mundo. En América Latina, la independencia había remachado a perpetuidad el poder de los dueños de la tierra y de los comerciantes enriquecidos, en los puertos, a costa de la anticipada ruina de los países nacientes. Las antiguas colonias españolas, y también Brasil, eran mercados ávidos para los tejidos ingleses y las libras esterlinas al tanto por ciento. Canning no se equivocaba al escribir, en 1824: «La cosa está hecha; el clavo está puesto, Hispanoamérica es libre; y si nosotros no desgobernamos tristemente nuestros asuntos, es *inglesa*»[1].

La máquina de vapor, el telar mecánico y el perfeccionamiento de la máquina de tejer habían hecho madurar vertiginosamente la revolución industrial en Inglaterra. Se multiplicaban las fábricas y los bancos; los motores de combustión interna habían modernizado la navegación y muchos grandes buques navegaban hacia los cuatro puntos cardinales universalizando la expansión industrial inglesa. La eco-

---

[1]   William W. Kaufmann, *La política británica y la independencia de la América Latina (1804-1828)*, Caracas, 1963.

nomía británica pagaba con tejidos de algodón los cueros del río de la Plata, el guano y el nitrato de Perú, el cobre de Chile, el azúcar de Cuba, el café de Brasil. Las exportaciones industriales, los fletes, los seguros, los intereses de los préstamos y las utilidades de las inversiones alimentarían, a lo largo de todo el siglo XIX, la pujante prosperidad de Inglaterra. En realidad, antes de las guerras de independencia, ya los ingleses controlaban buena parte del comercio legal entre España y sus colonias, y habían arrojado a las costas de América Latina un caudaloso y persistente flujo de mercaderías de contrabando. El tráfico de esclavos brindaba una pantalla eficaz para el comercio clandestino, aunque al fin y al cabo también las aduanas registraban, en toda América Latina, una abrumadora mayoría de productos que no provenían de España. El monopolio español no había existido, en los hechos, nunca: «... la colonia ya estaba perdida para la metrópoli mucho antes de 1810, y la revolución no representó más que un reconocimiento político de semejante estado de cosas».[2]

Las tropas británicas habían conquistado Trinidad, en el Caribe, al precio de una sola baja, pero el comandante de la expedición, sir Ralph Abercromby, estaba convencido de que no serían fáciles otras conquistas militares en la América hispánica. Poco después, fracasaron las invasiones inglesas en el río de la Plata. La derrota dio fuerza a la opinión de Abercromby sobre la ineficacia de las expediciones armadas y el turno histórico de los diplomáticos, los mercaderes y los banqueros: un nuevo orden liberal en las colonias españolas ofrecería a Gran Bretaña la oportunidad de abarcar las nueve décimas partes del comercio de la América española.[3] La fiebre de la independencia hervía en tierras hispanoamericanas. A partir de 1810, Londres aplicó una política zigzagueante y dúplice, cuyas fluctuaciones obedecieron a la necesidad de favorecer el comercio inglés, impedir que América Latina pudiera caer en manos norteamericanas o francesas, y prevenir una posible infección de jacobinismo en los nuevos países que nacían a la libertad.

Cuando se constituyó la junta revolucionaria en Buenos Aires, el 25 de mayo de 1810, una salva de cañonazos de los buques británicos

[2]   Manfred Kossok, *El virreinato del Río de la Plata. Su estructura económico-social*, Buenos Aires, 1959.

[3]   H. S. Ferns, *Gran Bretaña y Argentina en el siglo XIX*, Buenos Aires, 1966.

de guerra la saludó desde el río. El capitán del barco *Mutine* pronunció, en nombre de Su Majestad, un inflamado discurso: el júbilo invadía los corazones británicos. Buenos Aires demoró apenas tres días en eliminar ciertas prohibiciones que dificultaban el comercio con extranjeros; doce días después, redujo del 50 por ciento al 7,5 por ciento los impuestos que gravaban las ventas al exterior de los cueros y el sebo. Habían pasado seis semanas desde el 25 de mayo cuando se dejó sin efecto la prohibición de exportar el oro y la plata en monedas, de modo que pudieran fluir a Londres sin inconvenientes. En septiembre de 1811, un triunvirato reemplazó a la junta como autoridad gobernante: fueron nuevamente reducidos, y en algunos casos abolidos, los impuestos a la exportación y a la importación. A partir de 1813, cuando la Asamblea se declaró autoridad soberana, los comerciantes extranjeros quedaron exonerados de la obligación de vender sus mercaderías a través de los comerciantes nativos: «El comercio se hizo en verdad libre».[4] Ya en 1812, algunos comerciantes británicos comunicaban al Foreign Office: «Hemos logrado... reemplazar con éxito los tejidos alemanes y franceses». Habían reemplazado, también, la producción de los tejedores argentinos, estrangulados por el puerto librecambista, y el mismo proceso se registró, con variantes, en otras regiones de América Latina.

De Yorkshire y Lancashire, de los Cheviots y Gales, brotaban sin cesar artículos de algodón y de lana, de hierro y de cuero, de madera y porcelana. Los telares de Manchester, las ferreterías de Sheffield, las alfarerías de Worcester y Staffordshire, inundaron los mercados latinoamericanos. *El comercio libre enriquecía a los puertos que vivían de la exportación y elevaba a los cielos el nivel de despilfarro de las oligarquías ansiosas por disfrutar de todo el lujo que el mundo ofrecía, pero arruinaba las incipientes manufacturas locales y frustraba la expansión del mercado interno.* Las industrias domésticas, precarias y de muy bajo nivel técnico, habían surgido en el mundo colonial a pesar de las prohibiciones de la metrópoli y conocieron un auge, en vísperas de la independencia, como consecuencia del aflojamiento de los lazos opresores de España y de las dificultades de abastecimiento que la guerra europea provocó. En los primeros años del siglo XIX, los talleres estaban resucitando, después de los mortíferos efectos de la

---

[4]   *Ibíd.*

disposición que el rey había adoptado, en 1778, para autorizar el comercio libre entre los puertos de España y América. Un alud de mercaderías extranjeras había aplastado las manufacturas textiles y la producción colonial de alfarería y objetos de metal, y los artesanos no contaron con muchos años para reponerse del golpe: la independencia abrió del todo las puertas a la libre competencia de la industria ya desarrollada en Europa. *Los vaivenes posteriores en las políticas aduaneras de los gobiernos de la independencia generarían sucesivas muertes y despertares de las manufacturas criollas, sin la posibilidad de un desarrollo sostenido en el tiempo.*

Las dimensiones del infanticidio industrial

Cuando nacía el siglo XIX, Alexander von Humboldt calculó el valor de la producción manufacturera de México en unos siete u ocho millones de pesos, de los que la mayor parte correspondía a los obrajes textiles. Los talleres especializados elaboraban paños, telas de algodón y lienzos; más de doscientos telares ocupaban, en Querétaro, a mil quinientos obreros, y en Puebla trabajaban mil doscientos tejedores de algodón[5]. En Perú, los toscos productos de la colonia no alcanzaron nunca la perfección de los tejidos indígenas anteriores a la llegada de Pizarro, «pero su importancia económica fue, en cambio, muy grande»[6]. La industria reposaba sobre el trabajo forzado de los indios, encarcelados en los talleres desde antes que aclarara el día hasta muy entrada la noche. La independencia aniquiló el precario desarrollo alcanzado. En Ayacucho, Cacamorsa, Tarma, los obrajes eran de magnitud considerable. El pueblo entero de Pacaicasa, hoy muerto, «formaba un solo y vasto establecimiento de telares con más de mil obreros», dice Romero en su obra; Paucarcolla, que abastecía de frazadas de lana una región muy vasta, está desapareciendo «y actualmente no existe allí ni una sola fábrica»[7]. En Chile, una de las más apartadas posesiones españolas, el aislamiento favo-

---

[5]   Alexander von Humboldt, *Ensayo sobre el reino de la Nueva España*, México, 1944.

[6]   Emilio Romero, *Historia económica del Perú*, Buenos Aires, 1949.

[7]   *Ibíd.*

reció el desarrollo de una actividad industrial incipiente desde los albores mismos de la vida colonial. Había hilanderías, tejedurías, curtiembres; las jarcias chilenas proveían a todos los navíos del Mar del Sur; se fabricaban artículos de metal, desde alambiques y cañones hasta alhajas, vajilla fina y relojes; se construían embarcaciones y vehículos[8]. También en Brasil los obrajes textiles y metalúrgicos, que venían ensayando, desde el siglo XVIII, sus modestos primeros pasos, fueron arrasados por las importaciones extranjeras. Ambas actividades manufactureras habían conseguido prosperar en medida considerable a pesar de los obstáculos impuestos por el pacto colonial con Lisboa, pero desde 1807, la monarquía portuguesa, establecida en Río de Janeiro, ya no era más que un juguete en manos británicas, y el poder de Londres tenía otra fuerza. «Hasta la apertura de los puertos, las deficiencias del comercio portugués habían obrado como barrera protectora de una pequeña industria local –dice Caio Prado Júnior-; pobre industria artesana, es verdad, pero asimismo suficiente para satisfacer una parte del consumo interno. Esta pequeña industria no podrá sobrevivir a la libre competencia extranjera, aún en los más insignificantes productos.»[9]

Bolivia era el centro textil más importante del virreinato rioplatense. En Cochabamba había, al filo del siglo, ochenta mil personas dedicadas a la fabricación de lienzos de algodón, paños y manteles, según el testimonio del intendente Francisco de Viedma. En Oruro y La Paz también habían surgido obrajes que, junto con los de Cochabamba, brindaban mantas, ponchos y bayetas muy resistentes a la población, las tropas de línea del ejército y las guarniciones de frontera. Desde Mojos, Chiquitos y Guarayos provenían finísimas telas de lino y de algodón, sombreros de paja, vicuña o carnero y cigarros de hoja. «Todas estas industrias han desaparecido ante la competencia de artículos similares extranjeros...», comprobaba, sin mayor tristeza, un volumen dedicado a Bolivia en el primer centenario de su independencia[10].

El litoral de Argentina era la región más atrasada y menos poblada del país, antes de que la independencia trasladara a Buenos Aires,

---

[8]   Hernán Ramírez Necochea, *Antecedentes económicos de la independencia de Chile*, Santiago de Chile, 1959.
[9]   Caio Prado Júnior, *Historia económica del Brasil*, Buenos Aires, 1960.
[10] The University Society, *Bolivia en el primer centenario de su independencia*, La Paz, 1925.

en perjuicio de las provincias mediterráneas, el centro de gravedad de la vida económica y política. A principios del siglo XIX, apenas la décima parte de la población argentina residía en Buenos Aires, Santa Fe y Entre Ríos.[11] Con ritmo lento y por medios rudimentarios se había desarrollado una industria nativa en las regiones del centro y el norte, mientras que en el litoral no existía, según decía en 1795 el procurador Larramendi, «ningún arte ni manufactura». En Tucumán y Santiago del Estero, que actualmente son pozos de subdesarrollo, florecían los talleres textiles, que fabricaban ponchos de tres clases distintas, y se producían en otros talleres excelentes carretas y cigarros y cigarrillos, cueros y suelas. De Catamarca nacían lienzos de todo tipo, paños finos, bayetillas de algodón negro para que usaran los clérigos; Córdoba fabricaba más de setenta mil ponchos, veinte mil frazadas y cuarenta mil varas de bayeta por año, zapatos y artículos de cuero, cinchas y vergas, tapetados y cordobanes. Las curtiembres y talabarterías más importantes estaban en Corrientes. Eran famosos los finos sillones de Salta. Mendoza producía entre dos y tres millones de litros de vino por año, en nada inferiores a los de Andalucía, y San Juan destilaba 350 mil litros anuales de arguardiente. Mendoza y San Juan formaban «la garganta del comercio» entre el Atlántico y el Pacífico en América del Sur[12].

Los agentes comerciales de Manchester, Glasgow y Liverpool recorrieron Argentina y copiaron los modelos de los ponchos santiagueños y cordobeses y de los artículos de cuero de Corrientes, además de los estribos de palo dados vuelta «al uso del país». Los ponchos argentinos valían siete pesos; los de Yorkshire, tres. La industria textil más desarrollada del mundo triunfaba al galope sobre las tejedurías nativas, y otro tanto ocurría en la producción de botas, espuelas, rejas, frenos y hasta clavos. La miseria asoló las provincias interiores argentinas, que pronto alzaron lanzas contra la dictadura del puerto de Buenos Aires. Los principales mercaderes (Escalada, Belgrano, Pueyrredón, Vieytes, Las Heras, Cerviño) habían tomado el poder arrebatado a España[13] y el comercio les brindaba la posibilidad

[11] Luis C. Alen Lascano, *Imperialismo y comercio libre*, Buenos Aires, 1963.
[12] Pedro Santos Martínez, *Las industrias durante el virreinato (1776-1810)*, Buenos Aires, 1969.
[13] Ricardo Levene, introducción *a Documentos para la historia argentina*, 1919, en *Obras completas*, Buenos Aires, 1962.

de comprar sedas y cuchillos ingleses, paños finos de Louviers, encajes de Flandes, sables suizos, ginebra holandesa, jamones de Westfalia
y habanos de Hamburgo. A cambio, la Argentina exportaba cueros,
sebo, huesos, carne salada, y los ganaderos de la provincia de Buenos
Aires extendían sus mercados gracias al comercio libre. El cónsul
inglés en el Plata, Woodbine Parish, describía en 1837 a un recio
gaucho de las pampas: «Tómense todas las piezas de su ropa, examí-
nese todo lo que lo rodea y exceptuando lo que sea de cuero, ¿qué
cosa habrá que no sea inglesa? Si su mujer tiene una pollera, hay diez
posibilidades contra una que sea manufactura de Manchester. La
caldera u olla en que cocina, la taza de loza ordinaria en la que come,
su cuchillo, sus espuelas, el freno, el poncho que lo cubre, todos son
efectos llevados de Inglaterra»[14]. Argentina recibía de Inglaterra hasta las piedras de las veredas.

Aproximadamente por la misma época, James Watson Webb, embajador de los Estados Unidos en Río de Janeiro, relataba: «En todas
las haciendas del Brasil, los amos y sus esclavos se visten con manufacturas del trabajo libre, y nueve décimos de ellas son inglesas. Inglaterra suministra todo el capital necesario para las mejoras internas
de Brasil y fabrica todos los utensilios de uso corriente, desde la azada
para arriba, y casi todos los artículos de lujo o de uso práctico, desde
el alfiler hasta el vestido más caro. La cerámica inglesa, los artículos
ingleses de vidrio, hierro y madera son tan corrientes como los paños
de lana y los tejidos de algodón. Gran Bretaña suministra a Brasil sus
barcos de vapor y de vela, le hace el empedrado y le arregla las calles,
ilumina con gas las ciudades, le construye las vías férreas, le explota
las minas, es su banquero, le levanta las líneas telegráficas, le trans-
porta el correo, le construye los muebles, motores, vagones...»[15] La
euforia de la libre importación enloquecía a los mercaderes de los
puertos; en aquellos años, Brasil recibía también ataúdes, ya forrados
y listos para el alojamiento de los difuntos, sillas de montar, candelabros de cristal, cacerolas y patines para hielo, de uso más bien impro-
bable en las ardientes costas del trópico; también billeteras, aunque
no existía en Brasil el papel moneda, y una cantidad inexplicable de

[14]   Woodbine Parish, *Buenos Aires y las Provincias del Río de la Plata*, Buenos
       Aires, 1958.
[15]   Paulo Schilling, *Brasil para extranjeros*, Montevideo, 1966.

instrumentos de matemáticas[16]. El Tratado de Comercio y Navegación firmado en 1810 gravaba la importación de los productos ingleses con una tarifa menor que la que se aplicaba a los productos portugueses, y su texto había sido tan atropelladamente traducido del idioma inglés que la palabra *policy*, por ejemplo, pasó a significar, en portugués, *policía* en lugar de *política*[17]. Los ingleses gozaban en Brasil de un derecho de justicia especial, que los sustraía a la jurisdicción de la justicia nacional: Brasil era «un miembro no oficial del imperio económico de Gran Bretaña»[18].

A mediados de siglo, un viajero sueco llegó a Valparaíso y fue testigo del derroche y la ostentación que la libertad de comercio estimulaba en Chile: «La única forma de elevarse es someterse –escribió– a los dictámenes de las revistas de modas de París, a la levita negra y a todos los accesorios que corresponden... La señora se compra un elegante sombrero, que la hace sentirse consumadamente parisiense, mientras el marido se coloca un tieso y alto corbatón y se siente en el pináculo de la cultura europea»[19]. Tres o cuatro casas inglesas se habían apoderado del mercado del cobre chileno, y manejaban los precios según los intereses de las fundiciones de Swansea, Liverpool y Cardiff. El cónsul general de Inglaterra informaba a su gobierno, en 1838, acerca del «prodigioso incremento» de las ventas de cobre, que se exportaba «principalmente, si no por completo, en barcos británicos o por cuenta de británicos»[20]. Los comerciantes ingleses monopolizaban el comercio en Santiago y Valparaíso, y Chile era el segundo mercado latinoamericano, en orden de importancia, para los productos británicos.

Los grandes puertos de América Latina, escalas de tránsito de las riquezas extraídas del suelo y del subsuelo con destino a los lejanos centros de poder, se consolidaban como instrumentos de conquista y dominación contra los países a los que pertenecían, y eran los

[16]   Alan K. Manchester, *British Preeminence in Brazil: its Rise and Decline*, Chapel Hill, Carolina del Norte, 1933.

[17]   Celso Furtado, *Formación económica del Brasil*, México-Buenos Aires, 1959.

[18]   J. F. Normano, *Evolucão económica do Brasil*, San Pablo, 1934.

[19]   Gustavo Beyhaut, *Raíces contemporáneas de América Latina*, Buenos Aires, 1964.

[20]   Hernán Ramírez Necochea, *Historia del imperialismo en Chile*, Santiago de Chile, 1960.

vertederos por donde se dilapidaba la renta nacional. Los puertos y las capitales querían parecerse a París o a Londres, y a la retaguardia tenían el desierto.

PROTECCIONISMO Y LIBRECAMBIO EN AMÉRICA LATINA: EL BREVE VUELO DE LUCAS ALAMÁN

La expansión de los mercados latinoamericanos aceleraba la acumulación de capitales en los viveros de la industria británica. Hacía ya tiempo que el Atlántico se había convertido en el eje del comercio mundial, y los ingleses habían sabido aprovechar la ubicación de su isla, llena de puertos, a medio camino del Báltico y del Mediterráneo y apuntando a las costas de América. Inglaterra organizaba un sistema universal y se convertía en la prodigiosa fábrica abastecedora del planeta: del mundo entero provenían las materias primas y sobre el mundo entero se derramaban las mercancías elaboradas. El Imperio contaba con el puerto más grande y el más poderoso aparato financiero de su tiempo; tenía el más alto nivel de especialización comercial, disponía del monopolio mundial de los seguros y los fletes, y dominaba el mercado internacional del oro. Friederich List, padre de la unión aduanera alemana, había advertido que el libre comercio era el principal producto de exportación de Gran Bretaña[21]. Nada enfurecía a los ingleses tanto como el proteccionismo aduanero, y a veces lo hacían saber en un lenguaje de sangre y fuego, como en la Guerra del Opio contra China. Pero la libre competencia en los mercados se convirtió en una verdad revelada para Inglaterra, *sólo a partir del momento en que estuvo segura de que era la más fuerte, y después de haber desarrollado su propia industria textil al abrigo de la legislación proteccionista más severa de Europa. En los difíciles comienzos, cuando todavía la industria británica corría con desventaja, el ciudadano inglés al que se sorprendía exportando lana cruda, sin elaborar, era condenado a perder la mano derecha, y si reincidía, lo ahorcaban; estaba prohibido*

[21] Este economista alemán, nacido en 1789, propagó en los Estados Unidos y en su propia patria la doctrina del proteccionismo aduanero y el fomento industrial. Se suicidó en 1846, pero sus ideas se impusieron en ambos países.

enterrar un cadáver sin que antes el párroco del lugar certificara que el sudario provenía de una fábrica nacional[22].

«Todos los fenómenos destructores suscitados por la libre concurrencia en el interior de un país –advirtió Marx– se reproducen en proporciones más gigantescas en el mercado mundial.»[23] El ingreso de América Latina en la órbita británica, de la que sólo saldría para incorporarse a la órbita norteamericana, se dio en el marco de este cuadro general, y en él se consolidó la dependencia de los independientes países nuevos. La libre circulación de mercaderías y la libre circulación del dinero para los pagos y la transferencia de capitales tuvieron consecuencias dramáticas.

En México, Vicente Guerrero llegó al poder, en 1829, «a hombros de la desesperación artesana, insuflada por el gran demagogo Lorenzo de Zavala, que arrojó sobre las tiendas repletas de mercancías inglesas del Parián a una turba hambrienta y desesperada»[24]. Poco duró Guerrero en el poder, y cayó en medio de la indiferencia de los trabajadores, porque no quiso o no pudo poner un dique a la importación de las mercancías europeas «por cuya abundancia –dice Chávez Orozco– gemían en el desempleo las masas artesanas de las ciudades que antes de la independencia, sobre todo en los períodos bélicos de Europa, vivían con cierta holgura». La industria mexicana había carecido de capitales, mano de obra suficiente y técnicas modernas; no había tenido una organización adecuada, ni vías de comunicación y medios de transporte para llegar a los mercados y a las fuentes de abastecimiento. «Lo único que probablemente le sobró –dice Alonso Aguilar– fueron interferencias, restricciones y trabas de todo orden.»[25] Pese a ello, como observara Humboldt, la industria había despertado

---

[22] Claudio Véliz, *La mesa de tres patas*, en *Desarrollo económico*, vol. 3, núms. 1 y 2, Santiago de Chile, septiembre de 1963.

[23] «Nada de extraño tiene que los librecambistas sean incapaces de comprender cómo un país puede enriquecerse a costa de otro, pues estos mismos señores tampoco quieren comprender cómo en el interior de un país una clase puede enriquecerse a costa de otra.» Karl Marx, *Discurso sobre el libre cambio*, en *Miseria de la filosofía*, Moscú, s. f.

[24] Luis Chávez Orozco, *La industria de transformación mexicana (1821-1867)*, en Banco Nacional de Comercio Exterior, *Colección de documentos para la historia del comercio exterior de México*, tomo VII, México, 1962.

[25] Alonso Aguilar Monteverde, *Dialéctica de la economía mexicana*, México, 1968.

en los momentos de estancamiento del comercio exterior, cuando se interrumpían o se dificultaban las comunicaciones marítimas, y había empezado a fabricar acero y a hacer uso del hierro y el mercurio. El liberalismo que la independencia trajo consigo agregaba perlas a la corona británica y paralizaba los obrajes textiles y metalúrgicos de México, Puebla y Guadalajara.

Lucas Alamán, un político conservador de gran capacidad, advirtió a tiempo que las ideas de Adam Smith contenían veneno para la economía nacional y propició, como ministro, la creación de un banco estatal, el Banco de Avío, con el fin de impulsar la industrialización. Un impuesto a los tejidos extranjeros de algodón proporcionaría al país los recursos para comprar en el exterior las maquinarias y los medios técnicos que México necesitaba para abastecerse con tejidos de algodón de fabricación propia. El país disponía de materia prima, contaba con energía hidráulica más barata que el carbón y pudo formar buenos operarios rápidamente. El Banco nació en 1830, y poco después llegaron, desde las mejores fábricas europeas, las maquinarias más modernas para hilar y tejer algodón; además, el Estado contrató expertos extranjeros en la técnica textil. En 1844, las grandes plantas de Puebla produjeron un millón cuatrocientos mil cortes de manta gruesa. La nueva capacidad industrial del país desbordaba la demanda interna; el mercado de consumo del «reino de la desigualdad», formado en su gran mayoría por indios hambrientos, no podía sostener la continuidad de aquel desarrollo fabril vertiginoso. Contra esta muralla chocaba el esfuerzo por romper la estructura heredada de la colonia. A tal punto se había modernizado, sin embargo, la industria, que las plantas textiles norteamericanas contaban en promedio con menos husos que las plantas mexicanas hacia 1840[26]. Diez años después, la proporción se había invertido con creces. La inestabilidad política, las presiones de los comerciantes ingleses y franceses y sus poderosos socios internos, y las mezquinas dimensiones del mercado interno, de antemano estrangulado por la economía minera y latifundista, dieron por tierra con el experimento exitoso. Antes de 1850, ya se había suspendido el progreso de la industria

---

[26] Jan Bazant, *Estudio sobre la productividad de la industria algodonera mexicana en 1843-1845 (Lucas Alamán y la Revolución industrial en México)*, en Banco Nacional de Comercio Exterior, *op. cit.*

textil mexicana. Los creadores del Banco de Avío habían ampliado su radio de acción y, cuando se extinguió, los créditos abarcaban también las tejedurías de lana, las fábricas de alfombras y la producción de hierro y de papel. Esteban de Antuñano sostenía, incluso, la necesidad de que México creara cuanto antes una industria nacional de maquinarias, «para contrarrestar el egoísmo europeo».

El mayor mérito del ciclo industrializador de Alamán y Antuñano reside en que ambos restablecieron la identidad «entre la independencia política y la independencia económica, y en el hecho de preconizar, como único camino de defensa, en contra de los pueblos poderosos y agresivos, un enérgico impulso a la economía industrial»[27]. El propio Alamán se hizo industrial, creó la mayor fábrica textil mexicana de aquel tiempo (se llamaba *Cocolapan*; todavía existe) y organizó a los industriales como grupo de presión ante los sucesivos gobiernos librecambistas[28]. Pero Alamán, conservador y católico, no llegó a plantear la cuestión agraria, porque él mismo se sentía ideológicamente ligado al viejo orden, y no advirtió que el desarrollo industrial estaba de antemano condenado a quedar en el aire, sin bases de sustentación, en aquel país de latifundios infinitos y miseria generalizada.

---

[27] Luis Chávez Orozco, *op. cit.*

[28] En el tomo III de la citada colección de documentos del Banco Nacional de Comercio Exterior se transcriben varios alegatos proteccionistas publicados en *El Siglo XIX* a fines de 1850: «Pasada ya la conquista de la civilización española con sus tres siglos de dominación militar, entró México en una nueva era, que también puede llamarse de conquista, pero científica y mercantil... Su potencia son los buques mercantes; su predicación es la absoluta libertad económica; su norma poderosísima con los pueblos menos adelantados es la ley de la reciprocidad... «Llevad a Europa –se nos dijo– cuantas manufacturas podáis [excepto, sin embargo, las que nosotros prohibimos]; y en recompensa permitid que traigamos cuantas manufacturas podamos, aunque sea arruinando vuestras artes»... Adoptemos las doctrinas que ellos [nuestros señores del otro lado del océano y del río Bravo] dan y no toman y nuestro erario crecerá un poco, si se quiere..., pero no será fomentando el trabajo del pueblo mexicano, sino el de los pueblos inglés y francés, suizo y de Norteamérica».

LAS LANZAS MONTONERAS Y EL ODIO QUE SOBREVIVIÓ A JUAN MANUEL DE ROSAS

Proteccionismo contra librecambio, el país contra el puerto: ésta fue la pugna que ardió en el trasfondo de las guerras civiles argentinas durante el siglo pasado. Buenos Aires, que en el siglo XVII no había sido más que una gran aldea de cuatrocientas casas, se apoderó de la nación entera a partir de la Revolución de Mayo y la independencia. Era el puerto único, y por sus horcas caudinas debían pasar todos los productos que entraban y salían del país. Las deformaciones que la hegemonía porteña impuso a la nación se advierten claramente en nuestros días: la capital abarca, con sus suburbios, más de la tercera parte de la población argentina total, y ejerce sobre las provincias diversas formas de proxenetismo. En aquella época, detentaba el monopolio de la renta aduanera, de los bancos y de la emisión de moneda, y prosperaba vertiginosamente a costa de las provincias interiores. La casi totalidad de los ingresos de Buenos Aires provenía de la aduana nacional, que el puerto usurpaba en provecho propio, y más de la mitad se destinaba a los gastos de guerra contra las provincias, que de este modo *pagaban para ser aniquiladas*[29].

Desde la Sala de Comercio de Buenos Aires, fundada en 1810, los ingleses tendían sus telescopios para vigilar el tránsito de los buques, y abastecían a los porteños con paños finos, flores artificiales, encajes, paraguas, botones y chocolates, mientras la inundación de los ponchos y los estribos de fabricación inglesa hacía sus estragos país adentro. Para medir la importancia que el mercado mundial atribuía por entonces a los cueros rioplatenses, es preciso trasladarse a una época en la que los plásticos y los revestimientos sintéticos no existían ni siquiera como sospecha en la cabeza de los químicos. Ningún escenario más propicio que la fértil llanura del litoral para la producción ganadera en gran escala. En 1816, se descubrió un nuevo sistema que permitía conservar indefinidamente los cueros por medio de un tratamiento de arsénico; prosperaban y se multiplicaban, además, los saladeros de carne. Brasil, las Antillas y África abrían sus mercados a la importación de tasajo, y a medida que la carne salada, cortada

---

[29] Miron Burgin, *Aspectos económicos del federalismo argentino*, Buenos Aires, 1960.

en lonjas secas, iba ganando consumidores extranjeros, los consumidores argentinos notaban el cambio. Se crearon impuestos al consumo interno de carne, a la par que se desgravaban las exportaciones; en pocos años, el precio de los novillos se multiplicó por tres y las estancias valorizaron sus suelos. Los gauchos estaban acostumbrados a cazar libremente novillos a cielo abierto, en la pampa sin alambrados, para comer el lomo y tirar el resto, con la sola obligación de entregar el cuero al dueño del campo. Las cosas cambiaron. La reorganización de la producción implicaba el sometimiento del gaucho nómada a una nueva dependencia servil: un decreto de 1815 estableció que todo hombre de campo que no tuviera propiedades sería reputado sirviente, con la obligación de llevar papeleta visada por su patrón cada tres meses. O era sirviente, o era vago, y a los vagos se los enganchaba, por la fuerza, en los batallones de frontera[30]. El criollo bravío, que había servido de carne de cañón en los ejércitos patriotas, quedaba convertido en paria, en peón miserable o en milico de fortín. O se rebelaba, lanza en mano, alzándose en el remolino de las montoneras[31]. Este gaucho arisco, desposeído de todo salvo la gloria y el coraje, nutrió las cargas de caballería que una

---

[30] Juan Álvarez, *Las guerras civiles argentinas*, Buenos Aires, 1912.

[31] La montonera «nace en escampado como los remolinos. Arremete, brama y troza como los remolinos, y se detiene, repentina, y muere como ellos» (Dardo de la Vega Díaz, *La Rioja heroica*, Mendoza, 1955).

José Hernández, que fue soldado de la causa federal, cantó en el *Martín Fierro*, el más popular de los libros argentinos, las desdichas del gaucho desterrado de su querencia y perseguido por la autoridad:

> *Vive el águila en su nido,*
> *el tigre vive en la selva,*
> *el zorro en la cueva agena,*
> *y en su destino incostante,*
> *sólo el gaucho vive errante*
> *donde la suerte lo lleva.*

Porque:

> *Para él son los calabozos,*
> *para él las duras prisiones,*
> *en su boca no hay razones*
> *aunque la razón le sobre,*
> *que son campanas de palo*
> *las razones de los pobres.*

y otra vez desafiaron a los ejércitos de línea, bien armados, de Buenos Aires. La aparición de la estancia capitalista, en la pampa húmeda del litoral, ponía a todo el país al servicio de las exportaciones de cuero y carne y marchaba de la mano con la dictadura del puerto librecambista de Buenos Aires. El uruguayo José Artigas había sido, hasta la derrota y el exilio, el más lúcido de los caudillos que encabezaron el combate de las masas criollas contra los comerciantes y los terratenientes atados al mercado mundial, pero muchos años después todavía Felipe Varela fue capaz de desatar una gran rebelión en el norte argentino porque, como decía su proclama, «ser provinciano es ser mendigo sin patria, sin libertad, sin derechos». Su sublevación encontró eco resonante en todo el interior mediterráneo. Fue el último montonero; murió, tuberculoso y en la miseria, en 1870[32]. El defensor de la «Unión Americana», proyecto de resurrección de la Patria Grande despedazada, es todavía un bandolero, como lo era Artigas hasta no hace mucho, para la historia argentina que se enseña en las escuelas.

Felipe Varela había nacido en un pueblito perdido entre las sierras de Catamarca y había sido un dolorido testigo de la pobreza de su provincia arruinada por el puerto soberbio y lejano. A fines de 1824, cuando Varela tenía tres años de edad, Catamarca no pudo pagar los gastos de los delegados que envió al Congreso Constituyente que se reunió en Buenos Aires, y en la misma situación estaban Misiones, Santiago del Estero y otras provincias. El diputado catamarqueño Manuel Antonio Acevedo denunciaba «el cambio ominoso» que la competencia de los productos extranjeros había provocado: «Catamarca ha mirado hace algún tiempo, y mira hoy, sin poderlo remediar, a su

---

Jorge Abelardo Ramos observa (*Revolución y contrarrevolución en la Argentina*, Buenos Aires, 1965) que los dos apellidos verdaderos que aparecen en el *Martín Fierro* son los de Anchorena y Gainza, nombres representativos de la oligarquía que exterminó al criollaje en armas, y en nuestros días ambos se han fundido en la familia propietaria del diario *La Prensa*.

Ricardo Güiraldes mostró en *Don Segundo Sombra* (Buenos Aires, 1939) la contracara del *Martín Fierro:* el gaucho domesticado, atado al jornal, adulón del amo, de buen uso para el folklore nostalgioso o la lástima.

[32] Rodolfo Ortega Peña y Eduardo Luis Duhalde, *Felipe Varela contra el Imperio Británico*, Buenos Aires, 1966. En 1870, también caía bañado en sangre por la invasión extranjera Paraguay, único Estado latinoamericano que no había entrado en la prisión imperialista.

agricultura, con productos inferiores a sus expensas; a su industria, sin un consumo capaz de alentar a los que la fomentan y ejercen, y a su comercio casi en el último abandono»[33]. El representante de la provincia de Corrientes, brigadier general Pedro Ferré, resumía así, en 1830, las consecuencias posibles del proteccionismo que él propugnaba: «Sí, sin duda un corto número de hombres de fortuna padecerán, porque se privarán de tomar en su mesa vinos y licores exquisitos... Las clases menos acomodadas no hallarán mucha diferencia entre los vinos y licores que actualmente beben, sino en el precio, y disminuirán el consumo, lo que no creo sea muy perjudicial. No se pondrán nuestros paisanos ponchos ingleses; no llevarán bolas y lazos hechos en Inglaterra; no vestiremos ropa hecha en extranjería, y demás renglones que podemos proporcionar; pero, en cambio, empezará a ser menos desgraciada la condición de pueblos enteros de argentinos, y no nos perseguirá la idea de la espantosa miseria a que hoy son condenados»[34].

Dando un paso importante hacia la reconstrucción de la unidad nacional desgarrada por la guerra, el gobierno de Juan Manuel de Rosas dictó en 1835 una ley de aduanas de signo acentuadamente proteccionista. La ley prohibía la importación de manufacturas de hierro y hojalata, aperos de caballo, ponchos, ceñidores, fajas de lana o algodón, jergones, productos de granja, ruedas de carruajes, velas de sebo y peines, y gravaba con fuertes derechos la introducción de coches, zapatos, cordones, ropas, monturas, frutas secas y bebidas alcohólicas. No se cobraba impuesto a la carne transportada en barcos de bandera argentina, y se impulsaba la talabartería nacional y el cultivo del tabaco. Los efectos se hicieron notar sin demora. Hasta la batalla de Caseros, que derribó a Rosas en 1852, navegaban por los ríos las goletas y los barcos construidos en los astilleros de Corrientes y Santa Fe, había en Buenos Aires más de cien fábricas prósperas y todos los viajeros coincidían en señalar la excelencia de los tejidos y zapatos elaborados en Córdoba y Tucumán, los cigarrillos y las artesanías de Salta, los vinos y aguardientes de Mendoza y San Juan. La ebanistería tucumana exportaba a Chile, Bolivia y Perú[35]. Diez años después de la aprobación de la ley, los buques de guerra de

---

[33] Miron Burgin, *op. cit.*
[34] Juan Álvarez, *op. cit.*
[35] Jorge Abelardo Ramos, *op. cit.*

Inglaterra y Francia rompieron a cañonazos las cadenas extendidas a través del Paraná, para abrir la navegación de los ríos interiores argentinos que Rosas mantenía cerrados a cal y canto. A la invasión sucedió el bloqueo. Diez memoriales de los centros industriales de Yorkshire, Liverpool, Manchester, Leeds, Halifax y Bradford, suscritos por mil quinientos banqueros, comerciantes e industriales, habían urgido al gobierno inglés a tomar medidas contra las restricciones impuestas al comercio en el Plata.

El bloqueo puso de manifiesto, pese a los progresos alumbrados por la ley de aduanas, las limitaciones de la industria nacional, que no estaba capacitada para satisfacer la demanda interna. En realidad, desde 1841 el proteccionismo venía languideciendo, en lugar de acentuarse; Rosas expresaba como nadie los intereses de los estancieros saladeristas de la provincia de Buenos Aires, y no existía, ni nació, una burguesía industrial capaz de impulsar el desarrollo de un capitalismo nacional auténtico y pujante: la gran estancia ocupaba el centro de la vida económica del país, y ninguna política industrial podía emprenderse con independencia y vigor sin abatir la omnipotencia del latifundio exportador. Rosas permaneció siempre, en el fondo, fiel a su clase. «El hombre más de a caballo de toda la provincia»[36], guitarrero y bailarín, gran domador, que se orientaba en las noches de tormenta y sin estrellas masticando unas hebras de pasto para identificar el rumbo, era un gran estanciero productor de carne seca y cueros, y los terratenientes lo habían convertido en su jefe. La leyenda negra que luego se urdió para difamarlo no puede ocultar el carácter nacional y popular de muchas de sus medidas de gobierno[37], pero la contradicción de clases explica la ausencia de una política industrial dinámica y sostenida, más allá de la cirugía aduanera, en el gobierno del caudillo de los ganaderos. Esa ausencia no puede atribuirse a la inestabilidad y las penurias implícitas en las guerras nacio-

[36] José Luis Busaniche, *Rosas visto por sus contemporáneos*, Buenos Aires, 1955.
[37] José Rivera Indarte realizó, en sus célebres *Tablas de sangre*, un inventario de los crímenes de Rosas, para estremecer la sensibilidad europea. Según el *Atlas* de Londres, la casa bancaria inglesa de Samuel Lafone pagó al escritor un penique por muerto. Rosas había prohibido la exportación de oro y plata, duro golpe al Imperio, y había disuelto el Banco Nacional, que era un instrumento del comercio británico. John F. Cady, *La intervención extranjera en el Río de la Plata*, Buenos Aires, 1943.

nales y el bloqueo extranjero. Al fin y al cabo, en medio del torbellino de una revolución acosada, José Artigas había articulado, veinte años antes, sus normas industrialistas e integradoras con una reforma agraria en profundidad.

Vivian Trías ha comparado, en un libro fecundo[38], el proteccionismo de Rosas con el ciclo de medidas que Artigas irradió desde la Banda Oriental, entre 1813 y 1815, para conquistar la verdadera independencia del área del virreinato rioplatense. Rosas no prohibió a los mercaderes extranjeros ejercer el comercio en el mercado interno, ni devolvió al país las rentas de la aduana que Buenos Aires continuó usurpando, ni terminó con la dictadura del puerto único. En cambio, la nacionalización del comercio interior y la quiebra del monopolio portuario y aduanero de Buenos Aires habían sido capítulos fundamentales, como la cuestión agraria, de la política artiguista. Artigas había querido la libre navegación de los ríos interiores, pero Rosas nunca abrió a las provincias esta llave de acceso al comercio de ultramar. Rosas también permaneció fiel, en el fondo, a su provincia privilegiada. Pese a todas estas limitaciones, el nacionalismo y el populismo del «gaucho de ojos azules» continúan generando odio en las clases dominantes argentinas. Rosas sigue siendo «reo de lesa patria», de acuerdo con una ley de 1857 todavía vigente, y el país se niega todavía a abrir una sepultura nacional para sus huesos enterrados en Europa. Su imagen oficial es la imagen de un asesino.

Superada la herejía de Rosas, la oligarquía se reencontró con su destino. En 1858, el presidente de la comisión directiva de la exposición rural declaraba inaugurada la muestra con estas palabras: «Nosotros, en la infancia aún, contentémonos con la humilde idea de enviar a aquellos bazares europeos nuestros productos y materias primas, para que nos los devuelvan transformados por medio de los poderosos agentes de que disponen. Materias primas es lo que Europa pide, para cambiarlas en ricos artefactos»[39].

---

[38] Vivian Trías, *Juan Manuel de Rosas*, Montevideo, 1970.

[39] Discurso de Gervasio A. de Posadas. Citado por Dardo Cúneo, *Comportamiento y crisis de la clase empresaria*, Buenos Aires, 1967. En 1876, el ministro de Hacienda dijo en el Congreso: «...No debemos poner un derecho exagerado que haga imposible la introducción del calzado, de una manera que mientras cuatro remendones aquí florecen, mil fabricantes de calzado extranjero no pueden vender un solo par de zapatos».

El ilustre Domingo Faustino Sarmiento y otros escritores liberales vieron en la montonera campesina no más que el símbolo de la barbarie, el atraso y la ignorancia, el anacronismo de las campañas pastoriles frente a la civilización que la ciudad encarnaba: el poncho y el chiripá contra la levita; la lanza y el cuchillo contra la tropa de línea; el analfabetismo contra la escuela[40]. En 1861, Sarmiento escribía a Mitre: «No trate de economizar sangre de gauchos, es lo único que tienen de humano. Éste es un abono que es preciso hacer útil al País». Tanto desprecio y tanto odio revelaban una negación de la propia patria, que tenía, claro está, también una expresión de política económica: «No somos ni industriales ni navegantes –afirmaba Sarmiento–, y la Europa nos proveerá por largos siglos de sus artefactos en cambio de nuestras materias primas».[41]

El presidente Bartolomé Mitre llevó adelante, a partir de 1862, una guerra de exterminio contra las provincias y sus últimos caudillos. Sarmiento fue designado director de la guerra y las tropas marcharon al norte a matar gauchos, «animales bípedos de tan perversa condición». En La Rioja, el *Chacho* Peñaloza, general de los llanos, que extendía su influencia sobre Mendoza y San Juan, era uno de los últimos reductos de la rebelión contra el puerto, y Buenos Aires consideró que había llegado el momento de terminar con él. Le cortaron la cabeza y la clavaron, en exhibición, en el centro de la Plaza de Olta. El ferrocarril y los caminos culminaron la ruina de La Rioja, que había comenzado con la revolución de 1810: el librecambio había provocado la crisis de sus artesanías y había acentuado la crónica pobreza de la región. En el siglo xx, los campesinos riojanos huyen de sus aldeas en las montañas o en los llanos, y bajan hacia Buenos Aires a ofrecer sus brazos: sólo llegan, como los campesinos humildes de otras provincias, hasta las puertas de la ciudad. En los suburbios encuentran sitio junto a otros setecientos mil habitantes de las *villas miserias* y se las arreglan, mal que bien, con las migas que les arroja el banquete de la gran capital. ¿Nota usted cambios en los que se han ido y vuelven de visita?, preguntaron los sociólogos a los ciento cincuenta sobrevivientes de una aldea riojana, hace pocos años. Con

---

[40] Armando Raúl Bazán, *Las bases sociales de la montonera*, en *Revista de historia americana y argentina*, núms. 7 y 8, Mendoza, 1962-63.

[41] Domingo Faustino Sarmiento, *Facundo*, Buenos Aires, 1952.

envidia advertían, los que se habían quedado, que Buenos Aires había mejorado el traje, los modales y la manera de hablar de los emigrados. Algunos los encontraban, incluso, «más blancos»[42].

LA GUERRA DE LA TRIPLE ALIANZA CONTRA EL PARAGUAY ANIQUILÓ LA ÚNICA EXPERIENCIA EXITOSA DE DESARROLLO INDEPENDIENTE

El hombre viajaba a mi lado, silencioso. Su perfil, nariz afilada, altos pómulos, se recortaba contra la fuerte luz del mediodía. Íbamos rumbo a Asunción, desde la frontera del sur, en un ómnibus para veinte personas que contenía, no sé cómo, cincuenta. Al cabo de unas horas, hicimos un alto. Nos sentamos en un patio abierto, a la sombra de un árbol de hojas carnosas. A nuestros ojos, se abría el brillo enceguecedor de la vasta, despoblada, intacta tierra roja: de horizonte a horizonte, nada perturba la transparencia del aire en Paraguay. Fumamos. Mi compañero, campesino de habla guaraní, enhebró algunas palabras tristes en castellano. «Los paraguayos somos pobres y pocos», me dijo. Me explicó que había bajado a Encarnación a buscar trabajo pero no había encontrado. Apenas si había podido reunir unos pesos para el pasaje de vuelta. Años atrás, de muchacho, había tentado fortuna en Buenos Aires y en el sur de Brasil. Ahora venía la cosecha del algodón y muchos braceros paraguayos marchaban, como todos los años, rumbo a tierras argentinas. «Pero yo ya tengo sesenta y tres años. Mi corazón ya no soporta las demasiadas gentes.»

Suman medio millón los paraguayos que han abandonado la patria, definitivamente, en los últimos veinte años. *La miseria empuja al éxodo a los habitantes del país que era, hasta hace un siglo, el más avanzado de América del Sur.* Paraguay tiene ahora una población que apenas duplica a la que por entonces tenía y es, con Bolivia, uno de los dos países sudamericanos más pobres y atrasados. Los paraguayos sufren la herencia de una guerra de exterminio que se incorporó a la historia de América Latina como su capítulo más infame. Se llamó la Guerra de la Triple Alianza. Brasil, Argentina y Uru-

---

[42] Mario Margulis, *Migración y marginalidad en la sociedad argentina*, Buenos Aires, 1968.

guay tuvieron a su cargo el genocidio. No dejaron piedra sobre piedra ni habitantes varones entre los escombros. Aunque Inglaterra no participó directamente en la horrorosa hazaña, fueron sus mercaderes, sus banqueros y sus industriales quienes resultaron beneficiados con el crimen de Paraguay. *La invasión fue financiada, de principio a fin, por el Banco de Londres, la casa Baring Brothers y la banca Rothschild, en empréstitos con intereses leoninos que hipotecaron la suerte de los países vencedores*[43].

Hasta su destrucción, Paraguay se erguía como una excepción en América Latina: la única nación que el capital extranjero no había deformado. El largo gobierno de mano de hierro del dictador Gaspar Rodríguez de Francia (1814-1840) había incubado, en la matriz del aislamiento, un desarrollo económico autónomo y sostenido. El Estado, omnipotente, paternalista, ocupaba el lugar de una burguesía nacional que no existía, en la tarea de organizar la nación y orientar sus recursos y su destino. Francia se había apoyado en las masas campesinas para aplastar la oligarquía paraguaya y había conquistado la paz interior tendiendo un estricto cordón sanitario frente a los restantes países del antiguo virreinato del río de la Plata. Las expropiaciones, los destierros, las prisiones, las persecuciones y las multas no habían servido de instrumentos para la consolidación del dominio interno de los terratenientes y los comerciantes sino que, por el contrario, habían sido utilizados para su destrucción. No existían, ni nacerían más tarde, las libertades políticas y el derecho de oposición, pero en aquella etapa histórica sólo los nostálgicos de los privilegios perdidos sufrían la falta de democracia. No había grandes fortunas privadas cuando Francia murió, y Paraguay era el único país de Amé-

---

[43] Para escribir este capítulo, el autor consultó las siguientes obras: Juan Bautista Alberdi, *Historia de la guerra del Paraguay* (Buenos Aires, 1962); Pelham Horton Box, *Los orígenes de la Guerra de la Triple Alianza* (Buenos Aires-Asunción, 1958); Efraím Cardozo, *El imperio del Brasil y el Río de la Plata* (Buenos Aires, 1961); Julio César Chaves, *El presidente López* (Buenos Aires, 1955); Carlos Pereyra, *Francisco Solano López y la guerra del Paraguay* (Buenos Aires, 1945); Juan F. Pérez Acosta, *Carlos Antonio López, obrero máximo. Labor administrativa y constructiva* (Asunción, 1948); José María Rosa, *La guerra del Paraguay y las montoneras argentinas* (Buenos Aires, 1965); Bartolomé Mitre y Juan Carlos Gómez, *Cartas polémicas sobre la guerra del Paraguay*, con prólogo de J. Natalicio González (Buenos Aires, 1940). También un trabajo inédito de Vivian Trías sobre el tema.

rica Latina que no tenía mendigos, hambrientos ni ladrones[44]; los viajeros de la época encontraban allí un oasis de tranquilidad en medio de las demás comarcas convulsionadas por las guerras continuas. El agente norteamericano Hopkins informaba en 1845 a su gobierno que en Paraguay «no hay niño que no sepa leer y escribir...». Era también el único país que no vivía con la mirada clavada al otro lado del mar. El comercio exterior no constituía el eje de la vida nacional; la doctrina liberal, expresión ideológica de la articulación mundial de los mercados, carecía de respuestas para los desafíos que Paraguay, obligado a crecer hacia dentro por su aislamiento mediterráneo, se estaba planteando desde principios de siglo. El exterminio de la oligarquía hizo posible la concentración de los resortes económicos fundamentales en manos del Estado, para llevar adelante esta política autárquica de desarrollo dentro de fronteras.

Los posteriores gobiernos de Carlos Antonio López y su hijo Francisco Solano continuaron y vitalizaron la tarea. La economía estaba en pleno crecimiento. Cuando los invasores aparecieron en el horizonte, en 1865, Paraguay contaba con una línea de telégrafos, un ferrocarril y una buena cantidad de fábricas de materiales de construcción, tejidos, lienzos, ponchos, papel y tinta, loza y pólvora. Doscientos técnicos extranjeros, muy bien pagados por el Estado, prestaban su colaboración decisiva. Desde 1850, la fundición de Ibycui fabricaba cañones, morteros y balas de todos los calibres; en el arsenal de Asunción se producían cañones de bronce, obuses y balas. La siderurgia nacional, como todas las demás actividades económicas

---

[44] Francia integra, como uno de los ejemplares más horrorosos, el bestiario de la historia oficial. Las deformaciones ópticas impuestas por el liberalismo no son un privilegio de las clases dominantes en América Latina; muchos intelectuales de izquierda, que suelen asomarse con lentes ajenos a la historia de nuestros países, también comparten ciertos mitos de la derecha, sus canonizaciones y sus excomuniones. El *Canto general*, de Pablo Neruda (Buenos Aires, 1955), espléndido homenaje poético a los pueblos latinoamericanos, exhibe claramente esta desubicación. Neruda ignora a Artigas y a Carlos Antonio y Francisco Solano López; en cambio, se identifica con Sarmiento. A Francia lo califica de «rey leproso, rodeado/por la extensión de los yerbales», que «cerró el Paraguay como un nido/de su majestad» y «amarró/ tortura y barro a las fronteras». Con Rosas no es más amable: clama contra los «puñales, carcajadas de mazorca/sobre el martirio» de una «Argentina robada a culatazos/en el vapor del alba, castigada/hasta sangrar y enloquecer, vacía,/ cabalgada por agrios capataces».

esenciales, estaba en manos del Estado. El país contaba con una flota mercante nacional, y habían sido construidos en el astillero de Asunción varios de los buques que ostentaban el pabellón paraguayo a lo largo del Paraná o a través del Atlántico y el Mediterráneo. El Estado virtualmente monopolizaba el comercio exterior: la yerba y el tabaco abastecían el consumo del sur del continente; las maderas valiosas se exportaban a Europa. La balanza comercial arrojaba un fuerte superávit. Paraguay tenía una moneda fuerte y estable, y disponía de suficiente riqueza para realizar enormes inversiones públicas sin recurrir al capital extranjero. *El país no debía ni un centavo al exterior*, pese a lo cual estaba en condiciones de mantener el mejor ejército de América del Sur, contratar técnicos ingleses que se ponían al servicio del país en lugar de poner al país a su servicio, y enviar a Europa a unos cuantos jóvenes universitarios paraguayos para perfeccionar sus estudios. El excedente económico generado por la producción agrícola no se derrochaba en el lujo estéril de una oligarquía inexistente, ni iba a parar a los bolsillos de los intermediarios, ni a las manos brujas de los prestamistas, ni al rubro ganancias que el Imperio británico nutría con los servicios de fletes y seguros. La esponja imperialista no absorbía la riqueza que el país producía. El 98 por ciento del territorio paraguayo era de propiedad pública: el Estado cedía a los campesinos la explotación de las parcelas a cambio de la obligación de poblarlas y cultivarlas en forma permanente y sin el derecho de venderlas. Había, además, sesenta y cuatro *estancias de la patria*, haciendas que el Estado administraba directamente. Las obras de riego, represas y canales, y los nuevos puentes y caminos contribuían en grado importante a la elevación de la productividad agrícola. Se rescató la tradición indígena de las dos cosechas anuales, que había sido abandonada por los conquistadores. El aliento vivo de las tradiciones jesuitas facilitaba, sin duda, todo este proceso creador[45].

[45] Los fanáticos monjes de la Compañía de Jesús, «guardia negra del Papa», habían asumido la defensa del orden medieval ante las nuevas fuerzas que irrumpían en el escenario histórico europeo. Pero en la América hispánica las misiones de los jesuitas se desarrollaron bajo un signo progresista. Venían para purificar, mediante el ejemplo de la abnegación y el ascetismo, a una Iglesia católica entregada al ocio y al goce desenfrenado de los bienes que la conquista había puesto a disposición del clero. Fueron las misiones del Paraguay las que alcanzaron el mayor nivel; en poco más de un siglo y

El Estado paraguayo practicaba un celoso proteccionismo, muy reforzado en 1864, sobre la industria nacional y el mercado interno; los ríos interiores no estaban abiertos a las naves británicas que bombardeaban con manufacturas de Manchester y de Liverpool a todo el resto de América Latina. *El comercio inglés no disimulaba su inquietud, no sólo porque resultaba invulnerable aquel último foco de resistencia nacional en el corazón del continente, sino también, y sobre todo, por la fuerza de ejemplo que la experiencia paraguaya irradiaba peligrosamente hacia los vecinos. El país más progresista de América Latina construía su futuro sin inversiones extranjeras, sin empréstitos de la banca inglesa y sin las bendiciones del comercio libre.*

Pero a medida que Paraguay iba avanzando en este proceso, se hacía más aguda su necesidad de romper la reclusión. El desarrollo industrial requería contactos más intensos y directos con el mercado internacional y las fuentes de la técnica avanzada. Paraguay estaba objetivamente bloqueado entre Argentina y Brasil, y ambos países podían negar el oxígeno a sus pulmones cerrándole, como lo hicieron Rivadavia y Rosas, las bocas de los ríos, o fijando impuestos arbitrarios al tránsito de sus mercancías. Para sus vecinos, por otra parte,

---

medio (1603-1768) definieron la capacidad y los fines de sus creadores. Los jesuitas atrajeron, mediante el lenguaje de la música, a los indios guaraníes que habían buscado amparo en la selva o que en ella habían permanecido sin incorporarse al *proceso civilizatorio* de los encomenderos y los terratenientes. Ciento cincuenta mil indios guaraníes pudieron, así, reencontrarse con su organización comunitaria primitiva y resucitar sus propias técnicas en los oficios y las artes. En las misiones no existía el latifundio; la tierra se cultivaba en parte para la satisfacción de las necesidades individuales y en parte para desarrollar obras de interés general y adquirir los instrumentos de trabajo necesarios, que eran de propiedad colectiva. La vida de los indios estaba sabiamente organizada; en los talleres y en las escuelas se hacían músicos y artesanos, agricultores, tejedores, actores, pintores, constructores. No se conocía el dinero; estaba prohibida la entrada a los comerciantes, que debían negociar desde hoteles instalados a cierta distancia.

La Corona sucumbió finalmente a las presiones de los encomenderos criollos, y los jesuitas fueron expulsados de América. Los terratenientes y los esclavistas se lanzaron a la caza de los indios. Los cadáveres colgaban de los árboles en las misiones; pueblos enteros fueron vendidos en los mercados de esclavos de Brasil. Muchos indios volvieron a encontrar refugio en la selva. Las bibliotecas de los jesuitas fueron a parar a los hornos, como combustible, o se utilizaron para hacer cartuchos de pólvora. (Jorge Abelardo Ramos: *Historia de la nación latinoamericana*, Buenos Aires, 1968.)

era una imprescindible condición, a los fines de la consolidación del estado oligárquico, terminar con el escándalo de aquel país que se bastaba a sí mismo y no quería arrodillarse ante los mercaderes británicos.

El ministro inglés en Buenos Aires, Edward Thornton, participó considerablemente en los preparativos de la guerra. En vísperas del estallido, tomaba parte, como asesor del gobierno, en las reuniones del gabinete argentino, sentándose al lado del presidente Bartolomé Mitre. Ante su atenta mirada se urdió la trama de provocaciones y de engaños que culminó con el acuerdo argentino-brasileño y selló la suerte de Paraguay. Venancio Flores invadió Uruguay, en ancas de la intervención de los dos grandes vecinos, y estableció en Montevideo, después de la matanza de Paysandú, su gobierno adicto a Río de Janeiro y Buenos Aires. La Triple Alianza estaba en funcionamiento. El presidente paraguayo Solano López había amenazado con la guerra si asaltaban Uruguay: sabía que así se estaba cerrando la tenaza de hierro en torno a la garganta de su país acorralado por la geografía y los enemigos. El historiador liberal Efraím Cardozo no tiene inconveniente en sostener, sin embargo, que López se plantó frente a Brasil simplemente porque estaba ofendido: el emperador le había negado la mano de una de sus hijas. La guerra había nacido. Pero era obra de Mercurio, no de Cupido.

La prensa de Buenos Aires llamaba «Atila de América» al presidente paraguayo López: «Hay que matarlo como a un reptil», clamaban los editoriales. En septiembre de 1864, Thornton envió a Londres un extenso informe confidencial, fechado en Asunción. Describía a Paraguay como Dante al infierno, pero ponía el acento donde correspondía: «Los derechos de importación sobre casi todos los artículos son del 20 o 25 por ciento *ad valorem;* pero como este valor se calcula sobre el precio corriente de los artículos, el derecho que se paga alcanza frecuentemente del 40 al 45 por ciento del precio de factura. Los derechos de exportación son del 10 al 20 por ciento sobre el valor...» En abril de 1865, el *Standard*, diario inglés de Buenos Aires, celebraba ya la declaración de guerra de Argentina contra Paraguay, cuyo Presidente «ha infringido todos los usos de las naciones civilizadas», y anunciaba que la espada del presidente argentino Mitre «llevará en su victoriosa carrera, además del peso de glorias pasadas, el impulso irresistible de la opinión pública en una causa justa». El tratado con Brasil y Uruguay se firmó el 10 de mayo de 1865; sus términos draconianos fueron dados a la publicidad un año más tarde, en el diario británico *The Times*, que lo obtuvo de los banqueros acreedores de Argentina y Brasil. Los futuros vencedores se repartían anticipadamente, en el tratado, los despojos del vencido. Argentina se aseguraba todo el territorio de Misiones y el inmenso Chaco; Brasil devoraba una extensión inmensa hacia el oeste de sus fronteras. A Uruguay, gobernado por un títere de ambas potencias, no le tocaba nada. Mitre anunció que tomaría Asunción en tres meses. Pero la guerra duró cinco años. Fue una carnicería, ejecutada todo a lo largo de los fortines que defendían, tramo a tramo, el río Paraguay. El «oprobioso tirano» Francisco Solano López encarnó heroicamente la voluntad nacional de sobrevivir; el pueblo paraguayo, que no sufría la guerra desde hacía medio siglo, se inmoló a su lado. Hombres, mujeres, niños y viejos: todos se batieron como leones. Los prisioneros heridos se arrancaban las vendas para que no los obligaran a pelear contra sus hermanos.

En 1870, López, a la cabeza de un ejército de espectros, ancianos y niños que se ponían barbas postizas para impresionar desde lejos, se internó en la selva. Por traición real o imaginaria, fusiló a su hermano y a un obispo, que con él marchaban en aquella caravana sin destino. Cuando finalmente el presidente paraguayo fue asesinado a bala y a lanza en la espesura del cerro Corá, alcanzó a decir: «Muero con mi patria», y era verdad.

Las tropas invasoras asaltaron los escombros de Asunción con el cuchillo entre los dientes. Venían para redimir al pueblo paraguayo: lo exterminaron. Paraguay tenía, al comienzo de la guerra, poco menos población que Argentina. Sólo doscientos cincuenta mil paraguayos, menos de la sexta parte, sobrevivían en 1870. Era el triunfo de la civilización. Los vencedores, arruinados por el altísimo costo del crimen, quedaban en manos de los banqueros ingleses que habían financiado la aventura. El imperio esclavista de Pedro II, cuyas tropas se nutrían de esclavos y presos, ganó, no obstante, territorios, más de sesenta mil kilómetros cuadrados, y también mano de obra, porque muchos prisioneros paraguayos marcharon a trabajar en los cafetales paulistas con la marca de hierro de la esclavitud. La Argentina del presidente Mitre, que había aplastado a sus propios caudillos federales, se quedó con noventa y cuatro mil kilómetros cuadrados de tierra paraguaya y otros frutos del botín, según el propio Mitre había anunciado cuando escribió: «Los prisioneros y demás artículos de guerra nos los dividiremos en la forma convenida». Uruguay, donde ya los herederos de Artigas habían sido muertos o derrotados y la oligarquía mandaba, participó de la guerra como socio menor y sin recompensas. Algunos de los soldados uruguayos enviados a la campaña del Paraguay habían subido a los buques con las manos atadas. Los tres países sufrieron una bancarrota financiera que agudizó su dependencia frente a Inglaterra. La matanza de Paraguay los signó para siempre[46].

Brasil había cumplido con la función que el Imperio británico le había adjudicado desde los tiempos en que los ingleses trasladaron el trono portugués a Río de Janeiro. A principios del siglo XIX, habían sido claras las instrucciones de Canning al embajador, lord Strangford: «Hacer del Brasil un emporio para las manufacturas británicas destinadas al consumo de toda la América del Sur». Poco antes de lanzarse a la guerra, el Presidente de Argentina había inaugurado una nueva línea de ferrocarriles *británicos* en su país, y había pronunciado un inflamado discurso: «¿Cuál es la fuerza que impulsa este progreso? Señores: ¡es el capital inglés!». *Del Paraguay derrotado no sólo desapareció la población: también las tarifas aduaneras, los hornos de fundición, los ríos clausurados al libre comercio, la independencia económica y vastas zonas de su territorio.* Los vencedores implantaron, dentro de las fronteras reducidas por el despojo, el librecambio y el latifundio. Todo fue saqueado y todo fue vendido: las tierras y los bosques, las minas, los yerbales, los edificios de las escuelas. Sucesivos gobiernos títeres serían instalados, en Asunción, por las fuerzas extranjeras de ocupación. No bien terminó la guerra, sobre las ruinas todavía humeantes de Paraguay cayó el primer empréstito extranjero de su historia. Era británico, por supuesto. Su valor nominal alcanzaba el millón de libras esterlinas, pero a Paraguay llegó bastante menos de la

---

[46] Solano López arde todavía en la memoria. Cuando el Museo Histórico Nacional de Río de Janeiro anunció, en septiembre de 1969, que inauguraría una vitrina dedicada al Presidente paraguayo, los militares reaccionaron furiosamente. El general Mourão Filho, que había desencadenado el golpe de Estado de 1964, declaró a la prensa: «Un viento de locura barre al país... Solano López es una figura que debe ser borrada para siempre de nuestra historia, como paradigma del dictador uniformado sudamericano. Fue un sanguinario que destruyó al Paraguay, llevándolo a una guerra imposible».

mitad; en los años siguientes, las refinanciaciones elevaron la deuda a más de tres millones. La Guerra del Opio había terminado cuando se firmó en Nanking el tratado de libre comercio que aseguró a los comerciantes británicos el derecho de introducir libremente la droga en el territorio chino. También la libertad de comercio fue garantizada por Paraguay después de la derrota. Se abandonaron los cultivos de algodón, y Manchester arruinó la producción textil; la industria nacional no resucitó nunca.

El Partido Colorado, que hoy gobierna a Paraguay, especula alegremente con la memoria de los héroes, pero ostenta al pie de su acta de fundación la firma de veintidós traidores al mariscal Solano López, «legionarios» al servicio de las tropas brasileñas de ocupación. El dictador Alfredo Stroessner, que ha convertido al Paraguay en un gran campo de concentración desde hace quince años, hizo su especialización militar en Brasil, y los generales brasileños lo devolvieron a su país con altas calificaciones y encendidos elogios: «Es digno de gran futuro...» Durante su reinado, Stroessner desplazó a los intereses angloargentinos dominantes en Paraguay durante las últimas décadas, en beneficio de Brasil y sus dueños norteamericanos. Desde 1870, Brasil y Argentina, que *liberaron* a Paraguay para comérselo a dos bocas, se alternan en el usufructo de los despojos del país derrotado, pero sufren, a su vez, el imperialismo de la gran potencia de turno. Paraguay padece, al mismo tiempo, el imperialismo y el subimperialismo. Antes el Imperio británico constituía el eslabón mayor de la cadena de las dependencias sucesivas. Actualmente, los Estados Unidos, que no ignoran la importancia geopolítica de este país enclavado en el centro de América del Sur, mantienen en suelo paraguayo asesores innumerables que adiestran y orientan a las fuerzas armadas, cocinan los planes económicos, reestructuran la universidad a su antojo, inventan un nuevo esquema político *democrático* para el país y retribuyen con préstamos onerosos los buenos servicios del régimen[47]. Pero Paraguay es también colonia de colonias.

---

[47] Poco antes de las elecciones de principios de 1968, el general Stroessner visitó los Estados Unidos. «Cuando me entrevisté con el presidente Johnson —declaró a *France Presse*—, le manifesté que ya hace doce años que desempeño funciones de primer magistrado por mandato de las urnas. Johnson me contestó que eso constituía una razón más para continuar ejerciéndola el período venidero.»

Utilizando la reforma agraria como pretexto, el gobierno de Stroessner derogó, haciéndose el distraído, la disposición legal que prohibía la venta a extranjeros de tierras en zonas de frontera seca, y hoy hasta los territorios fiscales han caído en manos de los latifundistas brasileños del café. La onda invasora atraviesa el río Paraná con la complicidad del Presidente, asociado a los terratenientes que hablan portugués. Llegué a la movediza frontera del nordeste de Paraguay con billetes que tenían estampado el rostro del vencido mariscal Solano López, pero allí encontré que sólo tienen valor los que lucen la efigie del victorioso emperador Pedro II. El resultado de la Guerra de la Triple Alianza cobra, transcurrido un siglo, ardiente actualidad. Los guardas brasileños exigen pasaporte a los ciudadanos paraguayos para circular por su propio país; son brasileñas las banderas y las iglesias. La piratería de tierra abarca también los saltos del Guayrá, la mayor fuente potencial de energía en toda América Latina, que hoy se llaman, en portugués, *Sete Quedas*, y la zona del Itaipú, donde Brasil construirá la mayor central hidroeléctrica del mundo.

El subimperialismo o imperialismo de segundo grado, se expresa de mil maneras. Cuando el presidente Johnson decidió sumergir en sangre a los dominicanos, en 1965, Stroessner envió soldados paraguayos a Santo Domingo, para que colaboraran en la faena. El batallón se llamó, broma siniestra, «Mariscal Solano López». Los paraguayos actuaron a las órdenes de un general brasileño, porque fue Brasil quien recibió los honores de la traición: el general Panasco Alvim encabezó las tropas latinoamericanas cómplices en la matanza. De la misma manera, podrían citarse otros ejemplos. Paraguay otorgó a Brasil una concesión petrolera en su territorio, pero el negocio de la distribución de combustibles y la petroquímica están, en Brasil, en manos norteamericanas. La Misión Cultural Brasileña es dueña de la Facultad de Filosofía y Pedagogía de la universidad paraguaya, pero los norteamericanos manejan ahora a las universidades de Brasil. El estado mayor del ejército paraguayo no sólo recibe la asesoría de los técnicos del Pentágono, sino también de generales brasileños que a su vez responden al Pentágono como el eco a la voz. Por la vía abierta del contrabando, los productos industriales de Brasil invaden el mercado paraguayo, pero muchas de las fábricas que los producen en San Pablo son, desde la avalancha desnacionalizadora de estos últimos años, propiedad de las corporaciones multinacionales.

Stroessner se considera heredero de los López. El Paraguay de hace un siglo, ¿puede ser impunemente cotejado con el Paraguay de ahora, emporio del contrabando en la cuenca del Plata y reino de la corrupción institucionalizada? En un acto político, donde el partido de gobierno reivindicaba a la vez, entre vítores y aplausos, a uno y otro Paraguay, un muchachito vendía, bandeja al pecho, cigarrillos de contrabando: la fervorosa concurrencia pitaba nerviosamente Kent, Marlboro, Camel y Benson & Hedges. En Asunción, la escasa clase media bebe whisky Ballantine's en vez de tomar caña paraguaya. Uno descubre los últimos modelos de los más lujosos automóviles fabricados en Estados Unidos o Europa, traídos al país de contrabando o previo pago de menguados impuestos, al mismo tiempo que se ven, por las calles, carros tirados por bueyes que acarrean lentamente los frutos al mercado: la tierra se trabaja con arados de madera y los taxímetros son Impalas 70. Stroessner dice que el contrabando es «el precio de la paz»: los generales se llenan los bolsillos y no conspiran. La industria, por supuesto, agoniza antes de crecer. El Estado ni siquiera cumple con el decreto que manda preferir los productos de las fábricas nacionales en las adquisiciones públicas. Los únicos triunfos que el gobierno exhibe, orgulloso, en la materia, son las plantas de Coca Cola, Crush y Pepsi Cola, instaladas desde fines de 1966 como contribución norteamericana al progreso del pueblo paraguayo.

El Estado manifiesta que sólo intervendrá directamente en la creación de empresas «cuando el sector privado no demuestre interés»[48], y el Banco Central comunica al Fondo Monetario Internacional que «ha decidido implantar un régimen de mercado libre de cambios y abolir las restricciones al comercio y a las transacciones en divisas»; un folleto editado por el Ministerio de Industria y Comercio advierte a los inversores que el país otorga «concesiones especiales para el capital extranjero». Se exime a las empresas extranjeras del pago de impuestos y de derechos aduaneros, «para crear un clima propicio para las inversiones». Un año después de instalarse en Asunción, el National City Bank de Nueva York recupera íntegramente el capital invertido. La banca extranjera, dueña del ahorro interno, proporciona a Paraguay créditos externos que acentúan su deformación eco-

---

[48] Presidencia de la Nación, Secretaría Técnica de Planificación, *Plan nacional de desarrollo económico y social*, Asunción, 1966.

nómica e hipotecan aún más su soberanía. En el campo, el uno y medio por ciento de los propietarios dispone del noventa por ciento de las tierras explotadas, y se cultiva menos del dos por ciento de la superficie total del país. El plan oficial de colonización en el triángulo de Caaguazú ofrece a los campesinos hambrientos más tumbas que prosperidades[49].

La Triple Alianza sigue siendo todo un éxito.

Los hornos de la fundición de Ibycuí, donde se forjaron los cañones que defendieron a la patria invadida, se erguían en un paraje que ahora se llama «Mina-cué» –que en guaraní significa «Fue mina».

Allí, entre pantanos y mosquitos, junto a los restos de un muro derruido, yace todavía la base de la chimenea que los invasores volaron, hace un siglo, con dinamita, y pueden verse los pedazos de hierro podrido de las instalaciones deshechas. Viven, en la zona, unos pocos campesinos en harapos, que ni siquiera saben cuál fue la guerra que destruyó todo eso. Sin embargo, ellos dicen que en ciertas noches se escuchan, allí, voces de máquinas y truenos de martillos, estampidos de cañones y alaridos de soldados.

LOS EMPRÉSTITOS Y LOS FERROCARRILES EN LA DEFORMACIÓN ECONÓMICA DE AMÉRICA LATINA

El vizconde Chateaubriand, ministro de asuntos extranjeros de Francia bajo el reinado de Luis XVIII, escribía con despecho y, presumiblemente, con buena base de información: «En el momento de la emancipación, las colonias españolas se volvieron una especie de colonias inglesas»[50]. Citaba algunos números. Decía que, entre 1822 y 1826, Inglaterra había proporcionado diez empréstitos a las colo-

---

[49] Muchos de los campesinos han optado finalmente por volverse a la región minifundista del centro del país o han ido camino del nuevo éxodo hacia Brasil, donde sus brazos baratos se ofrecen a los yerbales de Curitiba y Mato Grosso o a las plantaciones cafetaleras de Paraná. Es desesperada la situación de los pioneros que se encuentran de cara a la selva, sin la menor orientación técnica y sin ninguna asistencia crediticia, con tierras *concedidas* por el gobierno, a las que tendrán que arrancar frutos suficientes para alimentarse y poder *pagarlas* porque si el campesino no paga el precio estipulado, no recibe el título de propiedad.

[50] R. Scalabrini Ortiz, *Política británica en el Río de la Plata*, Buenos Aires, 1940.

nias españolas liberadas, por un valor nominal de cerca de veintiún
millones de libras esterlinas, pero que, una vez deducidos los intereses y las comisiones de los intermediarios, el desembolso real que
había llegado a tierras de América apenas alcanzaba los siete millones. Al mismo tiempo, se habían creado en Londres más de cuarenta sociedades anónimas para explotar los recursos naturales –minas, agricultura– de América Latina y para instalar empresas de
servicios públicos. Los bancos brotaban como hongos en suelo británico: en un solo año, 1836, se fundaron cuarenta y ocho. Aparecieron los ferrocarriles ingleses en Panamá, hacia la mitad del siglo,
y la primera línea de tranvías fue inaugurada en 1868 por una empresa británica en la ciudad brasileña de Recife, mientras la banca
de Inglaterra financiaba directamente a las tesorerías de los gobiernos [51]. Los bonos públicos latinoamericanos circulaban activamen-
te, con sus crisis y sus auges, en el mercado financiero inglés. Los
servicios públicos estaban en manos británicas; los nuevos estados
nacían desbordados por los gastos militares y debían hacer frente,
además, al déficit de los pagos externos. El comercio libre implicaba
un frenético aumento de las importaciones, sobre todo de las importaciones de lujo y, para que una minoría pudiera vivir a la moda,
los gobiernos contraían empréstitos que a su vez generaban la necesidad de nuevos empréstitos: los países hipotecaban de antemano
su destino, enajenaban la libertad económica y la soberanía política.
El mismo proceso se daba –y se sigue dando en nuestros días, aunque ahora los acreedores son otros y otros los mecanismos– en
toda América Latina, con la excepción, aniquilada, de Paraguay. El
financiamiento externo se hacía, como la morfina, imprescindible.
Se abrían agujeros para tapar agujeros. El deterioro de los términos
comerciales del intercambio no es tampoco un fenómeno exclusivo
de nuestros días: según Celso Furtado[52], los precios de las exportaciones brasileñas entre 1821 y 1830, y entre 1841 y 1850 bajaron
casi a la mitad, mientras los precios de las importaciones extranjeras permanecían estables: las vulnerables economías latinoamericanas compensaban la caída con empréstitos.

[51]   J. Fred Rippy, *British Investments in Latin America (1822-1949)*, Minneapolis,
       1959.
[52]   Celso Furtado, *op. cit.*

«Las finanzas de estos jóvenes estados –escribe Schnerb– no están saneadas... Se hace preciso recurrir a la inflación, que produce la depreciación de la moneda, y a los empréstitos onerosos. La historia de estas repúblicas es, en cierto modo, la de sus obligaciones económicas contraídas con el absorbente mundo de las finanzas europeas.»[53] Las bancarrotas, las suspensiones de pagos y las refinanciaciones desesperadas eran, en efecto, frecuentes. Las libras esterlinas se escurrían como el agua por entre los dedos de la mano. Del empréstito de un millón de libras concertado por el gobierno de Buenos Aires, en 1824, ante la casa Baring Brothers, la Argentina recibió nada más que 570 mil, pero no en oro, como rezaba el convenio, sino en papeles. El préstamo consistió en el envío de órdenes de pago para los comerciantes ingleses radicados en Buenos Aires, y ellos no disponían de oro para entregarlo al país porque su misión consistía, justamente, en enviar a Londres cuanto metal precioso les pasara cerca de los ojos. Se cobraron, pues, letras, pero hubo que pagar, eso sí, oro reluciente: casi a principios de nuestro siglo, Argentina canceló esta deuda, que se había hinchado, a lo largo de las sucesivas refinanciaciones, hasta los cuatro millones de libras[54]. La provincia de Buenos Aires había quedado hipotecada en su totalidad –todas sus rentas, todas sus tierras públicas– en garantía del pago. Decía el ministro de Hacienda, en la época en que se contrató el empréstito: «No estamos en circunstancias de tomar medidas contra el comercio extranjero, particularmente inglés, porque hallándonos empeñados en grandes deudas con aquella nación, nos exponemos a un rompimiento que causaría grandes males...» La utilización de la deuda como un instrumento de chantaje no es, como se ve, una invención norteamericana reciente.

Las operaciones agiotistas encarcelaban a los países libres. A mediados del siglo XIX, el servicio de la deuda externa absorbía ya casi el cuarenta por ciento del presupuesto de Brasil, y el panorama resultaba semejante por todas partes. Los ferrocarriles también formaban parte decisiva de la jaula de hierro de la dependencia: extendieron la influencia imperialista, ya en plena época del capitalismo de los monopolios, hasta las retaguardias de las economías coloniales.

---

[53] Robert Schnerb, *Le XIXe siècle. L'apogée de l'expansion européenne (1815-1914)*, tomo VI de la historia general de las civilizaciones dirigida por Maurice Crouzet, París, 1968.

[54] R. Scalabrini Ortiz, *op. cit.*

Muchos de los empréstitos se destinaban a financiar ferrocarriles para facilitar el embarque al exterior de los minerales y los alimentos. Las vías férreas no constituían una red destinada a unir a las diversas regiones interiores entre sí, sino que conectaban los centros de producción con los puertos. El diseño coincide todavía con los dedos de una mano abierta: de esta manera, los ferrocarriles, tantas veces saludados como adalides del progreso, impedían la formación y el desarrollo del mercado interno. También lo hacían de otras maneras, sobre todo por medio de una política de tarifas puesta al servicio de la hegemonía británica. Los fletes de los productos elaborados en el interior argentino resultaban, por ejemplo, mucho más caros que los fletes de los productos enviados en bruto. Las tarifas ferroviarias se descargaban como una maldición que hacía imposible fabricar cigarrillos en las comarcas del tabaco, hilar y tejer en los centros laneros, o elaborar las maderas en las zonas boscosas[55]. El ferrocarril argentino desarrolló, es cierto, la industria forestal en Santiago del Estero, pero con tales consecuencias que un autor santiagueño llega a decir: «Ojalá Santiago no hubiera tenido nunca un árbol»[56]. Los durmientes de las vías se hacían de madera y el carbón vegetal servía de combustible; el obraje maderero, creado por el ferrocarril, desintegró los núcleos rurales de población, destruyó la agricultura y la ganadería al arrasar las pasturas y los bosques de abrigo, esclavizó en la selva a varias generaciones de santiagueños y provocó la despoblación. El éxodo en masa no ha cesado, y hoy Santiago del Estero es una de las provincias más pobres de Argentina. La utilización del petróleo como combustible ferroviario sumergió a la región en una honda crisis.

No fueron capitales ingleses los que tendieron las primeras vías en Argentina, Brasil, Chile, Guatemala, México y Uruguay. Tampoco en Paraguay, como hemos visto, pero los ferrocarriles construidos por el Estado paraguayo con el aporte de técnicos europeos por él contratados pasaron a manos inglesas después de la derrota. Idéntico destino tuvieron las vías férreas y los trenes de los demás países, sin que se produjera el desembolso de un solo centavo de inversión nue-

---

[55]   *Ibíd.*
[56]   J. Eduardo Retondo, *El bosque y la industria forestal en Santiago del Estero*, Santiago del Estero, 1962.

va; por añadidura, el Estado se preocupó de asegurar a las empresas, por contrato, un nivel mínimo de ganancias, para evitarles posibles sorpresas desagradables.

Muchas décadas después, al término de la Segunda Guerra Mundial, cuando ya los ferrocarriles no rendían dividendos y habían caído en relativo desuso, la administración pública los recuperó. Casi todos los estados compraron a los ingleses los fierros viejos y nacionalizaron, así, las pérdidas de las empresas.

En la época del auge ferroviario, las empresas británicas habían obtenido, a menudo, considerables concesiones de tierras a cada lado de las vías, además de las propias líneas férreas y el derecho de construir nuevos ramales. Las tierras constituían un estupendo negocio adicional: el fabuloso regalo otorgado en 1911 a la Brazil Railway determinó el incendio de innumerables cabañas y la expulsión o la muerte de las familias campesinas asentadas en el área de la concesión. Éste fue el gatillo que disparó la rebelión del *Contestado*, una de las más intensas páginas de furia popular de toda la historia de Brasil.

PROTECCIONISMO Y LIBRECAMBIO EN ESTADOS UNIDOS: EL ÉXITO NO FUE LA OBRA DE UNA MANO INVISIBLE

En 1865, mientras la Triple Alianza anunciaba la próxima destrucción de Paraguay, el general Ulysses Grant celebraba, en Appomatox, la rendición del general Robert Lee. La Guerra de Secesión concluía con la victoria de los centros industriales del norte, proteccionistas a carta cabal, sobre los plantadores librecambistas de algodón y tabaco en el sur. *La guerra que sellaría el destino colonial de América Latina nacía al mismo tiempo que concluía la guerra que hizo posible la consolidación de los Estados Unidos como potencial mundial.* Convertido poco después en Presidente de los Estados Unidos, Grant afirmó: «Durante siglos Inglaterra ha confiado en la protección, la ha llevado hasta sus extremos y ha obtenido de ello resultados satisfactorios. No cabe duda que debe su fuerza presente a este sistema. Después de dos siglos, Inglaterra ha encontrado conveniente adoptar el comercio libre porque piensa que ya la protección no puede ofrecerle nada. Muy bien, entonces, caballeros, mi conocimiento de mi país me conduce a creer que dentro de doscientos años, cuando América haya obtenido de la protección todo lo que la protección puede ofrecer, adoptará también el libre comercio»[57].

Dos siglos y medio antes, el adolescente capitalismo inglés había trasladado, a las colonias del norte de América, sus hombres, sus capitales, sus formas de vida y sus impulsos y proyectos. Las trece colonias, válvulas de salida para la población europea excedente, aprovecharon rápidamente el *handicap* que les daba la pobreza de su suelo y su subsuelo, y generaron, desde temprano, *una conciencia industrializadora que la metrópoli dejó crecer sin mayores problemas.* En 1631, los recién llegados colonos de Boston echaron al mar una balandra de treinta toneladas, *Blessing of the Bay,* construida por ellos, y desde entonces la industria naviera cobró un asombroso impulso. El roble blanco, abundante en los bosques, daba buena madera para las planchas profundas y las armazones interiores de los barcos; de pino se hacían la cubierta, los baupreses y los mástiles. Massachusetts otorgaba subvenciones a la producción del cáñamo para los cordeles y las sogas y también estimulaba la fabricación local de las lonas y los velámenes. Al norte y al sur de Boston, los prósperos astilleros cubrieron las costas. Los gobiernos de las colonias otorgaban subvenciones y premios a las manufacturas de todo tipo. Se promovía, con incentivos, el cultivo del lino y la producción de lana, materias primas para los tejidos de hilo crudo que, si bien no resultaban demasiado elegantes, eran resistentes *y eran nacionales.* Para explotar los yacimientos de hierro de Lyn, surgió el primer horno de fundición en 1643; al poco tiempo, ya Massachusetts abastecía de hierro a toda la región. Como los estímulos a la producción textil no parecían suficientes, esta colonia optó por la coacción: en 1655, dictó una ley que ordenaba que cada familia tuviese, bajo la amenaza de penas graves, por lo menos un hilandero en continua e intensa actividad. Cada condado de Virginia estaba obligado, en esa misma época, a seleccionar niños para instruirlos en la manufactura textil. Al mismo tiempo, se prohibía la exportación de los cueros, para que se convirtieran, fronteras adentro, en botas, correas y monturas.

«Las desventajas con que tiene que luchar la industria colonial proceden de cualquier parte menos de la política colonial inglesa»,

---

[57] Citado por André Gunder Frank, *Capitalism and Underdevelopment in Latin America,* Nueva York, 1967.

dice Kirkland[58]. Por el contrario, las dificultades de comunicación hacían que la legislación prohibitiva perdiera casi toda su fuerza a tres mil millas de distancia, y favorecían la tendencia al autoabastecimiento. Las colonias del norte no enviaban a Inglaterra plata ni oro ni azúcar, y en cambio sus necesidades de consumo provocaban un exceso de importaciones que era preciso contrarrestar de alguna manera. No eran intensas las relaciones comerciales a través del mar; resultaba imprescindible desarrollar las manufacturas locales para sobrevivir. En el siglo XVIII, Inglaterra prestaba todavía tan escasa atención a sus colonias del norte, que no impedía que se transfirieran a sus talleres las técnicas metropolitanas más avanzadas, en un proceso real que desmentía las prohibiciones de papel del pacto colonial. *Éste no era el caso, por cierto, de las colonias latinoamericanas, que proporcionaban el aire, el agua y la sal al capitalismo ascendente en Europa, y podían nutrir con largueza el consumo lujoso de sus clases dominantes, importando desde ultramar las manufacturas más finas y más caras. Las únicas actividades expansivas eran, en América Latina, las que se orientaban a la exportación; y así fue también en los siglos siguientes: los intereses económicos y políticos de la burguesía minera o terrateniente no coincidían nunca con la necesidad de un desarrollo económico hacia dentro, y los comerciantes no estaban ligados al Nuevo Mundo en mayor medida que a los mercados extranjeros de los metales y alimentos que vendían, y a las fuentes extranjeras de los artículos manufacturados que compraban.*

Cuando declaró su independencia, la población norteamericana equivalía, en cantidad, a la de Brasil. La metrópoli portuguesa, tan subdesarrollada como la española, exportaba su subdesarrollo a la colonia. La economía brasileña había sido instrumentalizada en provecho de Inglaterra, para abastecer sus necesidades de oro todo a lo largo del siglo XVIII. La estructura de clases de la colonia reflejaba esta función proveedora. La clase dominante de Brasil no estaba formada, a diferencia de la de los Estados Unidos, por los granjeros, los fabricantes emprendedores y los comerciantes internos. Los principales intérpretes de los ideales de las clases dominantes en ambos países, Alexander Hamilton y el Vizconde de Cairú, expresan claramente la diferencia entre una y otra[59]. Ambos habían sido discípulos, en Ingla-

---

[58]   Edward C. Kirkland, *Historia económica de Estados Unidos*, México, 1941.
[59]   Celso Furtado, *op. cit.*

terra, de Adam Smith. Sin embargo, mientras Hamilton se había transformado en un paladín de la industrialización y promovía el estímulo y la protección del Estado a la manufactura nacional, Cairú creía en la mano invisible que opera en la magia del liberalismo: *dejad hacer, dejad pasar, dejad vender.*

Mientras moría el siglo XVIII, los Estados Unidos contaban ya con la segunda flota mercante del mundo, íntegramente formada con barcos construidos en los astilleros nacionales, y las fábricas textiles y siderúrgicas estaban en pleno y pujante crecimiento. Poco tiempo después, nació la industria de maquinarias: las fábricas no necesitaban comprar en el extranjero sus bienes de capital. Los fervorosos puritanos del *Mayflower* habían echado, en las campiñas de Nueva Inglaterra, las bases de una nación; sobre el litoral de bahías profundas, a lo largo de los grandes estuarios, una burguesía industrial había prosperado sin detenerse. El tráfico comercial con las Antillas, que incluía la venta de esclavos africanos, desempeñó, como hemos visto en otro capítulo, una función capital en este sentido, pero la hazaña norteamericana no tendría explicación si no hubiera sido animada, desde el principio, por el más ardiente de los nacionalismos. George Washington lo había aconsejado en su mensaje de adiós: los Estados Unidos debían seguir una ruta solitaria[60]. Emerson proclamaba en 1837: «Hemos escuchado durante demasiado tiempo a las musas refinadas de Europa. Nosotros marcharemos sobre nuestros propios pies, trabajaremos con nuestras propias manos, hablaremos según nuestras propias convicciones»[61].

Los fondos públicos ampliaban las dimensiones del mercado interno. El Estado tendía caminos y vías férreas, construía puentes y canales[62]. A mediados de siglo, el estado de Pennsylvania participa-

---

[60] Claude Fohlen, *L'Amérique anglo-saxonne de 1815 a nos jours*, París, 1965.
[61] Robert Schnerb, *op. cit.*
[62] «El capital del Estado asume el riesgo inicial... La ayuda oficial a los ferrocarriles no solamente facilita la reunión de capitales, sino que además reduce los costos de construcción. En algunos casos, entre otros para las líneas marginales, los fondos públicos hicieron posible la construcción de ferrocarriles que no hubieran podido nacer de otra manera. En otro número de casos aún más importante, aceleraron la realización de proyectos que la utilización de capitales privados hubiera ciertamente demorado.» (Harry H. Pierce, *Railroads of New York, A Study of Government Aid, 1826-1875*, Cambridge, Massachusetts, 1953.)

ba en la gestión de más de ciento cincuenta empresas de economía mixta, además de administrar los cien millones de dólares invertidos en las empresas públicas. Las operaciones militares de conquista, que arrebataron a México más de la mitad de su superficie, también contribuyeron en gran medida al progreso del país. El Estado no participaba del desarrollo solamente a través de las inversiones de capital y los gastos militares orientados a la expansión; en el norte, había empezado a aplicar, además, un celoso proteccionismo aduanero. Los terratenientes del sur eran, al contrario, librecambistas. La producción de algodón se duplicaba cada diez años, y si bien proporcionaba grandes ingresos comerciales a la nación entera y alimentaba los telares modernos de Massachusetts, dependía sobre todo de los mercados europeos. La aristocracia sureña estaba vinculada en primer término al mercado mundial, al estilo latinoamericano; del trabajo de sus esclavos provenía el ochenta por ciento del algodón que usaban las hilanderías europeas. Cuando el norte sumó la abolición de la esclavitud al proteccionismo industrial, la contradicción hizo eclosión en la guerra. El norte y el sur enfrentaban dos mundos en verdad opuestos, dos tiempos históricos diferentes, dos antagónicas concepciones del destino nacional. *El siglo xx ganó esta guerra al siglo xix*:

> *Que todo hombre libre cante...*
> *El viejo Rey Algodón está muerto y enterrado,*

clamaba un poeta del ejército victorioso[63]. A partir de la derrota del general Lee, adquirieron un valor sagrado los aranceles aduaneros, que se habían elevado durante el conflicto como un medio para conseguir recursos y quedaron en pie para proteger a la industria vencedora. En 1890, el Congreso votó la llamada tarifa McKinley, ultraproteccionista, y la ley Dingley elevó nuevamente los derechos de aduana en 1897. Poco después, los países desarrollados de Europa se vieron a su vez obligados a tender barreras aduaneras ante la irrupción de las manufacturas norteamericanas peligrosamente competitivas. La palabra trust había sido pronunciada por primera vez en 1882; el petróleo, el acero, los alimentos, los ferrocarriles y el tabaco

---

[63]   Claude Fohlen, *op. cit.*

estaban en manos de los monopolios, que avanzaban con botas de siete leguas[64].

Antes de la Guerra de Secesión, el general Grant había participado en el despojo de México. Después de la Guerra de Secesión, el general Grant fue un Presidente con ideas proteccionistas. Todo formaba parte del mismo proceso de afirmación nacional. La industria del norte conducía la historia y, ya dueña del poder político, cuidaba desde el Estado la buena salud de sus intereses dominantes. La frontera agrícola volaba hacia el oeste y hacia el sur, a costa de los indios y los mexicanos, pero a su paso no iba extendiendo latifundios, sino que sembraba de pequeños propietarios los nuevos espacios abiertos. La tierra de promisión no sólo atraía a los campesinos europeos; los maestros artesanos de los oficios más diversos y los obreros especializados en mecánica, metalurgia y siderurgia, también llegaron desde Europa para fecundar la intensa industrialización norteamericana. A fines del siglo pasado, los Estados Unidos eran ya la primera potencia industrial del planeta; en treinta años, desde la guerra civil, las fábricas habían multiplicado por siete su capacidad de producción. El volumen norteamericano de carbón equivalía ya al de Inglaterra, y el de acero lo duplicaba; las vías férreas eran nueve veces más extensas. El centro del universo capitalista empezaba a cambiar de sitio.

Como Inglaterra, Estados Unidos también exportará, a partir de la Segunda Guerra Mundial, la doctrina del libre cambio, el comercio libre y la libre competencia, pero *para el consumo ajeno*. El Fondo

---

[64] El sur se convirtió en una colonia interna de los capitalistas del norte. Después de la guerra, la propaganda por la construcción de hilanderías en las dos Carolinas, Georgia y Alabama, cobró el carácter de una cruzada. Pero éste no era el triunfo de una causa moral, las nuevas industrias no nacían por puro humanitarismo: el sur ofrecía mano de obra menos cara, energía más barata y beneficios altísimos, que a veces llegaban al 75 por 100. Los capitales venían del norte para atar al sur al centro de gravedad del sistema. La industria del tabaco, concentrada en Carolina del Norte, estaba bajo la dependencia directa del trust Duke, mudado a Nueva Jersey para aprovechar una legislación más favorable; la Tennessee Coal and Iron Co., que explotaba el hierro y el carbón de Alabama, pasó en 1907 al control de la U. S. Steel, que desde entonces dispuso de los precios y eliminó así la competencia molesta. A principios de siglo, el ingreso per cápita del sur se había reducido a la mitad en relación con el nivel anterior a la guerra. (C. Vann Woodward, *Origins of the New South, 1879-1913*, en *A History of the South*, varios autores, Baton Rouge, 1948.)

Monetario Internacional y el Banco Mundial nacerán juntos para negar, a los países subdesarrollados, el derecho de proteger sus industrias nacionales, y para desalentar en ellos la acción del Estado. Se atribuirán propiedades curativas infalibles a la iniciativa privada. Sin embargo, los Estados Unidos no abandonarán una política económica que continúa siendo, en la actualidad, rigurosamente proteccionista, y que por cierto presta buen oído a las voces de la propia historia: en el norte, nunca confundieron la enfermedad con el remedio.

LA ESTRUCTURA CONTEMPORÁNEA DEL DESPOJO

UN TALISMÁN VACÍO DE PODERES

Cuando Lenin escribió, en la primavera de 1916, su libro sobre el imperialismo, el capital norteamericano abarcaba menos de la quinta parte del total de las inversiones privadas directas, de origen extranjero, en América Latina. En 1970, abarca cerca de las tres cuartas partes. El imperialismo que Lenin conoció –la rapacidad de los centros industriales a la búsqueda de mercados mundiales para la exportación de sus mercancías; la fiebre por la captura de todas las fuentes posibles de materias primas; el saqueo del hierro, el carbón, el petróleo; los ferrocarriles articulando el dominio de las áreas sometidas; los empréstitos voraces de los monopolios financieros; las expediciones militares y las guerras de conquista– era un imperialismo que regaba con sal los lugares donde una colonia o semicolonia hubiera osado levantar una fábrica propia. La industrialización, privilegio de las metrópolis, resultaba, para los países pobres, incompatible con el sistema de dominio impuesto por los países ricos. A partir de la Segunda Guerra Mundial se consolida en América Latina el repliegue de los intereses europeos, en beneficio del arrollador avance de las inversiones norteamericanas. Y se asiste, desde entonces, a un cambio importante en el destino de las inversiones. Paso a paso, año tras año, van perdiendo importancia relativa los capitales aplicados a los servicios públicos y a la minería, en tanto aumenta la proporción de las inversiones en petróleo y, sobre todo, en la industria manufacturera. Actualmente, de cada tres dólares invertidos en América Latina, uno corresponde a la industria[1].

---

[1] Hace cuarenta años, la inversión norteamericana en industrias de transformación sólo representaba el 6 por 100 del valor total de los capitales de Estados Unidos en América Latina. En 1960, la proporción rozaba ya el 20

A cambio de inversiones insignificantes, las filiales de las grandes corporaciones saltan de un solo brinco las barreras aduaneras latinoamericanas, paradójicamente alzadas contra la competencia extranjera, y se apoderan de los procesos internos de industrialización. Exportan fábricas o, frecuentemente, acorralan y devoran a las fábricas nacionales ya existentes. Cuentan, para ello, con la ayuda entusiasta de la mayoría de los gobiernos locales y con la capacidad de extorsión que ponen a su servicio los organismos internacionales de crédito. El capital imperialista captura los mercados *por dentro*, haciendo suyos los sectores claves de la industria local: conquista o construye las fortalezas decisivas, desde las cuales domina al resto. La OEA describe así el proceso: «Las empresas latinoamericanas van teniendo un predominio sobre las industrias y tecnologías ya establecidas y de menor sofisticación, mientras la inversión privada norteamericana, y probablemente también la proveniente de otros países industrializados, va aumentando rápidamente su participación en ciertas industrias dinámicas que requieren un grado de avance tecnológico relativamente alto y que son más importantes en la determinación del curso de desarrollo económico»[2]. Así, el dinamismo de las fábricas norteamericanas al sur del río Bravo resulta mucho más intenso que el de la industria latinoamericana en general. Son elocuentes los ritmos de los tres países mayores: para un índice 100 en 1961, el producto industrial en Argentina pasó a ser de 112,5 en 1965, y en el mismo período las ventas de las empresas filiales de los Estados Unidos subieron a 166,3. Para Brasil, las cifras respectivas son de 109,2 y 120; para México, de 142,2 y 186,8[3].

El interés de las corporaciones imperialistas por apropiarse del

---

por 100, y luego continuó ascendiendo hasta cerca de la tercera parte del total. Naciones Unidas, CEPAL, *El financiamiento externo de América Latina*, Nueva York-Santiago de Chile, 1964, y *Estudio económico de América Latina* de 1967, 1968 y 1969.

[2] Secretaría General de la Organización de Estados Americanos, *El financiamiento externo para el desarrollo de la América Latina*, Washington, 1969. Documento de distribución limitada; sextas reuniones anuales del CIES.

[3] Datos del Departamento de Comercio de los Estados Unidos y del Comité Interamericano de la Alianza para el Progreso. Secretaría General de la OEA, *op. cit.*

crecimiento industrial latinoamericano y capitalizarlo en su beneficio no implica, desde luego, un desinterés por todas las otras formas tradicionales de explotación. Es verdad que el ferrocarril de la United Fruit Co., en Guatemala, ya no era rentable, y que la Electric Bond and Share y la International Telephone and Telegraph Corporation realizaron espléndidos negocios cuando fueron nacionalizadas en Brasil, con indemnizaciones de oro puro a cambio de sus instalaciones oxidadas y sus maquinarias de museo. Pero el abandono de los servicios públicos a cambio de actividades más lucrativas nada tiene que ver con el abandono de las materias primas. ¿Qué suerte correría el Imperio sin el petróleo y los minerales de América Latina? Pese al descenso relativo de las inversiones en minas, la economía norteamericana no puede prescindir, como hemos visto en otro capítulo, de los abastecimientos vitales y las jugosas ganancias que le llegan desde el sur. Por lo demás, *las inversiones que convierten a las fábricas latinoamericanas en meras piezas del engranaje mundial de las corporaciones gigantes no alteran en absoluto la división internacional del trabajo. No sufre la menor modificación el sistema de vasos comunicantes por donde circulan los capitales y las mercancías entre los países pobres y los países ricos. América Latina continúa exportando su desocupación y su miseria: las materias primas que el mercado mundial necesita y de cuya venta depende la economía de la región y ciertos productos industriales elaborados, con mano de obra barata, por filiales de las corporaciones multinacionales. El intercambio desigual funciona como siempre: los salarios de hambre de América Latina contribuyen a financiar los altos salarios de Estados Unidos y de Europa.*

No faltan políticos y tecnócratas dispuestos a demostrar que la invasión del capital extranjero «industrializador» beneficia las áreas donde irrumpe. A diferencia del antiguo, este imperialismo de nuevo signo implicaría una acción en verdad civilizadora, una bendición para los países dominados, de modo que por primera vez la letra de las declaraciones de amor de la potencia dominante de turno coincidiría con sus intenciones reales. Ya las conciencias culpables no necesitarían coartadas, puesto que no serían culpables: el imperialismo actual irradiaría tecnología y progreso, y hasta resultaría de mal gusto utilizar esta vieja y odiosa palabra para definirlo. Cada vez que el imperialismo se pone a exaltar sus propias virtudes, conviene, sin embargo, revisarse los bolsillos. Y comprobar que este nuevo modelo de imperialismo no hace más prósperas a sus colonias aunque enriquezca a sus polos de desarrollo; no alivia las tensiones sociales regionales, sino que las agudiza; extiende aún más la pobreza y concentra aún más la riqueza: paga salarios veinte veces menores que en Detroit y cobra precios tres veces mayores que en Nueva York; se hace dueño del mercado interno y de los resortes claves del aparato productivo; se apropia del progreso, decide su rumbo y le fija fronteras; dispone del crédito nacional y orienta a su antojo el comercio exterior; no sólo desnacionaliza la industria, sino también las ganancias que la industria produce; impulsa el desperdicio de recursos al desviar la parte sustancial del excedente económico hacia afuera; no aporta capitales al desarrollo sino que los sustrae. La CEPAL ha indicado que la hemorragia de los beneficios de las inversiones directas de los Estados Unidos en América Latina ha sido cinco veces mayor, en estos últimos años, que la transfusión de inversiones nuevas. Para que las empresas puedan llevarse sus ganancias, los países se hipotecan endeudándose con la banca extranjera y con los organismos internacionales de crédito, con lo que multiplican el caudal de las próximas sangrías. La inversión industrial opera, en este sentido, con las mismas consecuencias que la inversión «tradicional».

En el marco de acero de un capitalismo mundial integrado en torno a las grandes corporaciones norteamericanas, la industrialización de América Latina se identifica cada vez menos con el progreso y con la liberación nacional. *El talismán fue despojado de poderes en las decisivas derrotas del siglo pasado, cuando los puertos triunfaron sobre los países y la libertad de comercio arrasó a la industria nacional recién nacida. El siglo xx no engendró una burguesía industrial fuerte y creadora que fuera capaz de reemprender la tarea y llevarla hasta sus últimas consecuencias. Todas las tentativas se quedaron a mitad del camino. A la burguesía industrial de América Latina le ocurrió lo mismo que a los enanos: llegó a la decrepitud sin haber crecido.* Nuestros burgueses son, hoy día, comisionistas o funcionarios de las corporaciones extranjeras todopoderosas. En honor a la verdad, nunca habían hecho méritos para merecer otro destino.

Son los centinelas quienes abren las puertas: la esterilidad culpable de la burguesía nacional

La actual estructura de la industria en Argentina, Brasil y México –los tres grandes polos de desarrollo en América Latina– exhibe ya las deformaciones características de un desarrollo *reflejo*. En los demás países, más débiles, la satelización de la industria se ha operado, salvo alguna excepción, sin mayores dificultades. No es, por cierto, un capitalismo competitivo el que hoy exporta fábricas además de mercancías y capitales, penetra y lo acapara todo: ésta es la integración industrial consolidada, en escala internacional, por el capitalismo en la edad de las grandes corporaciones multinacionales, monopolios de dimensiones infinitas que abarcan las actividades más diversas en los más diversos rincones del globo terráqueo[4].

Los capitales norteamericanos se concentran, en América Latina, más agudamente que en los propios Estados Unidos; un puñado de empresas controla la inmensa mayoría de las inversiones. *Para ellas, la nación no es una tarea a emprender, ni una bandera a defender, ni un destino a conquistar: la nación es nada más que un obstáculo a saltar, porque a veces la soberanía incomoda, y una jugosa fruta a devorar.* Para las clases dominantes dentro de cada país, ¿constituye la nación, por el contrario, una misión a cumplir? El gran galope del capital imperialista ha encontrado a la industria local sin defensas y sin conciencia de su papel histórico. *La burguesía se ha asociado a la invasión extranjera sin derramar lágrimas ni sangre;* en cuanto al Estado, su influencia sobre la economía latinoamericana, que viene debilitándose desde hace un par de décadas, se ha reducido al mínimo gracias a los buenos oficios del Fondo Monetario Internacional. Las corporaciones norteamericanas entraron en Europa a paso de conquistadores y se apoderaron del desarrollo del viejo continente a tal punto que pronto, se anuncia, la industria norteamericana allí instalada será la tercera potencia industrial del planeta, después de Estados Unidos y de la Unión Soviética[5]. Si la burguesía europea, con toda su tradición y su pujanza, no ha podido oponer diques a la marea, ¿cabía esperar que la burguesía latinoamericana encabezara, a esta altura de la his-

---

[4] Paul A. Baran y Paul M. Sweezy, *El capital monopolista*, México, 1971.
[5] J. J. Servan-Schreibet, *El desafío americano*, Santiago de Chile, 1968.

toria, la imposible aventura de un desarrollo capitalista independiente? Por el contrario, en América Latina el proceso de desnacionalización ha resultado mucho más fulminante y barato y ha tenido consecuencias incomparablemente peores.

El crecimiento fabril de América Latina había sido alumbrado, en nuestro siglo, desde fuera. No fue generado por una política planificada hacia el desarrollo nacional, ni coronó la maduración de las fuerzas productivas, ni resultó del estallido de los conflictos internos, ya «superados», entre los terratenientes y un artesanado nacional que había muerto a poco de nacer. La industria latinoamericana nació del vientre mismo del sistema agroexportador, para dar respuesta al agudo desequilibrio provocado por la caída del comercio exterior. En efecto, las dos guerras mundiales y, sobre todo, la honda depresión que el capitalismo sufrió a partir de la explosión del *viernes negro* de octubre de 1929, provocaron una violenta reducción de las exportaciones de la región y, en consecuencia, hicieron caer, también de golpe, la capacidad de importar. Los precios internos de los artículos industriales extranjeros, súbitamente escasos, subieron verticalmente. No surgió, entonces, una clase industrial libre de la dependencia tradicional: el gran impulso manufacturero provino del capital acumulado en manos de los terratenientes y los importadores. Fueron los grandes ganaderos quienes impusieron el control de cambios en la Argentina; el presidente de la Sociedad Rural, convertido en ministro de Agricultura, declaraba en 1933: «El aislamiento en que nos ha colocado un mundo dislocado nos obliga a fabricar en el país lo que ya no podemos adquirir en los países que no nos compran»[6]. *Los fazendeiros* del café volcaron a la industrialización de San Pablo buena parte de sus capitales acumulados en el comercio exterior: «A diferencia de la industrialización en los países hoy desarrollados –diagnostica un documento de gobierno–[7], el proceso de la industrialización brasileña no se dio paulatinamente, inserto dentro de un proceso de transformación económica general. Antes bien, fue un fenómeno rápido e intenso, que se superpuso a la estructura económico-social preexis-

---

[6]   Citado por Alfredo Parera Dennis, *Naturaleza de las relaciones entre las clases dominantes argentinas y las metrópolis*, en *Fichas de investigación económica y social*, Buenos Aires, diciembre de 1964.

[7]   Ministério do Planejamento e Coordenação Geral, *A industrialização brasileira: diagnóstico e perspectivas*, Rio de Janeiro, 1969.

tente, sin modificarla por entero, dando origen a profundas diferencias sectoriales y regionales que caracterizan a la sociedad brasileña».

La nueva industria se atrincheró de entrada tras las barreras aduaneras que los gobiernos levantaron para protegerla, y creció gracias a las medidas que el Estado adoptó para restringir y controlar las importaciones, fijar tasas especiales de cambio, evitar impuestos, comprar o financiar los excedentes de producción, tender caminos para hacer posible el transporte de las materias primas y las mercancías, y crear o ampliar las fuentes de energía. Los gobiernos de Getulio Vargas (1930-45 y 1951-54), Lázaro Cárdenas (1934-40) y Juan Domingo Perón (1946-55), de signo nacionalista y amplia proyección popular, expresaron en Brasil, México y Argentina la necesidad de despegue, desarrollo o consolidación, según cada caso y cada período, de la industria nacional. En realidad, el «espíritu de empresa», que define una serie de rasgos característicos de la burguesía industrial en los países capitalistas desarrollados, fue, en América Latina, una característica del Estado, sobre todo en estos períodos de impulso decisivo. *El Estado ocupó el lugar de una clase social cuya aparición la historia reclamaba sin mucho éxito*: encarnó a la nación e impuso el acceso político y económico de las masas populares a los beneficios de la industrialización. En esta matriz, obra de los caudillos populistas, no se incubó una burguesía industrial esencialmente diferenciada del conjunto de las clases hasta entonces dominantes. Perón desató, por ejemplo, el pánico de la Unión Industrial, cuyos dirigentes veían, no sin razón, que el fantasma de las montoneras provincianas reaparecía en la rebelión del proletariado de los suburbios de Buenos Aires. Las fuerzas de la coalición conservadora recibieron, antes de que Perón las derrotara en las elecciones de febrero del '46, un famoso cheque del líder de los industriales; a la hora de la caída del régimen, diez años después, los dueños de las fábricas más importantes volvieron a confirmar que no eran fundamentales sus contradicciones con la oligarquía de la que, mal que bien, formaban parte. En 1956, la Unión Industrial, la Sociedad Rural y la Bolsa de Comercio concertaron un frente común en defensa de la libertad de asociación, la libre empresa, la libertad de comercio y la libre contratación del personal[8]. En Brasil, un importante sector de la burguesía fabril

---

[8]   Dardo Cúneo, *Comportamiento y crisis de la clase empresaria*, Buenos Aires, 1967.

estrechó filas con las fuerzas que empujaron a Vargas al suicidio. La experiencia mexicana tuvo, en este sentido, características excepcionales, y por cierto prometía mucho más de lo que finalmente aportó al proceso de cambio en América Latina. El ciclo nacionalista de Lázaro Cárdenas fue el único que rompió lanzas contra los terratenientes, llevando adelante la reforma agraria que ya agitaba al país desde 1910; en los demás países, y no sólo en Argentina y Brasil, los gobiernos industrializadores dejaron intacta la estructura latifundista, que continuó estrangulando el desarrollo del mercado interno y de la producción agropecuaria[9].

Por lo general, la industria aterrizó como un avión, sin modificar el aeropuerto en sus estructuras básicas: condicionada por la demanda de un mercado interno previamente existente, sirvió a sus necesidades de consumo y no llegó a ampliarlo en la honda y extensa medida que los grandes cambios de estructura, de haber ocurrido, hubieran hecho posible. De la misma manera, el desarrollo industrial fue obligado a un aumento de las importaciones de maquinarias, repuestos, combustibles y productos intermedios[10] pero las exportaciones, fuente de las divisas, no podían dar respuesta a este desafío porque provenían de un campo condenado, por sus dueños, al atraso. Bajo el gobierno de Perón, el Estado argentino llegó a monopolizar la expor-

[9] Chile, Colombia y Uruguay vivieron también procesos de industrialización sustitutiva de importaciones, en los períodos que aquí se describen. El presidente uruguayo José Batlle y Ordóñez (1903-7 y 1911-15) había sido, tiempo antes, un profeta de la revolución burguesa en América Latina. La jornada laboral de ocho horas se consagró por ley en Uruguay antes que en los Estados Unidos. La experiencia de *welfare state* de Batlle no se limitó a poner en práctica la legislación social más avanzada de su tiempo, sino que además impulsó con fuerza el desarrollo cultural y la educación de masas, y nacionalizó los servicios públicos y varias actividades productivas de considerable importancia económica. Pero no tocó el poder de los dueños de la tierra, ni nacionalizó la banca ni el comercio exterior. Actualmente, Uruguay padece las consecuencias de estas omisiones, quizá inevitables, del profeta, y de las traiciones de sus herederos.

[10] «El pasaje a la producción interna de un determinado bien apenas «sustituye» parte del valor agregado que antes se generaba fuera de la economía... En la medida en que el consumo de ese bien «sustituido» se expande rápidamente, la demanda derivada por importaciones puede ultrapasar en breve plano la economía de divisas...» María de Conceição Tavares, *O processo de substituição de importações como modelo de desenvolvimento recente na América Latina*, CEPAL-ILPES, Rio de Janeiro, s. f.

tación de granos; en cambio, no arañó siquiera el régimen de propiedad de la tierra, ni nacionalizó a los grandes frigoríficos norteamericanos y británicos ni a los exportadores de la lana[11]. Resultó débil el impulso oficial a la industria pesada, y el Estado no advirtió a tiempo que si no daba nacimiento a una tecnología propia, su política nacionalista se echaría a volar con las alas cortadas. Ya en 1953, Perón, que había llegado al poder enfrentando directamente al embajador de los Estados Unidos, recibía con elogios la visita de Milton Eisenhower y pedía la cooperación del capital extranjero para impulsar las industrias dinámicas[12]. La necesidad de «asociación» de la industria nacional con las corporaciones imperialistas se hacía perentoria a medida que se iban quemando etapas en la sustitución de manufacturas importadas y las nuevas fábricas requerían más altos niveles de técnica y de organización. La tendencia iba madurando también en el seno del modelo industrializador de Getulio Vargas; se puso al descubierto en la trágica decisión final del caudillo. Los oligopolios extranjeros, que concentran la tecnología más moderna, se iban apoderando no muy secretamente de la industria nacional de todos los países de América Latina, incluido México, por medio de la venta de técnicas de fabricación, patentes y equipos nuevos. Wall Street había tomado definitivamente el lugar de Lombard Street, y fueron norteamericanas las principales empresas que se abrieron paso hacia el usufructo de un superpoder en la región. A la penetración en el área manufacturera se sumaba la injerencia cada vez mayor en los circuitos bancario y comercial: el mercado de América Latina se fue integrando al mercado interno de las corporaciones multinacionales.

En 1965, Roberto Campos, zar económico de la dictadura de Castelo Branco, sentenciaba: «La era de los líderes carismáticos, nimbados por un aura romántica, está cediendo lugar a la tecnocra-

[11] Ismael Viñas y Eugenio Gastiazoro, *Economía y dependencia (1900-1968)*, Buenos Aires, 1968.

[12] El ministro de Asuntos Económicos contestaba así a la pregunta del periodista de la revista *Visión* (27 de noviembre, 1953): «–Además de la industria del petróleo, ¿qué otras industrias desea desarrollar Argentina con la cooperación del capital extranjero?
«–Para ser más preciso, en orden de prioridad citaremos *el petróleo...* En segundo término, *la industria siderúrgica... La química pesada...* La fabricación de *elementos para transporte...* La fabricación de *llantas y ejes...* Y la construcción en el país de *motores diesel*». (Citado por Alfredo Parera Dennis, *op. cit.*)

cia»[13]. La embajada norteamericana había participado directamente en el golpe de Estado que derribó al gobierno de João Goulart. La caída de Goulart, heredero de Vargas en el estilo y las intenciones, señaló la liquidación del populismo y de la política de masas. «Somos una nación vencida, dominada, conquistada, destruida», me escribía un amigo, desde Río de Janeiro, pocos meses después del triunfo de la conspiración militar: la desnacionalización de Brasil implicaba la necesidad de ejercer, con mano de hierro, una dictadura impopular. El desarrollo capitalista ya no se compaginaba con las grandes movilizaciones de masas en torno a caudillos como Vargas. Había que prohibir las huelgas, destruir los sindicatos y los partidos, encarcelar, torturar, matar y abatir por la violencia los salarios obreros, para contener así, a costa de la mayor pobreza de los pobres, el vértigo de la inflación. Una encuesta, practicada en 1966 y 1967, reveló que el 84 por ciento de los grandes industriales de Brasil consideraba que el gobierno de Goulart había aplicado una política económica perjudicial. Entre ellos estaban, sin duda, muchos de los grandes capitanes de la burguesía nacional, en los que Goulart intentó apoyarse para contener la sangría imperialista de la economía brasileña[14]. El mismo proceso de represión y asfixia del pueblo tuvo lugar durante el régimen del general Juan Carlos Onganía, en la Argentina; había comenzado, en realidad, con la derrota peronista de 1955, así como en Brasil se había desencadenado realmente desde el balazo de Vargas en 1954. La desnacionalización de la industria en México también coincidió con un endurecimiento de la política represiva del partido que monopoliza el gobierno.

Fernando Henrique Cardoso ha señalado[15] que la industria liviana o *tradicional*, crecida a la generosa sombra de los gobiernos populistas, exige una expansión del consumo de masas: la gente que compra camisas o cigarrillos. Por el contrario, la industria *dinámica* –bienes intermedios y bienes de capital– se dirige a un mercado restringido, en cuya cúspide están las grandes empresas y el Estado: pocos consumidores, de gran capacidad financiera. *La industria dinámica, actualmente en manos extranjeras, se apoya en la existencia previa de la indus-*

---

[13] Octavio Ianni, *O colapso do populismo no Brasil*, Río de Janeiro, 1968.

[14] Luciano Martins, *Industrialização, burguesia nacional e desenvolvimento*, Rio de Janeiro, 1968.

[15] Fernando Henrique Cardoso, *Ideologías de la burguesía industrial en sociedades dependientes (Argentina y Brasil)*, México, 1970.

tria tradicional, y la subordina. En los sectores tradicionales, de baja tecnología, el capital nacional conserva alguna fuerza; cuanto menos vinculado está al modo internacional de producción por la dependencia tecnológica o financiera, el capitalista muestra una mayor tendencia a mirar con buenos ojos la reforma agraria y la elevación de la capacidad de consumo de las clases populares a través de la lucha sindical. Los más atados al exterior, representantes de la industria dinámica, simplemente requieren, en cambio, el fortalecimiento de los lazos económicos entre las islas de desarrollo de los países dependientes y el sistema económico mundial, y subordinan las transformaciones internas a este objetivo prioritario. Son estos últimos quienes llevan la voz cantante de la burguesía industrial, como lo revela, entre otras cosas, el resultado de las recientes encuestas practicadas en Argentina y Brasil, que sirven de materia prima al trabajo de Cardoso. *Los grandes empresarios se manifiestan en términos contundentes contra la reforma agraria; niegan, en su mayoría, que el sector fabril tenga intereses divergentes de los sectores rurales y consideran que nada hay más importante, para el desarrollo de la industria, que la cohesión de todas las clases productoras y el fortalecimiento del bloque occidental.* Sólo un dos por ciento de los grandes industriales de Argentina y Brasil considera que políticamente hay que contar, en primer lugar, con los trabajadores. Los encuestados fueron, en su mayoría, *empresarios nacionales;* en su mayoría, también, atados de pies y manos a los centros extranjeros de poder por las múltiples sogas de la dependencia.

¿Cabía esperar, a esta altura, otro resultado? La burguesía industrial integra la constelación de una clase dominante que está, a su vez, dominada desde fuera. Los principales latifundistas de la costa del Perú, hoy expropiados por el gobierno de Velasco Alvarado, son además dueños de treinta y una industrias de transformación y de muchas otras empresas diversas[16]. Otro tanto ocurre en todos los demás países[17]. México no es una excepción: la burguesía nacional, subordinada

---

[16] François Bourricaud, Jorge Bravo Bresani, Henri Favre, Jean Piel, *La oligarquía en el Perú*, Lima, 1969. El dato proviene del trabajo de Favre.

[17] Ricardo Lagos Escobar, *La concentración del poder económico. Su teoría. Realidad chilena* (Santiago de Chile, 1961) y Vivian Trías, *Reforma agraria en el Uruguay* (Montevideo, 1962), brindan ejemplos irrefutables: unos centenares de familias son dueños de las fábricas y las tierras, los grandes comercios y los bancos.

a los grandes consorcios norteamericanos, teme mucho más a la presión de las masas populares que a la opresión del imperialismo, en cuyo seno se está desarrollando sin la independencia ni la imaginación creadora que se le atribuyen, y ha multiplicado eficazmente sus intereses[18]. En Argentina, el fundador del Jockey Club, centro del prestigio social de los latifundistas, había sido, a la vez, el líder de los industriales[19], y así se inició, a fines del siglo pasado, una tradición inmortal: *los artesanos enriquecidos se casan con las hijas de los terratenientes para abrir, por la vía conyugal, las puertas de los salones más exclusivos de la oligarquía, o compran tierras con los mismos fines, y no son pocos los ganaderos que, por su parte, han invertido en la industria, al menos en los períodos de auge, los excedentes de capital acumulados en sus manos.*

Faustino Fano, que hizo buena parte de su fortuna como comerciante e industrial de textiles, se convirtió en presidente de la Sociedad Rural durante cuatro períodos consecutivos, hasta su muerte en 1967: «Fano destruyó la falsa antinomia entre el agro y la industria», proclamaban las necrológicas que los diarios le dedicaron. El excedente industrial se convierte en vacas. Los hermanos Di Tella, poderosos industriales, vendieron a los capitales extranjeros sus fábricas de automóviles y heladeras, y ahora crían toros de cabaña para las exposiciones de la Sociedad Rural. Medio siglo antes, la familia Anchorena, dueña de los horizontes de la provincia de Buenos Aires, había levantado una de las más importantes fábricas metalúrgicas de la ciudad.

En Europa y en Estados Unidos la burguesía industrial apareció en el escenario histórico muy de otra manera, y muy de otra manera creció y consolidó su poder.

---

[18] «Los capitalistas mexicanos son cada vez más versátiles y ambiciosos. Con independencia del negocio que les haya servido de punto de partida para hacer fortuna, disponen de una fluida red de canales que a todos, o al menos a los más prominentes, brinda siempre la posibilidad de multiplicar y entrelazar sus intereses a través de la amistad, la asociación en los negocios, el matrimonio, el compadrazgo, el otorgamiento de favores mutuos, la pertenencia a ciertos clubes o agrupaciones, las frecuentes reuniones sociales y, desde luego, la afinidad en sus posiciones políticas.» Alonso Aguilar Monteverde, en *El milagro mexicano*, de varios autores, México, 1970.

[19] Era Carlos Pellegrini. Cuando el Jockey Club le rindió homenaje editando sus discursos, suprimió los que sostenían las tesis industrialistas. Dardo Cúneo, *op. cit.*

¿QUÉ BANDERA FLAMEA SOBRE LAS MÁQUINAS?

La vieja se inclinó y movió la mano para darle viento al fuego. Así, con la espalda torcida y el cuello estirado todo enroscado de arrugas, parecía una antigua tortuga negra. Pero aquel pobre vestido roto no protegía, por cierto, como un caparazón, y al fin y al cabo ella era tan lenta sólo por culpa de los años. A sus espaldas, también torcida, su choza de madera y lata, y más allá otras chozas semejantes del mismo suburbio de San Pablo; frente a ella, en una caldera de color carbón, ya estaba hirviendo el agua para el café. Alzó una latita hasta sus labios; antes de beber, sacudió la cabeza y cerró los ojos. Dijo: *O Brasil é nosso* («el Brasil es nuestro»). En el centro de la misma ciudad y en ese mismo momento, pensó exactamente lo mismo, pero en otro idioma, el director ejecutivo de la Union Carbide, mientras levantaba un vaso de cristal para celebrar la captura de otra fábrica brasileña de plásticos por parte de su empresa. Uno de los dos estaba equivocado.

Desde 1964, los sucesivos dictadores militares de Brasil festejan los cumpleaños de las empresas del Estado anunciando su próxima desnacionalización, a la que llaman *recuperación. La Ley 56.570, promulgada el 6 de julio de 1965, reservó al Estado la explotación de la petroquímica; el mismo día, la ley 56.571 derogó la anterior y abrió la explotación a las inversiones privadas.* De esta manera, la Dow Chemical, la Union Carbide, la Phillips Petroleum y el grupo Rockefeller obtuvieron, directamente o a través de la «asociación» con el estado, el *filet mignon* tan codiciado: la industria de los derivados químicos del petróleo, previsible *boom* de la década del setenta. ¿Qué ocurrió durante las horas transcurridas entre una y otra ley? Cortinados que tiemblan, pasos en los corredores, desesperados golpes a la puerta, los billetes verdes volando por los aires, agitación en el palacio: desde Shakespeare hasta Brecht, muchos hubieran querido imaginarlo. *Un ministro del gobierno reconoce: «Fuerte, en el Brasil, además del propio Estado, sólo existe el capital extranjero, salvo honrosas excepciones»*[20]. Y el gobierno hace lo posible para evitar esta incómoda competencia a las corporaciones norteamericanas y europeas.

El ingreso en grandes cantidades de capital extranjero destinado a

---

[20]   Discurso del ministro Hélio Beltrão, en el almuerzo de la Asociación Comercial de Río de Janeiro, *Correio do Povo*, 24 de mayo de 1969.

las manufacturas comenzó, en Brasil, en los años cincuenta, y recibió un fuerte impulso del Plan de Metas (1957-60) puesto en práctica por el presidente Juscelino Kubitschek. Aquéllas fueron las horas de la euforia del crecimiento. Brasilia nacía, brotada de una galera mágica, en medio del desierto donde los indios no conocían ni la existencia de la rueda; se tendían carreteras; se creaban grandes represas; de las fábricas de automóviles surgía un coche nuevo cada dos minutos. La industria ascendía a gran ritmo. Se abrían las puertas, de par en par, a la inversión extranjera, se aplaudía la invasión de los dólares, se sentía vibrar el dinamismo del progreso. Los billetes circulaban con la tinta todavía fresca: el salto adelante se financiaba con inflación y con una pesada deuda externa que sería descargada, agobiante herencia, sobre los gobiernos siguientes. Se otorgó un tipo de cambio especial, que Kubitschek garantizó, para las remesas de las utilidades a las casas matrices de las empresas extranjeras y para la amortización de sus inversiones. El Estado asumía la corresponsabilidad para el pago de las deudas contraídas por las empresas en el exterior y otorgaba también un dólar barato para la amortización y los intereses de esas deudas: según un informe publicado por la CEPAL[21], más del 80 por ciento del total de las inversiones que llegaron entre 1955 y 1962 provenía de empréstitos obtenidos con el aval del Estado. Es decir, que más de las cuatro quintas partes de las inversiones de las empresas derivaban de la banca extranjera y pasaban a engrosar la abultada deuda externa del Estado brasileño. Además, se otorgaban beneficios especiales para la importación de maquinarias[22]. Las empresas na-

---

[21] CEPAL-BNDE, *Quince años de política económica en el Brasil*, Santiago de Chile, 1965.

[22] Un economista muy favorable a la inversión extranjera, Eugênio Gudin, calcula que sólo por este último concepto Brasil donó a las empresas norteamericanas y europeas nada menos que mil millones de dólares; Moacir Paixão ha estimado que los privilegios otorgados a la industria automovilística en el período de su implantación equivalieron a una suma igual a la del presupuesto nacional. Paulo Schilling señala (*Brasil para extranjeros*, Montevideo, 1966) que mientras el Estado brasileño cedía a las grandes corporaciones internacionales un aluvión de beneficios, y les permitía el máximo de ganancias con el mínimo de inversiones, al mismo tiempo negaba apoyo a la Fábrica Nacional de Motores, creada en la época de Vargas. Posteriormente, durante el gobierno de Castelo Branco, esta empresa del Estado fue vendida a la Alfa Romeo.

cionales no gozaban de estas facilidades acordadas a la General Motors o a la Volkswagen.

El resultado desnacionalizador de esta política de seducción ante el capital imperialista se manifestó cuando se publicaron los datos de la paciente investigación realizada por el Instituto de Ciencias Sociales de la Universidad sobre los grandes grupos económicos de Brasil[23]. Entre los conglomerados con un capital superior a los cuatro mil millones de cruzeiros, más de la mitad eran extranjeros y en su mayoría norteamericanos; por encima de los diez mil millones de cruzeiros, aparecían doce grupos extranjeros y sólo cinco nacionales. «Cuanto mayor es el grupo económico, mayor es la posibilidad de que sea extranjero», concluyó Maurício Vinhas de Queiroz en el análisis de la encuesta. Pero tanto o más elocuente resultó que, de los veinticuatro grupos nacionales con más de cuatro mil millones de capital, apenas nueve no estaban ligados, por acciones, con capitales de Estados Unidos o de Europa, y aun así, en dos de ellos aparecían entrecruzamientos con directorios extranjeros. La encuesta detectó diez grupos económicos que ejercían un virtual monopolio en sus respectivas especialidades. De ellos, ocho eran filiales de grandes corporaciones norteamericanas.

Pero todo esto parece un juego de niños al lado de lo que vino después. Entre 1964 y mediados de 1968, quince fábricas de automotores o de piezas para autos fueron deglutidas por la Ford, Chrysler, Willys, Simca, Volkswagen o Alfa Romeo; en el sector eléctrico y electrónico, tres importantes empresas brasileñas fueron a parar a manos japonesas; Wyeth, Bristol, Mead Johnson y Lever devoraron unos cuantos laboratorios, con lo que la producción nacional de medicamentos se redujo a una quinta parte del mercado; la Anaconda se lanzó sobre los metales no ferrosos, y la Union Carbide sobre los plásticos, los productos químicos y la petroquímica; American Can, American Machine and Foundry y otras colegas se apoderaron de seis empresas nacionales de mecánica y metalurgia; la Companhia de Mineração Geral, una de las mayores fábricas metalúrgicas de Brasil, fue comprada a precio de ruina por un consorcio del que participan la Bethlehem

[23] Maurício Vinhas de Queiroz, *Os grupos multibilionarios,* en *Revista do Instituto de Ciências Sociais,* Universidade Federal de Río de Janeiro, enero-diciembre de 1965.

Steel, el Chase Manhattan Bank y la Standard Oil. Resultaron sensacionales las conclusiones de una comisión parlamentaria formada para investigar el tema, pero el régimen militar cerró las puertas del Congreso y el público brasileño nunca conoció estos datos[24].

Bajo el gobierno del mariscal Castelo Branco, se había firmado un acuerdo de garantía de inversiones que brindaba virtual extraterritorialidad a las empresas extranjeras, se habían reducido sus impuestos a la renta y se les había otorgado facilidades extraordinarias para disfrutar del crédito, a la par que se desataban los torniquetes aplicados por el anterior gobierno de Goulart al drenaje de las ganancias. La dictadura tentaba a los capitalistas extranjeros ofreciéndoles el país, como los proxenetas ofrecen a una mujer, y ponía el acento donde debía: «El trato a los extranjeros en el Brasil es de los más liberales del mundo... no hay restricciones a la nacionalidad de los accionistas... no existe límite al porcentaje de capital registrado que puede ser remitido como beneficio... no hay limitaciones a la repatriación de capital, y la reinversión de las ganancias está considerada un incremento del capital original...»[25].

Argentina disputa a Brasil el papel de plaza predilecta de las inversiones imperialistas, y su gobierno militar no se quedaba atrás en la exaltación de las ventajas, en este mismo período: en el discurso donde definió la política económica argentina, en 1967, el general Juan

---

[24] La comisión llegó a la conclusión de que el capital extranjero controlaba, en 1968, el 40 por 100 del mercado de capitales de Brasil, el 62 por 100 de su comercio exterior, el 82 por 100 del transporte marítimo, el 67 por 100 de los transportes aéreos externos, el 100 por 100 de la producción de vehículos a motor, el 100 por 100 de los neumáticos, más del 80 por 100 de la industria farmacéutica, cerca del 50 por 100 de la química, el 59 por 100 de la producción de máquinas y el 62 por 100 de las fábricas de autopiezas, el 48 por 100 del aluminio y el 90 por 100 del cemento. La mitad del capital extranjero correspondía a las empresas de los Estados Unidos, seguidas en orden de importancia por las firmas alemanas. Interesa advertir, de paso, el peso creciente de las inversiones de Alemania Federal en América Latina. De cada dos automóviles que se fabrican en Brasil, uno proviene de la planta de la Volkswagen, que es la más importante de toda la región. La primera fábrica de automóviles en América del Sur fue una empresa alemana, la Mercedes-Benz Argentina, fundada en 1951. Bayer, Hoechst, BASF y Schering dominan buena parte de la industria química en los países latinoamericanos.

[25] Suplemento especial de *The New York Times*, 19 de enero de 1969.

Carlos Onganía reafirmaba que las gallinas otorgan al zorro la igualdad de oportunidades: «Las inversiones extranjeras en Argentina serán consideradas en un pie de igualdad con las inversiones de origen interno, de acuerdo con la política tradicional de nuestro país, que nunca ha discriminado contra el capital extranjero»[26]. Argentina tampoco impone limitaciones a la entrada del capital foráneo ni a su gravitación en la economía nacional, ni a la salida de las ganancias, ni a la repatriación del capital; los pagos de patentes, regalías y asistencia técnica se hacen libremente. El gobierno exime de impuestos a las empresas y les brinda tasas especiales de cambio, amén de muchos otros estímulos y franquicias. Entre 1963 y 1968, fueron desnacionalizadas cincuenta importantes empresas argentinas, veintinueve de las cuales cayeron en manos norteamericanas, en sectores tan diversos como la fundición de acero, la fabricación de automóviles y de repuestos, la petroquímica, la química, la industria eléctrica, el papel o los cigarrillos[27]. En 1962, dos empresas nacionales de capital privado, Siam Di Tella e Industrias Kaiser Argentinas, figuraban entre las cinco empresas industriales más grandes de América Latina; en 1967, ambas habían sido capturadas por el capital imperialista. Entre las más poderosas empresas del país, que facturan ventas por más de siete mil millones de pesos anuales cada una, la mitad del valor total de las ventas pertenece a firmas extranjeras, un tercio a organismos del Estado y apenas un sexto a sociedades privadas de capital argentino[28].

México congrega casi la tercera parte de las inversiones norteamericanas en la industria manufacturera de América Latina. Tampoco este país opone restricciones a la transferencia de capitales ni a la repatriación de utilidades; las restricciones cambiarias brillan por su ausencia. La *mexicanización* obligatoria de los capitales, que impone una mayoría nacional de las acciones en algunas industrias, «ha sido bien acogida, en términos generales, por los inversionistas extranjeros, quienes han reconocido públicamente diversas ventajas a la creación de empresas mixtas», según declaraba en 1967 el Secretario de Industria y Comercio del gobierno: «Cabe hacer notar que aun empresas de

---

[26] Sergio Nicolau, *La inversión extranjera directa en los países de la ALALC*, México, 1968.

[27] Rogelio García Lupo, *Contra la ocupación extranjera*, Buenos Aires, 1968.

[28] Citado por Naciones Unidas, CEPAL, *Estudio económico de América Latina*, 1968, Nueva York-Santiago de Chile, 1969.

renombre internacional han adoptado esta forma de asociación de compañías que han establecido en México, y es también importante destacar que la política de mexicanización de la industria no solamente no ha desalentado a la inversión extranjera en México, sino que después de que la corriente de esa inversión rompió un récord en 1965, el volumen alcanzado en ese año fue nuevamente superado en 1966»[29]. En 1962, de las cien empresas más importantes de México, 56 estaban total o parcialmente controladas por el capital extranjero, veinticuatro pertenecían al Estado y veinte al capital privado mexicano. Estas veinte empresas privadas de capital nacional apenas participaban en poco más de una séptima parte del volumen total de ventas de las cien empresas consideradas[30]. Actualmente, las grandes firmas extranjeras dominan más de la mitad de los capitales invertidos en computadoras, equipos de oficina, maquinarias y equipos industriales; General Motors, Ford, Chrysler y Volkswagen han consolidado su poderío sobre la industria de automóviles y la red de fábricas auxiliares; la nueva industria química pertenece a la Du Pont, Monsanto, Imperial Chemical, Allied Chemical, Union Carbide y Cyanamid; los laboratorios principales están en manos de la Parke Davis, Merck & Co., Sidney Ross y Squibb; la influencia de la Celanese es decisiva en la fabricación de fibras artificiales; Anderson Clayton y Lieber Brothers disponen en medida creciente de los aceites comestibles, y los capitales extranjeros participan abrumadoramente de la producción de cemento, cigarrillos, caucho y derivados, artículos para el hogar y alimentos diversos[31].

EL BOMBARDEO DEL FONDO MONETARIO INTERNACIONAL
FACILITA EL DESEMBARCO DE LOS CONQUISTADORES

Dos de los ministros de gobierno que declararon ante la comisión parlamentaria sobre la desnacionalización industrial de Brasil reconocieron que las medidas adoptadas bajo el gobierno de Castelo Branco para permitir el flujo directo del crédito externo a las empresas habían dejado en inferioridad de condiciones a las fábricas de

---

[29] Reportaje de la revista *Visión*, 3 de febrero de 1967.
[30] José Luis Ceceña, *Los monopolios en México*, México, 1962.
[31] José Luis Ceceña, *México en la órbita imperial*, México, 1970, y Alonso Aguilar y Fernando Carmona, *México, riqueza y miseria,* México, 1968.

capital nacional. Ambos se referían a la célebre Instrucción 289, de principios de 1965: las empresas extranjeras obtenían préstamos fuera de fronteras a un siete u ocho por ciento, con un tipo especial de cambio que el gobierno garantizaba en caso de devaluación del cruzeiro, mientras las empresas nacionales debían pagar cerca de un cincuenta por ciento de intereses por los créditos que arduamente conseguían dentro de su país. El inventor de la medida, Roberto Campos, la explicó así: «Obviamente, el mundo es desigual. Hay quien nace inteligente y hay quien nace tonto. Hay quien nace atleta y hay quien nace tullido. El mundo se compone de pequeñas y grandes empresas. Unos mueren temprano, en el primor de su vida; otros se arrastran, criminalmente, por una larga existencia inútil. Hay una desigualdad básica fundamental en la naturaleza humana, en la condición de las cosas. A esto no escapa el mecanismo del crédito. Postular que las empresas nacionales deban tener el mismo acceso que las empresas extranjeras al crédito extranjero es simplemente desconocer las realidades básicas de la economía...»[32]. De acuerdo con los términos de este breve pero jugoso *Manifiesto capitalista*, la ley de la selva es el código que naturalmente rige la vida humana y la injusticia no existe, puesto que lo que conocemos por injusticia no es más que la expresión de la cruel armonía del universo: los países pobres son pobres porque... son pobres; el destino está escrito en los astros y sólo nacemos para cumplirlo: unos, condenados a obedecer; otros, señalados para mandar. *Unos poniendo el cuello y otros poniendo la soga*. El autor fue el artífice de la política del Fondo Monetario Internacional en Brasil.

Como en los demás países de América Latina, la puesta en práctica de las recetas del Fondo Monetario Internacional sirvió para que

---

[32] Testimonio del ministro Roberto Campos, en el informe de la Comisión Parlamentaria de Investigaciones sobre las transacciones efectuadas entre empresas nacionales y extranjeras. Versión dactilográfica. Cámara de Diputados, Brasilia, 6 de septiembre de 1968.
Poco tiempo después, Campos publicó una curiosa interpretación de las actitudes nacionalistas del gobierno de Perú. Según él, la expropiación de la Standard Oil por parte del gobierno del general Velasco Alvarado no era más que una «exhibición de masculinidad». El nacionalismo, escribió, no tiene otro objeto que satisfacer la primitiva necesidad de odio del ser humano. Pero, agregó, «el orgullo no genera inversiones, no aumenta el caudal de capitales...». (En el diario *O Globo*, 25 de febrero de 1969.)

los conquistadores extranjeros entraran pisando tierra arrasada. Desde fines de la década del cincuenta, la recesión económica, la inestabilidad monetaria, la sequía del crédito y el abatimiento del poder adquisitivo del mercado interno han contribuido fuertemente en la tarea de voltear a la industria nacional y ponerla a los pies de las corporaciones imperialistas. So pretexto de la mágica *estabilización monetaria*, el Fondo Monetario Internacional, que interesadamente confunde la fiebre con la enfermedad y la inflación con la crisis de las estructuras en vigencia, impone en América Latina una política que agudiza los desequilibrios en lugar de aliviarlos. Liberaliza el comercio, prohibiendo los cambios múltiples y los convenios de trueque, obliga a contraer hasta la asfixia los créditos internos, congela los salarios y desalienta la actividad estatal. Al programa agrega las fuertes devaluaciones monetarias, teóricamente destinadas a devolver su valor real a la moneda y a estimular las exportaciones. En realidad, las devaluaciones sólo estimulan la concentración interna de capitales en beneficio de las clases dominantes y propician la absorción de las empresas nacionales por parte de los que llegan desde fuera con un puñado de dólares en las maletas.

En toda América Latina, el sistema produce mucho menos de lo que necesita consumir, y la inflación resulta de esta *impotencia estructural*. Pero el FMI no ataca las causas de la oferta insuficiente del aparato de producción, sino que lanza sus cargas de caballería contra las consecuencias, aplastando aún más la mezquina capacidad de consumo del mercado interno de consumo: *una demanda excesiva, en estas tierras de hambrientos, tendría la culpa de la inflación*. Sus fórmulas no sólo han fracasado en la estabilización y en el desarrollo, sino que además han intensificado el estrangulamiento externo de los países, han aumentado la miseria de las grandes masas desposeídas, poniendo al rojo vivo las tensiones sociales, y han precipitado la desnacionalización económica y financiera, al influjo de los sagrados mandamientos de la libertad de comercio, la libertad de competencia y la libertad de movimiento de los capitales. Los Estados Unidos, que emplean un vasto sistema proteccionista –aranceles, cuotas, subsidios internos– jamás han merecido la menor observación del FMI. En cambio, con América Latina, el FMI ha sido inflexible: para eso nació. Desde que Chile aceptó la primera de sus misiones en 1954, *los consejos* del FMI se extendieron por todas partes, y la mayoría de los gobiernos sigue hoy día, ciegamente, sus orientaciones. *La terapéutica empeora al enfermo para mejor imponerle la droga de los empréstitos y las inversiones*. El FMI proporciona préstamos o da la imprescindible luz verde para que otros los proporcionen. Nacido en Estados Unidos, con sede en Estados Unidos y al servicio de Estados Unidos, el Fondo opera, en efecto, como un inspector internacional, sin cuyo visto bueno la banca norteamericana no afloja los cordones de la bolsa; el Banco Mundial, la Agencia para el Desarrollo Internacional y otros organismos filantrópicos de alcance universal también condicionan sus créditos a la firma y el cumplimiento de las *Cartas de intenciones* de los gobiernos ante el omnipotente organismo. Todos los países latinoamericanos reunidos no alcanzan a sumar la mitad de los votos de que disponen los Estados Unidos para orientar la política de este supremo hacedor del equilibrio monetario en el mundo: el FMI fue creado para institucionalizar el predominio financiero de Wall Street sobre el planeta entero, cuando a fines de la segunda guerra el dólar inauguró su hegemonía como moneda internacional. Nunca fue infiel al amo[33].

La burguesía nacional latinoamericana tiene, bien es cierto, vocación de rentista, y no ha opuesto diques considerables a la avalancha extranjera sobre la industria, pero también es cierto que las corporaciones imperialistas han utilizado toda una gama de métodos del arrasamiento. El bombardeo previo del FMI facilitó la penetración. Así, se han conquistado empresas mediante un simple golpe de teléfono, después de una brusca caída en las cotizaciones de la Bolsa, a cambio de un poco de oxígeno traducido en acciones, o bien ejecutando alguna deuda por abastecimientos o por el uso de patentes, marcas o innovaciones técnicas. Las deudas, multiplicadas por las devaluaciones monetarias que obligan a las empresas locales a pagar más moneda nacional por sus compromisos en dólares, se convierten así en una trampa mortal. La dependencia en el suministro de la tecnología se paga caro: el *know-how* de las corporaciones incluye una gran pericia en el arte de devorar al prójimo. Uno de los últimos mohicanos de la industria nacional brasileña declaraba, hace menos de tres años, desde un diario carioca: «La experiencia demuestra que

---

[33]   Samuel Lichtensztejn y Alberto Couriel, *El FMI y la crisis económica nacional*, Montevideo, 1967; y Vivian Trías, *La crisis del Imperio*, Montevideo, 1970.

el producto de la venta de una empresa nacional muchas veces ni llega a Brasil, y queda rindiendo intereses en el mercado financiero del país comprador»[34]. Los acreedores cobraron quedándose con las instalaciones y las máquinas de los deudores. Las cifras del Banco Central del Brasil indican que no menos de la quinta parte de las nuevas inversiones industriales en 1965, 1966 y 1967 correspondió en realidad a la conversión de las deudas impagas en inversiones.

Al chantaje financiero y tecnológico se suma la competencia desleal y libre del fuerte frente al débil. Como las filiales de las grandes corporaciones multinacionales integran una estructura mundial, *pueden darse el lujo de perder dinero durante un año, o dos, o el tiempo que fuere necesario. Bajan, pues, los precios, y se sientan a esperar la rendición del acosado. Los bancos colaboran con el sitio: la empresa nacional no es tan solvente como parecía: se le niegan víveres. Acorralada, la empresa no tarda en levantar la bandera blanca. El capitalista local se convierte en socio menor o en funcionario de sus vencedores. O conquista la más codiciada de las suertes: cobra el rescate de sus bienes en acciones de la casa matriz extranjera y termina sus días viviendo gordamente una vida de rentista.*

A propósito del *dumping* de precios, resulta ilustrativa la historia de la captura de una fábrica brasileña de cintas adhesivas, la Adesite, por parte de la poderosa Union Carbide. La Scotch, conocida empresa con sede en Minnesota y tentáculos universales, empezó a vender cada vez más baratas sus propias cintas adhesivas en el mercado brasileño. Las ventas de la Adesite iban descendiendo. Los bancos le cortaron los créditos. La Scotch continuaba bajando sus precios: cayeron en un treinta por ciento, después en un cuarenta por ciento. Y apareció entonces la Union Carbide en escena: compró la fábrica brasileña a precio de desesperación. Posteriormente, la Union Carbide y la Scotch se entendieron para repartirse el mercado nacional en dos partes: dividieron a Brasil, la mitad para cada una. Y, de común acuerdo, elevaron el precio de las cintas adhesivas en un cincuenta por ciento. Era la digestión. La ley antitrust, de los viejos tiempos de Vargas, había sido derogada años atrás.

La propia Organización de Estados Americanos reconoce[35] que

---

[34] Fernando Gasparian, en *Correio da Manhã*, 1° de mayo de 1968.
[35] Secretaría General de la OEA, *op. cit.*

la abundancia de recursos financieros de las filiales norteamericanas, «en momentos de muy escasa liquidez para las empresas nacionales, ha propiciado, en ocasiones, que algunas de esas empresas nacionales fuesen adquiridas por intereses extranjeros». La penuria de recursos financieros, agudizada por la contracción del crédito interno impuesta por el Fondo Monetario, ahoga a las fábricas locales. Pero el mismo documento de la OEA informa que, nada menos que el 95,7 por ciento de los fondos requeridos por las empresas norteamericanas para su normal funcionamiento y desarrollo en América Latina, provienen de fuentes latinoamericanas, en forma de créditos, empréstitos y utilidades reinvertidas. Esa proporción es del ochenta por ciento en el caso de las industrias manufactureras.

Los Estados Unidos cuidan su ahorro interno, pero disponen del ajeno: la invasión de los bancos

La canalización de los recursos nacionales en dirección a las filiales imperialistas se explica en gran medida por la proliferación de las sucursales bancarias norteamericanas que han brotado, como los hongos después de la lluvia, durante estos últimos años, a lo largo y a lo ancho de América Latina. La ofensiva sobre el ahorro local de los satélites está vinculada al crónico déficit de la balanza de pagos de los Estados Unidos, que obliga a contener las inversiones en el extranjero, y al dramático deterioro del dólar como moneda del mundo. *América Latina proporciona la saliva además de la comida, y los Estados Unidos se limitan a poner la boca.* La desnacionalización de la industria ha resultado un regalo.

Según el International Banking Survey[36], había setenta y ocho sucursales de bancos norteamericanos al sur del río Bravo en 1964, pero en 1967 ya eran 133. Tenían 810 millones de dólares de depósitos en el '64, y en el '67 ya sumaban 1.270 millones. Luego, en 1968 y 1969, la banca extranjera avanzó con ímpetu: el First National City Bank cuenta, en la actualidad, nada menos que con ciento diez filiales sembradas en diecisiete países de América Latina. La cifra incluye a

---

[36] International Banking Survey, *Journal of Commerce*, Nueva York, 25 de febrero de 1968.

varios bancos nacionales adquiridos por el City en los últimos tiempos. El Chase Manhattan Bank, del grupo Rockefeller, adquirió en 1962 el Banco Lar Brasileiro, con treinta y cuatro sucursales en Brasil; en 1964, el Banco Continental, con cuarenta y dos agencias en Perú; en 1967, el Banco del Comercio, con ciento veinte sucursales en Colombia y Panamá, y el Banco Atlántida, con veinticuatro agencias en Honduras; en 1968, el Banco Argentino de Comercio. La revolución cubana había nacionalizado veinte agencias bancarias de los Estados Unidos, pero los bancos se han recuperado con creces de aquel duro golpe: sólo en el curso de 1968, más de setenta nuevas filiales de bancos norteamericanos fueron abiertas en América Central, el Caribe y los países más pequeños de América del Sur.

Es imposible conocer el simultáneo aumento de las actividades paralelas –subsidiarias, *holdings*, financieras, oficinas de representación– en su magnitud exacta, pero se sabe que en igual o mayor proporción han crecido los fondos latinoamericanos absorbidos por bancos que, aunque no operan abiertamente como sucursales, están controlados desde fuera a través de decisivos paquetes de acciones o por la apertura de líneas externas de crédito severamente condicionadas.

Toda esta invasión bancaria sirve para desviar el ahorro latinoamericano hacia las empresas norteamericanas que operan en la región, mientras las empresas nacionales caen estranguladas por la falta de crédito. Los departamentos de relaciones públicas de varios bancos norteamericanos que operan en el exterior pregonan, sin rubores, que su propósito más importante consiste en canalizar el ahorro interno de los países donde operan, para el uso de las corporaciones multinacionales que son clientes de sus casas matrices[37]. Echemos al vuelo la imaginación: ¿podría un banco latinoamericano instalarse en Nueva York para captar el ahorro nacional de los Estados Unidos? La burbuja estalla en el aire: esta insólita aventura está expresamente prohibida. Ningún banco extranjero puede operar, en Estados Unidos, como receptor de depósitos de los ciudadanos norteamericanos. En cambio, los bancos de los Estados Unidos disponen a su antojo, a través de las numerosas filiales, del ahorro nacional latinoamericano. América Latina vela por la norteamericanización

---

[37] Robert A. Bennett y Karen Almonti, *International Activities of United States Banks*, en *The American Banker*, Nueva York, 1969.

de las finanzas, tan ardientemente como los Estados Unidos. En junio de 1966, sin embargo, el Banco Brasileiro de Descontos consultó a sus accionistas para tomar una resolución de gran vigor nacionalista. Imprimió la frase *Nós confiamos em Deus* en todos sus documentos. Orgullosamente, el banco hizo notar que el dólar ostenta el lema *In God We Trust.*

Los bancos latinoamericanos, incluso los invictos, no infiltrados ni copados por los capitales extranjeros, no orientan los créditos en un sentido distinto al de las filiales del City, el Chase o el Bank of America: ellos también prefieren atender la demanda de las empresas industriales y comerciales extranjeras, que cuentan con garantías sólidas y operan por volúmenes muy amplios.

UN IMPERIO QUE IMPORTA CAPITALES

El «Programa de acción económica del gobierno», elaborado por Roberto Campos, preveía que, como respuesta a su política benefactora, los capitales afluirían del exterior para impulsar el desarrollo de Brasil y contribuir a su estabilización económica y financiera[38]. Se anunciaron para 1965 nuevas inversiones directas, de origen extranjero, por cien millones de dólares. Llegaron setenta. Para los años siguientes, se aseguraba, el nivel superaría las previsiones del '65, pero las convocatorias resultaron inútiles. En 1967 ingresaron 76 millones; la evasión por ganancias y dividendos, asistencia técnica, patentes, *royalties* o regalías y uso de marcas superó en más de cuatro veces a la inversión nueva. Y a estas sangrías habría que agregar, aún, las remesas clandestinas. El Banco Central admite que, fuera de las vías legales, emigraron de Brasil ciento veinte millones de dólares en 1967.

---

[38] Ministério do Planejamento e Coordenação Econômica, *Programa de Ação Econômica do Govêrno*, Río de Janeiro, noviembre de 1964. Dos años después, hablando en la Universidad Mackenzie, de San Pablo, Campos insistía: «Ya que las economías en proceso de organización no disponen de recursos para dinamizarse, por el simple hecho de que si los tuviesen no estarían en atraso, es lícito aceptar el concurso de todos cuantos quieran correr con nosotros los riesgos de la aventura maravillosa que es el progreso, para recibir de él una parte de los frutos» (22 de diciembre de 1966).

Lo que se fue es, como se ve, infinitamente más que lo que entró. En definitiva, las cifras de nuevas inversiones directas en los años claves de la desnacionalización industrial –1965, 1966, 1967– estuvieron muy por debajo del nivel de 1961[39]. Las inversiones en la industria congregan la mayor parte de los capitales norteamericanos en Brasil, pero suman menos del cuatro por ciento del total de las inversiones de los Estados Unidos en las manufacturas mundiales. Las de Argentina llegan apenas al tres por ciento; las de México, al tres y medio. La digestión de los mayores parques industriales de América Latina no ha exigido grandes sacrificios a Wall Street.

«Lo que caracteriza al capitalismo moderno, en el que impera el monopolio, es la exportación de capital», había escrito Lenin. En nuestros días, como han hecho notar Baran y Sweezy, el imperialismo *importa* capitales de los países donde opera. En el período 1950-67, las nuevas inversiones norteamericanas en América Latina totalizaron, sin incluir las utilidades reinvertidas, 3. 921 millones de dólares. En el mismo período, las utilidades y dividendos remitidos al exterior por las empresas sumaron 12. 819 millones. Las ganancias drenadas han superado en más de tres veces el monto de los nuevos capitales incorporados a la región[40]. Desde entonces, según la CEPAL, nuevamente creció la sangría de los beneficios, *que en los últimos años exceden en cinco veces a las inversiones nuevas;* Argentina, Brasil y México han sufrido los mayores aumentos de la evasión. Pero éste es un cálculo conservador. Buena parte de los fondos repatriados por concepto de amortización de deuda corresponde en realidad a las utilidades de las inversiones, y las cifras no incluyen tampoco las remesas al exterior por pagos de patentes, *royalties* y asistencia técnica, ni computan otras transferencias invisibles que suelen esconderse

[39] «Las remesas desde Brasil muestran un alza desde la legislación de 1965», celebraba el órgano del Departamento de Comercio de los Estados Unidos. «Aumenta el flujo de intereses, beneficios, dividendos y regalías; los términos y las condiciones de los préstamos están sujetos al compromiso con el Fondo Monetario Internacional.» *International Commerce*, 24 de abril de 1967.

[40] Secretaría General de la OEA, *op. cit.* Ya el presidente Kennedy había reconocido que en 1960, «del mundo subdesarrollado, que tiene necesidad de capitales, hemos retirado 1.300 millones de dólares mientras sólo le exportábamos doscientos millones en capitales de inversión» (discurso ante el congreso de la AFL-CIO, en Miami, el 8 de diciembre de 1961).

tras los velos del rubro «errores y omisiones»[41], ni tienen en cuenta *las ganancias que las corporaciones reciben al inflar los precios de los abastecimientos que proporcionan a sus filiales y al inflar también, con igual entusiasmo, sus costos de operación.*

La imaginación de las empresas hace otro tanto con las inversiones mismas. En efecto, como el vértigo del progreso tecnológico abrevia cada vez más los plazos de renovación del capital fijo en las economías avanzadas, la gran mayoría de las instalaciones y los equipos fabriles exportados a los países de América Latina han cumplido anteriormente un ciclo de vida útil en sus lugares de origen. La amortización, pues, ha sido ya hecha, en forma total o parcial. A los efectos de la inversión en el exterior, este detalle no se toma en cuenta: el valor atribuido a las maquinarias, arbitrariamente elevado, no sería, por cierto, ni la sombra de lo que es, si se consideraran los frecuentes casos de desgaste previo. Por lo demás, la casa matriz no tiene por qué meterse en gastos para producir en América Latina los bienes que antes le vendía desde lejos. Los gobiernos se encargan de evitarlo, adelantando recursos a la filial que llega a instalarse y cumplir su misión redentora: la filial tiene acceso al crédito local a partir del momento en que clava un cartel en el terreno donde levantará su fábrica; cuenta con privilegios cambiarios para sus importaciones –compras que la empresa suele hacerse a sí misma– y hasta puede asegurarse, en algunos países, un tipo de cambio especial para pagar sus deudas con el exterior, que frecuentemente son deudas con la rama financiera de la misma corporación. Un cálculo realizado por la revista *Fichas*[42] indica que las divisas insumidas entre 1961 y 1964 por la industria automotriz, en la Argentina, son tres veces y media mayores que el monto necesario para construir diecisiete centrales termoeléctricas y seis centrales hidroeléctricas con una potencia total de más de dos mil doscientos megawatios, y equivalen al valor de las importaciones de maquinarias y equipos requeridos durante once años por las industrias dinámicas para provocar un incremento anual del 2,8 por ciento en el producto por habitante.

---

[41]   Los misteriosos *errores y omisiones* sumaron, por ejemplo, entre 1955 y 1966, más de mil millones de dólares en Venezuela, 743 millones en Argentina, 714 en Brasil, 310 en Uruguay. Naciones Unidas, CEPAL, *op. cit.*

[42]   *Fichas de investigación económica y social*, Buenos Aires, junio de 1965.

Los tecnócratas exigen la bolsa o la vida con más eficacia que los «marines»

Al llevarse muchos más dólares de los que traen, las empresas contribuyen a agudizar la crónica hambre de divisas de la región; los países «beneficiados» se descapitalizan en vez de capitalizarse. Entra en acción, entonces, el mecanismo del empréstito. Los organismos internacionales de crédito desempeñan una función muy importante en el desmantelamiento de las débiles ciudadelas defensivas de la industria latinoamericana de capital nacional, y en la consolidación de las estructuras neocoloniales. La *ayuda* funciona como el filántropo del cuento, que le había puesto una pata de palo a su chanchito, pero era porque se lo estaba comiendo de a poco. El déficit de la balanza de pagos de los Estados Unidos, provocado por los gastos militares y la ayuda extranjera, crítica espada de Damocles sobre la prosperidad norteamericana, *hace posible, al mismo tiempo, esa prosperidad*: el Imperio envía al exterior sus *marines* para salvar los dólares de sus monopolios cuando corren peligro y, más eficazmente, difunde también sus tecnócratas y sus empréstitos para ampliar los negocios y asegurar las materias primas y los mercados.

El capitalismo de nuestros días exhibe, en su centro universal de poder, una identidad evidente de los monopolios privados y el aparato estatal[43]. Las corporaciones multinacionales utilizan directamente al Estado para acumular, multiplicar y concentrar capitales, profundizar la revolución tecnológica, militarizar la economía y, mediante diversos mecanismos, asegurar el éxito de la norteamericanización del mundo capitalista. El Eximbank, Banco de Exportación e Importación, la AID, Agencia para el Desarrollo Internacional, y otros organismos menores cumplen sus funciones en este último sentido; también operan así algunos organismos presuntamente internacionales en los que los Estados Unidos ejercen su incontestable hegemonía: el Fondo Monetario Internacional y su hermano gemelo, el Banco Internacional de Reconstrucción y Fomento, y el BID, Banco Interamericano de Desarrollo, que se arrogan el derecho de decidir la política económica que han de seguir los países que solicitan los

[43] V. A. Cheprakov, *El capitalismo monopolista de Estado*, Moscú, s. f.; Paul A. Baran y Paul M. Sweezy, *op. cit.*, y Vivian Trías, *op. cit.*

créditos. Lanzándose exitosamente al asalto de sus bancos centrales y de sus ministerios decisivos, se apoderan de todos los datos secretos de la economía y las finanzas, redactan e imponen leyes nacionales, y prohíben o autorizan las medidas de los gobiernos, cuyas orientaciones dibujan con pelos y señales.

La caridad internacional no existe; empieza por casa, también para los Estados Unidos. La ayuda externa desempeña, en primer lugar, una función interna: la economía norteamericana se ayuda a sí misma. El propio Roberto Campos la definía, en los tiempos en que era embajador del gobierno nacionalista de Goulart, como un programa de ampliación de mercados en el extranjero destinado a la absorción de los excedentes norteamericanos y al alivio de la superproducción en la industria de exportación de los Estados Unidos[44]. El Departamento de Comercio de los Estados Unidos celebraba la buena marcha de la Alianza para el Progreso, a poco de nacida, advirtiendo que había creado nuevos negocios y fuentes de trabajo para empresas privadas de cuarenta y cuatro estados norteamericanos[45]. Más recientemente, en su mensaje al Congreso de enero de 1968, el presidente Johnson aseguró que, más del noventa por ciento de la ayuda externa norteamericana de 1969, se aplicaría a financiar compras en los Estados Unidos, «y he intensificado personalmente y en forma directa los esfuerzos para incrementar este porcentaje»[46]. Los cables trasmitieron, en octubre del '69, las explosivas declaraciones del presidente del Comité Interamericano de la Alianza para el Progreso, Carlos Sanz de Santamaría, quien expresó en Nueva York que la ayuda había resultado un muy buen negocio para la economía de los Estados Unidos, así como para la tesorería de ese país. Desde que, a fines de la década del cincuenta, hizo crisis el desequilibrio de la balanza norteamericana de pagos, los préstamos fueron condicionados a la adquisición de los bienes industriales norteamericanos, por lo general más caros que otros productos similares en otras partes del mundo. Más recientemente se pusieron en acción ciertos mecanismos, como las «listas negativas», para evitar que los créditos sirvan a la exportación de los artículos que los Estados Unidos pueden colocar en el mercado mun-

---

[44] *O Estado de São Paulo*, 24 de enero de 1963.
[45] *International Commerce*, 4 de febrero de 1963.
[46] *Wall Street Journal*, 31 de enero de 1968.

dial, en buenas condiciones competitivas, sin recurrir al expediente de la autofilantropía. Las posteriores «listas positivas» han hecho posible, a través de la *ayuda*, la venta de ciertas manufacturas norteamericanas a precios que son entre un treinta y un cincuenta por ciento más altos que los de otras fuentes internacionales. La *atadura* del financiamiento –dice la OEA en el documento ya citado– otorga «un subsidio general a las exportaciones norteamericanas». Las firmas fabricantes de maquinarias sufren serias desventajas de precios en el mercado internacional, según confiesa el Departamento de Comercio de los Estados Unidos, «a menos que puedan aprovechar el financiamiento más liberal que se puede obtener bajo los diversos programas de ayuda»[47]. Cuando Richard Nixon prometió *desatar* la ayuda, en un discurso de fines de 1969, sólo se refirió a la posibilidad de que las compras pudieran efectuarse, alternativamente, en los países latinoamericanos. Éste ya era, desde antes, el caso de los préstamos que el Banco Interamericano de Desarrollo otorga con cargo a su Fondo para Operaciones Especiales. Pero la experiencia muestra que los Estados Unidos, o las filiales latinoamericanas de sus corporaciones, resultan siempre los proveedores finalmente elegidos en los contratos. Los préstamos de la AID, el Eximbank y, en su mayoría, los del BID, exigen también que no menos de la mitad de los embarques se realice en barcos de bandera norteamericana. Los fletes de los buques de los Estados Unidos resultan tan caros que en algunos casos llegan hasta a duplicar los precios de las líneas navieras más baratas disponibles en el mundo. Normalmente, son también norteamericanas las empresas que aseguran las mercaderías transportadas, y norteamericanos los bancos a través de los cuales las operaciones se concretan.

La Organización de Estados Americanos ha hecho una reveladora estimación de la magnitud de la ayuda *real* que América Latina recibe[48]. Una vez separada la paja del grano, se llega a la conclusión de que apenas el 38 por ciento de la ayuda *nominal* puede considerarse ayuda *real*. Los préstamos para industria, minería, comunicaciones, y los créditos compensatorios, sólo constituyen ayuda en una quinta parte del total autorizado. En el caso del Eximbank, la ayuda viaja de sur a norte: el financiamiento otorgado por el Eximbank, dice

---

[47]   *International Commerce*, 17 de julio de 1967.
[48]   Secretaría General de la OEA, *op. cit.*

la OEA, en lugar de significar ayuda, implica un costo adicional para la región, en virtud de los sobreprecios de los artículos que los Estados Unidos exportan por su intermedio.

América Latina proporciona la mayoría de los recursos ordinarios de capital del Banco Interamericano de Desarrollo. Pero los documentos del BID llevan, además de sello propio, el emblema de la Alianza para el Progreso, y los Estados Unidos son el único país que cuenta con poder de veto en su seno; los votos de los países latinoamericanos, proporcionales a sus aportes de capital, no reúnen los dos tercios de mayoría necesarios para las resoluciones importantes. «Si bien el poder de veto de los Estados Unidos sobre los préstamos del BID no ha sido usado, la amenaza de la utilización del veto para propósitos políticos ha influido sobre las decisiones», reconocía Nelson Rockefeller, en agosto de 1969, en su célebre informe a Nixon. En la mayor parte de los préstamos que concede, el BID impone las mismas condiciones que los organismos abiertamente norteamericanos: la obligación de utilizar los fondos en mercancías de los Estados Unidos y transportar por lo menos la mitad bajo la bandera de las barras y las estrellas, amén de la mención expresa de la Alianza para el Progreso en la publicidad. El BID determina la política de tarifas y de impuestos de los servicios que toca con su varita de hada buena; decide a cuánto debe cobrarse el agua y fija los impuestos para el alcantarillado o las viviendas, previa propuesta de los consultores norteamericanos designados con su venia. Aprueba los planos de las obras, redacta las licitaciones, administra los fondos y vigila el cumplimiento[49]. En la tarea de reestructurar la enseñanza superior de la región de acuerdo con las pautas del neocolonialismo cultural, el BID ha desempeñado un fructífero papel. Sus préstamos a las universidades bloquean la posibilidad de modificar, sin su conocimiento y su permiso, las leyes orgánicas o los estatutos, y a la vez impone determinadas reformas docentes, administrativas y financieras. El secretario general de la OEA designa el árbitro en caso de controversia[50].

---

[49] Por ejemplo, en Uruguay, el texto del contrato firmado el 21 de mayo de 1963 entre el BID y el gobierno departamental de Montevideo, para la ampliación del alcantarillado.

[50] Por ejemplo, en Bolivia, el texto del contrato firmado el 1° de abril de 1966 entre el BID y la Universidad Mayor de San Simón, en Cochabamba, para mejorar la enseñanza de las ciencias agrícolas.

Los contratos de la Agencia para el Desarrollo Internacional, AID, no sólo implican mercancías y fletes norteamericanos, sino que, además, habitualmente prohíben el comercio con Cuba y Vietnam del Norte y obligan a aceptar la tutela administrativa de sus técnicos. Para compensar el desnivel de precios entre los tractores o los fertilizantes de Estados Unidos y los que pueden obtenerse, más baratos, en el mercado mundial, imponen la eliminación de los impuestos y aranceles aduaneros para los productos importados con los créditos. La ayuda de la AID incluye jeeps y armas modernas destinadas a la policía, para que el orden interior de los países pueda ser debidamente salvaguardado. No en vano un tercio de los créditos de la AID se obtiene inmediatamente después de su aprobación, pero los dos tercios restantes se condicionan al visto bueno del Fondo Monetario Internacional, cuyas recetas normalmente desatan el incendio de la agitación social. Y por si el FMI no hubiera logrado desmontar, pieza por pieza, como se desmonta un reloj, todos los mecanismos de la soberanía, la AID suele exigir también, de paso, la aprobación de determinadas leyes o decretos. La AID es el vehículo principal de los fondos de la Alianza para el Progreso. El Comité Interamericano de la Alianza para el Progreso obtuvo del gobierno uruguayo, por no citar más que un ejemplo de los laberintos de la generosidad, la firma de un compromiso por el cual los ingresos y los egresos de los entes del Estado, así como la política oficial en materia de tarifas, salarios e inversiones, pasaron al control directo de este organismo extranjero[51]. Pero las condiciones más lesivas rara vez figuran en los textos de los contratos y los compromisos públicos, y se esconden en las secretas disposiciones complementarias. El Parlamento uruguayo nunca supo que el gobierno había aceptado, en marzo de 1968, poner un límite a las exportaciones de arroz de ese año, para que el país pudiera recibir harina, maíz y sorgo al amparo de la ley de excedentes agrícolas de los Estados Unidos.

Muchas dagas brillan bajo la capa de la asistencia a los países pobres. Teodoro Moscoso, que fuera administrador general de la Alianza para el Progreso, confesó: «...puede ocurrir que los Estados Unidos necesiten el voto de un país determinado en la Organización de las Naciones Unidas, o en la OEA, y es posible que entonces el gobierno

---

[51] Documento publicado por el diario *Ya*, Montevideo, 28 de mayo de 1970.

de ese país –siguiendo la consagrada tradición de la fría diplomacia–
pida un precio a cambio»[52]. En 1962, el delegado de Haití a la Conferencia de Punta del Este cambió su voto por un aeropuerto nuevo, y
así los Estados Unidos obtuvieron la mayoría necesaria para expulsar
a Cuba de la Organización de Estados Americanos[53]. El ex dictador de
Guatemala, Miguel Ydígoras Fuentes, ha declarado que tuvo que amenazar a los norteamericanos con que negaría el voto de su país a las
conferencias de la Alianza para el Progreso, para que ellos cumplieran
con su promesa de comprarle más azúcar[54].

Podría resultar, a primera vista, paradójico que Brasil haya sido el
país más favorecido por la Alianza para el Progreso durante el gobierno nacionalista de João Goulart (1961-64). Pero la paradoja cesa, no
bien se conoce la distribución interna de la ayuda recibida: los créditos
de la Alianza fueron sembrados como minas explosivas en el camino
de Goulart. Carlos Lacerda, gobernador de Guanabara y, por entonces, líder de la extrema derecha, obtuvo siete veces más dólares que
todo el nordeste: el estado de Guanabara, con sus escasos cuatro
millones de habitantes, pudo así inventar hermosos jardines para turistas en los bordes de la bahía más espectacular del mundo, y los
nordestinos siguieron siendo la llaga viva de América Latina. En junio
de 1964, ya triunfante el golpe de Estado que instaló en el poder a
Castelo Branco, Thomas Mann, subsecretario de Estado para asuntos
interamericanos y brazo derecho del presidente Johnson, explicó: «Los
Estados Unidos distribuyeron entre los gobernadores eficientes de
ciertos estados brasileños la ayuda que era destinada al gobierno de
Goulart, pensando financiar así la democracia; Washington no dio

---

[52] *Panorama*, Centro de Estudios y Documentación Sociales, México, noviem-
bre-diciembre de 1965.
[53] También se prometió a la dictadura de Duvalier, en señal de gratitud, una
carretera en dirección al aeropuerto. Irving Pflaum (*Arena of Decision. Latin
American Crisis*, Nueva York, 1964) y John Gerassi (*The Great Fear in Latin
America*, Nueva York, 1965) coinciden en que éste fue un caso de soborno.
Pero los Estados Unidos no cumplieron con sus promesas a Haití. Duvalier,
«Papa Doc», guardián de la muerte en la mitología *vudú*, se sintió estafado.
Según dicen, el viejo brujo invocó la ayuda del Diablo para vengarse de
Kennedy, y sonrió complacido cuando los balazos de Dallas pusieron fin a
la vida del Presidente norteamericano.
[54] Reportaje por Georgie Anne Geyer, *The Miami Herald*, 24 de diciembre
de 1966.

dinero alguno para la balanza de pagos o el presupuesto federal, porque eso podía beneficiar directamente al gobierno central»[55].

La administración norteamericana había resuelto negar cualquier tipo de cooperación al gobierno de Belaúnde Terry, en el Perú, «a menos que diera las deseadas garantías de que seguiría una política indulgente hacia la International Petroleum Company. Belaúnde rehusó y, como resultado, a fines de 1965 no había recibido aún su parte en la Alianza para el Progreso»[56]. Posteriormente, como se sabe, Belaúnde transó.Y perdió el petróleo y el poder: había obedecido para sobrevivir. En Bolivia, los préstamos norteamericanos no proporcionaron un solo centavo para que el país pudiera levantar sus propias fundiciones de estaño, de modo que el estaño continuó viajando en bruto a Liverpool y desde allí, ya elaborado, a Nueva York; en cambio, la *ayuda* dio nacimiento a una burguesía comercial parasitaria, infló la burocracia, alzó grandes edificios y tendió modernas autopistas y otros elefantes blancos, en un país que disputa con Haití la más altas tasas de mortalidad infantil de América Latina. Los créditos de los Estados Unidos o sus organismos *internacionales* negaban a Bolivia el derecho de aceptar las ofertas de la Unión Soviética, Checoslovaquia y Polonia para crear una industria petroquímica, explotar y fundir el cinc, el plomo y los yacimientos de hierro, e instalar hornos de fundición de estaño y de antimonio. En cambio, Bolivia quedó obligada a importar productos exclusivamente de los Estados Unidos. Cuando por fin cayó el gobierno del Movimiento Nacionalista Revolucionario, devorado en sus cimientos por la ayuda norteamericana, el embajador de los Estados Unidos, Douglas Henderson, comenzó a asistir puntualmente a las reuniones de gabinete del dictador René Barrientos[57].

Los préstamos ofrecen indicaciones tan precisas como las de un termómetro para evaluar *el clima general de los negocios* de cada país, y ayudan a despejar los nubarrones políticos o las tormentas revolucionarias del transparente cielo de los millonarios. «Los Estados Uni-

---

[55] Declaración ante la subcomisión de la Cámara de Representantes. Citado por Nelson Werneck Sodré, *História militar do Brasil*, Río de Janeiro, 1965.
[56] Frederick B. Pike, *The Modern History of Peru*, Nueva York, 1968.
[57] Amado Canelas, *Radiografía de la Alianza para el Atraso*, La Paz, 1963; Mariano Baptista Gumucio y otros, *Guerrilleros y generales sobre Bolivia*, Buenos Aires, 1968; y John Gunther, *Inside South America*, Nueva York, 1967.

dos van a concertar su programa de ayuda económica en los países que muestren la mayor inclinación a favorecer el clima de inversiones, y retirar la ayuda a los otros países en que una *performance* satisfactoria no sea demostrada», anunciaron, en 1963, diversos hombres de negocios encabezados por David Rockefeller[58]. El texto de la ley de ayuda extranjera se hace categórico al disponer la suspensión de la asistencia a cualquier gobierno que haya «nacionalizado, expropiado o adquirido la propiedad o el control de la propiedad perteneciente a cualquier ciudadano de los Estados Unidos o cualquier corporación, sociedad o asociación», que pertenezcan a ciudadanos norteamericanos, en una proporción no inferior a la mitad[59]. No en vano el Comité de Comercio de la Alianza para el Progreso cuenta, entre sus miembros más distinguidos, con los más altos ejecutivos del Chase

[58] La hija de David, Peggy Rockefeller, decidió poco después irse a vivir a una *favela* de Río de Janeiro llamada Jacarezinho. Su padre, uno de los hombres más ricos del mundo, viajó a Brasil para atender sus negocios y fue personalmente a la humilde casa de familia que Peggy había elegido, probó la humilde comida, comprobó con espanto que la casa se llovía y las ratas entraban por debajo de la puerta. Al irse, dejó sobre la mesa un cheque con varios ceros. Peggy vivió allí durante algunos meses, colaborando con los Cuerpos de Paz. Los cheques continuaron llegando. Cada uno de ellos equivalía a lo que el dueño de casa podía ganar en diez años de trabajo. Cuando Peggy finalmente se fue, la casa y la familia de Jacarezinho se habían transformado. Nunca la *favela* había conocido tanta opulencia. Peggy había venido del cielo en línea recta. Era como haber ganado todas las loterías juntas. Entonces, el dueño de la casa donde Peggy había vivido pasó a ser la mascota del régimen. Reportajes en la televisión y en la radio, artículos en diarios y revistas, la publicidad desatada: él era un ejemplo que todos los brasileños debían imitar. Había salido de la miseria gracias a su inquebrantable voluntad de trabajo y a su capacidad de ahorro: vean, vean, él no gasta en aguardiente lo que gana, ahora tiene televisión, refrigerador, muebles nuevos, los chicos calzan zapatos. La propaganda olvidaba un pequeño detalle: la visita del hada Peggy. Porque Brasil tenía noventa millones de habitantes y el milagro se había producido para uno solo.

[59] Hickenlooper Amendment, Section 620, Foreign Assistance Act. No es casual que este texto legal se refiera explícitamente a las medidas adoptadas contra los intereses norteamericanos «al primero de enero de 1962 o en fecha posterior». El 16 de febrero de 1962, el gobernador Leonel Brizola había expropiado la compañía de teléfonos del estado brasileño de Río Grande do Sul, subsidiaria de la International Telephone and Telegraph Corporation, y esta decisión había endurecido las relaciones entre Washington y Brasilia. La empresa no aceptaba la indemnización propuesta por el gobierno.

Manhattan y del City Bank, la Standard Oil, la Anaconda y la Grace. La AID despeja el camino a los capitalistas norteamericanos, de múltiples maneras; entre otras, exigiendo la aprobación de los acuerdos, de garantías de las inversiones contra las posibles pérdidas por guerras, revoluciones, insurrecciones o crisis monetarias. En 1966, según el Departamento de Comercio de los Estados Unidos, los inversionistas privados norteamericanos recibieron estas garantías en quince países de América Latina, por cien proyectos que sumaban más de trescientos millones de dólares, dentro del Programa de Garantía de Inversiones de la AID[60].

ADELA no es una canción de la revolución mexicana, sino el nombre de un consorcio internacional de inversiones. Nació por iniciativa del First National City Bank de Nueva York, la Standard Oil de Nueva Jersey y la Ford Motor Co. El grupo Mellon se incorporó con entusiasmo y también poderosas empresas europeas porque, al decir del senador Jacob Javits, «América Latina proporciona una excelente oportunidad para que los Estados Unidos, al invitar a Europa a 'entrar', muestren que no buscan una posición de dominio o exclusividad ...»[61]. Pues bien, en su informe anual de 1968, ADELA *agradeció muy especialmente al Banco Interamericano de Desarrollo los empréstitos concedidos para impulsar los negocios del consorcio en América Latina*, y en el mismo sentido saludó la obra de la Corporación para el Financiamiento Internacional, uno de los brazos del Banco Mundial. Con ambas instituciones, ADELA está en contacto continuo para evitar la duplicación de los esfuerzos y para evaluar las oportunidades de inversión[62]. Múltiples ejemplos podrían proporcionarse de otras santas alianzas parecidas. En Argentina, los aportes latinoamericanos a los recursos ordinarios del BID han servido para beneficiar con muy convenientes empréstitos a empresas como Petrosur S.A.I.C., filial de la Electric Bond and Share, con más de diez millones destinados a la construcción de un complejo petroquímico, o para financiar una planta de piezas de automotores a Armetal S. A., filial de The Budd Co., Filadelfia, USA[63]. Los créditos de la AID hicieron posible la ex-

---

[60]   *International Commerce*, abril 10 de 1967.
[61]   Citado por NACLA *Newsletter*, mayo-junio de 1970.
[62]   ADELA Annual Report, 1968. Citado por NACLA, *op. cit.*
[63]   Banco Interamericano de Desarrollo, *Décimo informe anual*, 1969, Washington, 1970.

pansión de la planta de productos químicos de la Atlántica Richfield Co., en el Brasil, y el Eximbank proporcionó generosos préstamos a la ICOMI, filial de la Bethlehem Steel en el mismo país. Gracias a los aportes de la Alianza para el Progreso y el Banco Mundial, la Phillips Petroleum Co. pudo dar nacimiento en 1966, también en Brasil, al mayor complejo de fábricas de fertilizantes de América Latina. Todo se computa con cargo a la *ayuda*, y todo pesa sobre la deuda externa de los países agraciados por la diosa Fortuna.

Cuando Fidel Castro se dirigió al Banco Mundial y al Fondo Monetario Internacional, en los primeros tiempos de la revolución cubana, para reconstruir las reservas de divisas extranjeras agotadas por la dictadura de Batista, ambos organismos le respondieron que primero debía aceptar un programa de estabilización que implicaba, como en todas partes, el desmantelamiento del Estado y la parálisis de las reformas de estructura[64]. El Banco Mundial y el FMI actúan estrechamente ligados y al servicio de fines comunes; nacieron juntos, en Bretton Woods. Los Estados Unidos cuentan con la cuarta parte de los votos en el Banco Mundial; los veintidós países de América Latina apenas reúnen menos de la décima parte. El Banco Mundial responde a los Estados Unidos como el trueno al relámpago.

Según explica el Banco, la mayor parte de sus préstamos se dedica a la construcción de carreteras y otras vías de comunicación y al desarrollo de las fuentes de energía eléctrica, «que son una condición esencial para el crecimiento de la empresa privada»[65]. Estas obras de infraestructura facilitan, en efecto, el acceso de las materias primas a los puertos y a los mercados mundiales, y sirven al progreso de la industria, ya desnacionalizada, de los países pobres. El Banco Mundial cree que, «en la mayor medida practicable, la industria competitiva debería dejarse a la empresa privada. Esto no significa que el Banco excluya absolutamente los préstamos a las industrias de propiedad del Estado, pero sólo asumirá estos financiamientos en los casos en que el capital privado no resulte accesible, y si se asegura a satisfacción, al cabo de los exámenes, que la participación del gobierno resultará compatible con la eficiencia de las operaciones y no

---

[64]   Harry Magdoff, *La era del imperialismo, Monthly Review*, selecciones en castellano, enero-febrero de 1969.
[65]   The World Bank, IFC and IDA, *Policies and Operations*, Washington, 1962.

tendrá un efecto indebidamente restrictivo sobre la expansión de la iniciativa y la empresa privadas». Se condicionan los préstamos a la aplicación de la receta estabilizadora del FMI y al pago puntual de la deuda externa; los préstamos del Banco son incompatibles con la adopción de políticas de control de las ganancias de las empresas, «tan restrictivas que las utilidades no pueden operar sobre una base clara, y aun menos impulsar la expansión futura»[66]. Desde 1968, el Banco Mundial ha derivado en gran medida sus empréstitos a la promoción del control de la natalidad, los planes de educación, los negocios agrícolas y el turismo.

Como todas las demás máquinas traganíqueles de las altas finanzas internacionales, el Banco constituye también un eficaz instrumento de extorsión, en beneficio de poderes muy concretos. Sus sucesivos presidentes han sido, desde 1946, prominentes hombres de negocios de los Estados Unidos. Eugene R. Black, que dirigió el Banco Mundial desde 1949 a 1962, ocupó posteriormente los directorios de numerosas corporaciones privadas, una de las cuales, la Electric Bond and Share, es el más poderoso monopolio de la energía eléctrica del planeta[67]. Casualmente, el Banco Mundial obligó a Guatemala, en 1966, a aceptar un *acuerdo honroso* con la Electric Bond and Share, como condición previa para la puesta en práctica del proyecto hidroeléctrico de Jurún-Marinalá: el *acuerdo honroso* consistía en el pago de una indemnización abultada por los daños que la empresa pudiera sufrir en una cuenca que le había sido gratuitamente otorgada pocos años atrás, y, además, incluía un compromiso del Estado en el sentido de no impedir que la Bond and Share continuara fijando libremente las tarifas de la electricidad en el país. Casualmente también, el Banco Mundial impuso a Colombia, en 1967, el pago de treinta y seis millones de dólares de indemnización a la Compañía Colombiana de Electricidad, filial de la Bond and Share, por sus envejecidas maquinarias recién nacionalizadas. El Estado colombiano compró así lo que le pertenecía, porque la concesión a la empresa había vencido en 1944.

---

[66] The World Bank, IFC and IDA, *op. cit.*

[67] «Nuestros programas de ayuda al extranjero... estimulan el desarrollo de nuevos mercados para las sociedades americanas... y orientan la economía de los beneficiarios hacia un sistema de libre empresa en el que las firmas americanas puedan prosperar.» Eugene R. Black en *Columbia Journal of World Business*, vol. I, 1965.

Tres presidentes del Banco Mundial integran la constelación de poder de los Rockefeller. John J. McCloy presidió el organismo entre 1947 y 1949, y poco después pasó al directorio del Chase Manhattan Bank. Lo sucedió, al frente del Banco Mundial, Eugene R. Black, que había hecho el camino inverso: venía del directorio del Chase. George D. Woods, otro hombre de Rockefeller, heredó a Black en 1963. Casualmente, el Banco Mundial participa en forma directa, con un décimo del capital y sustanciales empréstitos, de la mayor aventura de los Rockefeller en Brasil: Petroquímica União, el complejo petroquímico más importante de América del Sur.

Más de la mitad de los préstamos que recibe América Latina proviene, previa luz verde del FMI, de los organismos privados y oficiales de los Estados Unidos; los bancos internacionales suman también un porcentaje importante. El FMI y el Banco Mundial ejercen presiones cada vez más intensas para que los países latinoamericanos remodelen su economía y sus finanzas en función del pago de la deuda externa. El cumplimiento de los compromisos contraídos, clave de la buena conducta internacional, resulta cada vez más difícil y se hace al mismo tiempo más imperioso. La región vive el fenómeno que los economistas llaman *la explosión de la deuda*. Es el círculo vicioso de la estrangulación: los empréstitos aumentan y las inversiones se suceden y en consecuencia crecen los pagos por amortizaciones, intereses, dividendos y otros servicios; para cumplir con esos pagos se recurre a nuevas inyecciones de capital extranjero, que generan compromisos mayores, y así sucesivamente. El servicio de la deuda devora una proporción creciente de los ingresos por exportaciones, de por sí impotentes –por obra del inflexible deterioro de los precios– para financiar las importaciones necesarias; los nuevos préstamos se hacen imprescindibles, como el aire al pulmón, para que los países puedan abastecerse. Una quinta parte de las exportaciones se dedicaba, en 1955, al pago de amortizaciones, intereses y utilidades de inversiones; la proporción continuó creciendo y está ya próxima al estallido. En 1968, los pagos representaron el 37 por ciento de las exportaciones[68]. Si se siguiera recurriendo al capital extranjero para cubrir la *brecha del comercio* y para financiar la evasión de las ganan-

---

[68] Naciones Unidas, CEPAL, *op. cit.*, y *Estudio económico de América Latina*, 1969, Nueva York-Santiago de Chile, 1970.

cias de las inversiones imperialistas, en 1980, nada menos que el ochenta por ciento de las divisas quedaría en manos de los acreedores extranjeros, y el monto total de la deuda llegaría a exceder en seis veces el valor de las exportaciones[69]. El Banco Mundial había previsto que en 1980 los pagos de servicios de deuda anularían por completo el influjo de nuevo capital extranjero hacia el mundo subdesarrollado, pero ya en 1965, la afluencia de nuevos préstamos y de nuevas inversiones hacia América Latina resultó menor que el capital drenado de la región, sólo por amortizaciones e intereses, para cumplir con los compromisos anteriormente contraídos.

La industrialización no altera la organización de la desigualdad en el mercado mundial

El intercambio de mercancías constituye, junto a las inversiones directas en el exterior y los empréstitos, la camisa de fuerza de la división internacional del trabajo. Los países del llamado Tercer Mundo intercambian entre sí poco más de la quinta parte de sus exportaciones, y en cambio dirigen las tres cuartas partes del total de sus ventas exteriores hacia los centros imperialistas de los que son tributarios[70]. En su mayoría, los países latinoamericanos se identifican, en el mercado mundial, con una sola materia prima o con un solo alimento[71].

---

[69] Según previsiones del Instituto Latinoamericano de Planificación Económica y Social, *La brecha comercial y la integración latinoamericana*, México-Santiago de Chile, 1967.

[70] Pierre Jalée, *Le pillage du Tiers Monde*, París, 1966.

[71] En el trienio 1966-68, el café proporcionó a Colombia el 64 por 100 de sus ingresos totales por exportaciones; a Brasil, el 43 por 100; a El Salvador, el 48 por 100; a Guatemala, el 42 por 100, y a Costa Rica, el 36 por 100. El banano abarcó el 61 por 100 de las divisas de Ecuador, el 54 por 100 de las de Panamá y el 47 por 100 de las de Honduras. Nicaragua dependió del algodón en un 42 por 100. La República Dominicana del azúcar, en un 56 por 100. Carnes, cueros y lanas proporcionaron a Uruguay un 83 por 100 de sus divisas y a la Argentina un 38 por 100. El cobre sumó un 74 por 100 de los ingresos comerciales de Chile, y el 26 por 100 de los de Perú; el estaño representó el 54 por 100 del valor de las exportaciones de Bolivia. Venezuela obtuvo del petróleo el 93 por 100 de sus divisas. Naciones Unidas, CEPAL, *op. cit.*

América Latina dispone de lana, algodón y fibras naturales en abundancia, y cuenta con una industria textil ya tradicional, pero apenas participa en un 0,6 por ciento de las compras de hilados y tejidos de Europa y Estados Unidos. La región ha sido condenada a vender sobre todo productos primarios, para dar trabajo a las fábricas extranjeras, y ocurre que esos productos «son exportados, en su gran mayoría, por fuertes consorcios con vinculaciones internacionales, que disponen de las relaciones necesarias en los mercados mundiales para colocar sus productos en las condiciones más convenientes»[72], pero en las más convenientes *para ellos*, que por lo general expresan los intereses de los países compradores: *es decir, a los precios más bajos.* Hay en los mercados internacionales un virtual monopolio de la demanda de materias primas y de la oferta de productos industrializados; a la inversa, operan dispersos los ofertantes de productos básicos, que son también compradores de bienes terminados: los unos, fuertes, actúan congregados en torno a la potencia dominante, Estados Unidos, que consume casi tanto como todo el resto del planeta; los otros, débiles, operan aislados, compitiendo los oprimidos contra los oprimidos. Nunca ha existido en los llamados mercados internacionales el llamado libre juego de la oferta y la demanda, sino la dictadura de una sobre la otra, siempre en beneficio de los países capitalistas desarrollados. Los centros de decisión donde los precios se fijan se encuentran en Washington, Nueva York, Londres, París, Amsterdam, Hamburgo; en los consejos de ministros y en la Bolsa. De poco o nada sirve que se hayan suscrito, con pompa y estrépito, acuerdos internacionales para proteger los precios del trigo (1949), del azúcar (1953), del estaño (1956), del aceite de oliva (1956), y del café (1962). Basta contemplar la curva descendente del valor relativo de estos productos, para comprobar que los acuerdos no han sido más que simbólicas excusas que los países fuertes han

---

En cuanto a México, «depende en más de un 30 por 100 de tres productos, en más de un 40 por 100 de cinco productos y en más de un 50 por 100 de diez productos, en su gran mayoría no manufacturados, que tienen como principal salida el mercado norteamericano». Pablo González Casanova, *La democracia en México*, México, 1965.

[72] Marco D. Pollner en el volumen colectivo de INTAL-BID, *Los empresarios y la integración de América Latina*, Buenos Aires, 1967.

presentado a los países débiles cuando los precios de sus productos habían alcanzado niveles escandalosamente bajos. Cada vez vale menos lo que América Latina vende y, comparativamente, cada vez es más caro lo que compra.

Con el producto de la venta de veintidós novillos, Uruguay podía comprar un tractor Ford Major en 1954; hoy, necesita más del doble. Un grupo de economistas chilenos que realizó un informe para la central sindical estimó que, si el precio de las exportaciones latinoamericanas hubiera crecido desde 1928 al mismo ritmo que ha crecido el precio de las importaciones, América Latina hubiera obtenido, entre 1958 y 1967, 57 mil millones de dólares más de lo que recibió, en ese período, por sus ventas al exterior[73]. Sin remontarse tan lejos en el tiempo, y tomando como base los precios de 1950, las Naciones Unidas estiman que América Latina ha perdido, a causa del deterioro del intercambio, más de dieciocho mil millones de dólares en la década transcurrida entre 1955 y 1964. Posteriormente, la caída continuó. La *brecha de comercio* –diferencia entre las necesidades de importación y los ingresos que se obtienen de las exportaciones– será cada vez más ancha si no cambian las actuales estructuras del comercio exterior: cada año que pasa, se cava más profundamente este abismo para América Latina. Si la región se propusiera lograr, en los próximos tiempos, un ritmo de desarrollo ligeramente superior al de los últimos quince años, que ha sido bajísimo, enfrentaría necesidades de importación que excederían largamente el previsible crecimiento de sus ingresos de divisas por exportaciones. Según los cálculos del ILPES[74], la brecha de comercio ascendería, en 1975, a 4.600 millones de dólares, y en 1980 llegaría a los 8.300 millones. Esta última cifra representa nada menos que la mitad del valor de las exportaciones previstas para ese año. Así, sombrero en mano, los países latinoamericanos golpearán cada vez más desesperadamente a las puertas de los prestamistas internacionales.

A. Emmanuel sostiene[75] que *la maldición de los precios bajos no pesa sobre determinados productos, sino sobre determinados países.* Al

---

[73] Central Única de Trabajadores de Chile, *América Latina, un mundo que ganar*, Santiago de Chile, 1968.
[74] Instituto Latinoamericano de Planificación Económica y Social, *op. cit.*
[75] A. Emmanuel, *El cambio desigual*, México (próxima aparición).

fin y al cabo, el carbón, uno de los principales productos de exportación de Inglaterra hasta no hace mucho, no es menos primario que la lana o el cobre, y el azúcar contiene más elaboración que el whisky escocés o los vinos franceses; Suecia y Canadá exportan madera, una materia prima, a precios excelentes. El mercado mundial funda la desigualdad del comercio, según Emmanuel, *en el intercambio de más horas de trabajo de los países pobres por menos horas de trabajo de los países ricos: la clave de la explotación reside en que existe una enorme diferencia en los niveles de salarios de unos y otros países, y que esa diferencia no está asociada a diferencias de la misma magnitud en la productividad del trabajo.* Son los salarios bajos los que, según Emmanuel, determinan los precios bajos, y no a la inversa: los países pobres exportan su pobreza, con lo que se empobrecen cada vez más, al tiempo que los países ricos obtienen el resultado inverso. Según las estimaciones de Samir Amin[76], si los productos exportados por los países subdesarrollados en 1966 hubieran sido producidos por los países desarrollados con las mismas técnicas pero con sus mucho mayores niveles de salarios, los precios hubieran variado a tal punto que los países subdesarrollados hubieran recibido catorce mil millones de dólares más.

Por cierto que los países ricos han utilizado y utilizan las barreras aduaneras para proteger sus altos salarios internos en los renglones en que no podrían competir con los países pobres. Los Estados Unidos emplean al Fondo Monetario, al Banco Mundial y los acuerdos arancelarios del GATT, para imponer en América Latina la doctrina del comercio libre y la libre competencia, obligando al abatimiento de los cambios múltiples, del régimen de cuotas y permisos de importación y exportación, y de los aranceles y gravámenes de aduana, pero no predican en modo alguno con el ejemplo. Del mismo modo que desalientan fuera de fronteras la actividad del Estado, mientras dentro de fronteras el Estado norteamericano protege a los monopolios mediante un vasto sistema de subsidios y precios privilegiados, los Estados Unidos practican también un agresivo proteccionismo, con tarifas altas y restricciones rigurosas, en su comercio exterior. Los derechos de aduana se combinan con otros impuestos y con las

---

[76] Citado por André Gunder Frank, *Toward a Theory of Capitalist Underdevelopment*, introducción a la antología *Underdevelopment*. Inédito.

cuotas y los embargos[77]. ¿Qué ocurriría con la prosperidad de los ganaderos del Medio Oeste si los Estados Unidos permitieran el acceso a su mercado interno, sin tarifas ni imaginativas prohibiciones sanitarias, de la carne de mejor calidad y menor precio que producen Argentina y Uruguay? El hierro ingresa libremente en el mercado norteamericano, pero si se ha convertido en lingotes, paga 16 centavos por tonelada, y la tarifa sube en proporción directa al grado de elaboración; otro tanto ocurre con el cobre y con una infinidad de productos: alcanza con secar las bananas, cortar el tabaco, endulzar el cacao, aserrar la madera o extraer el carozo a los dátiles para que los aranceles se descarguen implacablemente sobre estos productos[78]. En enero de 1969, el gobierno de los Estados Unidos dispuso la virtual suspensión de las compras de tomates en México, que dan trabajo a 170 mil campesinos del estado de Sinaloa, hasta que los cultivadores norteamericanos de tomate de la Florida consiguieron que los mexicanos aumentasen el precio para evitar la competencia.

Pero la más quemante contradicción entre la teoría y la realidad del comercio mundial estalló cuando la *guerra del café soluble* cobró, en 1967, estado público. Entonces se puso en evidencia que *sólo los países ricos tienen el derecho de explotar en su beneficio las «ventajas naturales comparativas» que determinan, en la teoría, la división internacional del trabajo.* El mercado mundial del café soluble, de asombrosa expansión, está en manos de la Nestlé y la General Foods; se estima que no pasará mucho tiempo antes de que estas dos grandes empresas abastezcan más de la mitad del café que se consume en el mundo. Estados Unidos y Europa compran el café en granos a Brasil y África; lo concentran en sus plantas industriales y lo venden, convertido en café soluble, a todo el mundo. Brasil, que es el mayor productor mundial de café, no tiene, sin embargo, el derecho de competir exportando su propio café soluble, para aprovechar sus costos más bajos y para dar destino a los excedentes de producción que antes destruía y ahora almacena en los depósitos del Estado. Brasil sólo tiene el derecho de proporcionar la materia prima para enriquecer a las fábricas del extranjero. Cuando las fábricas brasileñas –apenas cinco en un total de ciento diez en el mun-

---

[77]   L. Delwart (*The Future of Latin American Exports to the United States: 1965 and 1970,* Nueva York, 1970) publica una lista muy elocuente de las restricciones en vigencia a la importación de productos latinoamericanos.

[78]   Harry Magdoff, *op. cit.*

do– comenzaron a ofrecer café soluble en el mercado internacional, fueron acusadas de competencia desleal. Los países ricos pusieron el grito en el cielo, y Brasil aceptó una imposición humillante: aplicó a su café soluble un impuesto interno tan alto como para ponerlo fuera de combate en el mercado norteamericano[79].

Europa no se queda atrás en la aplicación de barreras arancelarias, tributarias y sanitarias contra los productos latinoamericanos. El Mercado Común cobra altos impuestos de importación para defender los altos precios internos de sus productos agrícolas, y a la vez subsidia esos productos agrícolas para poder exportarlos a precios competitivos: *con lo que obtiene por los impuestos financia los subsidios. Así, los países pobres pagan a sus compradores ricos para que les hagan la competencia.* Un kilo de carne de lomo de novillo vale, en Buenos Aires o en Montevideo, cinco veces menos que cuando cuelga de un gancho en una carnicería de Hamburgo o Munich[80]. «Los países desarrollados quieren permitir que les vendamos jets y computadoras, pero nada que estemos en condiciones de producir con ventaja», se quejaba, con razón, un representante del gobierno chileno en una conferencia internacional[81].

Las inversiones extranjeras en las industrias de América Latina no han modificado en absoluto los términos de su comercio internacional. *La región continúa estrangulándose en el intercambio de sus productos por los productos de las economías centrales.* La expansión de las ventas de las empresas norteamericanas radicadas al sur del río Bravo se concentra en los mercados locales y no en la exportación. Por el contrario, la proporción correspondiente a la exportación *tiende a disminuir*: según la OEA, las filiales norteamericanas exportan un diez por ciento de sus ventas totales en 1962, y sólo un siete y medio por ciento tres años más tarde[82]. El comercio de los productos industrializados por América Latina sólo crece *dentro* de América

[79] Revista *Fator*, Río de Janeiro, noviembre-diciembre de 1968.
[80] Carlos Quijano, *Las víctimas del sistema*, en *Marcha*, Montevideo, 23 de octubre de 1970.
[81] *New York Times*, 3 de abril de 1968.
[82] Secretaría General de la OEA, *op. cit.* Una amplia encuesta a las subsidiarias norteamericanas en México, realizada en 1969 por encargo de la National Chamber Foundation, reveló que *las casas matrices de los Estados Unidos prohibían vender sus productos en el exterior a la mitad de las empresas que*

Latina: en 1955, las manufacturas comprendían una décima parte del intercambio entre los países del área, y en 1966 la proporción había subido al treinta por ciento[83].

El jefe de una misión técnica norteamericana en Brasil, John Abbink, había anticipado, proféticamente, en 1950: «Los Estados Unidos deben estar preparados para 'guiar' la inevitable industrialización de los países no desarrollados, si se desea evitar el golpe de un desarrollo económico intensísimo fuera de la égida norteamericana... La industrialización, si no es controlada de alguna manera, llevaría a una sustancial reducción de los mercados estadounidenses de exportación»[84]. En efecto, ¿acaso la industrialización, aunque sea teleguiada desde fuera, no sustituye con producción nacional las mercaderías que antes cada país debía importar del exterior? Celso Furtado advierte que, a medida que América Latina avanza en la sustitución de importaciones de productos más complejos, «la dependencia de insumos provenientes de las matrices tiende a aumentar». Entre 1957 y 1964, se duplicaron las ventas de las filiales norteamericanas, en tanto sus importaciones, sin incluir los equipamientos, se multiplicaron por más de tres. «Esa tendencia parecería indicar que la eficacia *sustitutiva* es una función decreciente de la expansión industrial controlada por compañías extranjeras.»[85]

La dependencia no se rompe, sino que cambia de calidad: los Estados Unidos venden, ahora, en América Latina, una proporción mayor de productos más sofisticados y de alto nivel tecnológico. «A largo plazo –opina el Departamento de Comercio–, a medida que crece la producción industrial mexicana, se crean mayores oportunidades para exportaciones adicionales de los Estados Unidos...»[86].

contestaron el cuestionario. Las filiales no habían sido instaladas para eso. Miguel S. Wionczek, *La inversión extranjera privada en México: problemas y perspectivas*, en *Comercio exterior*, México, octubre de 1970.
La relación entre las exportaciones de manufacturas y el producto bruto industrial no superó el 2 por 100, en 1963, en Argentina, Brasil, Perú, Colombia y Ecuador; fue de un 3,1 por 100 en México y de un 3,2 por 100 en Chile (Aldo Ferrer en el ya citado volumen colectivo de INTAL-BID).

[83] Naciones Unidas, CEPAL, *op. cit.*
[84] *Jornal do Comercio*, Río de Janeiro, 23 de marzo de 1950.
[85] Celso Furtado, *Um projeto para o Brasil*, Río de Janeiro, 1968.
[86] *International Commerce*, 24 de abril de 1967.

Argentina, México y Brasil son muy buenos compradores de maquinaria industrial, maquinaria eléctrica, motores, equipos y repuestos de origen norteamericano. Las filiales de las grandes corporaciones se abastecen en sus casas matrices, a precios deliberadamente caros. Refiriéndose a los costos de instalación de la industria automotriz extranjera en Argentina, Viñas y Gastiazoro dicen, en este sentido: «Pagando estas importaciones a precios muy elevados, giraban fondos hacia el exterior. En muchos casos, estos pagos eran tan importantes que las empresas no sólo daban pérdidas [a pesar del precio a que se vendían los automotores] sino que comenzaron a quebrar, esfumándose rápidamente el valor de las acciones colocadas en el país... El resultado fue que de las veintidós empresas radicadas quedan actualmente diez, algunas al borde de la quiebra...»[87].

Para mayor gloria del poder mundial de las corporaciones, las subsidiarias disponen así de las escasas divisas de los países latinoamericanos. El esquema de funcionamiento de la industria satelizada, en relación con sus lejanos centros de poder, no se distingue mucho del tradicional sistema de explotación imperialista de los productos primarios. Antonio García sostiene[88] que la exportación «colombiana» de petróleo crudo ha sido siempre, estrictamente, una transferencia física de aceite crudo desde un campo norteamericano de extracción hasta unos centros industriales de refinado, comercialización y consumo en Estados Unidos, y la exportación «hondureña» o «guatemalteca» de plátano, ha tenido el carácter de una transferencia de alimentos que efectúan unas compañías norteamericanas desde unos campos coloniales de cultivo hasta unas áreas norteamericanas de comercialización y consumo. Pero las fábricas «argentinas», «brasileñas» o «mexicanas», por no citar más que las más importantes, *también integran un espacio económico que nada tiene que ver con su localización geográfica.* Forman, como muchos otros hilos, la urdimbre internacional de las corporaciones, cuyas casas matrices trasladan las utilidades de un país a otro, facturando las ventas por encima o por debajo de los precios reales, según la dirección en que

---

[87]   Ismael Viñas y Eugenio Gastiazoro, *op. cit.*

[88]   Antonio García, *Las constelaciones del poder y el desarrollo latinoamericano,* en *Comercio exterior,* México, noviembre de 1969.

desean volcar las ganancias[89]. Resortes fundamentales del comercio exterior quedan así en manos de empresas norteamericanas o europeas que orientan la política comercial de los países según el criterio de gobiernos y directorios ajenos a América Latina. Así como las filiales de Estados Unidos no exportan cobre a la URSS ni a China ni venden petróleo a Cuba, tampoco se abastecen de materias primas y maquinarias en las fuentes internacionales más baratas y convenientes.

Esta eficiencia en la coordinación de las operaciones en escala mundial, por completo al margen del «libre juego de las fuerzas del mercado», no se traduce, claro está, en precios más bajos para los consumidores nacionales, sino en utilidades mayores para los accionistas extranjeros. Es elocuente el caso de los automóviles. Dentro de los países latinoamericanos, las empresas disponen de una mano de obra abundante y muy, pero muy, barata, además de una política oficial en todos los sentidos favorable a la expansión de las inversiones: donaciones de terrenos, tarifas eléctricas privilegiadas, redescuentos del Estado para financiar las ventas a plazos, dinero fácilmente accesible y, por si fuera poco, el auxilio ha llegado en algunos países hasta el extremo de eximir a las empresas del pago de los impuestos a la renta o a las ventas. El control del mercado resulta, por otra parte, de antemano facilitado por el prestigio mágico que, ante los ojos de la clase media, irradian las marcas y los modelos promovidos por gigantescas campañas mundiales de publicidad. Sin embargo, todos estos factores no impiden, sino que determinan, que los autos producidos en la región resulten mucho más caros que en los países de origen de las mismas empresas. Las dimensiones de los mercados latinoamericanos son mucho menores, bien es cierto, *pero también es cierto que en estas tierras el afán de ganancias de las corporaciones se excita como en ninguna otra parte. Un Ford Falcon construido en Chile cuesta tres veces más que en Estados Unidos[90]; un Valiant o*

---

[89] Por cierto que el mecanismo no es nuevo. El frigorífico Anglo ha dado siempre pérdidas en el Uruguay, para cobrar los subsidios del Estado y para que rindieran millonarias utilidades sus seis mil carnicerías de Londres, donde cada kilo de carne uruguaya se vende a un precio cuatro veces mayor que el que recibe el Uruguay por la exportación. Guillermo Bernhard, *Los monopolios y la industria frigorífica*, Montevideo, 1970.

[90] Declaraciones del presidente Salvador Allende, según cable de AFP del 12 de diciembre de 1970.

un Fiat fabricados en la Argentina tienen precios de venta que duplican con creces los de Estados Unidos o Italia[91]*, y otro tanto ocurre con el Volkswagen de Brasil en relación con el precio en Alemania*[92].

LA DIOSA TECNOLOGÍA NO HABLA ESPAÑOL

Wright Patman, el conocido parlamentario norteamericano, considera que el cinco por ciento de las acciones de una gran corporación puede resultar suficiente, en muchos casos, para su control liso y llano por parte de un individuo, una familia o un grupo económico[93]. Si un cinco por ciento basta para la hegemonía en el seno de las empresas todopoderosas de los Estados Unidos, ¿qué porcentaje de acciones se requiere para dominar una empresa latinoamericana? En realidad, alcanza incluso con menos: las sociedades *mixtas*, que constituyen uno de los pocos orgullos todavía accesibles a la burguesía latinoamericana, simplemente decoran el poder extranjero con la participación nacional de capitales que pueden ser mayoritarios, pero nunca decisivos frente a la fortaleza de los cónyuges de fuera. A menudo, es el Estado mismo quien se asocia a la empresa imperialista, que de este modo obtiene, ya convertida en empresa *nacional*, todas las garantías deseables y un clima general de cooperación y hasta de cariño. La participación «minoritaria» de los capitales extranjeros se justifica, por lo general, en nombre de las necesarias transferencias de técnicas y patentes. La burguesía latinoamericana, burguesía de mercaderes sin sentido creador, atada por el cordón umbilical al poder de la tierra, se hinca ante los altares de la diosa Tecnología. *Si se tomaran en cuenta, como una prueba de desnacionalización, las acciones en poder extranjero, aunque sean pocas, y la dependencia tecnológica, que muy rara vez es poca, ¿cuántas fábricas podrían ser consideradas realmente nacionales en América Latina?* En México, por ejemplo, es frecuente que los propietarios extranjeros de la tecnología *exijan una parte del paquete*

---

[91]   Dato publicado en el diario *La Razón*, Buenos Aires, 2 de marzo de 1970.
[92]   *Resultados da indústria automovelística*, estudio especial de *Conjuntura económica*, febrero de 1969.
[93]   *NACLA Newsletter*, abril-mayo de 1969.

accionario de las empresas, además de decisivos controles técnicos y administrativos y de la obligación de vender la producción a determinados intermediarios también extranjeros, y de importar la maquinaria y otros bienes desde sus casas matrices, a cambio de los contratos de trasmisión de patentes o *know-how*[94]. No sólo en México. Resulta ilustrativo que los países del llamado Grupo Andino (Bolivia, Colombia, Chile, Ecuador y Perú) hayan elaborado un proyecto para un régimen común de tratamiento de los capitales extranjeros en el área, que hace hincapié en el rechazo de los contratos de transferencia de tecnología que contengan condiciones como éstas. El proyecto propone a los países que se nieguen a aceptar, además, que las empresas extranjeras dueñas de las patentes *fijen los precios de los productos con ellas elaborados o que prohíban su exportación a determinados países.*

El primer sistema de patentes para proteger la propiedad de las invenciones fue creado, hace casi cuatro siglos, por sir Francis Bacon. A Bacon le gustaba decir: «El conocimiento es poder», y desde entonces se supo que no le faltaba razón. La ciencia universal poco tiene de universal; está objetivamente confinada tras los límites de las naciones avanzadas. América Latina no aplica en su propio beneficio los resultados de la investigación científica, *por la sencilla razón de que no tiene ninguna, y en consecuencia se condena a padecer la tecnología de los poderosos, que castiga y desplaza a las materias primas naturales. América Latina ha sido hasta ahora incapaz de crear una tecnología propia para sustentar y defender su propio desarrollo.* El mero trasplante de la tecnología de los países adelantados no sólo implica la subordinación cultural y, en definitiva, también la subordinación económica, sino que, además, después de cuatro siglos y medio de experiencia en la multiplicación de los oasis de modernismo importado en medio de los desiertos del atraso y de la ignorancia, bien puede afirmarse que tampoco resuelve ninguno de los problemas del subdesarrollo[95]. Esta vasta región de analfabetos invierte en investigaciones tecnológicas una suma doscientas veces

---

[94]   Miguel S. Wionczek, *La trasmisión de la tecnología a los países en desarrollo: proyecto de un estudio sobre México,* en *Comercio exterior,* México, mayo de 1968.

[95]   Víctor L. Urquidi en *Obstacles to Change in Latin America,* de Claudio Véliz y otros, Londres, 1967.

menor que la que los Estados Unidos destinan a esos fines. Hay menos de mil computadoras en América Latina y cincuenta mil en Estados Unidos, en 1970. Es en el norte, por supuesto, donde se diseñan los modelos electrónicos y se crean los lenguajes de programación que América Latina importa. El subdesarrollo latinoamericano no es un tramo en el camino del desarrollo, aunque se «modernicen» sus deformidades; la región progresa sin liberarse de la estructura de su atraso y de nada vale, señala Manuel Sadosky, la *ventaja* de no participar en el progreso con programas y objetivos propios[96]. Los símbolos de la prosperidad son los símbolos de la dependencia. Se recibe la tecnología moderna como en el siglo pasado se recibieron los ferrocarriles, al servicio de los intereses extranjeros que modelan y remodelan el estatuto colonial de estos países. «Nos ocurre lo que a un reloj que se atrasa y no es arreglado –dice Sadosky–. Aunque sus manecillas sigan andando hacia adelante, la diferencia entre la hora que marque y la hora verdadera será creciente.»

Las universidades latinoamericanas forman, en pequeña escala, matemáticos, ingenieros y programadores que de todos modos no encuentran trabajo sino en el exilio: nos damos el lujo de proporcionar a los Estados Unidos nuestros mejores técnicos y los científicos más capaces, que emigran tentados por los altos sueldos y las grandes posibilidades abiertas, en el norte, a la investigación. Por otra parte, cada vez que una universidad o un centro de cultura superior intenta, en América Latina, impulsar las ciencias básicas para echar las bases de una tecnología no copiada de los moldes y los intereses extranjeros, un oportuno golpe de Estado destruye la experiencia bajo el pretexto de que así se incuba la subversión[97]. Éste fue el caso,

---

[96]   Manuel Sadosky, *América Latina y la computación*, en *Gaceta de la Universidad*, Montevideo, mayo de 1970. Sadosky cita, para ilustrar la ilusión desarrollista, el testimonio de un especialista de la OEA: «Los países subdesarrollados –sostiene George Landau– tienen algunas ventajas en relación con los países desarrollados, porque cuando incorporan algún nuevo dispositivo o proceso tecnológico eligen, generalmente, el más avanzado dentro de su tipo y así recogen el beneficio de años de investigación y el fruto de inversiones considerables que debieron hacer los países más industrializados para alcanzar esos resultados».

[97]   Oscar J. Maggiolo en el volumen colectivo *Hacia una política cultural autónoma para América Latina*, Montevideo, 1969.

EDUARDO GALEANO

por ejemplo, de la Universidad de Brasilia, abatida en 1964, y la verdad es que no se equivocan los arcángeles blindados que custodian el orden establecido: la política cultural autónoma requiere y promueve, cuando es auténtica, profundos cambios en todas las estructuras vigentes.

La alternativa consiste en descansar en las fuentes ajenas: la copia simiesca de los adelantos que difunden las grandes corporaciones, en cuyas manos está monopolizada la tecnología más moderna, para crear nuevos productos y para mejorar la calidad o reducir el costo de los productos existentes. El cerebro electrónico aplica infalibles métodos de cálculo para estimar costos y beneficios, y así, por ejemplo, América Latina importa técnicas de producción diseñadas para economizar mano de obra, aunque le sobra la fuerza de trabajo y los desocupados van en camino de constituir una aplastante mayoría en varios países.

Al controlar las palancas de la tecnología, las grandes corporaciones multinacionales manejan también, por obvias razones, otros resortes claves de la economía latinoamericana. Por supuesto, las casas matrices nunca proporcionan a sus filiales las innovaciones más recientes, ni impulsan, tampoco, una independencia que no les convendría. Una encuesta de *Business International*, realizada por encargo del BID, llegó a la conclusión de que «es evidente que las subsidiarias de las corporaciones internacionales que operan en la región no realizan esfuerzos significativos en materia de investigación y desarrollo. En efecto, la mayoría de ellas carece de un departamento con esa finalidad y en casos muy contados llevan a cabo labores de adaptación de tecnología, en tanto que otra minoría de empresas –situadas casi invariablemente en Argentina, Brasil y México– realiza modestas actividades de investigación»[98]. Raúl Prebisch advierte que «las empresas norteamericanas en Europa instalan laboratorios y realizan investigaciones que contribuyen a fortalecer la capacidad científica y técnica de esos países, lo que no ha sucedido en América Latina», y denuncia un hecho muy grave: «La inversión nacional –dice–, por su falta de conocimiento especializado [*know-how*], realiza la mayor parte de su transferencia de tecnolo-

[98] Gustavo Lagos y otros, *Las inversiones multinacionales en el desarrollo y la integración de América Latina*, Bogotá, 1968.

gía recibiendo técnicas *que son del dominio público y que se importan como licencias de conocimiento especializado...*»[99].

Es altísimo, en varios sentidos, el costo de la dependencia tecnológica: también lo es en dólares contantes y sonantes, aunque las estimaciones no resultan nada fáciles por los múltiples escamoteos que las empresas practican en sus declaraciones de remesas al exterior. Las cifras oficiales indican, no obstante, que el drenaje de dólares por asistencia técnica se multiplicó por quince, en México, entre 1950 y 1964, y en el mismo período las nuevas inversiones no llegaron siquiera a duplicarse. Las tres cuartas partes del capital extranjero en México aparecen, hoy, destinadas a la industria manufacturera; en 1950, la proporción era de la cuarta parte. Esta concentración de recursos en la industria sólo implica una modernización refleja, con tecnología de segunda mano, que el país paga como si fuera de primerísima. La industria automotriz ha drenado de México mil millones de dólares, de una u otra manera, pero un funcionario del sindicato de los automóviles en Estados Unidos recorrió la nueva planta de la General Motors en Toluca, y escribió después: «Fue peor que arcaico. Peor, porque fue deliberadamente arcaico, con lo obsoleto cuidadosamente planeado... Las plantas mexicanas son equipadas deliberadamente con maquinaria de baja productividad»[100]. ¿Qué decir de la gratitud que América Latina debe a la Coca-Cola, la Pepsi o la Crush, que cobran carísimas licencias industriales a sus concesionarios para proporcionarles una pasta que se disuelve en agua y se mezcla con azúcar y gas?

---

[99] Raúl Prebisch, *La cooperación internacional en el desarrollo latinoamericano*, en *Desarrollo*, Bogotá, enero de 1970. (El subrayado es mío.)

[100] Leo Fenster, en julio de 1969. Citado por André Gunder Frank, *Lumpenburguesía: lumpendesarrollo*, Montevideo, 1970.
Las filiales extranjeras resultan de todos modos infinitamente más modernas que las empresas nacionales. En la industria textil, por ejemplo, uno de los últimos reductos del capital nacional, es bajísimo el grado de automatización. Según la CEPAL, en 1962 y 1963 cuatro países de Europa invirtieron en nuevos equipos para su industria textil una suma seis veces mayor que la que invirtió con el mismo fin, en 1964, toda América Latina.

La marginación de los hombres y las regiones

Grow with Brazil. Grandes avisos en los diarios de Nueva York exhortan a los empresarios norteamericanos a sumarse al impetuoso crecimiento del gigante de los trópicos. La ciudad de San Pablo duerme con los ojos abiertos; aturden sus oídos las crepitaciones del desarrollo; surgen fábricas y rascacielos, puentes y caminos, como brotan, de súbito, ciertas plantas salvajes en las tierras calientes. Pero la traducción correcta de aquel eslogan publicitario sería, bien se sabe: «Crezca *a costa* del Brasil». El desarrollo es un banquete con escasos invitados, aunque sus resplandores engañen, y los platos principales están reservados a las mandíbulas extranjeras. Brasil tiene ya más de noventa millones de habitantes, y duplicará su población antes del fin del siglo, pero las fábricas modernas ahorran mano de obra y el intacto latifundio también niega, tierra adentro, trabajo. Un niño en harapos contempla, con brillo en la mirada, el túnel más largo del mundo, recién inaugurado en Río de Janeiro. El niño en harapos está orgulloso de su país, y con razón, pero él es analfabeto y roba para comer.

En toda América Latina, la irrupción del capital extranjero en el área manufacturera, recibida con tanto entusiasmo, ha puesto aún más en evidencia las diferencias entre los «modelos clásicos» de industrialización, tal como se leen en la historia de los países hoy desarrollados, y las características que el proceso muestra en América Latina. El sistema vomita hombres, pero la industria se da el lujo de sacrificar mano de obra en una proporción mayor que la de Europa[101].

No existe ninguna relación coherente entre la mano de obra disponible y la tecnología que se aplica, como no sea la que nace de la conveniencia de usar una de las fuerzas de trabajo más baratas del mundo. Tierras ricas, subsuelos riquísimos, hombres muy pobres en este reino de la abundancia y el desamparo: la inmensa marginación de los trabajadores que el sistema arroja a la vera del camino frustra el desarrollo del mercado interno y abate el nivel de los salarios. La

---

[101] Las filiales norteamericanas ocupaban en la industria europea, en 1957 –no hay datos más recientes–, una proporción de mano de obra, en relación con el capital invertido, más alta que en América Latina. Secretaría General de la OEA, *op. cit.*

perpetuación del vigente régimen de tenencia de la tierra no sólo agudiza el crónico problema de la baja productividad rural, por el desperdicio de tierra y capital en las grandes haciendas improductivas y el desperdicio de mano de obra en la proliferación de los minifundios, sino que además implica un drenaje caudaloso y creciente de trabajadores desocupados en dirección a las ciudades. El subempleo rural se vuelca en el subempleo urbano. Crecen la burocracia y las poblaciones marginales, donde van a parar, vertedero sin fondo, los hombres despojados del derecho de trabajo. Las fábricas no brindan refugio a la mano de obra excedente, pero la existencia de este vasto ejército de reserva siempre disponible permite pagar salarios varias veces más bajos que los que ganan los obreros norteamericanos o alemanes. Los salarios pueden continuar siendo bajos aunque aumente la productividad, y la productividad aumenta a costa de la disminución de la mano de obra. La industrialización «satelizada» tiene un carácter excluyente: *las masas se multiplican a ritmo de vértigo, en esta región que ostenta el más alto índice de crecimiento demográfico del planeta, pero el desarrollo del capitalismo dependiente –un viaje con más náufragos que navegantes– margina mucha más gente que la que es capaz de integrar.* La proporción de trabajadores de la industria manufacturera dentro del total de la población activa latinoamericana *disminuye en vez de aumentar*: había un 14,5% de trabajadores en la década del cincuenta; hoy sólo hay un once y medio por ciento[102]. En Brasil, según un estudio reciente, «el número total de *nuevos empleos* que habría que crear sería de un millón y medio *por año* durante la próxima década»[103]. Pero el *total* de trabajadores empleados por las fábricas de Brasil, el país más industrializado de América Latina, suma, sin embargo, apenas dos millones y medio.

Es multitudinaria la invasión de los brazos provenientes de las zonas más pobres de cada país; las ciudades excitan y defraudan las expectativas de trabajo de familias enteras, atraídas por la esperanza de elevar su nivel de vida y conseguirse un sitio en el gran circo mágico de la civilización urbana. Una escalera mecánica es la revela-

---

[102] Naciones Unidas, CEPAL, *op. cit.*

[103] F. S. O'Brien, *The Brazilian Population and Labor Force in 1968*, documento para discusión interna, Ministério do Planejamento e Coordenação Geral, Río de Janeiro, 1969.

ción del Paraíso, pero el deslumbramiento no se come: la ciudad hace aún más pobres a los pobres, porque cruelmente les exhibe espejismos de riquezas a las que nunca tendrán acceso, automóviles, mansiones, máquinas poderosas como Dios y como el Diablo, y en cambio les niega una ocupación segura y un techo decente bajo el cual cobijarse, platos llenos en la mesa para cada mediodía. Un organismo de las Naciones Unidas[104] estima que por lo menos la cuarta parte de la población de las ciudades latinoamericanas habita «asentamientos que escapan a las normas modernas de construcción urbana», extenso eufemismo de los técnicos para designar los tugurios conocidos como *favelas* en Río de Janeiro, *callampas* en Santiago de Chile, *jacales* en México, *barrios* en Caracas y *barriadas* en Lima, *villas miseria* en Buenos Aires y *cantegriles* en Montevideo. En las viviendas de lata, barro y madera que brotan antes de cada amanecer en los cinturones de las ciudades, se acumula la población marginal arrojada a las ciudades por la miseria y la esperanza. *Huaico* significa, en quechua, deslizamiento de tierra, y *huaico* llaman los peruanos a la avalancha humana descargada desde la sierra sobre la capital en la costa: casi el setenta por ciento de los habitantes de Lima proviene de las provincias. En Caracas los llaman *toderos*, porque hacen de todo: los marginados viven de «changas», mordisqueando trabajo de a pedacitos y de cuando en cuando, o cumplen tareas sórdidas o prohibidas: son sirvientas, picapedreros o albañiles ocasionales, vendedores de limonada o de cualquier cosa, ocasionales electricistas o sanitarios o pintores de paredes, mendigos, ladrones, cuidadores de autos, brazos disponibles para lo que venga. Como los marginados crecen más rápidamente que los «integrados», las Naciones Unidas presienten, en el estudio citado, que de aquí a pocos años «los asentamientos irregulares albergarán a una mayoría de la población urbana». *Una mayoría de derrotados.* Mientras tanto, el sistema opta por esconder la basura bajo la alfombra. Va barriendo, a punta de ametralladora, las *favelas* de los morros de la bahía y las *villas miseria* de la Capital Federal; arroja a los marginados, por millares y millares, lejos de la vista. Río de Janeiro y Buenos Aires escamotean el espectáculo de la miseria que el sistema produce; pronto no se verá más que la

---

[104] Naciones Unidas, CEPAL, *Estudio económico de América Latina*, 1967, Nueva York-Santiago de Chile, 1968.

masticación de la prosperidad, pero no sus excrementos, en estas ciudades donde se dilapida la riqueza que Brasil y Argentina, enteros, crean.

Dentro de cada país se reproduce el sistema internacional de dominio que cada país padece. La concentración de la industria en determinadas zonas refleja la concentración previa de la demanda en los grandes puertos o zonas exportadoras. El ochenta por ciento de la industria brasileña está localizado en el triángulo del sudeste –San Pablo, Río de Janeiro y Belo Horizonte– mientras el nordeste famélico tiene una participación cada vez menor en el producto industrial nacional; dos tercios de la industria argentina están en Buenos Aires y Rosario; Montevideo abarca las tres cuartas partes de la industria uruguaya, y otro tanto ocurre con Santiago y Valparaíso en Chile; Lima y su puerto concentran el sesenta por ciento de la industria peruana[105]. El creciente atraso relativo de las grandes áreas del interior, sumergidas en la pobreza, no se debe a su aislamiento, como sostienen algunos, sino que, por el contrario, es el resultado de la explotación, directa o indirecta, que sufren por parte de los viejos centros coloniales convertidos, hoy, en centros industriales. «Un siglo y medio de historia nacional –proclama un líder sindical argentino–[106] ha presenciado la violación de todos los pactos solidarios, la quiebra de la fe jurada en los himnos y las constituciones, el dominio de Buenos Aires sobre las provincias. Ejércitos y aduanas, leyes hechas por pocos y soportadas por muchos, gobiernos que con algunas excepciones han sido agentes del poder extranjero, edificaron esta orgullosa metrópoli que acumula la riqueza y el poder. Pero si buscamos la explicación de esa grandeza y la condena de ese orgullo, las hallaremos en los yerbales misioneros, en los pueblos muertos de la Forestal, en la desesperación de los ingenios tucumanos y las minas de Jujuy, en los puertos abandonados del Paraná, en el éxodo de Berisso: todo un mapa de miseria rodeando un centro de opulencia afirmado en el ejercicio de un dominio interno que ya no se puede disimular ni consentir». En su estudio del desarrollo del subdesarrollo en Brasil, André Gunder Frank observó que, siendo Brasil un satélite

---

[105]   Naciones Unidas, CEPAL, *op. cit.*
[106]   Raimundo Ongaro, carta desde la prisión, *De Frente*, Buenos Aires, 25 de septiembre de 1969.

de los Estados Unidos, dentro de Brasil el nordeste cumple a su vez una función satélite de la «metrópoli interna» radicada en la zona sudeste. La polarización se hace visible a través de rasgos numerosos: no sólo porque la inmensa mayoría de las inversiones privadas y públicas se ha concentrado en San Pablo, sino además porque esta ciudad gigante se apropia también, por medio de un vasto embudo, de los capitales generados por todo el país, a través de un intercambio comercial desventajoso, de una política arbitraria de precios, de escalas privilegiadas de impuestos internos y de la apropiación en masa de cerebros y mano de obra capacitada[107].

La industrialización dependiente agudiza la concentración de la renta, desde un punto de vista regional y desde un punto de vista social. *La riqueza que genera no se irradia sobre el país entero ni sobre la sociedad entera, sino que consolida los desniveles existentes e incluso los profundiza.* Ni siquiera sus propios obreros, los «integrados» cada vez menos numerosos, se benefician en medida pareja del crecimiento industrial; son los estratos más altos de la pirámide social los que recogen los frutos, amargos para muchos, de los aumentos de la productividad. Entre 1955 y 1966, en Brasil, la industria mecánica, la de materiales eléctricos, la de comunicaciones y la industria automotriz elevaron su productividad en cerca de un ciento treinta por ciento, pero en ese mismo período los salarios de los obreros por ellas ocupados sólo crecieron, en valor real, en un seis por ciento[108]. América Latina ofrece brazos baratos: en 1961, el salario-hora promedio en Estados Unidos se elevaba a dos dólares; en Argentina era de 32 centavos; en Brasil de 28; en Colombia, 17; en México, 16; y en Guatemala apenas llegaba a diez centavos[109]. Desde entonces, la brecha creció. *Para ganar lo que un obrero francés percibe en una hora, el brasileño tiene que trabajar, actualmente, dos días y medio. Con poco más de diez horas de servicio el obrero estadounidense gana, en equivalencia, un mes de trabajo del carioca. Y para recibir un salario superior al correspondiente a una jornada de ocho horas del obrero de Río de Janeiro, es suficiente que el inglés y el alemán trabajen menos de treinta minu-*

---

[107] André Gunder Frank, *Capitalism and Underdevelopment in Latin America*, Nueva York, 1967.

[108] Ministério do Planejamento e Coordenação Econômica, *op. cit.*

[109] Z. Romanova, *La expansión económica de Estados Unidos en América Latina*, Moscú, s. f.

tos[110]. El bajo nivel de salarios de América Latina sólo se traduce en precios bajos en los mercados internacionales, donde la región ofrece sus materias primas a cotizaciones exiguas para que se beneficien los consumidores de los países ricos; en los mercados internos, en cambio, donde la industria desnacionalizada vende manufacturas, los precios son altos, para que resulten altísimas las ganancias de las corporaciones imperialistas.

Todos los economistas coinciden en reconocer la importancia del crecimiento de la demanda como catapulta del desarrollo industrial. En América Latina, la industria, extranjerizada, no muestra el menor interés por ampliar, en extensión y en profundidad, el mercado de masas que sólo podría crecer horizontal y verticalmente si se impulsara la puesta en práctica de hondas transformaciones en toda la estructura económico-social, lo que implicaría el estallido de inconvenientes tormentas políticas. El poder de compra de la población asalariada, ya intervenidos o aniquilados o domesticados los sindicatos de las ciudades más industrializadas, no crece en medida suficiente, y tampoco bajan los precios de los artículos industriales: ésta es una región gigantesca, con un mercado *potencial* enorme y un mercado *real* reducido por la pobreza de sus mayorías. Virtualmente, *la producción de las grandes fábricas de automóviles o refrigeradores se dirige al consumo de apenas un cinco por ciento de la población latinoamericana*[111].

Apenas uno de cada cuatro brasileños puede considerarse un consumidor real. Cuarenta y cinco millones de brasileños suman la misma renta total que novecientos mil privilegiados ubicados en el otro extremo de la escala social[112].

---

[110] Datos de Serge Birn, técnico norteamericano en organización del trabajo, según *Jornal do Brasil*, Río de Janeiro, 5 de enero de 1969.

[111] André Gunder Frank, *op. cit.*

[112] Naciones Unidas, CEPAL, *Estudio sobre la distribución del ingreso en América Latina*, Nueva York-Santiago de Chile, 1967. «En la Argentina tuvo lugar, en los años anteriores a 1953, un proceso significativo de redistribución progresiva del ingreso. De los tres años para los que se dispone de información más detallada fue precisamente ése el año en que fue menor la desigualdad, en tanto que fue mucho mayor en 1959... En México, en el período más extenso comprendido entre los años 1940 y 1964... hay indicaciones que permiten suponer que la pérdida no fue sólo relativa sino también absoluta para el 20 por 100 de las familias de ingresos más bajos.»

La integración de América Latina
bajo la bandera de las barras y las estrellas

Hay ángeles que todavía creen que todos los países terminan al borde de sus fronteras. Son los que afirman que los Estados Unidos poco o nada tienen que ver con la integración latinoamericana, por la sencilla razón de que los Estados Unidos no forman parte de la Asociación Latinoamericana de Libre Comercio (ALALC) ni del Mercado Común Centroamericano. Como quería el libertador Simón Bolívar, dicen, esta integración no va más allá del límite que separa a México de su poderoso vecino del norte. Quienes sustentan este criterio seráfico olvidan, interesada amnesia, que una legión de piratas, mercaderes, banqueros, *marines*, tecnócratas, *boinas verdes*, embajadores y capitanes de empresa norteamericanos se han apoderado, a lo largo de una historia negra, de la vida y el destino de la mayoría de los pueblos del sur, y que actualmente también la industria de América Latina yace en el fondo del aparato digestivo del Imperio. «Nuestra» unión hace «su» fuerza, en la medida en que los países, al no romper previamente con los moldes del subdesarrollo y la dependencia, *integran sus respectivas servidumbres*.

En la documentación oficial de la ALALC se suele exaltar la función del capital privado en el desarrollo de la integración. Ya hemos visto, en los capítulos anteriores, en qué manos está ese capital privado. A mediados de abril de 1969, por ejemplo, se reunió en Asunción la Comisión Consultiva de Asuntos Empresariales. Entre otras cosas, reafirmó «la orientación de la economía latinoamericana, en el sentido de que la integración económica de la Zona ha de lograrse con base en el desarrollo de la empresa privada fundamentalmente». Y recomendó que los gobiernos establezcan una legislación común para la formación de «empresas multinacionales, constituidas predominantemente [sic] por capitales y empresarios de los países miembros». Todas las cerraduras se entregan al ladrón: en la Conferencia de Presidentes de Punta del Este, en abril de 1967, se llegó a propugnar, en la declaración final que el propio Lyndon Johnson cerró con sello de oro, la creación de un mercado común de las acciones, una especie de integración de las Bolsas, para que desde cualquier lugar de América Latina se puedan comprar empresas radicadas en cualquier punto de la región. Y se llega más lejos en los documentos oficiales: hasta se recomienda lisa y llanamente la desnacionalización de las empresas públicas. En abril de 1969, se realizó en Montevideo la primera reunión sectorial de la industria de la carne en la ALALC: resolvió «solicitar a los gobiernos... que estudien las medidas adecuadas para lograr una progresiva transferencia de los frigoríficos estatales al sector privado». Simultáneamente, el gobierno de Uruguay, uno de cuyos miembros había presidido la reunión, pisó a fondo el acelerador en su política de sabotaje contra el Frigorífico Nacional, de propiedad del Estado, en provecho de los frigoríficos privados extranjeros.

El desarme arancelario, que va liberando gradualmente la circulación de mercancías dentro del área de la ALALC, está destinado a reorganizar, en beneficio de las grandes corporaciones multinacionales, la distribución de los centros de producción y los mercados de América Latina. Reina la «economía de escala»: en la primera fase, cumplida en estos últimos años, se ha perfeccionado la extranjerización de las plataformas de lanzamiento –las ciudades industrializadas– que habrán de proyectarse sobre el mercado regional en su conjunto. Las empresas de Brasil más interesadas en la integración latinoamericana son, precisamente, las empresas extranjeras[113] y sobre todo las más poderosas. Más de la mitad de las corporaciones multinacionales, en su mayoría norteamericanas, que contestaron una encuesta del Banco Interamericano de Desarrollo en toda América Latina, estaban planificando o se proponían planificar, en la segunda mitad de la década del 60, sus actividades para el mercado ampliado de la ALALC, creando o robusteciendo, a tales efectos, sus departamentos regionales[114]. En septiembre de 1969, Henry Ford II anunció, desde Río de Janeiro, que deseaba incorporarse al proceso económico de Brasil, «porque la situación está muy buena. Nuestra participación inicial consistió en la compra de la Willys Overland do Brasil», según decla-

---

[113] Maurício Vinhas de Queiroz, *op. cit.*

[114] Gustavo Lagos, en el volumen del BID, varios autores, *Las inversiones multinacionales en el desarrollo y la integración de América Latina*, Bogotá, 1968. El 64 por ciento de las empresas exportaba dentro de la región, haciendo uso de las concesiones de la ALALC, productos químicos y petroquímicos, fibras artificiales, materiales electrónicos, maquinaria industrial y agrícola, equipos de oficina, motores, instrumentos de medición, tubos de acero y otros productos.

ró en conferencia de prensa, y afirmó que exportará vehículos brasileños para varios países de América Latina. Caterpillar, «una firma que ha tratado siempre al mundo como a un solo mercado», dice *Business International*, no demoró en aprovechar las reducciones de tarifas tan pronto como se fueron negociando, y en 1965 ya suministraba niveladoras y repuestos de tractores, desde su planta de San Pablo a varios países de América del Sur. Con la misma celeridad, Union Carbide irradiaba productos de electrotecnia sobre varios países latinoamericanos, desde su fábrica de México, haciendo uso de las exoneraciones de derechos aduaneros, impuestos y depósitos previos para los intercambios en el área de la ALALC[115].

Empobrecidos, incomunicados, descapitalizados y con gravísimos problemas de estructura dentro de cada frontera, los países latinoamericanos abaten progresivamente sus barreras económicas, financieras y fiscales *para que los monopolios, que todavía estrangulan a cada país por separado, puedan ampliar sus movimientos y consolidar una nueva división del trabajo, en escala regional, mediante la especialización de sus actividades por países y por ramas,* la fijación de dimensiones óptimas para sus empresas filiales, la reducción de los costos, la eliminación de los competidores ajenos al área y la estabilización de los mercados. Las filiales de las corporaciones multinacionales sólo pueden apuntar a la conquista del mercado latinoamericano, en determinados rubros y bajo determinadas condiciones que no afectan la política mundial trazada por sus casas matrices. Como hemos visto en otro capítulo, la división *internacional* del trabajo continúa funcionando, para América Latina, en los mismos términos de siempre. Sólo se admiten novedades dentro de la región. En la reunión de Punta del Este, los presidentes declararon que «la iniciativa privada extranjera podrá cumplir una función importante para asegurar el logro de los objetivos de la integración», y acordaron que el Banco Interamericano de Desarrollo aumentara «los montos disponibles para créditos de exportación *en el comercio intralatinoamericano*».

La revista *Fortune* evaluaba, en 1967, las «seductoras oportunidades nuevas» que el mercado común latinoamericano abre a los negocios del norte: «En más de una sala de directorio, el mercado

---

[115] *Business International, LAFTA, Key America's 200 Million Consumers,* reportaje de investigación, junio de 1966.

común se está convirtiendo en un serio elemento para los planes de futuro. Ford Motor do Brasil, que hace los Galaxies, piensa tejer una linda red con la Ford de Argentina, que hace los Falcons, y alcanzar economías de escala produciendo ambos automóviles para mayores mercados. Kodak, que ahora fabrica papel fotográfico en Brasil, gustaría producir películas exportables en México y cámaras y proyectores en Argentina»[116].Y citaba otros ejemplos de «racionalización de la producción» y extensión del área de operaciones de otras corporaciones, como I.T.T., General Electric, Remington Rand, Otis Elevator, Worthington, Firestone, Deere, Westinghouse y American Machine and Foundry. Hace nueve años, Raúl Prebisch, vigoroso abogado de la ALALC, escribía: «Otro argumento que escucho con frecuencia desde México hasta Buenos Aires, pasando por San Pablo y Santiago, es que el mercado común va a ofrecer a la industria extranjera oportunidades de expansión que hoy día no tiene en nuestros mercados limitados... Existe el temor de que las ventajas del mercado común se aprovechen principalmente por esa industria extranjera y no por las industrias nacionales... Compartí ese temor, y lo comparto, no por mera imaginación, sino porque he comprobado en la práctica la realidad de ese hecho...»[117]. Esta comprobación no le impidió suscribir, algún tiempo después, un documento en el que se afirma que «al capital extranjero corresponde, sin duda, un papel importante en el desarrollo de nuestras economías», a propósito de la integración en marcha[118], proponiendo la constitución de sociedades mixtas en las que «el empresario latinoamericano participe eficaz y equitativamente». ¿Equitativamente? Hay que salvaguardar, es cierto, *la igualdad de oportunidades.* Bien decía Anatole France que la ley, en su majestuosa igualdad, prohíbe tanto al rico como al pobre dormir bajo los puentes, mendigar en las calles y robar pan. *Pero ocurre que en este planeta y en este tiempo una sola empresa, la General Motors, ocupa tantos trabajadores como todos los que forman la población activa de Uruguay,*

---

[116] *Fortune, A Latin American Common Market Makes Common Sense For U. S. Businessmen Too,* junio de 1967.

[117] Raúl Prebisch, *Problemas de la integración económica,* en *Actualidades económicas financieras,* Montevideo, enero de 1962.

[118] Prebisch, Sanz de Santamaría, Mayobre y Herrera, *Proposiciones para la creación del Mercado Común Latinoamericano,* documento presentado al presidente Frei, 1966.

y gana en un solo año una cantidad de dinero cuatro veces mayor que el íntegro producto nacional bruto de Bolivia.

Las corporaciones conocen ya, por anteriores experiencias de integración, las ventajas de actuar como *insiders* en el desarrollo capitalista de otras comarcas. No en vano el total de las ventas de las filiales norteamericanas diseminadas por el mundo es seis veces mayor que el valor de las exportaciones de los Estados Unidos[119]. En América Latina, como en otras regiones, no rigen las incómodas leyes antitrusts de los Estados Unidos. *Aquí los países se convierten, con plena impunidad, en seudónimos de las empresas extranjeras que los dominan. El primer acuerdo de complementación en la ALALC fue firmado, en agosto de 1962, por Argentina, Brasil, Chile y Uruguay; pero en realidad fue firmado entre la IBM, la IBM, la IBM y la IBM.* El acuerdo eliminaba los derechos de importación para el comercio de maquinarias estadísticas y sus componentes entre los cuatro países, a la par que alzaba los gravámenes a la importación de esas maquinarias desde fuera del área: la IBM World Trade «sugirió a los gobiernos que si eliminaban los derechos para comerciar entre sí construiría plantas en Brasil y Argentina...»[120]. Al segundo acuerdo, firmado entre los mismos países, se agregó México: fueron la RCA y la Philips of Eindhoven quienes promovieron la exoneración para el intercambio de equipos destinados a radio y televisión.

Y así sucesivamente. En la primavera de 1969, el noveno acuerdo consagró la división del mercado latinoamericano de equipos de generación, trasmisión y distribución de electricidad, entre la Union Carbide, la General Electric y la Siemens.

El Mercado Común Centroamericano, por su parte, esfuerzo de conjunción de las economías raquíticas y deformes de cinco países, no ha servido más que para derribar de un soplo a los débiles productores nacionales de telas, pinturas, medicinas, cosméticos o galletas, y para aumentar las ganancias y la órbita de negocios de la General Tire and Rubber Co., Procter and Gamble, Grace and Co., Colgate

---

[119] Judd Polk (del U. S. Council of the International Chamber of Commerce) y C. P. Kindleberger (del Massachusetts Institute of Technology) brindan muy jugosos datos y opiniones sobre la norteamericanización de la economía capitalista mundial, en la publicación del Departamento de Estado, *The Multinational Corporation*, Office of External Research, Washington, 1969.

[120] *Business International, op. cit.*

Palmolive, Sterling Products o National Biscuits[121]. La liberación de derechos aduaneros ha corrido también pareja, en Centroamérica, con la elevación de las barreras contra la competencia *extranjera externa* (por decirlo de alguna manera), de modo que las empresas *extranjeras internas* puedan vender más caro y con mayores beneficios: «Los subsidios recibidos a través de la protección tarifaria exceden el valor total agregado por el proceso doméstico de producción», concluye Roger Hansen[122].

Las empresas extranjeras tienen, como nadie, sentido de las proporciones. Las proporciones propias y las ajenas. ¿Qué sentido tendría instalar en Uruguay, por ejemplo, o en Bolivia, Paraguay o Ecuador, con sus mercados minúsculos, una gran planta de automóviles, altos hornos siderúrgicos o una fábrica importante de productos químicos? Son otros los trampolines elegidos, en función de las dimensiones de los mercados internos y de las potencialidades de su crecimiento. FUNSA, la fábrica uruguaya de neumáticos, depende en gran medida de la Firestone, pero son las filiales de la Firestone en Brasil y en Argentina las que se expanden con vistas a la integración. Se frena el ascenso de la empresa instalada en Uruguay, aplicando el mismo criterio que determina que la Olivetti, la empresa italiana invadida por la General Electric, elabore sus máquinas de escribir en Brasil y sus máquinas de calcular en Argentina. «La asignación eficiente de recursos *requiere* un desarrollo desigual de las diferentes partes de un país o región», sostiene Rosenstein-Rodan[123], *y la integración latinoamericana tendrá también sus nordestes y sus polos de desarrollo.* En el balance de los ocho años de vida del Tratado de Montevideo que dio origen a la ALALC, el delegado uruguayo denunció que «las diferencias en los grados de desarrollo económico [entre los diversos países] tienden a agudizarse», porque el mero incremento del comercio en un intercambio de concesiones recíprocas sólo puede aumentar la desigualdad preexistente entre los polos del privilegio y las áreas sumergidas. El embajador de Paraguay, por su parte, se quejó en térmi-

---

[121] E. Lízano F., *El problema de las inversiones extranjeras en Centro América*, en la *Revista del Banco Central* de Costa Rica, septiembre de 1966.

[122] En *Columbia Journal of World Business*. Citado por *NACLA Newsletter*, enero de 1970.

[123] Paul N. Rosenstein-Rodan, *Reflections on Regional Development*. Citado en BID, varios autores, *op. cit.*

nos parecidos: afirmó que los países débiles absurdamente subvencionan el desarrollo industrial de los países más avanzados de la Zona de Libre Comercio, absorbiendo sus altos costos internos a través de la desgravación arancelaria y dijo que dentro de la ALALC el deterioro de los términos de intercambio castiga a su país tan duramente como fuera de ella: «Por cada tonelada de productos importados de la Zona, el Paraguay paga con dos». La realidad, afirmó el representante de Ecuador, «está dada por once países en distintos grados de desarrollo, lo que se traduce en mayores o menores capacidades para aprovechar el área del comercio liberado y conduce a una polarización en beneficios y perjuicios...». El embajador de Colombia extrajo «una única conclusión: el programa de liberación beneficia en una desproporción protuberante a los tres países grandes»[124]. *A medida que la integración progrese, los países pequeños irán renunciando a sus ingresos aduaneros –que en Paraguay financian casi la mitad del presupuesto nacional– a cambio de la dudosa ventaja de recibir, por ejemplo, desde San Pablo, Buenos Aires o México, automóviles fabricados por las mismas empresas que aún los venden desde Detroit, Wolfsburg o Milán a la mitad de precio*[125]. Ésta es la certidumbre que alienta por debajo de las fricciones que el proceso de integración provoca en medida creciente. La exitosa aparición del Pacto Andino, que congrega a las naciones del Pacífico, es uno de los resultados de la visible hegemonía de los tres grandes en el marco ampliado de la ALALC: los pequeños intentan unirse aparte.

Pero pese a todas las dificultades, por espinosas que parezcan, los mercados se extienden a medida que los satélites van incorporando nuevos satélites a su órbita de poder dependiente. Bajo la dictadura militar de Castelo Branco, Brasil firmó un acuerdo de garantías para

---

[124] Sesiones extraordinarias del Comité Ejecutivo Permanente de la ALALC, julio y septiembre de 1969. *Apreciaciones sobre el proceso de integración de la ALALC*, Montevideo, 1969.

La integración como un simple proceso de reducción de las barreras de comercio, advierte el director de la UNCTAD en Nueva York, mantendrá «los *enclaves* de alto desarrollo dentro de la depresión general del continente». Sidney Dell, en el volumen colectivo *The Movement Toward Latin American Unity*, editado por Ronald Hilton, Nueva York-Washington-Londres, 1969.

[125] La industria automotriz es ciento por ciento extranjera en Brasil y Argentina, y mayoritariamente extranjera en México. ALALC, *La industria automotriz en la ALALC*, Montevideo, 1969.

las inversiones extranjeras, que descarga sobre el Estado los riesgos y las desventajas de cada negocio. Resultó muy significativo que el funcionario que había concertado el convenio defendiera sus humillantes condiciones ante el Congreso, afirmando que, «en un futuro cercano, Brasil estará invirtiendo capitales en Bolivia, Paraguay o Chile y entonces necesitará de acuerdos de este tipo»[126]. En el seno de los gobiernos que sucedieron al golpe de Estado de 1964, se ha afirmado, en efecto, una tendencia que atribuye a Brasil una función «subimperialista» sobre sus vecinos. Un elenco militar de muy importante gravitación postula a su país como el gran administrador de los intereses norteamericanos en la región, y llama a Brasil a ejercer, en el sur, una hegemonía semejante a la que, frente a los Estados Unidos, el propio Brasil padece. El general Golbery do Couto e Silva invoca, en este sentido, otro *Destino manifiesto*[127]. Este ideólogo del «sub-imperialismo» escribía en 1952, refiriéndose a ese *Destino manifiesto*: «Tanto más, cuando él no roza, en el Caribe, con el de nuestros hermanos mayores del norte...». El general do Couto e Silva es el actual presidente de la Dow Chemical en Brasil. La deseada estructura del subdominio cuenta, por cierto, con abundantes antecedentes históricos, que van desde el aniquilamiento de Paraguay en nombre de la banca británica, a partir de la guerra de 1865, hasta el envío de tropas brasileñas a encabezar la operación solidaria con la invasión de los *marines*, en Santo Domingo, exactamente un siglo después.

En estos últimos años ha recrudecido en gran medida la competencia entre los gerentes de los grandes intereses imperialistas, instalados en los gobiernos de Brasil y de Argentina, en torno al agitado problema de la lideranza continental. Todo indica que Argentina no está en condiciones de resistir el poderoso desafío brasileño: Brasil tiene el doble de superficie y una población cuatro veces mayor, es casi tres veces más amplia su producción de acero, fabrica el doble de

---

[126] Vivian Trías, *Imperialismo y geopolítica en América Latina*, Montevideo, 1967. Uruguay se comprometió, por ejemplo, a incrementar sus importaciones de maquinarias desde Brasil, a cambio de favores tales como el suministro de energía eléctrica brasileña a la zona norte del país. Actualmente, los departamentos uruguayos de Artigas y Rivera no pueden aumentar su consumo de energía sin permiso de Brasil.

[127] Golbery do Couto e Silva, *Aspectos geopolíticos do Brasil*, Río de Janeiro, 1952.

cemento y genera más del doble de energía; la tasa de renovación de su flota mercante es quince veces más alta. Ha registrado, además, un ritmo de crecimiento económico bastante más acelerado que el de Argentina, durante las dos últimas décadas. Hasta no hace mucho, Argentina producía más automóviles y camiones que Brasil. A los ritmos actuales, en 1975 la industria automotriz brasileña será tres veces mayor que la argentina. La flota marítima, que en 1966 era igual a la argentina, equivaldrá a la de toda América Latina reunida. El Brasil ofrece a la inversión extranjera la magnitud de su mercado potencial, sus fabulosas riquezas naturales, el gran valor estratégico de su territorio, que limita con todos los países sudamericanos menos Ecuador y Chile, y todas las condiciones para que las empresas norteamericanas radicadas en su suelo avancen con botas de siete leguas: Brasil dispone de brazos más baratos y más abundantes que su rival. No por casualidad, la tercera parte de los productos elaborados y semielaborados que se venden dentro de la ALALC proviene de Brasil. Éste es el país llamado a constituir el eje de la liberación o de la servidumbre de toda América Latina. Quizá el senador norteamericano Fulbright no tuvo conciencia cabal del alcance de sus palabras cuando, en 1965, atribuyó a Brasil, en declaraciones públicas, la misión de dirigir el mercado común de América Latina.

«Nunca seremos dichosos, ¡nunca!», había profetizado Simón Bolívar

Para que el imperialismo norteamericano pueda, hoy día, *integrar para reinar* en América Latina, fue necesario que ayer el Imperio británico contribuyera a dividirnos con los mismos fines. Un archipiélago de países, desconectados entre sí, nació como consecuencia de la frustración de nuestra unidad nacional. Cuando los pueblos en armas conquistaron la independencia, América Latina aparecía en el escenario histórico enlazada por las tradiciones comunes de sus diversas comarcas, exhibía una unidad territorial sin fisuras y hablaba fundamentalmente dos idiomas del mismo origen, el español y el portugués. Pero nos faltaba, como señala Trías, una de las condiciones esenciales para constituir una gran nación única: nos faltaba la comunidad económica.

Los polos de prosperidad que florecían para dar respuesta a las necesidades europeas de metales y alimentos no estaban vinculados entre sí: las varillas del abanico tenían su vértice al otro lado del mar. Los hombres y los capitales se desplazaban al vaivén de la suerte del oro o del azúcar, de la plata o del añil, y sólo los puertos y las capitales, sanguijuelas de las regiones productivas, tenían existencia permanente. *América Latina nacía como un solo espacio en la imaginación y la esperanza de Simón Bolívar, José Artigas y José de San Martín, pero estaba rota de antemano por las deformaciones básicas del sistema colonial.* Las oligarquías portuarias consolidaron, a través del comercio libre, esta estructura de la fragmentación, que era su fuente de ganancias: aquellos traficantes ilustrados no podían incubar la unidad nacional que la burguesía encarnó en Europa y en Estados Unidos. Los ingleses, herederos de España y Portugal desde tiempo antes de la independencia, perfeccionaron esa estructura todo a lo largo del siglo pasado, por medio de las intrigas de guante blanco de los diplomáticos, la fuerza de extorsión de los banqueros y la capacidad de seducción de los comerciantes. «Para nosotros, la patria es América», había proclamado Bolívar: la Gran Colombia se dividió en cinco países y el libertador murió derrotado: «Nunca seremos dichosos, ¡nunca!», dijo al general Urdaneta. Traicionados por Buenos Aires, San Martín se despojó de las insignias del mando y Artigas, que llamaba americanos a sus soldados, se marchó a morir al solitario exilio de Paraguay: el Virreinato del Río de la Plata se había partido en cuatro. Francisco de Morazán, creador de la república federal de Centroamérica, murió fusilado[128], y la cintura de América se fragmentó en cinco pedazos a los que luego se sumaría Panamá, desprendida de Colombia por Teddy Roosevelt.

El resultado está a la vista: en la actualidad, *cualquiera de las corpo-*

---

[128] «Mandó preparar las armas, se descubrió, mandó apuntar, corrigió la puntería, dio la voz de fuego y cayó; aún levantó la cabeza sangrienta y dijo: estoy vivo; una nueva descarga lo hizo expirar.» Gregorio Bustamante Maceo, *Historia militar de El Salvador*, San Salvador, 1951.
En la plaza de Tegucigalpa, la banda toca música ligera todos los domingos por la noche al pie de la estatua de bronce de Morazán. Pero la inscripción está equivocada: ésta no es la estampa ecuestre del campeón de la unidad centroamericana. Los hondureños que habían viajado a París, tiempo después del fusilamiento, para contratar un escultor por encargo del gobierno, se gastaron el dinero en parrandas y terminaron comprando una estatua del Mariscal Ney en el mercado de las pulgas. La tragedia de Centroamérica se convertía rápidamente en farsa.

raciones multinacionales opera con mayor coherencia y sentido de uni-dad que este conjunto de islas que es América Latina, desgarrada por tantas fronteras y tantas incomunicaciones. ¿Qué integración pueden realizar, entre sí, países que ni siquiera se han integrado por dentro? Cada país padece hondas fracturas en su propio seno, agudas divisiones sociales y tensiones no resueltas entre sus vastos desiertos marginales y sus oasis urbanos. El drama se reproduce en escala regional. Los ferrocarriles y los caminos, creados para trasladar la producción al extranjero por las rutas más directas, constituyen todavía la prueba irrefutable de la impotencia o de la incapacidad de América Latina para dar vida al proyecto nacional de sus héroes más lúcidos. Brasil carece de conexiones terrestres permanentes con tres de sus vecinos, Colombia, Perú y Venezuela; y las ciudades del Atlántico no tienen comunicación cablegráfica directa con las ciudades del Pacífico, de tal manera que los telegramas entre Buenos Aires y Lima o Río de Janeiro y Bogotá pasan inevitablemente por Nueva York; otro tanto sucede con las líneas telefónicas entre el Caribe y el sur.

Los países latinoamericanos continúan identificándose cada cual con su propio puerto, negación de sus raíces y de su identidad real, a tal punto que la casi totalidad de los productos del comercio intrarregional se transportan por mar: los transportes interiores virtualmente no existen. Pero ocurre, en este sentido, que el cártel mundial de los fletes fija las tarifas y los itinerarios según su paladar, y América Latina se limita a padecer las tarifas exorbitantes y las rutas absurdas. De las 118 líneas navieras regulares que operan en la región, únicamente hay diecisiete de banderas regionales; los fletes sangran la economía latinoamericana en mil millones de dólares por año[129]. *Así, las mercancías enviadas desde Porto Alegre a Montevideo llegan más rápido a destino si pasan antes por Hamburgo, y otro tanto ocurre con la lana uruguaya en viaje a Estados Unidos; el flete de Buenos Aires a un puerto mexicano del golfo disminuye en más de la cuarta parte si el tráfico se realiza a través de Southampton[130]. El transporte de madera desde México a Venezuela cuesta más del doble que el transporte de madera desde Finlandia a Venezuela, aunque México está, según los mapas, mucho más cerca. Un envío directo de productos*

---

[129] Naciones Unidas, CEPAL, *Los fletes marítimos en el comercio exterior de América Latina*, Nueva York-Santiago de Chile, 1968.

[130] Enrique Angulo H. en el volumen colectivo *Integración de América Latina, experiencias y perspectivas*, México, 1964.

químicos desde Buenos Aires hasta Tampico, en México, cuesta mucho más caro que si se realiza por Nueva Orléans[131].

Muy distinto destino se propusieron y conquistaron, por cierto, los Estados Unidos. Siete años después de su independencia, ya las trece colonias habían duplicado su superficie, que se extendió más allá de los Aleganios hasta las riberas del Mississippi, y cuatro años más tarde consagraron su unidad creando el mercado único. En 1803, compraron a Francia, por un precio ridículo, el territorio de Louisiana, con lo que volvieron a multiplicar por dos su territorio. Más tarde fue el turno de Florida y, a mediados de siglo, la invasión y amputación de medio México en nombre del «Destino manifiesto». Después, la compra de Alaska, la usurpación de Hawaii, Puerto Rico y las Filipinas. Las colonias se hicieron nación y la nación se hizo imperio, todo a lo largo de la puesta en práctica de objetivos claramente expresados y perseguidos desde los lejanos tiempos de los *padres fundadores*. Mientras el norte de América crecía, desarrollándose hacia adentro de sus fronteras en expansión, el sur, desarrollado hacia afuera, estallaba en pedazos como una granada.

El actual proceso de integración no nos reencuentra con nuestro origen ni nos aproxima a nuestras metas. Ya Bolívar había afirmado, certera profecía, que los Estados Unidos parecían destinados por la Providencia para plagar América de miserias en nombre de la libertad. No han de ser la General Motors y la IBM las que tendrán la gentileza de levantar, en lugar de nosotros, las viejas banderas de unidad y emancipación caídas en la pelea, ni han de ser los traidores contemporáneos quienes realicen, hoy, la redención de los héroes ayer traicionados. Es mucha la podredumbre para arrojar al fondo del mar en el camino de la reconstrucción de América Latina. Los despojados, los humillados, los malditos tienen, ellos sí, en sus manos, la tarea. La causa nacional latinoamericana es, ante todo, una causa social: para que América Latina pueda nacer de nuevo, habrá que empezar por derribar a sus dueños, país por país. Se abren tiempos de rebelión y de cambio. Hay quienes creen que el destino descansa en las rodillas de los dioses, pero la verdad es que trabaja, como un desafío candente, sobre las conciencias de los hombres.

Montevideo, fines de 1970.

---

[131] Sidney Dell, *Experiencias de la integración económica en América Latina*, México, 1966.

1. Han pasado siete años desde que *Las venas abiertas de América Latina* se publicó por primera vez.

Este libro había sido escrito para conversar con la gente. Un autor no especializado se dirigía a un público no especializado, con la intención de divulgar ciertos hechos que la historia oficial, historia contada por los vencedores, esconde o miente.

La respuesta más estimulante no vino de las páginas literarias de los diarios, sino de algunos episodios reales ocurridos en la calle. Por ejemplo, la muchacha que iba leyendo este libro para su compañera de asiento y terminó parándose y leyéndolo en voz alta para todos los pasajeros mientras el ómnibus atravesaba las calles de Bogotá; o la mujer que huyó de Santiago de Chile, en los días de la matanza, con este libro envuelto entre los pañales del bebé; o el estudiante que durante una semana recorrió las librerías de la calle Corrientes, en Buenos Aires, y lo fue leyendo de a pedacitos, de librería en librería, porque no tenía dinero para comprarlo.

De la misma manera, los comentarios más favorables que este libro recibió no provienen de ningún crítico de prestigio sino de las dictaduras militares que lo elogiaron prohibiéndolo. Por ejemplo, *Las venas* no puede circular en mi país, Uruguay, ni en Chile, y en la Argentina las autoridades lo denunciaron, en la televisión y los diarios, como un instrumento de corrupción de la juventud. «No dejan ver lo que escribo», decía Blas de Otero, «porque escribo lo que veo».

Creo que no hay vanidad en la alegría de comprobar, al cabo del tiempo, que *Las venas* no ha sido un libro mudo.

2. Sé que pudo resultar sacrílego que este manual de divulgación hable de economía política en el estilo de una novela de amor o de piratas. Pero se me hace cuesta arriba, lo confieso, leer algunas obras

valiosas de ciertos sociólogos, politicólogos, economistas o historia-
dores, que escriben en código. El lenguaje hermético no siempre es el
precio inevitable de la profundidad. Puede esconder simplemente, en
algunos casos, una incapacidad de comunicación elevada a la categoría de virtud intelectual. Sospecho que el aburrimiento sirve así, a
menudo, para bendecir el orden establecido: confirma que el conocimiento es un privilegio de las elites.

Algo parecido suele ocurrir, dicho sea de paso, con cierta literatura militante dirigida a un público de convencidos. Me parece confor-
mista, a pesar de toda su posible retórica revolucionaria, un lenguaje
que mecánicamente repite, para los mismos oídos, las mismas frases
hechas, los mismos adjetivos, las mismas fórmulas declamatorias.
Quizás esa literatura de parroquia esté tan lejos de la revolución como
la pornografía está lejos del erotismo.

3. Uno escribe para tratar de responder a las preguntas que le zum-
ban en la cabeza, moscas tenaces que perturban el sueño, y lo que
uno escribe puede cobrar sentido colectivo cuando de alguna manera coincide con la necesidad social de respuesta. Escribí *Las venas*
para difundir ideas ajenas y experiencias propias que quizás ayuden
un poquito, en su realista medida, a despejar las interrogantes que
nos persiguen desde siempre: ¿Es América Latina una región del
mundo condenada a la humillación y a la pobreza? ¿Condenada por
quién? ¿Culpa de Dios, culpa de la naturaleza? ¿El clima agobiante,
las razas inferiores? ¿La religión, las costumbres? ¿No será la desgracia un producto de la historia, hecha por los hombres y que por
los hombres puede, por lo tanto, ser deshecha?

La veneración por el pasado me pareció siempre reaccionaria. La
derecha elige el pasado porque prefiere a los muertos: mundo quieto,
tiempo quieto. Los poderosos, que legitiman sus privilegios por la
herencia, cultivan la nostalgia. Se estudia historia como se visita un
museo; y esa colección de momias es una estafa. Nos mienten el
pasado como nos mienten el presente: enmascaran la realidad. Se
obliga al oprimido a que haga suya una memoria fabricada por el
opresor, ajena, disecada, estéril. Así se resignará a vivir una vida que
no es la suya como si fuera la única posible.

En *Las venas*, el pasado aparece siempre convocado por el presente, como memoria viva del tiempo nuestro. Este libro es una bús-

queda de claves de la historia pasada que contribuyen a explicar el tiempo presente, que también hace historia, a partir de la base de que la primera condición para cambiar la realidad consiste en conocerla. No se ofrece, aquí, un catálogo de héroes vestidos como para un baile de disfraz, que al morir en batalla pronuncian solemnes frases larguísimas, sino que se indagan el sonido y la huella de los pasos multitudinarios que presienten nuestros andares de ahora. *Las venas* proviene de la realidad, pero también de otros libros, mejores que éste, que nos han ayudado a conocer qué somos, para saber qué podemos ser, y que nos han permitido averiguar de dónde venimos para mejor adivinar adónde vamos. Esa realidad y esos libros muestran que el subdesarrollo latinoamericano es una consecuencia del desarrollo ajeno, que los latinoamericanos somos pobres porque es rico el suelo que pisamos y que los lugares privilegiados por la naturaleza han sido malditos por la historia. En este mundo nuestro, mundo de centros poderosos y suburbios sometidos, no hay riqueza que no resulte, por lo menos, sospechosa.

4. En el tiempo transcurrido desde le primera edición de *Las venas* la historia no ha dejado de ser, para nosotros, una maestra cruel.

El sistema ha multiplicado el hambre y el miedo; la riqueza continuó concentrándose y la pobreza difundiéndose. Así lo reconocen los documentos de los organismos internacionales especializados, cuyo aséptico lenguaje llama «países en vías de desarrollo» a nuestras oprimidas comarcas y denomina «redistribución regresiva del ingreso» al empobrecimiento implacable de la clase trabajadora.

El engranaje internacional ha continuado funcionando: los países al servicio de las mercancías, los hombres al servicio de las cosas.

Con el paso del tiempo, se van perfeccionando los métodos de exportación de las crisis. El capital monopolista alcanza su más alto grado de concentración y su dominio internacional de los mercados, los créditos y las inversiones hace posible el sistemático y creciente traslado de las contradicciones: los suburbios pagan el precio de la prosperidad, sin mayores sobresaltos, de los centros.

El mercado internacional continúa siendo una de las llaves maestras de esta operación. Allí ejercen su dictadura las corporaciones multinacionales –multinacionales, como dice Sweezy, porque operan en muchos países, pero bien nacionales, por cierto, en su propiedad y control. La organización mundial de la desigualdad no se altera por el hecho de que actualmente el Brasil exporte, por ejemplo, automóviles Volkswagen a otros países sudamericanos y a los lejanos mercados de África y el Cercano Oriente. Al fin y al cabo, es la empresa alemana Volkswagen quien ha decidido que resulte más conveniente exportar automóviles, para ciertos mercados, desde su filial brasileña: son brasileños los bajos costos de producción, los brazos baratos, y son alemanas las altas ganancias.

Tampoco se rompe la camisa de fuerza por arte de magia cuando una materia prima consigue escapar a la maldición de los precios bajos. Éste fue el caso del petróleo a partir de 1973. ¿Acaso no es el petróleo un negocio internacional? ¿Son empresas árabes o latinoamericanas la Standard Oil de Nueva Jersey, ahora llamada Exxon, la Royal Dutch Shell o le Gulf? ¿Quién se lleva la parte del león? Ha resultado revelador, por lo demás, el escándalo desatado contra los países productores de petróleo, que osaron defender su precio y fueron inmediatamente convertidos en los chivos emisarios de la inflación y la desocupación obrera en Europa y Estados Unidos. ¿Alguna vez consultaron a alguien, los países más desarrollados, antes de aumentar el precio de cualquiera de sus productos? Desde hacía veinte años, el precio del petróleo caía y caía. Su cotización vil representó un gigantesco subsidio a los grandes centros industriales del mundo, cuyos productos, en cambio, resultaban cada vez más caros. En relación al incesante aumento de precio de los productos estadounidenses y europeos, la nueva cotización del petróleo no ha hecho más que devolverlo a sus niveles de 1952. El petróleo crudo simplemente recuperó el poder de compra que tenía dos décadas atrás.

5. Uno de los episodios importantes ocurridos en estos siete años fue la nacionalización del petróleo en Venezuela. La nacionalización no rompió la dependencia venezolana en materia de refinación y comercialización, pero abrió un nuevo espacio de autonomía. A poco de nacer, la empresa estatal, Petróleos de Venezuela, ya ocupaba el primer lugar entre las quinientas empresas más importantes de América Latina. Empezó la exploración de nuevos mercados además de los tradicionales y rápidamente Petroven obtuvo cincuenta nuevos clientes.

Como siempre, sin embargo, cuando el Estado se hace dueño de la principal riqueza de un país, corresponde preguntarse quién es el dueño del Estado. La nacionalización de los recursos básicos no implica, de por sí, la redistribución del ingreso en beneficio de la mayoría, ni pone necesariamente en peligro el poder ni los privilegios de la minoría dominante. En Venezuela continúa funcionando, intacta, la economía del despilfarro. En su centro resplandece, iluminada por el gas neón, una clase social multimillonaria y derrochona. En 1976, las importaciones aumentaron un veinticinco por ciento, en buena medida para financiar artículos de lujo que inundan el mercado venezolano en catarata. Fetichismo de la mercancía como símbolo de poder, existencia humana reducida a relaciones de competencia y consumo: en medio del océano del subdesarrollo la minoría privilegiada imita el modo de vida y las modas de los miembros más ricos de las más opulentas sociedades del mundo: en el estrépito de Caracas, como en Nueva York, los bienes «naturales» por excelencia –el aire, la luz, el silencio– se vuelven cada vez más caros y escasos. «Cuidado», advierte Juan Pablo Pérez Alfonso, patriarca del nacionalismo venezolano y profeta de la recuperación del petróleo: «Se puede morir de indigestión», dice, «tanto como de hambre»[1].

6. Terminé de escribir *Las venas* en los últimos días de 1970.

En los últimos días de 1977, Juan Velasco Alvarado murió en una mesa de operaciones. Su féretro fue llevado en hombros hasta el cementerio por la mayor multitud jamás vista en las calles de Lima. El general Velasco Alvarado, nacido en casa humilde en las secas tierras del norte del Perú, había encabezado un proceso de reformas sociales y económicas. Fue la tentativa de cambio de mayor alcance y profundidad en la historia contemporánea de su país. A partir del levantamiento de 1968, el gobierno militar impulsó una reforma agraria de verdad y abrió cauce a la recuperación de los recursos naturales usurpados por el capital extranjero. Pero cuando Velasco Alvarado murió se habían celebrado, tiempo antes, los funerales de la revolución. El proceso creador tuvo vida fugaz; terminó ahogado por el chantaje de los prestamistas y los mercaderes y por la fragilidad implícita en todo proyecto paternalista y sin base popular organizada.

En vísperas de la Navidad del '77, mientras el corazón del general

---

[1]   Entrevista de Jean-Pierre Clerc en *Le Monde*, París, 8-9 de mayo de 1977.

Velasco Alvarado latía por última vez en el Perú, en Bolivia otro general, que en nada se le parece, daba un seco golpe de puño sobre el escritorio. El general Hugo Bánzer, dictador de Bolivia, decía *no* a la amnistía de los presos, los exiliados y los obreros despedidos. Cuatro mujeres y catorce niños, llegados a La Paz desde las minas de estaño, iniciaron entonces una huelga de hambre.

–No es el momento –opinaron los entendidos–. Ya les diremos cuándo...

Ellas se sentaron en el piso.

–No estamos consultando –dijeron las mujeres–. Estamos informando. La decisión está tomada. Allá en la mina, huelga de hambre siempre hay. Nomás nacer y ya empieza la huelga de hambre. Allá también nos hemos de morir. Más lento, pero también nos hemos de morir.

El gobierno reaccionó castigando, amenazando; pero la huelga de hambre desató fuerzas contenidas durante mucho tiempo. Toda Bolivia se sacudió y mostró los dientes. Diez días después, no eran cuatro mujeres y catorce niños: mil cuatrocientos trabajadores y estudiantes se habían alzado en huelga de hambre. La dictadura sintió que el suelo se abría bajo los pies. Y se arrancó la amnistía general.

Así atravesaron la frontera entre 1977 y 1978 dos países de los Andes. Más al norte, en el Caribe, Panamá esperaba la prometida liquidación del estatuto colonial del canal, al cabo de una espinosa negociación con el nuevo gobierno de Estados Unidos, y en Cuba el pueblo estaba de fiesta: la revolución socialista festejaba, invicta, sus primeros diecinueve años de vida. Pocos días después, en Nicaragua, la multitud se lanzó, furiosa, a las calles. El dictador Somoza, hijo del dictador Somoza, espiaba por el ojo de la cerradura. Varias empresas fueron incendiadas por la cólera popular. Una de ellas, llamada Plasmaféresis, estaba especializada en vampirismo. La empresa Plasmaféresis, arrasada por el fuego a principios del '78, era propiedad de exiliados cubanos y se dedicaba a vender sangre nicaragüense a los Estados Unidos.

(En el negocio de la sangre, como en todos los demás, los productores reciben apenas la propina. La empresa Hemo Caribbean, por ejemplo, paga a los haitianos tres dólares por cada litro que revende a veinticinco en el mercàdo norteamericano.)

7. En agosto del '76, Orlando Letelier publicó un artículo denunciando que el terror de la dictadura de Pinochet y la «libertad económica» de los pequeños grupos privilegiados son dos caras de una misma medalla[2]. Letelier, que había sido ministro en el gobierno de Salvador Allende, estaba exiliado en los Estados Unidos. Allí voló en pedazos poco tiempo después[3]. En su artículo, sostenía que es absurdo hablar de libre competencia en una economía como la chilena, sometida a los monopolios que juegan a su antojo con los precios, y que resulta irrisorio mencionar los derechos de los trabajadores en un país donde los sindicatos auténticos están fuera de la ley y los salarios se fijan por decreto de la junta militar. Letelier describía el prolijo desmontaje de las conquistas realizadas por el pueblo chileno durante el gobierno de la Unidad Popular. De los monopolios y oligopolios industriales nacionalizados por Salvador Allende, la dictadura había devuelto la mitad a sus antiguos propietarios y había puesto en venta la otra mitad. Firestone había comprado la fábrica nacional de neumáticos; Parsons and Whittemore, una gran planta de pulpa de papel... La economía chilena, decía Letelier, está ahora más concentrada y monopolizada que en las vísperas del gobierno de Allende[4]. *Negocios libres como nunca, gente presa como nunca: en América Latina, la libertad de empresa es incompatible con las libertades públicas.*

¿Libertad de mercado? Desde principios de 1975 es libre, en Chile, el precio de la leche. El resultado no se hizo esperar. Dos em-

---

[2]   *The Nation*, 28 de agosto.

[3]   El crimen ocurrió en Washington, el 21 de septiembre de 1976. Varios exiliados políticos de Uruguay, Chile y Bolivia habían sido asesinados, antes, en la Argentina. Entre ellos, los más notorios fueron el general Carlos Prats, figura clave en el esquema militar del gobierno de Allende, cuyo automóvil estalló en un garaje de Buenos Aires el 27 de septiembre de 1974; el general Juan José Torres, que había encabezado un breve gobierno antiimperialista en Bolivia, acribillado a balazos el 15 de junio de 1976; y los legisladores uruguayos Zelmar Michelini y Héctor Gutiérrez Ruiz, secuestrados, torturados y asesinados, también en Buenos Aires, entre el 18 y el 21 de marzo de 1976.

[4]   También fue arrasada la reforma agraria que había comenzado bajo el gobierno de la Democracia Cristiana y fue profundizada por la Unidad Popular. Véase María Beatriz de Albuquerque W., «La agricultura chilena: ¿modernización capitalista o regresión a formas tradicionales? Comentarios sobre la contra-reforma agraria en Chile», *Iberoamericana*, vol. VI: 2, 1976, Institute of Latin American Studies, Estocolmo.

presas dominan el mercado. El precio de la leche aumentó inmediatamente, para los consumidores, en un 40 por ciento, mientras el precio para los productores bajaba en un 22 por ciento.

La mortalidad infantil, que se había reducido bastante durante la Unidad Popular, pegó un salto dramático a partir de Pinochet. Cuando Letelier fue asesinado en una calle de Washington, la cuarta parte de la población de Chile no recibía *ningún* ingreso y sobrevivía gracias a la caridad ajena o a la propia obstinación y picardía.

El abismo que en América Latina se abre entre el bienestar de pocos y la desgracia de muchos es infinitamente mayor que en Europa o en Estados Unidos. Son, por lo tanto, mucho más feroces los métodos necesarios para salvaguardar esa distancia. Brasil tiene un ejército enorme y muy bien equipado, pero destina a gastos de educación el cinco por ciento del presupuesto nacional. En Uruguay, la mitad del presupuesto es absorbida actualmente por las fuerzas armadas y la policía: la quinta parte de la población activa tiene la función de vigilar, perseguir o castigar a los demás.

Sin duda, uno de los hechos más importantes de estos años de la década del 70 en nuestras tierras, fue una tragedia: la insurrección militar que el 11 de septiembre de 1973 volteó al gobierno democrático de Salvador Allende y sumergió a Chile en un baño de sangre.

Poco antes, en junio, un golpe de estado en Uruguay había disuelto el Parlamento, había puesto fuera de la ley a los sindicatos y había prohibido toda actividad política[5].

En marzo del '76, los generales argentinos volvieron al poder: el gobierno de la viuda de Juan Domingo Perón, convertido en un pudridero, se desplomó sin pena ni gloria.

Los tres países del sur son, ahora, una llaga del mundo, una continua mala noticia. Torturas, secuestros, asesinatos y destierros se han convertido en costumbres cotidianas. Estas dictaduras, ¿son tumores a extirpar de organismos sanos o el pus que delata la infección del sistema?

Existe siempre, creo, una íntima relación entre la intensidad de la

---

[5]   Tres meses después, hubo elecciones en la Universidad. Eran las únicas elecciones que quedaban. Los candidatos de la dictadura obtuvieron el 2,5 por 100 de los votos universitarios. Por lo tanto, en defensa de la democracia, la dictadura encarceló a medio mundo y entregó la Universidad a ese dos y medio por ciento.

amenaza y la brutalidad de la respuesta. No puede entenderse, creo, lo que hoy ocurre en Brasil y en Bolivia sin tener en cuenta la experiencia de los regímenes de Jango Goulart y Juan José Torres. Antes de caer, estos gobiernos habían puesto en práctica una serie de reformas sociales y habían llevado adelante una política económica nacionalista, a lo largo de un proceso cortado en 1964 en el Brasil y en 1971 en Bolivia. *De la misma manera, bien se podría decir que Chile, Argentina y Uruguay están expiando el pecado de esperanza.* El ciclo de profundos cambios durante el gobierno de Allende, las banderas de justicia que movilizaron a las masas obreras argentinas y flamearon alto durante el fugaz gobierno de Héctor Cámpora en 1973 y la acelerada politización de la juventud uruguaya, fueron todos desafíos que un sistema impotente y en crisis no podía soportar. El violento oxígeno de la libertad resultó fulminante para los espectros y la guardia pretoriana fue convocada a salvar el orden. El plan de limpieza es un plan de exterminio.

8. Las actas del Congreso de los Estados Unidos suelen registrar testimonios irrefutables sobre las intervenciones en América Latina. Mordidas por los ácidos de la culpa, las conciencias realizan su catarsis en los confesionarios del Imperio. En estos últimos tiempos, por ejemplo, se han multiplicado los reconocimientos oficiales de la responsabilidad de los Estados Unidos en diversos desastres. Amplias confesiones públicas han probado, entre otras cosas, que el gobierno de los Estados Unidos participó directamente, mediante el soborno, el espionaje y el chantaje, en la política chilena. En Washington se planificó la estrategia del crimen. Desde 1970, Kissinger y los servicios de informaciones prepararon cuidadosamente la caída de Allende. Millones de dólares fueron distribuidos entre los enemigos del gobierno legal de la Unidad Popular. Así pudieron sostener su larga huelga, por ejemplo, los propietarios de camiones, que en 1973 paralizaron buena parte de la economía del país. La certidumbre de la impunidad afloja las lenguas. Cuando el golpe de estado contra Goulart, los Estados Unidos tenían en el Brasil su embajada mayor del mundo. Lincoln Gordon, que era el embajador, reconoció trece años más tarde, ante un periodista, que su gobierno financiaba desde tiempo atrás a las fuerzas que se oponían a las reformas: «Qué diablos», dijo Gordon. «Eso era más o menos un hábito, en aquel período... La CIA

estaba acostumbrada a disponer de fondos políticos»[6]. En la misma entrevista, Gordon explicó que, en los días del golpe, el Pentágono emplazó un enorme portaviones y cuatro navíos-tanques ante las costas brasileñas «para el caso de que las fuerzas anti-Goulart pidieran nuestra ayuda». Esta ayuda, dijo, «no sería apenas moral. Daríamos apoyo logístico, abastecimientos, municiones, petróleo».

Desde que el presidente Jimmy Carter inauguró la política de derechos humanos, se ha hecho habitual que los regímenes latinoamericanos impuestos gracias a la intervención norteamericana formulen encendidas declaraciones contra la intervención norteamericana en sus asuntos internos.

El Congreso de los Estados Unidos resolvió, en 1976 y 1977, suspender la ayuda económica y militar a varios países. La mayor parte de la ayuda externa de los Estados Unidos no pasa, sin embargo, por el filtro del Congreso. Así, a pesar de las declaraciones y las resoluciones y las protestas, el régimen del general Pinochet recibió, durante 1976, 290 millones de dólares de ayuda directa de los Estados Unidos sin autorización parlamentaria. Al cumplir su primer año de vida, la dictadura argentina del general Videla había recibido quinientos millones de dólares de bancos privados norteamericanos y 415 millones de dos instituciones (Banco Mundial y BID) donde los Estados Unidos tienen influencia decisiva. Los derechos especiales de giro de la Argentina en el Fondo Monetario Internacional, que eran de 64 millones de dólares en 1975, habían subido a setecientos millones un par de años después.

Parece saludable la preocupación del presidente Carter por la carnicería que están sufriendo algunos países latinoamericanos, pero los actuales dictadores no son autodidactas: han aprendido las técnicas de la represión y el arte de gobernar en los cursos del Pentágono en Estados Unidos y en la zona del Canal de Panamá. Esos cursos continúan hoy en día y, que se sepa, no han variado en un ápice su contenido. Los militares latinoamericanos que hoy constituyen piedra de escándalo para los Estados Unidos, han sido buenos alumnos. Hace unos cuantos años, cuando era secretario de Defensa, el actual presidente del Banco Mundial, Robert McNamara, lo dijo con todas sus letras: «Ellos son los nuevos líderes. No nece-

---

[6] *Veja*, núm. 444, San Pablo, 9 de marzo de 1977.

sito explayarme sobre el valor de tener en posiciones de liderazgo a hombres que previamente han conocido de cerca cómo pensamos y hacemos las cosas los americanos. Hacernos amigos de esos hombres no tiene precio»[7].

Quienes hicieron al paralítico, ¿pueden ofrecernos la silla de ruedas?

9. Los obispos de Francia hablan de otro tipo de responsabilidad, más profunda, menos visible[8]: «Nosotros, que pertenecemos a las naciones que pretenden ser las más avanzadas del mundo, formamos parte de los que se benefician de la explotación de los países en vías de desarrollo. No vemos los sufrimientos que ello provoca en la carne y en el espíritu de pueblos enteros. Nosotros contribuimos a reforzar la división del mundo actual, en el que sobresale la dominación de los pobres por los ricos, de los débiles por los poderosos. ¿Sabemos que nuestro desperdicio de recursos y de materias primas no sería posible sin el control del intercambio comercial por parte de los países occidentales? ¿No vemos quién se aprovecha del tráfico de armas, del que nuestro país ha dado tristes ejemplos? ¿Comprendemos acaso que la militarización de los regímenes de los países pobres es una de las consecuencias de la dominación económica y cultural ejercidas por los países industrializados, en los que la vida se rige por el afán de ganancias y los poderes del dinero?».

Dictadores, torturadores, inquisidores: el terror tiene funcionarios, como el correo o los bancos, y se aplica porque resulta necesario. No se trata de una conspiración de perversos. El general Pinochet puede parecer un personaje de la *pintura negra* de Goya, un banquete para psicoanalistas o el heredero de una truculenta tradición de las repúblicas bananeras. Pero los rasgos clínicos o folklóricos de tal o cual dictador, que sirven para condimentar la historia, no son la historia. ¿Quién se atrevería a sostener, hoy día, que la Primera Guerra Mundial estalló a causa de los complejos del káiser Guillermo, que tenía un brazo más corto que el otro? «En los países democráticos no se revela el carácter de violencia que tiene la economía; en los países autoritarios, ocurre lo mismo con el carácter económico

---

[7]   U. S. House of Representatives, Committee on Appropriations, Foreign Operations Appropriations for 1963, Hearings 87th. Congress, 2nd. Session, Part. I.

[8]   Declaración de Lourdes, octubre de 1976.

de la violencia», había escrito Bertolt Brecht, a fines de 1940, en su diario de trabajo.

En los países del sur de América Latina, los centuriones han ocupado el poder en función de una necesidad del sistema y el terrorismo de estado se pone en funcionamiento cuando las clases dominantes ya no pueden realizar sus negocios por otros medios. *En nuestros países no existiría la tortura si no fuera eficaz; y la democracia formal tendría continuidad si se pudiera garantizar que no escapara al control de los dueños del poder.* En tiempos difíciles, la democracia se vuelve un crimen contra la seguridad nacional –o sea, contra la seguridad de los privilegios internos y las inversiones extranjeras. Nuestras máquinas de picar carne humana integran un engranaje internacional. La sociedad entera se militariza, el estado de excepción deviene permanente y se vuelve hegemónico el aparato de represión a partir de un ajuste de tuercas desde los centros del sistema imperialista. Cuando la sombra de la crisis acecha, es preciso multiplicar el saqueo de los países pobres para garantizar el pleno empleo, las libertades públicas y las altas tasas de desarrollo en los países ricos. *Relaciones de víctima y verdugo, dialéctica siniestra: hay una estructura de humillaciones sucesivas que empieza en los mercados internacionales y en los centros financieros y termina en la casa de cada ciudadano.*

10. Haití es el país más pobre del hemisferio occidental. Allí hay más lavapiés que lustrabotas: niños que a cambio de una moneda lavan los pies de clientes descalzos, que no tienen zapatos para lustrar. Los haitanos viven, en promedio, poco más de treinta años. De cada diez haitianos, nueve no saben leer ni escribir. Para el consumo interno, se cultivan las ásperas laderas de las montañas. Para la exportación, los valles fértiles: las mejores tierras se dedican al café, al azúcar, al cacao y otros productos que requiere el mercado norteamericano. No muchos juegan al béisbol en Haití, pero Haití es el principal productor mundial de pelotas de béisbol. No faltan en el país talleres donde los niños trabajan por un dólar diario armando cassettes y piezas electrónicas. Son, por supuesto, productos de exportación; y, por supuesto, también se exportan las ganancias, una vez deducida la parte que corresponde a los administradores del terror. El menor asomo de protesta implica, en Haití, la prisión o la muerte. Por increíble que parezca, los salarios de los trabajadores haitianos han perdido, entre

1971 y 1975, una cuarta parte de su bajísimo valor real[9]. Significativamente, en ese período entró al país un nuevo flujo de capital estadounidense.

Recuerdo un editorial de un diario de Buenos Aires, publicado hace un par de años. Un viejo diario conservador bramaba de ira porque en algún documento internacional la Argentina aparecía como un país subdesarrollado y dependiente. ¿Cómo una sociedad culta, europea, próspera y blanca podía ser medida con la misma vara que un país tan pobre y tan negro como Haití?

Sin duda, las diferencias son enormes –aunque poco tienen que ver con las categorías de análisis de la arrogante oligarquía de Buenos Aires. Pero, con todas las diversidades y contradicciones que se quiera, la Argentina no está a salvo del círculo vicioso que estrangula la economía latinoamericana en su conjunto y no hay esfuerzo de exorcismo intelectual que pueda sustraerla a la realidad que comparten, quien más, quien menos, los demás países de la región.

Al fin y al cabo, las matanzas del general Videla no son más civilizadas que las de *Papa Doc* Duvalier o su heredero en el trono, aunque la represión tenga, en la Argentina, un nivel tecnológico más alto. Y en lo esencial, ambas dictaduras actúan al servicio del mismo objetivo: *proporcionar brazos baratos a un mercado internacional que exige productos baratos.*

Apenas llegada al poder, la dictadura de Videla se apresuró a prohibir las huelgas y decretó la libertad de precios al mismo tiempo que encarcelaba los salarios. Cinco meses después del golpe de estado, la nueva ley de inversiones extranjeras colocó en igualdad de condiciones a las empresas extranjeras y nacionales. La libre competencia terminó, así, con la situación de injusta desventaja en que se encontraban algunas corporaciones multinacionales frente a las empresas locales. Por ejemplo, la desamparada General Motors, cuyo volumen mundial de ventas equivale nada menos que al producto nacional bruto de la Argentina entera. También es libre, ahora, con frágiles limitaciones, la remisión de utilidades al extranjero y la repatriación del capital invertido.

Cuando el régimen cumplió su primer año de vida, el valor real de

---

[9]   *Le nouvelliste*, Puerto Príncipe, Haití, 19-20 de marzo de 1977. Dato citado por Agustín Cueva en *El desarrollo del capitalismo en América Latina*, Siglo XXI, México, 1977.

los salarios se había reducido al cuarenta por ciento. Fue una hazaña lograda por el terror. «Quince mil desaparecidos, diez mil presos, cuatro mil muertos, decenas de miles de desterrados son la cifra desnuda de ese terror», denunció el escritor Rodolfo Walsh en una carta abierta. La carta fue enviada el 29 de marzo del '77 a los tres jefes de la junta de gobierno. Ese mismo día, Walsh fue secuestrado y desapareció.

11. Fuentes insospechables confirman que una ínfima parte de las nuevas inversiones extranjeras directas en América Latina proviene realmente del país de origen. Según una investigación publicada por el Departamento de Comercio de los Estados Unidos[10], apenas un doce por ciento de los fondos vienen de la matriz estadounidense, un 22 por ciento corresponde a ganancias obtenidas en América Latina y el 66 por ciento restante sale de las fuentes de crédito interno y, sobre todo, del crédito internacional. La proporción es semejante para las inversiones de origen europeo o japonés; y hay que tener en cuenta que a menudo ese doce por ciento de inversión que viene de las casas matrices no es más que el resultado del traspaso de maquinarias ya utilizadas o que simplemente refleja la cotización arbitraria que las empresas imponen a su *know how* industrial, a las patentes o a las marcas. *Las corporaciones multinacionales, pues, no sólo usurpan el crédito interno de los países donde operan, a cambio de un aporte de capital bastante discutible, sino que además les multiplican la deuda externa.*

La deuda externa latinoamericana era, en 1975, casi tres veces mayor que en 1969[11]. Brasil, México, Chile y Uruguay destinaron, en 1975, aproximadamente *la mitad* de sus ingresos por exportaciones al pago de las amortizaciones y los intereses de la deuda, y al pago de las ganancias de las empresas extranjeras establecidas en esos países. Los servicios de deuda y las remesas de utilidades tragaron, ese año, el 55 por ciento de las exportaciones de Panamá y el 60 por ciento de

[10] Ida May Mantel, «Sources and uses of funds for a sample of majority-owned foreign affiliates of U. S. companies, 1966-1972», U. S. Department of Commerce, *Survey of Current Business*, julio de 1975.

[11] Naciones Unidas, Comisión Económica para América Latina (CEPAL), *El desarrollo económico y social y las relaciones externas de América Latina*, Santo Domingo, República Dominicana, febrero de 1977.

las de Perú[12]. En 1969, cada habitante de Bolivia debía 137 dólares al exterior. En 1977, debía 483. Los habitantes de Bolivia no fueron consultados ni vieron un solo centavo de esos préstamos que les han puesto la soga al cuello.

El Citibank no figura como candidato en ninguna lista, en los pocos países latinoamericanos donde todavía se realizan elecciones; y ninguno de los generales que ejercen las dictaduras se llama Fondo Monetario Internacional. Pero, ¿cuál es la mano que ejecuta y cuál la conciencia que ordena? Quien presta, manda. Para pagar, hay que exportar más, y hay que exportar más para financiar las importaciones y para hacer frente a la hemorragia de las ganancias y los *royalties* que las empresas extranjeras drenan hacia sus casas matrices. El aumento de las exportaciones, cuyo poder de compra disminuye, implica salarios de hambre. La pobreza masiva, clave del éxito de una economía volcada al exterior, impide el crecimiento del mercado interno de consumo en la medida necesaria para sustentar un desarrollo económico armonioso. Nuestros países se vuelven ecos y van perdiendo la propia voz. Dependen de otros, existen en tanto dan respuesta a las necesidades de otros. A su vez, la remodelación de la economía en función de la demanda externa nos devuelve a la estrangulación original: abre las puertas al saqueo de los monopolios extranjeros y obliga a contraer nuevos y mayores empréstitos ante la banca internacional. *El círculo vicioso es perfecto: la deuda externa y la inversión extranjera obligan a multiplicar exportaciones que ellas mismas van devorando. La tarea no puede llevarse a cabo con buenos modales. Para que los trabajadores latinoamericanos cumplan con su función de rehenes de la prosperidad ajena, han de mantenerse prisioneros –del lado de adentro o del lado de afuera de los barrotes de las cárceles.*

12. La explotación salvaje de la mano de obra no es incompatible con la tecnología intensiva. Nunca lo fue, en nuestras tierras: por ejemplo, las legiones de obreros bolivianos que dejaron los pulmones en las minas de Oruro, en los tiempos de Simón Patiño, trabajaban en régimen de esclavitud asalariada pero con maquinaria muy moder-

---

[12]   El dinero, que tiene alitas, viaja sin pasaporte. Buena parte de las ganancias generadas por la explotación de nuestros recursos se fuga a Estados Unidos, a Suiza, a Alemania Federal o a otros países donde pega un salto de circo para luego volver a nuestras comarcas convertida en empréstitos.

na. El *barón del estaño* supo combinar los más altos niveles de la tecnología de su época con los niveles más bajos de salarios[13].

Además, en nuestros días, la importación de la tecnología de las economías más adelantadas coincide con el proceso de expropiación de las empresas industriales de capital local por parte de las todopoderosas corporaciones multinacionales. El movimiento de centralización de capital se cumple a través de «una *quema* despiadada de los niveles empresariales *obsoletos*, que no por azar son justamente los de propiedad nacional»[14]. La desnacionalización acelerada de la industria latinoamericana trae consigo una creciente dependencia tecnológica. La tecnología, decisiva clave de poder, está monopolizada, en el mundo capitalista, por los centros metropolitanos. La tecnología viene de segunda mano, pero esos centros cobran las copias como si fueran originales. En 1970, México pagó el doble que en 1968 por la importación de tecnología extranjera. Entre 1965 y 1969, Brasil duplicó sus pagos; y otro tanto ocurrió, en el mismo período, con la Argentina.

El trasplante de la tecnología aumenta las nutridas deudas con el exterior y tiene devastadoras consecuencias sobre el mercado de trabajo. En un sistema organizado para el drenaje de ganancias al exterior, la mano de obra de la empresa «tradicional» va perdiendo oportunidades de empleo. A cambio de un dudoso impulso dinamizador sobre el resto de la economía, los islotes de la industria moderna sacrifican brazos al reducir el tiempo de trabajo necesario para la producción. La existencia de un nutrido y creciente ejército de desocupados facilita, a su vez, el asesinato del valor real de los salarios.

13. Hasta los documentos de la CEPAL hablan, ahora, de una redivisión internacional del trabajo. De aquí a unos años, aventura la esperanza de los técnicos, quizás América Latina exporte manufacturas en la misma medida en que hoy vende al exterior materias primas y alimentos. «Las diferencias de salarios entre países desarrollados y en desarrollo –incluyendo los de América Latina– pueden inducir una nueva división de actividades entre países desplazando, por razones de competencia, industrias en que el costo del trabajo sea muy importante, desde los primeros hacia los segundos. Los costos de la mano de obra

[13]   Agustín Cueva, *op. cit.*
[14]   *Ídem.*

para la industria manufacturera, por ejemplo, son generalmente mucho más bajos en México o Brasil que en Estados Unidos.»[15]

¿Impulso de progreso o aventura neocolonial? La maquinaria eléctrica y no eléctrica ya figura entre los principales productos de exportación de México. En el Brasil, crece la venta al exterior de vehículos y armamentos. Algunos países latinoamericanos viven una nueva etapa de industrialización, en gran medida inducida y orientada por las necesidades extranjeras y los dueños extranjeros de los medios de producción. ¿No será éste otro capítulo a agregar a nuestra larga historia del «desarrollo hacia afuera»? En los mercados internacionales, los precios en ascenso constante no corresponden genéricamente a los «productos manufacturados», sino a las mercancías más sofisticadas y de mayor componente tecnológico, que son privativas de las economías de mayor desarrollo. *El principal producto de exportación de América Latina, venda lo que venda, materias primas o manufacturas, son sus brazos baratos.*

¿No ha sido, la nuestra, una continua experiencia histórica de mutilación y desintegración disfrazada de desarrollo? Siglos atrás, la conquista arrasó los suelos para implantar cultivos de exportación y aniquiló las poblaciones indígenas en los socavones y los lavaderos para satisfacer la demanda de plata y oro en ultramar. La alimentación de la población precolombina que pudo sobrevivir al exterminio *empeoró* con el progreso ajeno. En nuestros días, el pueblo del Perú produce harina de pescado, muy rica en proteínas, para las vacas de Estados Unidos y de Europa, pero las proteínas brillan por su ausencia en la dieta de la mayoría de los peruanos. La filial de la Volkswagen en Suiza planta un árbol por cada automóvil que vende, gentileza ecológica, al mismo tiempo que la filial de la Volkswagen en Brasil arrasa centenares de hectáreas de bosques que dedicará a la producción intensiva de carne de exportación. Cada vez vende más carne al extranjero el pueblo brasileño –que rara vez come carne. No hace mucho, en una conversación, Darcy Ribeiro me decía que una *república volkswagen* no es diferente, en lo esencial, de una *república bananera.* Por cada dólar que produce la exportación de bananas, apenas once centavos quedan en el país productor[16], y de esos once

---

[15] Naciones Unidas, CEPAL, *op. cit.*

[16] UNCTAD, *The marketing and distribution system for bananas,* diciembre de 1974.

centavos una parte insignificante corresponde a los trabajadores de las plantaciones. ¿Se alteran las proporciones cuando un país latino-americano exporta automóviles?

Ya los barcos negreros no cruzan el océano. Ahora los traficantes de esclavos operan desde el Ministerio de Trabajo. Salarios africanos, precios europeos. ¿Qué son los golpes de estado, en América Latina, sino sucesivos episodios de una guerra de rapiña? De inmediato, las flamantes dictaduras invitan a las empresas extranjeras a explotar la mano de obra local, barata y abundante, el crédito ilimitado, las exoneraciones de impuestos y los recursos naturales al alcance de la mano.

14. Los empleados del plan de emergencia del gobierno de Chile reciben salarios equivalentes a treinta dólares por mes. Un kilo de pan cuesta medio dólar. Reciben, por lo tanto, dos kilos de pan por día. El salario mínimo en Uruguay y Argentina equivale actualmente al precio de seis kilos de café. El salario mínimo en Brasil llega a sesenta dólares mensuales, pero los *boias frias*, obreros rurales ambulantes, cobran entre cincuenta centavos y un dólar por día en las plantaciones de café, soja y otros cultivos de exportación. El forraje que comen las vacas en México contiene más proteínas que la dieta de los campesinos que se ocupan de ellas. La carne de esas vacas se destina a unas pocas bocas privilegiadas dentro del país y sobre todo al mercado internacional. Al amparo de una generosa política de créditos y facilidades oficiales, florece en México la agricultura de exportación, mientras entre 1970 y 1976 ha *descendido* la cantidad de proteínas disponibles por habitante y en las zonas rurales solamente uno de cada cinco niños mexicanos tiene peso y estatura normales[17]. En Guatemala, el arroz, el maíz y los frijoles destinados al consumo interno están abandonados a la buena de Dios, pero el café, el algodón y otros productos de exportación acaparan el 87 por ciento del crédito. De cada *diez* familias guatemaltecas que trabajan en el cultivo y la cosecha del café, principal fuente de divisas del país, apenas *una* se alimenta según los niveles mínimos adecuados[18]. En el Brasil, solamente un cinco por ciento del crédito agrícola se canaliza hacia el arroz, los frijoles y la mandioca

---

[17] "Reflexiones sobre la desnutrición en México", *Comercio exterior*, Banco Nacional de Comercio Exterior, S. A., vol. 28, núm. 2, México, febrero de 1978.

[18] Roger Burbach y Patricia Flynn, "Agribusiness Targets Latin America", NACLA, volumen XII, núm. 1, Nueva York, enero-febrero de 1978.

–que constituyen la dieta básica de los brasileños. El resto deriva a los productos de exportación.

El reciente derrumbamiento del precio internacional del azúcar no desató, como antes ocurría, una oleada de hambre entre los campesinos de Cuba. En Cuba ya no existe la desnutrición. A la inversa, el alza casi simultánea del precio internacional del café no alivió para nada la crónica miseria de los trabajadores de los cafetales del Brasil. El aumento de la cotización del café en 1976 –ocasional euforia provocada por las heladas que arrasaron las cosechas brasileñas– «no se reflejó directamente en los salarios», según reconoció un alto directivo del Instituto Brasileño del Café[19].

En realidad, los cultivos de exportación no son, de por sí, incompatibles con el bienestar de la población ni contradicen, de por sí, el desarrollo económico «hacia adentro». Al fin y al cabo, las ventas de azúcar al exterior han servido de palanca, en Cuba, para la creación de un mundo nuevo en el que todos tienen acceso a los frutos del desarrollo y la solidaridad es el eje de las relaciones humanas.

15. Ya se sabe quiénes son los condenados a pagar las crisis de reajuste del sistema. Los precios de la mayoría de los productos que América Latina vende bajan implacablemente en relación a los precios de los productos que compra a los países que monopolizan la tecnología, el comercio, la inversión y el crédito. Para compensar la diferencia, y hacer frente a las obligaciones ante el capital extranjero, *es preciso cubrir en cantidad lo que se pierde en precio.* Dentro de este marco, las dictaduras del Cono Sur han cortado por la mitad los salarios obreros y han convertido cada centro de producción en un campo de trabajos forzados. *También los obreros tienen que compensar la caída del valor de su fuerza de trabajo, que es el producto que ellos venden al mercado. Los trabajadores están obligados a cubrir en cantidad, en cantidad de horas, lo que pierden en poder de compra del salario. Las leyes del mercado internacional se reproducen, así, en el micromundo de la vida de cada trabajador latinoamericano.* Para los trabajadores que tienen «la suerte» de contar con un empleo fijo, las jornadas de ocho horas sólo existen en la letra muerta de las leyes. Es frecuente trabajar diez, doce, hasta catorce horas, y más de uno ha perdido los domingos.

[19]   *Ídem.*

Se han multiplicado, a la vez, los accidentes de trabajo, sangre humana ofrecida a los altares de la productividad. Tres ejemplos de fines de 1977 en Uruguay:

– Las canteras del ferrocarril, que producen piedras y balasto, duplican los rendimientos. A principios de la primavera, quince obreros mueren en una explosión de gelinita.

– Colas de desocupados ante una fábrica de cohetes artificiales. Varios niños en la producción. Se baten récords. El 20 de diciembre, un estallido: cinco trabajadores muertos y decenas de heridos.

– El 28 de diciembre, a las siete de la mañana, los obreros se niegan a entrar a una fábrica de conservas de pescado, porque sienten un fuerte olor a gas. Los amenazan: si no entran, pierden el empleo. Ellos se siguen negando. Los amenazan: vamos a llamar a los soldados. La empresa ya ha convocado al ejército otras veces. Los obreros entran. Cuatro muertos y varios hospitalizados. Había una fuga de gas amoniaco[20].

Mientras tanto, la dictadura proclama con orgullo: los uruguayos pueden comprar, más baratos que nunca, whisky escocés, mermelada inglesa, jamón de Dinamarca, vino francés, atún español y trajes de Taiwán.

16. María Carolina de Jesús nació en medio de la basura y los buitres.

Creció, sufrió, trabajó duro; amó hombres, tuvo hijos. En una libreta anotaba, con mala letra, sus tareas y sus días.

Un periodista leyó esas libretas por casualidad y María Carolina de Jesús se convirtió en una escritora famosa. Su libro *Quarto de despejo*, «La favela», diario de cinco años de vida en un suburbio sórdido de la ciudad de San Pablo, fue leído en cuarenta países y traducido a trece idiomas.

Cenicienta del Brasil, producto de consumo mundial, María Carolina de Jesús salió de la favela, recorrió mundo, fue entrevistada y fotografiada, premiada por los críticos, agasajada por los caballeros y recibida por los presidentes.

Y pasaron los años. A principios del '77, una madrugada de domingo, María Carolina de Jesús murió en medio de la basura y los

[20] Datos de fuentes sindicales y periodísticas, publicados en *Uruguay Informations*, núms. 21 y 25, París.

buitres. Nadie recordaba ya a la mujer que había escrito: «El hambre es la dinamita del cuerpo humano».

Ella, que había vivido de las sobras, pudo ser, fugazmente, una elegida. Le fue permitido sentarse a la mesa. Después de los postres, se rompió el encanto. Pero mientras su sueño transcurría, Brasil había continuado siendo un país donde cada día quedan cien obreros lisiados por accidentes de trabajo y donde, de cada diez niños, cuatro nacen obligados a convertirse en mendigos, ladrones o magos.

Aunque sonrían las estadísticas, se jode la gente. En sistemas organizados al revés, cuando crece la economía también crece, con ella, la injusticia social. En el período más exitoso del «milagro» brasileño, aumentó la tasa de mortalidad infantil en los suburbios de la ciudad más rica del país. La súbita prosperidad del petróleo en Ecuador trajo televisión en colores en lugar de escuelas y hospitales.

Las ciudades se van hinchando hasta el estallido. En 1950, América Latina tenía seis ciudades con más de un millón de habitantes. En 1980 tendrá veinticinco[21]. Las vastas legiones de trabajadores que el campo expulsa comparten, en las orillas de los grandes centros urbanos, la misma suerte que el sistema reserva a los jóvenes ciudadanos «sobrantes». Se perfeccionan, picaresca latinoamericana, las formas de supervivencia de *los buscavidas.* «El sistema productivo ha venido mostrando una visible insuficiencia para generar empleo productivo que absorba a la creciente fuerza de trabajo de la región, en especial los grandes contingentes de mano de obra urbana...»[22].

Un estudio de la Organización Internacional del Trabajo señalaba no hace mucho que en América Latina hay más de 110 millones de personas en condiciones de «grave pobreza». De ellas, setenta millones pueden considerarse «indigentes»[23]. ¿Qué porcentaje de la población come menos de lo necesario? En el lenguaje de los técnicos, recibe «ingresos inferiores al costo de la alimentación mínima equilibrada» un 42 por ciento de la población del Brasil, un 43% de los colombianos, un 49% de los hondureños, un 31% de los mexicanos, un 45% de los peruanos, un 29% de los chilenos, un 35% de los ecuatorianos[24].

---

[21]   Naciones Unidas, CEPAL, *op. cit.*
[22]   *Ídem.*
[23]   OIT, *Empleo, crecimiento y necesidades esenciales,* Ginebra, 1976.
[24]   Naciones Unidas, CEPAL, *op. cit.*

¿Cómo ahogar las explosiones de rebelión de las grandes mayorías condenadas? ¿Cómo prevenir esas posibles explosiones? ¿Cómo evitar que esas mayorías sean cada vez más amplias si el sistema no funciona para ellas? Excluida la caridad, queda la policía.

17. En nuestras tierras, la industria del terror paga caro, como cualquier otra, el *know how* extranjero. Se compra y se aplica, en gran escala, la tecnología norteamericana de la represión, ensayada en los cuatro puntos cardinales del planeta. Pero sería injusto no reconocer cierta capacidad creadora, en este campo de actividades, a las clases dominantes latinoamericanas.

Nuestras burguesías no fueron capaces de un desarrollo económico independiente y sus tentativas de creación de una industria nacional tuvieron vuelo de gallina, vuelo corto y bajito. A lo largo de nuestro proceso histórico, los dueños del poder han dado, también, sobradas pruebas de su falta de imaginación política y de su esterilidad cultural. En cambio, han sabido montar una gigantesca maquinaria del miedo y han hecho aportes propios a la técnica del exterminio de las personas y las ideas. Es reveladora en este sentido, la experiencia reciente de los países del río de la Plata.

«La tarea de desinfección nos llevará mucho tiempo», advirtieron de entrada los militares argentinos. Las fuerzas armadas fueron convocadas sucesivamente por las clases dominantes de Uruguay y Argentina para aplastar a las fuerzas del cambio, arrancar sus raíces, perpetuar el orden interno de privilegios y generar condiciones económicas y políticas seductoras para el capital extranjero: tierra arrasada, país en orden, trabajadores mansos y baratos. No hay nada más ordenado que un cementerio. La población se convirtió de inmediato en el enemigo interior. Cualquier signo de vida, protesta o mera duda, constituye un peligroso desafío desde el punto de vista de la doctrina militar de la seguridad nacional.

Se han articulado, pues, complejos mecanismos de prevención y castigo.

Una profunda racionalidad se esconde por debajo de las apariencias. *Para operar con eficacia, la represión debe parecer arbitraria.* Excepto la respiración, toda actividad humana puede constituir un delito. En Uruguay la tortura se aplica como sistema habitual de interrogatorio: *cualquiera puede ser su víctima,* y no sólo los sospechosos y los culpables de actos de oposición. *De esta manera se difunde el pánico de la tortura entre todos los ciudadanos, como un gas paralizante que invade cada casa y se mete en el alma de cada ciudadano.*

En Chile, la cacería dejó un saldo de miles de muertos, pero en Argentina no se fusila: se secuestra. Las víctimas *desaparecen*. Los invisibles ejércitos de la noche realizan la tarea. No hay cadáveres, no hay responsables. Así la matanza –siempre oficiosa, nunca oficial– se realiza con mayor impunidad, y *así se irradia con mayor potencia la angustia colectiva. Nadie rinde cuentas, nadie brinda explicaciones. Cada crimen es una dolorosa incertidumbre para los seres cercanos a la víctima y también una advertencia para todos los demás. El terrorismo de estado se propone paralizar a la población por el miedo.*

Para obtener trabajo o conservarlo, en Uruguay, es preciso contar con el visto bueno de los militares. En un país donde tan difícil resulta conseguir empleo fuera de los cuarteles y las comisarías, esta obligación no sólo sirve para empujar al éxodo a buena parte de los trescientos mil ciudadanos fichados como izquierdistas. *También es útil para amenazar a los restantes.* Los diarios de Montevideo suelen publicar arrepentimientos públicos y declaraciones de ciudadanos que se golpean el pecho por si acaso: «Nunca he sido, no soy, ni seré...».

En Argentina ya no es necesario prohibir ningún libro por decreto. El nuevo Código Penal sanciona, como siempre, al escritor y al editor de un libro que se considere subversivo. Pero además castiga al impresor, para que nadie se atreva a imprimir un texto simplemente dudoso, y también al distribuidor y al librero, para que nadie se atreva a venderlo, y por si fuera poco castiga al lector, para que nadie se atreva a leerlo y mucho menos a guardarlo. El consumidor de un libro recibe así el trato que las leyes reservan al consumidor de drogas[25]. *En el proyecto de una sociedad de sordomudos, cada ciudadano debe convertirse en su propio Torquemada.*

En Uruguay, no delatar al prójimo es un delito. Al ingresar a la Universidad, los estudiantes juran por escrito que denunciarán a todo

---

[25] En Uruguay, los inquisidores se han modernizado. Curiosa mezcla de barbarie y sentido capitalista del negocio. Los militares ya no queman los libros: ahora los venden a las empresas papeleras. Las papeleras los pican, los convierten en pulpa de papel y los devuelven al mercado de consumo. No es verdad que Marx no esté al alcance del público. No está en forma de libros. Está en forma de servilletas.

aquel que realice, en el ámbito universitario, «cualquier actividad ajena a las funciones de estudio». El estudiante se hace co-responsable
de cualquier episodio que ocurra en su presencia. *En el proyecto de
una sociedad de sonámbulos, cada ciudadano debe ser el policía de sí
mismo y de los demás.* Sin embargo, el sistema, con toda razón, des-
confía. Suman cien mil los policías y los soldados en Uruguay, pero
también suman cien mil los informantes. Los espías trabajan en las
calles y en los cafés y en los ómnibus, en las fábricas y los liceos, en las
oficinas y en la Universidad. Quien se queja en voz alta porque está
tan cara y dura la vida, va a parar a la cárcel: ha cometido un «atentado contra la fuerza moral de las Fuerzas Armadas», que se paga con
tres a seis años de prisión.

18. En el referéndum de enero del '78, el voto por *sí* a la dictadura de
Pinochet se marcó con una cruz bajo la bandera de Chile. El voto por
no, en cambio, se marcó bajo un rectángulo negro.

El sistema quiere confundirse con el país. El sistema es el país, dice
la propaganda oficial que día y noche bombardea a los ciudadanos. El
enemigo del sistema es un traidor a la patria. La capacidad de indignación contra la injusticia y la voluntad de cambio constituyen las
pruebas de la deserción. En muchos países de América Latina, quien
no está desterrado más allá de las fronteras, vive el exilio en la propia
tierra.

Pero al mismo tiempo que Pinochet celebraba su victoria, la
dictadura llamaba «ausentismo laboral colectivo» a las huelgas
que estallaban en todo Chile a pesar del terror. La gran mayoría de
los secuestrados y desaparecidos en Argentina está formada por
obreros que desarrollaban alguna actividad sindical. Sin cesar se
incuban, en la inagotable imaginación popular, nuevas formas de
lucha, *el trabajo a tristeza, el trabajo a bronca,* y la solidaridad encuentra nuevos cauces para eludir al miedo. Varias huelgas unáni-
mes se sucedieron en Argentina a lo largo de 1977, cuando el
peligro de perder la vida era tan cierto como el riesgo de perder el
trabajo. No se destruye de un plumazo el poder de respuesta de
una clase obrera organizada y con larga tradición de pelea. En
mayo del mismo año, cuando la dictadura uruguaya hizo el balance de su programa de vaciamiento de conciencias y castración
colectiva, se vio obligada a reconocer que «todavía queda en el

país un treinta y siete por ciento de ciudadanos interesados por la política»[26].

No asistimos en estas tierras a la infancia salvaje del capitalismo, sino a su cruenta decrepitud. *El subdesarrollo no es una etapa del desarrollo. Es su consecuencia.* El subdesarrollo de América Latina proviene del desarrollo ajeno y continúa alimentándolo. Impotente por su función de servidumbre internacional, moribundo desde que nació, el sistema tiene pies de barro. Se postula a sí mismo como destino y quisiera confundirse con la eternidad. Toda memoria es subversiva, porque es diferente, y también todo proyecto de futuro. Se obliga al *zombi* a comer sin sal: la sal, peligrosa, podría despertarlo. El sistema encuentra su paradigma en la inmutable sociedad de las hormigas. Por eso se lleva mal con la historia de los hombres, por lo mucho que cambia. Y porque en la historia de los hombres cada acto de destrucción encuentra su respuesta, tarde o temprano, en un acto de creación.

Eduardo Galeano
Calella, Barcelona, abril de 1978.

[26] Conferencia de prensa del presidente Aparicio Méndez, el 21 de mayo de 1977, en Paysandú. "Estamos evitando al país la tragedia de la pasión política", dijo el Presidente. "Los hombres de bien no hablan de dictaduras, no piensan en dictaduras ni reclaman derechos humanos."